Pratique de l'économie et des sciences sociales de *a* à *z*

JEAN-YVES CAPUL
OLIVIER GARNIER

HATIER

Conception maquette : Cédric Berruyer
Mise en page et schémas : François de Villac

 ISBN : 2-218-071410-8

AVANT-PROPOS

Des thèmes et des auteurs

Cet ouvrage comporte près de 1 000 articles et plus de 1 500 entrées. Il est destiné à ceux qui, au lycée ou dans les premières années universitaires, veulent rapidement trouver ou retrouver une notion, un terme ou un auteur des Sciences économiques et sociales.
Les entrées sont de deux types.

1. Des entrées par thèmes

Il s'agit des principaux termes et notions utilisés en Sciences économiques et sociales. Chaque article se compose ainsi :

- une première définition générale ;
- un approfondissement de la définition (avec éventuellement des schémas, des exemples...).

2. Des entrées par auteurs

Il s'agit des principaux économistes et sociologues. Chaque article se décompose ainsi :

- des repères biographiques ;
- un développement sur les grands thèmes étudiés par l'auteur.

• À l'intérieur des articles, le lecteur pourra trouver des mots ou expressions en gras. Il s'agit de termes importants ayant une relation d'opposition, de complémentarité ou de simple proximité avec le terme général défini dans l'article.

• À la fin de chaque article, des renvois à d'autres articles de l'ouvrage sont proposés.

a

Absentéisme

Ensemble des absences des salariés à l'exception de celles liées aux congés légaux.

Les congés pour maladie sont donc comptés dans l'absentéisme d'une entreprise.

taux d'absentéisme (pour une période)

$$= \frac{\textit{nombre de salariés absents}}{\textit{effectif total}}$$

$$= \frac{\textit{nombre d'heures d'absence}}{\textit{nombre d'heures théoriques de travail}}$$

● Voir freinage, turn-over, organisation scientifique du travail.

Accélération

Effet économique liant l'investissement à l'augmentation de la demande.

La théorie économique a intitulé « accélération » cette relation entre la variation de la demande (cause) et la variation de l'investissement (conséquence). Il s'agit d'une relation d'accélération, car l'accroissement de l'investissement est plus que proportionnel à l'accroissement de la demande (anticipée). Comme l'appareil technique est rigide, il ne peut procurer en peu de temps une production correspondant exactement aux besoins des consommateurs ; il convient donc d'investir beaucoup pour être certain d'obtenir ce niveau de production.

● Voir investissement

Accord d'autolimitation

Pratique commerciale selon laquelle les producteurs s'engagent à limiter leurs exportations vers les pays consommateurs.

Ces accords constituent des barrières non tarifaires qui sont autant d'obstacles aux échanges. Les accords d'autolimitation des exportations comme les Accords multifibres (AMF), signés régulièrement depuis 1973 par les pays producteurs de textiles et de vêtements, visent à réguler les exportations vers les pays consommateurs. Un autre exemple concerne l'autolimitation des exportations japonaises d'automobiles en Europe.

● Voir protectionnisme.

Accords de Grenelle

Résultat de la vaste agitation sociale qui s'est déroulée en mai 1968,

les accords de Grenelle (signés le 27 mai au siège du ministère du Travail, rue de Grenelle) ont contribué à la reprise du travail par les grévistes (6 millions à la mi-mai). Parmi les termes de ces accords passés, sous la pression du gouvernement de Georges Pompidou, entre le patronat et les syndicats, figuraient le relèvement du SMIC de 35 %, l'augmentation des salaires et l'extension des droits syndicaux dans l'entreprise.
L'inflation qui résulta de ces augmentations conduisit à une dévaluation du franc en août 1969.

Accords de la Jamaïque

Cf. Bretton Woods.

Accords de Washington

Cf. Bretton Woods.

Accords du Plazza

Accords des principaux pays occidentaux en septembre 1985 pour organiser une baisse progressive du dollar.

Face à la trop forte montée du dollar au début des années 80, les autorités monétaires américaines acceptent, pour la première fois, de faire intervenir leur banque centrale (la FED) aux côtés des autres banques centrales (européennes et japonaise). Toutes ces institutions vont alors vendre des dollars pour en faire baisser le cours.
Les accords du Plazza, suivis des **accords du Louvre** en février 1987, traduisent un retour à la coopération monétaire internationale interrompue depuis 1973. Ils montrent l'instauration d'une gestion concertée des taux de change afin d'éviter que la spéculation ne se transforme en crise financière brutale.

● Voir Bretton Woods, système monétaire international.

Accords Matignon

Accords conclus en juin 1936 à l'Hôtel Matignon (siège de la présidence du Conseil, aujourd'hui du Premier ministre) entre la CGT et des représentants patronaux (Confédération générale de la production), cela à l'invitation du chef du gouvernement, Léon Blum. Mettant fin aux grèves de mai 1936, ces accords prévoyaient des augmentations de salaires (de 7 à 15 %), des contrats de travail collectifs et l'élection de délégués dans les entreprises. Les accords Matignon précédèrent les lois sociales de 1936 (deux semaines de congés payés à la charge des employeurs et semaine de 40 heures).

Acculturation

Ensemble de phénomènes qui résultent du contact direct et continu entre groupes de cultures différentes.

Le processus d'acculturation renvoie à des situations très contrastées qui vont de l'**assimilation** (disparition de la culture d'un groupe qui accepte intégralement la culture de l'autre), comme le montre l'exemple des populations migrantes après plusieurs générations, à la **contre-acculturation** (rejet de l'autre culture et réaffirmation de sa culture d'origine). L'adaptation, la réinterprétation, le **syncrétisme** (mélange ou métissage des traits culturels), mais aussi la **déculturation** (perte des repères culturels) sont les mécanismes les plus souvent observés.

● Voir culture, éthnocentrisme.

Accumulation de capital

Cf. capitalisme.

Acquis / inné

Influence respective des facteurs biologiques ou génétiques **(l'inné)** ou des facteurs culturels ou environnementaux **(l'acquis)** sur la personnalité, l'intelligence et les comportements des êtres humains.

La question de l'inné et de l'acquis a longtemps renvoyé au débat entre les partisans du déterminisme génétique, pour lesquels tout comportement social avait une base biologique, et les partisans de la thèse « environnementaliste » selon laquelle la plupart des comportements étaient le fruit de la culture. Aujourd'hui, nombreux sont ceux qui acceptent l'idée générale d'une interaction entre facteurs génétiques et environnementaux ; on met parfois en évidence des prédispositions génétiques que des facteurs environnementaux peuvent ou non activer. Plus fondamentalement, il apparaît impossible aujourd'hui de faire exactement la part des uns et des autres.

Acte unique européen

Traité signé et ratifié par les pays de la Communauté européenne en 1986 et prévoyant l'achèvement du marché intérieur européen à la fin de 1992.

Ce traité est unique, car il complète et modifie les autres traités instituant la Communauté européenne. L'Acte unique, entré en vigueur le 1er juillet 1987, met en place un processus lent et complexe, marqué par l'adoption de plusieurs centaines de directives communautaires, afin de créer, au 1er janvier 1993, un « grand marché », un « marché unique » dans lequel la libre circulation des marchandises, des personnes, des services et des capitaux sera totale. La date de 1993 était conçue comme un objectif politique et non comme une obligation juridique. De ce fait, le processus conduisant au marché unique se poursuit. C'est seulement pour les marchandises que s'était créé un véritable marché unique. L'Acte unique cherche ainsi à relancer la construction européenne en agissant dans deux directions : d'une part, l'élimination des derniers obstacles à la libre circulation des marchandises et, d'autre part, l'extension du marché commun aux personnes, capitaux et services.

● Voir construction européenne, marché commun, union économique.

Actif

1. Personne exerçant une activité rémunérée et appartenant, de ce fait, à la population active.

2. Ensemble des biens et des créances appartenant à un agent économique. Colonne de gauche du bilan d'une entreprise.

● Voir inactif, population active, bilan, créancier.

Action

Titre de propriété sur une partie du capital de l'entreprise.

Le détenteur d'une action devient donc actionnaire de l'entreprise ; il participe aux assemblées générales des actionnaires et élit, à cette occasion, le conseil d'administration de la société. L'actionnaire doit être informé périodiquement sur l'activité et les résultats de l'entreprise.

L'actionnaire reçoit une fraction des bénéfices de l'entreprise, appelée dividende. Si l'actionnaire possède 10 % des actions, il reçoit 10 % des bénéfices distribués. Comme les dividendes varient en fonction des résultats de l'entreprise et des choix de ses dirigeants (ceux-ci peuvent décider de distribuer les bénéfices aux actionnaires ou bien de les conserver dans l'entreprise pour financer son développement), les actions sont des valeurs à revenus variables.

Toutes les entreprises n'émettent pas des actions ; il s'agit seulement des sociétés anonymes. En outre, seul un petit nombre de sociétés anonymes ont des actions qui sont cotées régulièrement et qui s'échangent à la Bourse.

Comme propriétaire d'une partie du capital de l'entreprise, l'actionnaire accepte le risque d'une baisse des résultats de l'entreprise, voire même le risque de sa disparition. Dans ce dernier cas, la valeur des actions qu'il détient devient nulle, car personne ne désire les acheter.

● VOIR bourse des valeurs, capital social, cours boursier, sociétés, valeur mobilière.

ACTION COLLECTIVE

Activités d'un groupe de personnes agissant ensemble pour atteindre un certain objectif.

L'action collective intéresse le sociologue, notamment lorsqu'il cherche à comprendre comment et à quelles conditions un groupe latent (ensemble d'individus ayant un même intérêt, comme les consommateurs par exemple) peut devenir un groupe organisé, doté de moyens de décisions et d'actions collectives pour défendre ses intérêts (syndicats par exemple).

● VOIR syndicat.

ACTUALISATION

Procédé de calcul qui permet de rendre équivalentes, dans le temps, des sommes reçues ou dépensées à des moments différents.

● VOIR francs constants/francs courants.

ADMINISTRATION

Unité de production de services non marchands.

Une administration (un lycée, une mairie, un tribunal, etc.) n'est pas une entreprise, mais elle a une activité productive. Les services qu'elle produit ne sont pas vendus sur un marché.

● VOIR service, production.

AELE

Cf. Association européenne de libre-échange.

AGIOS

Ensemble des frais (intérêts et commissions) prélevés par la banque pour certaines opérations (découvert bancaire par exemple).

● VOIR banque.

AGRÉGATS

Grandeurs économiques qui résument les résultats de l'activité économique nationale. Les agrégats permettent d'effectuer des comparaisons dans le temps ou entre les pays. Le principal agrégat est le produit intérieur brut (PIB) qui est utilisé pour mesurer la croissance de l'économie.

1) Le produit intérieur brut

Le PIB mesure l'ensemble des valeurs ajoutées créées par les unités économiques résidentes.

Comme le PIB est calculé au prix d'échange sur les marchés alors que les valeurs ajoutées sont mesurées hors taxes (TVA et droits de douane), on a :

PIB = somme des valeurs ajoutées + TVA + droits de douane

Le produit intérieur est dit « brut » car il inclut l'amortissement économique qui correspond au remplacement des équipements usés ou détruits. Le produit intérieur net (PIN) est le PIB sans les amortissements.

2) Le produit national brut

Si le PIB mesure la contribution productive des unités résidentes, le PNB mesure la contribution productive des facteurs de production (travail, capital) fournis par les résidents. Par exemple, la valeur ajoutée créée à l'étranger par une entreprise française est incluse dans le PNB et non dans le PIB. En revanche, l'activité

des entreprises étrangères en France est exclue du PNB.
La différence entre le PIB et le PNB, qui est faible pour un pays comme la France, peut être très élevée dans un pays en développement où l'activité des entreprises étrangères est importante.

PNB = PIB + revenus de facteurs en provenance de l'extérieur – revenus de facteurs versés à l'extérieur

3) Le revenu national

Le revenu national (RN) mesure l'ensemble des richesses produites en une année qui vont représenter un revenu pour les agents économiques résidents.
Le revenu national représente ainsi le total des revenus primaires des agents économiques (revenus de la propriété et de l'activité) avant impôt et redistribution.

● VOIR comptabilité nationale, PIB, revenu national.

AIDE AU DÉVELOPPEMENT

Contributions financières des pays développés en faveur des pays en développement.

En matière d'aide au développement, la CNUCED a recommandé d'affecter 1,5 % du PNB des pays industrialisés à des transferts vers les PED. De leur côté, les pays industrialisés ont fixé le principe d'une aide publique au développement (aide provenant des fonds publics des États ou de prêts à des conditions favorables) de 0,7 % de leur PNB. Mais cette aide est souvent une « aide liée », c'est-à-dire subordonnée à des achats au pays qui l'accorde. Les autres formes d'aides proviennent des ONG, organisations non gouvernementales (associations).

● VOIR Conférence des Nations unies pour le commerce et le développement, développement, pays en développement.

AJUSTEMENT

Politique économique dont l'objectif est le rééquilibrage de la balance des transactions courantes (déficit extérieur).

On parle d'ajustement de la balance des transactions courantes ou de politique d'ajustement pour désigner le ou les instruments choisis par les autorités pour redresser les comptes extérieurs. Cette politique peut prendre deux formes, soit une manipulation des taux de change dans le sens d'une dépréciation pour modifier les flux d'échanges (politique de change), soit une réduction de la demande grâce aux instruments traditionnels de la politique économique.

● VOIR balance des transactions courantes, politique de change, soldes extérieurs.

AJUSTEMENT STRUCTUREL

Politique de rétablissement de l'équilibre extérieur des pays endettés visant à réduire leurs besoins d'emprunts.

Menées souvent sous l'égide du FMI, ces politiques passent en général par la baisse du pouvoir d'achat des individus, ce qui suscite de vives contestations.

● VOIR endettement international.

ALIÉNATION

Situation de l'homme qui devient étranger à lui-même et qui ne peut plus se reconnaître dans son activité ou dans ses œuvres.

Karl Marx a insisté dans ses premiers écrits, sur l'aliénation de l'homme dans la société capitaliste qui est dépossédée de ses moyens de production, de sa production et, finalement, de son être (impossibilité de se sentir concerné par ce que l'on fait). L'aliénation recouvre une dépossession à la fois psychologique et économique, ambiguïté qui amènera Marx à lui préférer la notion d'exploitation.

● VOIR classes sociales, marxisme.

ALLARDE (DÉCRET D')

Décret des 2-17 mars 1791 supprimant les corporations et les jurandes qui empêchaient les individus d'exercer librement une profession. La Constituante décidait ainsi qu'il serait « libre à toute personne de faire tel négoce ou d'exercer telle profession ou métier qu'elle trouvera bon ». Aux liens de solidarité et aux privilèges existant dans les corporations d'Ancien Régime, le décret d'Allarde substitue des contrats (contrat de travail en particulier), nécessaires au développement de l'industrie capitaliste naissante.

ALLOCATIONS FAMILIALES

Prestations sociales versées mensuellement à tous les ménages qui ont au moins deux enfants à charge (jusqu'à 17 ans, voire 20 ans dans certains cas).

● VOIR politique familiale, prestations sociales.

AMORTISSEMENT

L'amortissement est une opération économique destinée à prendre en compte le vieillissement des biens de production (machine, usine, etc.) afin d'en prévoir le remplacement.
Cet amortissement économique ne doit pas être confondu avec l'amortissement financier qui désigne le remboursement du capital d'un emprunt ou d'une dette.

Un bien de production (une machine par exemple) ne disparaît pas dans le processus de production, mais il s'use progressivement. Il peut aussi vieillir avec l'apparition de nouvelles machines, plus performantes. Ce dernier phénomène, appelé obsolescence, caractérise ainsi un matériel qui est dépassé, puisqu'il existe un matériel plus rentable, même s'il n'est pas usé physiquement. Ces deux situations conduisent à prévoir le remplacement des équipements, remplacement qu'il faudra donc financer. L'amortissement désigne alors l'opération économique permettant ce financement.

Concrètement, l'entreprise qui vient d'acheter une machine (300 000 francs par exemple) va inclure une partie de son coût dans les produits qu'elle met en vente. Si elle espère utiliser cette machine pendant 5 ans pour produire au total 600 000 unités de produits, elle va répartir le coût d'achat sur l'ensemble de cette production. Chaque unité produite aura ainsi un prix de revient incorporant une part du financement de l'achat, soit 0,5 F. $\frac{300\ 000}{600\ 000} = 0{,}5$

À chaque unité vendue, l'entreprise reçoit 0,5 F. Ces sommes sont alors mises en réserve afin de permettre, au bout de la période de production, l'achat d'une machine identique.

L'amortissement désigne ainsi une façon d'obtenir des ressources pour financer le renouvellement des équipements usés ou obsolètes. Il mesure aussi la dépréciation du capital fixe, c'est-à-dire la diminution de la capacité productive d'un équipement.

Le calcul de l'amortissement n'est pas simple. Au moment où les équipements sont achetés, on ne peut prévoir ni la quantité exacte de biens ou de services, produits grâce à eux, qui seront effectivement vendus, ni le coût d'achat des nouvelles machines qui, avec les progrès techniques, se modifient et se perfectionnent sans cesse.

Dans les entreprises, les amortissements représentent une charge inscrite dans le compte de résultat (sous le nom de « dotation aux amortissements »). Contrairement aux autres charges (achats de marchandises, salaires, etc.), il ne s'agit pas

d'une dépense réelle de l'entreprise. C'est simplement une pratique comptable qui permet de diminuer le bénéfice imposable. Les sommes en question restent dans l'entreprise. Ces sommes viennent alors s'ajouter aux bénéfices après impôts pour constituer la capacité d'autofinancement.
Tout capital fixe fait ainsi l'objet d'un amortissement. L'entreprise peut donc reconstituer la totalité de ses biens de production. Le calcul de l'amortissement est le résultat d'une convention préalable.

● VOIR autofinancement, investissement, obsolescence, profit.

ANOMIE

Situation de dérèglement social caractérisée par l'absence ou l'insuffisance des normes sociales permettant de réguler l'activité des individus.

Durkheim a utilisé la notion d'anomie pour caractériser une situation de dérèglement social. Quand les règles sociales, qui guident les conduites, perdent leur pouvoir de régulation ou sont incompatibles entre elles, lorsque les liens de solidarité se distendent, lorsque l'ordre social se disloque, les individus font face à une insatisfaction croissante et à une démoralisation (exemple de la République de Weimar, dans l'Allemagne de l'entre-deux-guerres). Pour Durkheim, la société cesse alors d'exercer une fonction de régulation sur les individus.
L'anomie est une notion intéressante pour décrire des situations individuelles particulières (migration, par exemple) dans lesquelles les personnes sont placées devant des systèmes de normes et de valeurs conflictuelles. Mais c'est surtout un concept important pour analyser une société, puisque l'anomie caractérise des sociétés qui n'ont plus le pouvoir d'imposer des règles permettant d'assurer l'harmonie et la cohésion sociale entre leurs membres.

● VOIR contrôle social, déviance, Durkheim.

ANTHROPOLOGIE

Science qui étudie la diversité des sociétés humaines dans le temps comme dans l'espace (l'ethnologie, de son côté, examine plus particulièrement les sociétés traditionnelles, dites « primitives »).

● VOIR culture, société.

APPRÉCIATION

Augmentation de la valeur d'une monnaie, constatée sur le marché des changes, par rapport à une ou plusieurs autres devises.

● VOIR change, dévaluation, marché des changes, politique de change.

ARBITRAGE

Opération consistant à acheter un bien (marchandise, actif financier ou monétaire) sur un marché et à le revendre simultanément sur un autre afin de bénéficier d'une éventuelle différence de prix.

● VOIR plus-value, spéculation.

ARISTOCRATIE

L'aristocratie, qui désigne aussi un groupe social dans les régimes féodaux, est une forme particulière d'oligarchie où le gouvernement de quelques-uns n'est plus réservé aux riches, mais aux « meilleurs » (traduction du mot grec).

● VOIR démocratie, oligarchie, politique, pouvoir politique.

ASSEDIC

Cf. indemnisation du chômage.

Assiette

Grandeur économique (revenu, patrimoine, etc.) servant de base au calcul de l'impôt.

● Voir impôt.

Assignats

Si les assignats étaient, à la fin de l'Ancien Régime, des titres d'emprunt assurant le versement d'intérêts, ils deviennent sous la Révolution, de véritables billets de banque circulant comme une monnaie.

Les assignats émis à partir de 1790 ne s'accompagnent plus d'intérêts et se transforment en papier monnaie. Les émissions s'accroissent de façon inconsidérée (45 milliards d'assignats en circulation en 1796), si bien que cette monnaie se déprécie rapidement (elle perd de son pouvoir d'achat). La suppression des assignats, qui intervient sous le Directoire, traduit une banqueroute, puisque l'État renonce à rembourser la dette publique (les assignats sont alors échangés pour le centième de leur valeur). Les assignats ont représenté une création monétaire *ex nihilo* considérable, dont les effets ont été une forte inflation et une perte de la valeur de ce papier-monnaie.

Assistance

Principe de solidarité organisé par la société dans son ensemble, celle-ci reconnaissant à chacun de ses membres le droit à un minimum de ressources.

● Voir égalité, protection sociale.

Association

Contrat passé entre plusieurs personnes qui mettent en commun « leurs connaissances ou leurs activités dans un but autre que de partager les bénéfices ».

Contrairement à l'entreprise qui a pour objectif de faire des bénéfices, une association poursuit d'autres buts. Une association produit généralement des services non marchands destinés à ses membres. Une association peut cependant avoir une activité commerciale, mais les bénéfices qu'elle réalise ne doivent pas revenir à ses membres ; ils doivent être mis en réserve. Une association est définie par la célèbre loi du 1er juillet 1901 sur la liberté d'association.

Association européenne de libre-échange (AELE)

Zone de libre-échange européenne mise en place en 1959 par le Royaume-Uni et d'autres pays européens qui n'appartenaient pas à la CEE.

L'AELE a beaucoup perdu de sa substance avec les élargissements successifs de la Communauté européenne (Danemark, Royaume-Uni, Autriche, Finlande, Suède). Seule l'Islande, la Norvège et la Suisse en font encore partie.

● Voir construction européenne, zone de libre-échange.

Assurance sociale

Cf. prestations sociales.

Ateliers nationaux

Institution créée sous l'impulsion de Louis Blanc après la Révolution de février 1848. Son but était de recevoir tous les ouvriers au chômage en vertu du droit au travail proclamé par le gouvernement provisoire.

Organisés militairement, les ateliers nationaux fournissaient une rétribution à ces ouvriers. Mais l'afflux de travailleurs, le coût des ateliers nationaux et l'absence de tâches à effectuer amenèrent l'Assemblée constituante à supprimer ces ateliers. Cette mesure provoqua l'insurrection de juin 1848.

ATTITUDE

Disposition d'esprit plus ou moins permanente qui est à l'origine des opinions et des comportements des individus.

L'observation régulière, grâce notamment aux sondages, des opinions et des comportements montre qu'il existe quelque chose de plus profond et de plus stable chez les individus que ces opinions et comportements. Il s'agit des attitudes. Résultat du processus de socialisation et fortement ancrées dans la personnalité de chacun, les attitudes ne sont pas observables directement, mais par l'intermédiaire de leurs expressions.

● VOIR opinion, sondage.

AUGMENTATION DE CAPITAL

Cf. capital social.

AUTARCIE

Politique économique fondée sur l'isolement commercial par rapport au reste du monde.

Par exemple, l'Italie fasciste et l'Allemagne hitlérienne sont passées du protectionnisme à l'autarcie en considérant que leur pays devait se suffire à lui-même, quitte à connaître un certain rationnement.

● VOIR protectionnisme.

AUTOFINANCEMENT

Ensemble des ressources que dégage l'entreprise grâce à son activité et qui restent à sa disposition, une fois l'ensemble de ses partenaires rémunéré (le personnel, l'État avec l'impôt sur les sociétés, les prêteurs, les actionnaires).

L'autofinancement d'une entreprise se compose de deux éléments : les bénéfices qui n'ont pas été distribués sous forme de dividendes (ils sont mis en « réserve ») et les sommes correspondant aux amortissements (dotation aux amortissements) et aux provisions. L'autofinancement permet à l'entreprise de remplacer ses biens de production (amortissements), de couvrir ses risques de perte (provisions) et de financer de nouveaux investissements. L'autofinancement représente l'épargne de l'entreprise. Grâce à lui, l'entreprise dispose de ressources propres et évite de dépendre de créanciers (banques, marché financier).

● VOIR amortissement, capacité d'autofinancement, profit.

AUTOMATISATION

Développement des processus de production qui ne requiert plus l'intervention directe de l'homme (machines-outils à commandes numériques, informatisation des chaînes de production).

AUTORITÉ

Aptitude à se faire obéir sans recourir à la force.

À l'autorité correspond l'obéissance qui est ainsi librement consentie.

● VOIR domination, pouvoir.

AVANTAGE COMPARATIF

Nom donné à l'analyse de David Ricardo (dans les *Principes de l'économie politique et de l'impôt,* 1817) qui fonde la théorie libérale de l'échange international en montrant que le commerce ne désavantage aucun des participants, chacun ayant tout à y gagner.

1) De l'avantage absolu de Smith à l'avantage comparatif

Cherchant à défendre l'idée du libre-échange, Adam Smith montre, à la fin du XVIIIe siècle, qu'un pays ne doit pas hésiter à acheter à l'extérieur ce que les producteurs étrangers peuvent produire à meilleur compte que les producteurs nationaux. Le pays qui vend un certain produit moins cher que tous les autres pays, possède ainsi un avantage absolu pour ce produit. Smith indiquait alors qu'un pays devait se spécialiser dans la production de biens pour lesquels il possédait cet avantage absolu et acheter tous les autres biens. Cette analyse présentait cependant l'inconvénient d'exclure de l'échange international les nations qui ne disposaient d'aucun avantage absolu. C'est un autre économiste anglais, David Ricardo, qui a démontré, au début du XIXe siècle, que même si un pays était moins bien placé que les autres pour tous les biens, il devait se spécialiser dans la production pour laquelle son désavantage était le moins grand. C'est la théorie de l'avantage comparatif.

Prenons l'exemple de Ricardo, celui des échanges de vin et de drap entre l'Angleterre et le Portugal. Avec un même nombre d'heures de travail, le Portugal produit 20 mètres de drap et 300 litres de vin, tandis que l'Angleterre produit 10 mètres de drap et 100 litres de vin. Si l'on s'en tient à la théorie des avantages absolus, le Portugal doit assurer seul la production de drap et de vin. Ricardo montre alors que l'Angleterre a intérêt à se spécialiser dans la production de drap, où elle possède un avantage relatif, car avec 10 mètres de drap elle obtiendra 150 litres de vin du Portugal (contre 100 chez elle). À l'inverse, le Portugal devra se spécialiser dans la production vinicole puisque l'échange avec l'Angleterre de 300 litres de vin portugais lui permettra d'obtenir 30 mètres de drap anglais au lieu de 20 mètres de drap portugais. Le Portugal a un avantage comparatif dans la production du vin. L'analyse de Ricardo, qui calcule la valeur des biens à partir de la quantité de travail nécessaire pour les produire (théorie de la valeur travail), montre ainsi que la spécialisation fondée sur les avantages comparatifs permet une augmentation simultanée de la production de vin et de drap. Le libre-échange est donc une bonne chose, car toutes les nations en retirent des bénéfices.

2) La théorie des dotations factorielles

Cette théorie des coûts comparatifs a été approfondie au XXe siècle par les économistes Hecksher, Ohlin et Samuelson qui ont cherché à expliquer les différences de coûts comparatifs entre les pays. Selon eux, chaque pays doit se spécialiser dans la production, utilisant les facteurs de production (travail, capital, terre) dont il dispose en abondance, et importer des biens, produits avec des facteurs qu'il possède en moindre quantité. La spécialisation s'explique ainsi par les dotations factorielles de chaque pays (théorème dit HOS, du nom de ces économistes) comme le montre l'exemple de l'Angleterre et de l'Australie. La première possède du capital et du travail en abondance et se spécialisera donc dans les produits manufacturés qu'elle échangera contre des produits agricoles australiens, puisque la terre est le facteur en abondance relative en Australie. L'échange permet d'ailleurs une égalisation des prix de ces produits.

● VOIR division internationale du travail, libre-échange.

AVOIR FISCAL

Crédit d'impôt accordé à tout contribuable recevant les dividendes d'une entreprise et destiné à éviter la double imposition des bénéfices distribués (les bénéfices distribués sous forme de revenu, c'est-à-dire les dividendes, ont déjà été soumis à l'impôt sur les sociétés).

● VOIR bénéfice, impôt, profit.

b

BABY-BOOM

Augmentation brusque et importante du nombre de naissances dans les pays européens, au lendemain de la Deuxième Guerre mondiale.

● VOIR pyramide des âges.

BALANCE COMMERCIALE

Compte statistique qui enregistre les flux de marchandises entre un pays donné et le reste du monde.

1) Balance commerciale et solde commercial

La balance commerciale enregistre les flux de marchandises, c'est-à-dire les exportations (ventes à l'étranger de marchandises produites par des entreprises installées dans un pays donné) et les importations.

Le solde commercial est égal à la différence entre les exportations et les importations.

solde commercial
= exportations – importations

Si l'on vend à l'étranger autant de produits qu'on lui en achète, le solde de la balance commerciale est nul et la balance commerciale est en équilibre (équilibre commercial). Si les exportations sont supérieures aux importations, l'économie dégage un excédent commercial (solde commercial positif). La situation opposée correspond à un déficit commercial (solde négatif de la balance commerciale).

La balance commerciale comprend donc les importations et les exportations de marchandises, mais elle inclut aussi les opérations de négoce international (opérations d'achats ou de ventes réalisées par des entreprises d'un pays donné et concernant des marchandises, comme le pétrole ou les matières premières, qui n'entrent pas physiquement sur le territoire national).

2) Comment calculer les échanges de marchandises ?

Qui exporte et qui importe les marchandises ? Dans la balance commerciale, et plus généralement dans la balance des paiements, résidents et non-résidents sont distingués. Les résidents en France se définissent comme des unités (entreprise, personne) effectuant des opérations économiques pendant un an ou plus sur le territoire économique français. Ainsi, les étrangers vivant en France sont des résidents (à l'exception des fonctionnaires internationaux et des diplomates) tandis que les Français de l'étranger sont des non-résidents.

De même, les opérations réalisées par une filiale américaine d'une entreprise française avec sa maison mère sont considérées comme des opérations avec l'étranger.

De quoi se compose la balance commerciale ?

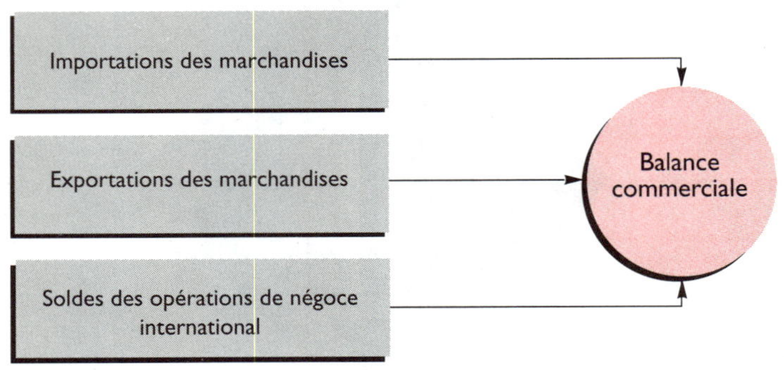

Comment évaluer les échanges ? Cette évaluation se fait sur la base des « transactions », c'est-à-dire lorsque les marchandises franchissent la frontière. Au sein de l'Union européenne, cependant, les échanges ne sont plus comptabilisés aux frontières depuis le 1er janvier 1993, mais déclarés spontanément aux douanes par les entreprises, en même temps que la TVA (risques de fraudes faussant les statistiques commerciales).

Les exportations sont évaluées « franco à bord » (FAB), ou en termes anglo-saxons, *free on board* (FOB), ce qui correspond au prix de vente du bien lui-même (y compris les frais de transport jusqu'à la frontière). En revanche, les importations recensées à la frontière incluent, outre le prix du bien, les coûts d'assurance et de transport (CAF, pour coûts, assurance, fret) nécessaires pour l'acheminement à la frontière française. Comme ces frais accessoires ne correspondent pas à des échanges de marchandises (ils devraient plutôt figurer dans les échanges de « services »), on préfère aux évaluations douanières FAB/CAF une autre évaluation, dite FAB/FAB, plus fidèle aux échanges réels de marchandises.

Une dernière difficulté doit être mentionnée qui est liée à l'existence de trois grandes sources pour les données statistiques de la balance commerciale. Si les chiffres bruts proviennent de l'administration des douanes, trois organismes effectuent leurs propres calculs pour donner, régulièrement, une évaluation de la balance commerciale et du solde commercial ; il s'agit des douanes bien sûr, de la Banque de France (qui évalue l'ensemble de la balance des paiements puisqu'elle a connaissance, par les banques, des règlements monétaires des transactions) et de l'INSEE (pour la comptabilité nationale). Une différence importante explique notamment que, souvent, les chiffres publics du déficit commercial français soient divergents : la Banque de France ne tient pas compte des échanges entre la métropole et les DOM-TOM, à la différence des douanes qui, par exemple, enregistrent la livraison d'un satellite à Kourou en Guyane comme une exportation.

● Voir balance des paiements, balance des transactions courantes, commerce extérieur.

Balance courante

Cf. balance des transactions courantes.

Balance des capitaux

Compte statistique, faisant partie de la balance des paiements, qui retrace l'ensemble des échanges de capitaux entre un pays donné et le reste du monde.

La balance des capitaux comprend d'abord la **balance des capitaux à**

long terme pour les opérations dont les échéances sont supérieures à un an. Il s'agit par exemple des investissements entre les pays. Lorsque la France investit à l'étranger, il y a sortie de capitaux. À l'inverse, les investissements étrangers en France correspondent à une entrée de capitaux. On constate ainsi que, du point de vue de l'économie française, un investissement de l'étranger en France est équivalent à une exportation puisque, dans les deux cas, il y a gain de devises nouvelles. Les opérations portant sur les capitaux à long terme concernent aussi les prêts et les placements (à plus d'un an) financiers. Les emprunts d'une entreprise française sur le marché financier international induisent des entrées de capitaux, tandis que les prêts accordés à l'étranger par des organismes financiers français représentent une sortie de capitaux.

La balance des capitaux comprend aussi la **balance des capitaux à court terme** (flux de créances et de dettes à moins d'un an entre un pays donné et l'extérieur).

La balance des capitaux est excédentaire lorsque les entrées de capitaux (apports en devises) sont supérieures aux sorties de capitaux (des devises sont nécessaires afin de réaliser les opérations avec l'étranger).

● VOIR balance des paiements, soldes extérieurs.

BALANCE DES PAIEMENTS

Compte statistique, établi et publié (dans le cas de la France) par la Banque de France, qui retrace l'ensemble des relations économiques (commerciales, fi- nancières et monétaires) effectuées durant une année entre la France et l'extérieur. Elle se compose de plusieurs balances particulières qui s'emboîtent les unes dans les autres.

1) Les différents éléments de la balance des paiements

La balance des paiements regroupe surtout deux grandes balances : la balance des transactions courantes et la balance des capitaux.

Deux autres ensembles d'éléments interviennent dans l'élaboration de la balance des paiements. Il s'agit d'abord des « transferts en capital » (opérations de remises de dettes et pertes sur cessions de créances, comme, par exemple, l'allègement de la dette publique de la France à l'égard des pays en développement). Mais surtout, les difficultés statistiques obli-

De quoi se compose la balance des paiements ?

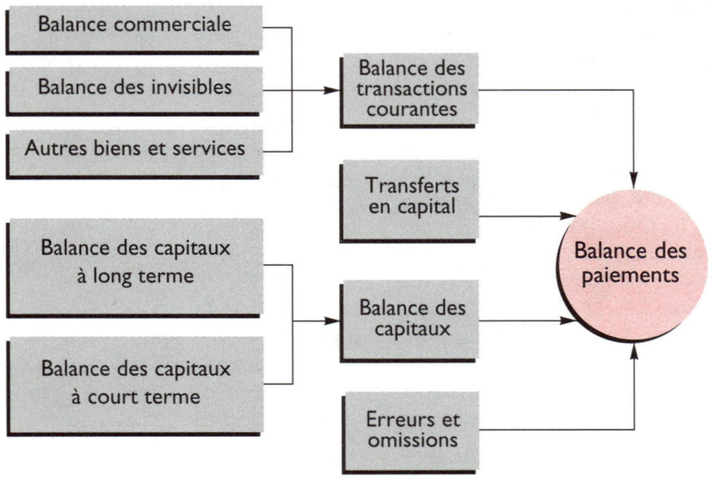

gent à prévoir deux postes d'ajustement, le poste « autres biens et services » dans la balance des transactions courantes et le poste « erreurs et omissions » pour l'ensemble de la balance des paiements. Signalons d'ailleurs que ces difficultés, ainsi que certaines transactions de nature occulte (drogue, trafics…) sont à l'origine, au niveau mondial, d'un « trou noir des statistiques » des échanges, puisque la somme de tous les soldes de toutes les balances des paiements ne fait pas zéro (les déficits des uns compensant les excédents des autres), mais présente un important déficit.

2) Un compte toujours équilibré

La balance des paiements est un compte où l'on enregistre en même temps deux opérations dont l'une est la contrepartie de l'autre. Ainsi, par application des règles de la comptabilité en partie double, on dispose d'un compte équilibré.

Comment peut-on alors parler, comme on le fait souvent, de balance des paiements « excédentaire » ou « déficitaire » ? En fait, on distingue dans une balance des paiements deux ensembles, le premier regroupant les transactions courantes, les mouvements de capitaux à long terme et les mouvements de capitaux à court terme du secteur privé non bancaire, et le second, intitulé « position monétaire extérieure », regroupant les opérations monétaires réalisées avec les non-résidents, c'est-à-dire les mouvements de capitaux à court terme du secteur public et du secteur bancaire. Le premier ensemble, qui est donc la « balance des mouvements non monétaires », peut être ainsi déficitaire ou excédentaire, et c'est à cette balance qu'il est fait référence lorsque, par abus de langage, on mentionne une balance des paiements déficitaire ou excédentaire.

La variation de la position monétaire peut être considérée comme un compte « caisse » du bilan des relations économiques avec l'étranger puisqu'il regroupe les moyens de financement destinés à « solder » la balance des paiements, toujours équilibrée.

Donnons un exemple d'enregistrement d'opérations et de construction d'une balance des paiements :

Une exportation de 500 francs est réglée immédiatement par le client étranger et une exportation de 1 000 francs est assortie d'un crédit commercial à court terme de 600 francs. On remarquera que, par convention, les signes du poste « variation de la position monétaire » sont opposés à ceux du reste de la balance des paiements. Ainsi, une variation de la position de « 900 francs » correspond à une augmentation des devises (on parle de réserve de change).

La variation de la position monétaire

Crédit (+)		Débit (–)
+500	Balance commerciale	– 600
+1 000	Balance des capitaux	– 500
	Variation de la position monétaire	– 400

● Voir balance commerciale, balance des capitaux, balance des transactions courantes, soldes extérieurs.

Balance des transactions courantes

Compte statistique qui retrace l'ensemble des échanges de biens et de services entre un pays donné et l'étranger.

Désignée aussi sous les termes de balance des opérations courantes, de balance des paiements courants, ou plus simplement de balance courante, la balance des transactions courantes regroupe la balance commerciale et la

balance des invisibles qui recense l'ensemble des échanges de biens immatériels avec l'extérieur.
En quoi consistent ces biens « invisibles » ? Ce sont d'abord les échanges de services dont les grandes catégories sont les services liés au commerce extérieur (les transports, les assurances), le tourisme, les services liés aux échanges de technologie (grands travaux, brevets, redevances, services de gestion, etc.), certains revenus du travail (travailleurs frontaliers) et les revenus du capital sous forme d'intérêts et de dividendes. On établit ainsi une balance des services.
Une « exportation » de services correspond à des gains en devises pour l'économie françaises (par exemple, tourisme des étrangers en France, revenus des capitaux français investis à l'étranger, revenus provenant des grands travaux réalisés à l'étranger par des entreprises françaises). Une « importation » de services nécessite en revanche d'obtenir des devises (par exemple, achats de brevets à l'étranger, versements d'intérêts pour les emprunts contractés à l'étranger).
Le second ensemble qui compose, avec les services, la balance des invisibles correspond aux transferts unilatéraux qui sont des opérations sans contrepartie. Il s'agit par exemple des revenus des travailleurs immigrés envoyés dans leur pays d'origine, de dons (comme l'aide publique au développement) accordés par la France à d'autres États ou encore de la contribution nette, croissante, de la France au budget de la Communauté européenne.

● VOIR balance commerciale, balance des paiements, soldes extérieurs.

BANCARISATION

Augmentation spectaculaire du nombre de guichets bancaires en France dans les années 60 et 70.

● VOIR banque.

BANQUE

Entreprise d'un type particulier qui reçoit les dépôts d'argent de ses clients (entreprises ou particuliers), gère leurs moyens de paiements (cartes de crédit, chèques) et leur accorde des prêts.

La banque est une entreprise qui produit de nombreux services destinés à sa clientèle. Elle reçoit d'abord les dépôts de sommes apportées par ses clients. Elle accepte ainsi de garder ces fonds à la place des particuliers qui effectuent soit des dépôts à vue (c'est l'argent liquide) soit des dépôts à terme (la banque conserve les fonds pendant un certain délai durant lequel le client ne peut les retirer).
La banque assure ensuite la gestion des moyens de paiement pour le compte de ses clients. L'ouverture d'un compte dans une banque et le versement sur ce compte de fonds sous forme de dépôts à vue (le compte est crédité) permettent une multitude d'opérations : recevoir des chèques, émettre des chèques pour le compte d'autrui (le client doit avoir une provision sur son compte pour que le chèque soit honoré ou il doit bénéficier d'un découvert quand la banque accepte de débiter son compte qui n'a pas une provision suffisante), retirer de la monnaie auprès des gui-

De quoi se compose la balance des transactions courantes ?

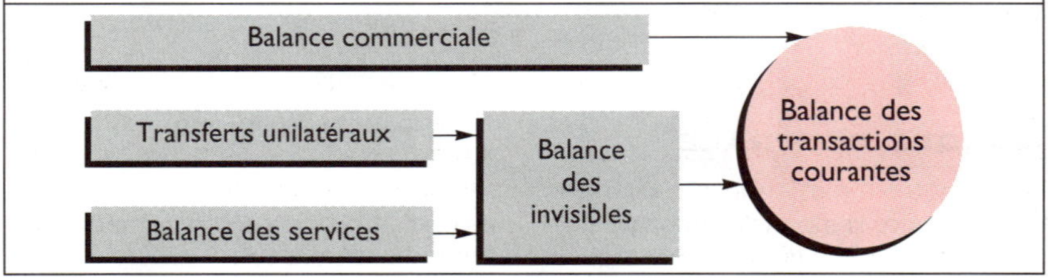

chets bancaires ou dans les distributeurs automatiques de billets (DAB). La banque distribue surtout des crédits : elle prête des ressources, des moyens de paiement aux agents économiques. La distribution de crédits est ainsi la principale activité d'une banque. Le découvert est la forme la plus simple de crédit bancaire qui peut prendre de multiples aspects : crédit immobilier à long terme (10 à 20 ans), crédit revolving ou crédit permanent (le crédit accordé au client, dont le montant est fixé par la banque, se reconstitue au fur et à mesure des remboursements réalisés).

Outre ces trois grandes catégories de services bancaires, on trouve aussi les services liés aux opérations de change (achat et vente de devises par exemple), les services liés à la commercialisation de produits financiers les plus divers (plan d'épargne logement, plan d'épargne populaire, plan d'épargne en actions, valeurs mobilières comme les actions ou les SICAV, etc.).

Les services rendus à la clientèle constituent le métier même de banquier. Toutefois, en raison de l'importance des fonds dont elles disposent, les banques ne se contentent pas de prêter des ressources. Elles acquièrent aussi – comme d'autres entreprises – des participations au capital de certaines sociétés. Ces participations en font donc des actionnaires, parfois importants, de grandes entreprises.

Enfin, l'ensemble des banques joue un rôle économique fondamental : elles assurent le financement de l'économie, notamment grâce à la possibilité qui leur est offerte de créer de la monnaie.

● VOIR intermédiation bancaire, monnaie.

BANQUE CENTRALE

Banque particulière chargée d'émettre la monnaie nationale servant aux règlements des banques entre elles et d'assurer l'unité de fonctionnement du circuit monétaire en permettant aux banques de satisfaire les demandes de billets de leur clientèle.

Une banque centrale est l'émettrice des billets de banque, et les pouvoirs publics lui ont confié le monopole d'émission de la monnaie légale. En France, par exemple, la Banque de France est l'institut d'émission. Elle gère aussi les réserves de change de l'économie, car les banques doivent s'adresser à elle pour s'approvisionner en devises ou transformer leurs devises en francs lorsqu'elles ne peuvent équilibrer leurs opérations entre elles. Mais son principal rôle est d'assurer la compensation entre les excédents et les déficits de trésorerie quotidiens des banques. Grâce à un compte à la Banque de France, les banques peuvent régler leurs dettes entre elles et obtenir des billets demandés par les agents économiques. La banque centrale est « prêteur en dernier ressort », car elle fournit, à des conditions plus ou moins restrictives, selon la politique monétaire, les liquidités dont l'économie a besoin.

● VOIR Banque de France, change, création monétaire, liquidité bancaire, politique monétaire.

BANQUE D'AFFAIRES

Banque qui faisait appel à l'épargne publique pour financer le développement industriel.

Depuis 1984, la distinction entre banques d'affaires et banques de dépôt a disparu. Il n'y a donc plus de spécialisation des banques.

Même si les banques d'affaires distribuaient des crédits à moyen terme et long terme, leurs activités consistaient surtout à investir leurs fonds dans le capital des sociétés en prenant des participations (elles en devenaient actionnaires). Comme elles prenaient certains risques, elles ne pouvaient recevoir que des dépôts immobilisés pour plus d'un an.

À l'inverse, **les banques de dépôts** recevaient des dépôts (à vue ou à moins de deux ans) et distribuaient des crédits à court terme, aux particuliers comme aux entreprises.

Banque de France

Créée en 1800, nationalisée en 1945, la Banque de France est l'institut d'émission, la « banque des banques ».

Elle détient, en effet, le monopole d'émission de la monnaie (depuis 1848) puisqu'elle est la seule institution pouvant fabriquer des billets qui représenteront la monnaie légale. Présidée par un gouverneur, la Banque de France est la banque centrale de la France ; c'est elle qui est chargée de surveiller le bon fonctionnement du système bancaire, mais surtout, elle prépare et met en œuvre la politique monétaire définie par le gouvernement. Dans le cadre de l'UEM, la Banque de France est devenue indépendante des autorités gouvernementales. La Banque de France a modifié ses statuts en 1994. Son action est menée par le Conseil de la politique monétaire (CPM), composé de 9 personnalités indépendantes et par le gouverneur, qui définit la politique monétaire de la France (fixation du niveau des taux d'intérêt), indépendamment des autorités gouvernementales.
Elle refinance les banques et peut ainsi participer à la création monétaire qu'elle encadre. La Banque de France assure aussi la gestion des réserves de change nationales (or, devises, etc.).

Banque des règlements internationaux (BRI)

Institution financière internationale, créée en 1931 pour faciliter le règlement des réparations allemandes et située à Bâle, dont le rôle est aujourd'hui de favoriser la coopération entre les banques centrales européennes.

Banque européenne pour la reconstruction et le développement (BERD)

Banque créée en 1990 par les pays occidentaux pour aider financièrement les pays de l'Est durant leur phase de transition.

La BERD fait des prêts ou fournit des aides destinés à favoriser des réformes structurelles dans ces pays. Les pays d'Europe centrale et orientale (les « PECO », pour l'OCDE) bénéficient, en outre, d'une aide financière apportée par le FMI et la Banque mondiale.

● Voir économie socialiste, transition.

Banque mondiale

Institution internationale ayant pour mission d'aider financièrement au développement des pays du tiers monde.

La Banque mondiale est la principale institution d'aide au développement. Créée en 1944, lors des accords de Bretton Woods, la Banque internationale pour la reconstruction et le développement (BIRD) est la principale organisation de la Banque mondiale et s'est spécialisée dans le financement des grands projets d'équipement dans les PED.

● Voir aide au développement, développement.

Banqueroute

Situation dans laquelle se met un débiteur qui ne peut plus régler ses dettes.

Si le droit commercial français donne une définition précise de la banqueroute (elle se caractérise par une faute, voire une fraude, du débiteur et une déclaration par les tribunaux), cette notion peut désigner plus générale-

ment une impossibilité de régler ses dettes (on parle aussi de cessation de paiement).
La banqueroute la plus célèbre est celle de Law, le 1er novembre 1720. Financier écossais, John Law s'installa en France et créa en 1716 une banque privée qui devint ensuite une banque d'État. Celle-ci fut la première banque à émettre des billets en France. Leur remboursement était garanti par les dépôts de monnaies métalliques. Avec le succès de ces billets, Law multiplia ses activités (création de la Compagnie des Indes) et émit une quantité de billets qui devint rapidement sans rapport avec les valeurs réelles que la banque possédait. Cette création monétaire excessive fut à l'origine d'une vaste spéculation qui toucha les actions de la Compagnie des Indes. Une panique boursière succéda alors à l'envolée des cours, et chacun voulut en même temps se débarrasser de ses actions mais aussi de ses billets. Lorsque l'encaisse monétaire métallique fut épuisée, Law dut interrompre le remboursement des billets provoquant ainsi la banqueroute.
Cette expérience provoqua une méfiance durable de l'opinion à l'égard du papier-monnaie.

Bénéfice

Gain réalisé par une entreprise lorsque son chiffre d'affaires est supérieur au coût total de ses produits.

La différence entre le prix de vente d'un produit et son prix de revient constitue le résultat unitaire. Il peut s'agir d'un bénéficie (prix de vente supérieur au prix de revient) ou, au contraire, d'une perte.

$$\textit{résultat unitaire (bénéfice ou perte)} = \textit{prix de vente} - \textit{prix de revient}$$

On peut calculer le bénéfice global de l'entreprise en multipliant le bénéfice unitaire par les quantités produites.

$$\textit{bénéfice global} = \textit{bénéfice unitaire} \times \textit{quantités produites}$$

$$= \left(\textit{prix de vente unitaire} - \textit{prix de revient unitaire}\right) \times \textit{quantités produites}$$

$$= \left(\textit{prix de vente} \times \textit{quantité}\right) - \left(\textit{prix de revient} \times \textit{quantité}\right)$$

$$= \textit{chiffres d'affaires} - \textit{coût total}$$

BERD

Cf. Banque européenne pour la reconstruction et le développement.

Besoin

Sentiment de manque ou de privation accompagné du désir de le voir disparaître.

On distingue ainsi des **besoins physiologiques** ou **primaires,** qui correspondent aux exigences naturelles (se nourrir, se protéger contre le froid, etc.), et des **besoins secondaires,** qui apparaissent après les premiers et sont plus diversifiés (besoin de se distraire, de se cultiver, etc.). Les besoins, mêmes primaires, sont relatifs, c'est-à-dire que leurs modes de satisfaction peuvent varier selon les sociétés.

● Voir consommation.

Besoin de financement

Situation d'un agent économique lorsque son épargne est inférieure aux investissements qu'il souhaite réaliser.

● Voir capacité de financement.

Bien collectif

Un bien collectif (comme l'éducation, la défense nationale, ou un phare de mer) est un bien qui n'est pas divisible, et dont le coût de production ne peut être imputé à un individu spécifique, ce qui rend difficile, voire impossible, la fixation du prix.

De plus, la consommation de ce bien par un individu ou par plusieurs est identique. Un consommateur supplémentaire n'implique donc pas un coût supplémentaire pour l'entreprise (le « coût marginal » est nul, et donc la théorie néoclassique de fixation du prix au niveau du coût marginal ne peut s'appliquer).
L'existence de biens collectifs témoigne d'une limite du marché comme régulateur des activités économiques.

● VOIR économie néoclassique, État (économie), marché.

BIEN DURABLE

Cf. consommation.

BIEN ÉCONOMIQUE

Produit, matériel ou immatériel, issu de l'activité économique de production.

L'activité productive permet ainsi de réaliser la production de biens économiques. Les biens économiques sont des biens rares ou des productions de l'homme. Les facteurs de production étant rares, les biens économiques le sont aussi. Ils s'opposent donc aux **biens libres**, qui sont des biens disponibles en abondance, aucun travail n'étant nécessaire pour en bénéficier (air, soleil, eau parfois). Les préoccupations écologiques tendent cependant à montrer qu'il s'agit de moins en moins de biens libres.
On peut classer les biens économiques en plusieurs typologies.
La première distingue les biens matériels et les biens immatériels :
– **biens matériels** : biens ayant une réalité physique, palpable et pouvant être stockés ;
– **biens immatériels** ou services : biens non palpables et non stockables dont la production et la consommation sont réalisées simultanément. Une réparation automobile, une coupe de cheveux, une consultation médicale ou une projection de film sont des services marchands destinés aux ménages. La publicité, le travail temporaire, les conseils juridiques et fiscaux sont des services marchands destinés aux entreprises.
Une autre typologie distingue les **biens de consommation**, qui peuvent être **durables** (équipement électroménager, automobile) ou **non-durables**, et les **biens de production** (machines, bâtiments, énergie, matières premières, services rendus par une entreprise à une autre entreprise). La notion de **biens d'équipement** correspond, pour l'INSEE, aux produits industriels destinés à équiper les entreprises (biens d'équipement, comme les machines) ou les ménages (les biens d'équipement des ménages correspondent aux biens de consommation durables, comme l'automobile). Quant aux **biens intermédiaires**, ce sont les biens industriels suivants : sidérurgie, métallurgie, chimie, verre, papier, matières plastiques.

● VOIR industrie, production, services.

BIENS COMMUNAUX

Propriétés des communes qui permettaient, avant la Révolution industrielle, aux plus misérables d'obtenir quelques ressources (ramassage du bois mort, pâturage, etc.).

Le mouvement des enclosures (élévation de clôtures) au début du XIXe siècle en Grande-Bretagne permet le démarrage de la révolution agricole (hausse de la productivité), mais, en mettant fin à ces quelques petits privilèges, il précipite de nombreux pauvres vers les centres urbains où ils seront employés par l'industrie naissante.

BIENS NATIONAUX

Les biens du clergé, et dans une moindre mesure ceux des émigrés, ont été confisqués par l'État et déclarés « biens nationaux » en novembre 1789, puis vendus massivement en 1795 au cours de ventes publiques aux enchères.

L'État se chargeait désormais des dépenses du clergé. Contrairement à ce que l'on a longtemps pensé, la vente de ces biens n'est pas à l'origine du développement de la petite propriété privée, déjà existante et dominante avant la Révolution française.

Big Bang

Nom donné à la profonde réforme de la Bourse de Londres en 1986, réforme caractérisée par la suppression des frontières entre la Bourse, refuge de traditions solides, et la City, lieu des marchés internationaux de capitaux (marché de l'euromonnaie par exemple).

Bilan

Le bilan est un document comptable que doit établir chaque entreprise à la fin d'une période d'un an (appelée « exercice comptable »). Ce document constitue une photographie, à un instant donné, de la situation du patrimoine de l'entreprise. Il donne ainsi un nombre important de renseignements sur l'entreprise.

Le bilan indique l'origine des fonds dont dispose l'entreprise à cette date ; l'ensemble de ces sources de fonds (les ressources de l'entreprise) est appelé « passif ».
Il indique aussi les utilisations faites, à cette même date, de l'ensemble de ces fonds ; cette description des utilisations est appelée « actif ».
Le bilan se présente alors sous la forme d'un tableau à deux colonnes. Comme les ressources ont été utilisées pour financer les différentes utilisations, il y a toujours égalité entre l'actif et le passif du bilan.
Le passif enregistre les différentes origines des fonds dont l'entreprise va disposer. On distingue deux grandes catégories dans le passif.

– Les **capitaux propres** (ou fonds propres) qui représentent les fonds apportés par le ou les propriétaires de l'entreprise (capital social) ainsi que les ressources provenant de l'activité de l'entreprise et qui n'ont pas été distribuées (ce sont les réserves, bénéfices mis en réserve).
– Les dettes qui sont des sommes que des personnes étrangères ont prêtées à l'entreprise. Il peut s'agir de dettes à moyen et long terme (emprunt de plus d'un an consenti par une banque, par exemple) ou de dettes à plus court terme (crédits consentis par les fournisseurs de l'entreprise, découverts bancaires par exemple) qui sont exigibles à moins d'un an. On regroupe parfois les dettes à moyen et long terme et les capitaux propres sous le terme de capitaux permanents.
L'actif décrit les biens et les droits que possède l'entreprise. Il y a deux grandes catégories d'emploi des fonds de l'entreprise.
– L'**actif immobilisé** : appelés aussi « immobilisations », ces emplois sont fixes, c'est-à-dire qu'ils restent dans l'entreprise pendant une période assez longue (supérieure à un an). Il s'agit ainsi des terrains et des constructions, du matériel (machines, mobilier, etc.), des droits (fonds de commerce, brevets, licences, prêts à plus d'un an consentis par l'entreprise). Ces biens, matériels ou immatériels, figurent à l'actif pour un montant qui correspond à leur coût d'acquisition. Certains de ces biens se déprécient aux cours du temps et font l'objet d'un amortissement.
– L'**actif circulant** décrit les emplois de fonds qui sont de courte durée ; il s'agit des stockages de matières premières, de produits en cours (de fabrication) ou finis, de crédits consentis aux clients de l'entreprise, d'argent en caisse ou déposé sur un compte bancaire.
Les postes du bilan, tant à l'actif qu'au passif, sont classés en allant du long terme (immobilisations, capital social) au court terme.
À la fin d'une période d'activité de l'entreprise, la valeur totale des ressources fournie à l'entreprise (passif) ne cor-

Les grands postes du bilan

Bilan

Immobilisations - terrains - matériels - brevets - licences	**Capitaux propres** - capital social - bénéfices mis en réserve
Actifs circulants - stock - créances - monnaie	**Dettes** - dettes à moyen et long terme - dettes à court terme

respond généralement pas à la valeur totale de ce qu'elle possède (actif).
Si l'actif est supérieur au passif existant au début de l'exercice, l'exploitation de l'entreprise a dégagé des ressources supplémentaires qui ont permis d'accroître le patrimoine de l'entreprise ; ces ressources correspondent aux bénéfices mis en réserve. Elles figurent ainsi au passif, ce qui permet d'équilibrer le bilan. Si l'actif est inférieur, l'entreprise enregistre une perte (figurant à l'actif).

● VOIR capital social, compte de résultat, entreprise, profit.

Bilan consolidé

Document comptable d'un groupe d'entreprises rassemblant les données figurant dans tous les bilans de ses filiales.

● VOIR bilan, firme multinationale.

Bilan social

Document, obligatoire dans les entreprises de plus de 300 salariés, retraçant les principaux indicateurs sociaux de l'entreprise : emploi (effectifs, embauches et départs, absentéisme, etc.), rémunérations et charges sociales, conditions de travail, formation, conditions d'hygiène et de sécurité.

● VOIR absentéisme.

Billet de trésorerie

Titre à court terme, négociable, émis par les entreprises afin d'obtenir des ressources à des taux voisins de ceux des marchés monétaires.

Avant leur création, les entreprises ne pouvaient que s'adresser aux banques pour obtenir ou prêter des fonds, les conditions financières de ces opérations intégrant la marge de la banque. Les billets de trésorerie permettent à deux entreprises de réaliser une opération de prêt-emprunt entre elles, la marge bancaire étant maintenant partagée entre elles deux.

● VOIR marché monétaire.

BIRD

Cf. Banque mondiale.

Boom

Augmentation brutale des ventes liée à un accroissement soudain de la demande (exemple du boom des affaires lorsque le phénomène touche l'ensemble de l'activité économique). On peut aussi observer un boom pour certains produits.

Boudon (Raymond)

Repères biographiques

Sociologue français contemporain né en 1934. Ses principaux ouvrages sont : *L'Inégalité des chances* (1973), *Effets pervers et ordre social* (1977), *L'Idéologie* (1986). Partisan d'une analyse de la vie sociale en termes d'individualisme méthodologique et d'effets d'agrégation (ou effets de composition), il s'oppose aux sociologues d'inspiration durkheimienne (Pierre Bourdieu par exemple).

● VOIR Bourdieu, Durkheim, effet d'agrégation, individualisme méthodologique.

BOURDIEU (PIERRE)

REPÈRES BIOGRAPHIQUES
Sociologue français contemporain né en 1930. Ses principaux ouvrages sont : *Les Héritiers* (1964, avec Jean-Claude Passeron), *La Reproduction* (1970, avec Jean-Claude Passeron), *Esquisse d'une théorie de la pratique* (1972), *La Distinction* (1979), *Questions de sociologie* (1980), *La Misère du monde* (1993).

Son ambition s'inscrit dans la tradition durkheimienne à un double point de vue : d'une part, en essayant de combattre les préjugés sur le social grâce à une étude scientifique des faits sociaux ; d'autre part, en considérant que les comportements, les perceptions et les représentations des individus ou des groupes sont socialement déterminés (holisme). Il s'agit donc de découvrir les mécanismes par lesquels les structures sociales sont à la fois l'origine et le résultat des pratiques individuelles.

● VOIR Durkheim, habitus, holisme, reproduction sociale.

BOURGEOISIE

Cf. classes sociales.

BOURSE

Lieu permettant la confrontation des demandeurs et des offreurs pour un produit donné.

C'est donc un espace géographique particulier où se déterminent les cours d'échange, c'est-à-dire le prix d'échange des produits en question.
Il existe ainsi, en France, des bourses de marchandises appelées « bourses de commerce » où se négocient des produits de base et des matières premières (café, sucre, laine, etc.). La bourse des valeurs est un marché organisé où s'échangent des valeurs mobilières (actions et obligations).

● VOIR bourse des valeurs, valeur mobilière.

BOURSE DES VALEURS

Marché organisé où s'échangent des valeurs mobilières (actions et obligations).

1) Marché primaire et marché secondaire

En réalité, le marché des actions et des obligations se compose de deux compartiments, appelés « marché primaire » et « marché secondaire ».
Le marché primaire concerne seulement les émissions d'actions et d'obligations. Il assure, en effet, la rencontre entre les demandeurs de fonds qui émettent alors des valeurs mobilières (une entreprise, qui souhaite se développer, émet des actions ; l'État, pour financer le déficit budgétaire, émet des obligations) et les épargnants qui souhaitent placer leur épargne et qui achètent alors les nouvelles actions et obligations. La notion de marché financier correspond alors à ce marché des émissions de nouveaux titres.
Le marché secondaire ne concerne que l'échange des valeurs mobilières déjà émises. Par exemple, un épargnant ayant souscrit à une émission d'obligations d'État peut souhaiter revendre ce titre acheté à l'État ; c'est sur le marché secondaire qu'il pourra réaliser cette opération. C'est donc sur ce marché secondaire que varient les prix des valeurs mobilières, appelés « cours ». Ces cours peuvent alors s'écarter considérablement du cours d'émission fixé par l'émetteur de valeurs mobilières (marché primaire). Sur le marché secondaire, qui correspond au terme de « bourse », l'émetteur n'intervient plus (sauf s'il souhaite réacheter ses propres actions) puisque seules les offres et les demandes de titres déterminent les cours. À la Bourse, les titres déjà émis s'échangent contre de l'argent liquide.

On remarque toutefois que les termes de marché financier et de bourse sont souvent pris comme synonymes pour désigner l'ensemble des deux compartiments.
Marché primaire et marché secondaire sont des marchés indissociables, car un épargnant n'achètera des valeurs lors de leur émission que s'il dispose de la possibilité de s'en défaire à de bonnes conditions (sans perte) sur le marché secondaire. La bonne santé de la Bourse (cours à la hausse) est donc une condition pour attirer l'épargne vers ceux qui ont besoin de capitaux (marché primaire).

2) La Bourse et le financement de l'économie

C'est le rôle du marché primaire d'assurer la rencontre directe entre de nouveaux épargnants et les agents économiques (entreprises, États, organismes publics) recherchant des fonds. Le marché financier remplit donc sa fonction lorsqu'il parvient à attirer une épargne nouvelle. Le marché financier facilite donc le développement des entreprises.
Sur le marché primaire, les épargnants individuels interviennent surtout de façon indirecte, car ce sont plutôt les organismes gérant leur épargne investie à la Bourse (les OPCVM, gérant SICAV et FCP) qui participent aux émissions de valeurs mobilières (augmentations de capital des sociétés par exemple).
Plus généralement, ce sont les « investisseurs institutionnels » qui jouent un rôle important sur ce marché en raison de leur puissance financière.

3) Les mutations financières des entreprises

La Bourse (marché secondaire) permet de faciliter les changements dans la structure financière des grandes entreprises cotées, c'est-à-dire dans la répartition de leur capital entre les différents actionnaires. La Bourse permet ainsi les alliances, les restructurations, les fusions et les rachats d'entreprises (rôle des offres publiques d'achat par exemple).
Les privatisations d'entreprises publiques, réalisées grâce à la vente par l'État des titres de sociétés dont il était propriétaire, ont permis de modifier totalement la structure financière de nombreuses entreprises.

● VOIR cote officielle, cours boursiers, marché à terme international de France, marché hors cote, second marché, valeur mobilière.

BOYCOTT

Correspond à un embargo généralisé, au refus d'entretenir des relations économiques avec un pays afin d'exercer des pressions (Afrique du Sud durant de longues années) ou des représailles (Irak).

● VOIR embargo.

BRANCHE

Cf. secteur d'activité.

BRETTON WOODS

Conférence monétaire et financière des Nations unies réunissant en juillet 1944, dans la ville du même nom, les représentants des 44 nations signataires de la charte de l'ONU afin de recréer un nouveau système monétaire international.

1) Le système de Bretton Woods

Pour la première fois, les pays s'engagent sur des règles précises dans le domaine des relations monétaires internationales et créent un institut spécifique, le Fonds monétaire international, chargé de veiller au respect de ces règles.
La conférence de Bretton Woods met en place un système de change-or basé sur le dollar. C'est un système de changes fixes, car chaque monnaie a une parité officielle déclarée au FMI, définie en or (35 dollars l'once d'or). Comme les États-Unis sont les seuls à accepter la convertibilité de leur monnaie en or, les autres pays vont devoir maintenir fixe la parité de leur monnaie par rapport au dollar (qui est *as good as gold*). Ils disposent cependant

d'une marge de fluctuation de 1 %, c'est-à-dire que les banques centrales doivent intervenir pour maintenir la parité de leur monnaie lorsque celle-ci monte ou descend de plus de 1 % par rapport au dollar.
Les parités sont fixées, mais elles peuvent être modifiées, à titre exceptionnel et avec l'accord du FMI, lorsque la dévaluation est le seul moyen qui reste à la disposition d'un pays pour corriger un déséquilibre structurel de sa balance des paiements.
Si le déséquilibre n'est que temporaire (déséquilibre conjoncturel), les pays peuvent demander à bénéficier de crédits particuliers, les moyens de paiement internationaux mis à leur disposition permettant de financer les déficits extérieurs. Ces mécanismes de crédits mutuels sont gérés par le FMI qui peut même exiger des mesures de politique économique internes contraignantes pour un pays qui sollicite une aide importante (exemple de certains PED endettés).
Sans arriver à ce stade, les pays peuvent utiliser les droits de tirage spéciaux (DTS) qui représentent un droit, calculé en proportion de la quote-part, de recevoir des liquidités internationales dont une faible partie seulement devra être remboursée.

2) L'échec du système de Bretton Woods

Ce système, qui n'a réellement fonctionné qu'à partir du retour à la convertibilité des monnaies européennes en 1958, s'est peu à peu désagrégé lorsque la confiance dans le dollar a pris fin avec l'inflation américaine. Les marchés des changes ont connu à la fin des années 60 d'importants mouvements de fluctuation du dollar que les banques centrales n'arrivèrent plus à arrêter, si bien que les États-Unis durent mettre fin à la convertibilité du dollar en or le 15 août 1971. Les accords de Washington de décembre 1971 prévoient alors une dévaluation du dollar et un élargissement des marges de fluctuation des monnaies (2,25 % au lieu de 1 % de chaque côté de la parité officielle).
En 1973, les banques centrales européennes refusent de continuer à soutenir le dollar (achat de dollars contre leurs propres monnaies qu'elles doivent créer à cette occasion) et renoncent désormais à être rattachées au dollar.
C'est donc la fin du système de changes fixes organisé autour de l'étalon-dollar et l'avènement du flottement généralisé des monnaies. Les accords de la Jamaïque de 1976 officialisent l'abandon du système des changes fixes pour le système des changes flottants, marquant ainsi la fin du système de Bretton Woods.

● Voir droits de tirage spéciaux, étalon-or, Fonds monétaire international, système monétaire international.

BRI

Cf. Banque des règlements internationaux.

Brut / Net

Adjectifs utilisés pour une grandeur économique selon qu'elle contient ou non un élément particulier.

On a ainsi :

investissement brut
= investissement net + amortissement

salaire brut
= salaire net + cotisations sociales

Budget

Document retraçant l'ensemble des recettes et des dépenses de l'État pour une année civile (du 1er janvier au 31 décembre).

Ce budget concerne l'État au sens strict, c'est-à-dire les administrations centrales de l'État (les ministères). Sont exclues du budget de l'État les ressources et les dépenses des collectivités locales (régions, départements

et communes) ainsi que celles des organismes de Sécurité sociale. En revanche, il existe chaque année un budget social de la nation, document qui récapitule l'ensemble des ressources et des dépenses en matière de protection sociale (prestations et cotisations sociales des organismes de Sécurité sociale, recettes et dépenses sociales de l'État et des collectivités locales). Ce document constitue un indicateur de l'« effort social de la nation ».
On emploie aussi le terme « budget » pour désigner les ressources et les dépenses d'un ministère (le budget de l'Éducation nationale, par exemple).

1) Les recettes

Les recettes, ou ressources, du budget de l'État proviennent surtout de la fiscalité, c'est-à-dire des impôts payés par les contribuables. Mais les impôts, s'ils représentent près des 9/10e des recettes budgétaires, ne sont pas les seules ressources de l'État. Le budget est aussi alimenté par des recettes non fiscales comme par exemple les recettes de la production marchande de l'État (armement) ou certaines recettes exceptionnelles (privatisations d'entreprises publiques).

2) Les dépenses

Les dépenses de l'État sont aussi appelées « charges budgétaires » ou « dépenses publiques ».
On distingue généralement les dépenses publiques ordinaires (rémunérations des fonctionnaires, aides à l'emploi ou aux agriculteurs, etc.) et les dépenses publiques en capital (investissements). Certaines dépenses d'investissements doivent cependant être financées sur plusieurs années ; le gouvernement soumet alors au Parlement des autorisations de programme afin d'obtenir son accord sur une opération dont les dépenses et le financement dureront plusieurs années.

● Voir collectif budgétaire, débudgétisation, déficit budgétaire, dette publique, effet d'éviction, État (économie), impôt, loi de finances, politique budgétaire, services votés, stabilisateurs automatiques.

Budget d'un ménage

Ensemble des dépenses de consommation d'un ménage.

À la différence du budget de l'État, le terme « budget » utilisé pour les ménages exclut les recettes ainsi que l'épargne. Le budget des ménages permet d'étudier la structure de la consommation ainsi que son évolution grâce aux coefficients budgétaires.

● Voir coefficient budgétaire, consommation, loi d'Engel.

Bureaucratie

Forme d'organisation caractérisée par la prépondérance des règles et des procédures appliquées par des agents spécialisés.

Dans le langage courant, la bureaucratie est un terme qui s'applique à une organisation caractérisée par la routine, la lenteur d'exécution, la complexité, le manque de transparence, etc.
Mais la bureaucratie désigne aussi une forme de gouvernement par les « bureaux », lorsque l'appareil d'État est composé de fonctionnaires, nommés et non pas élus, organisés de façon hiérarchique et dépendant d'une autorité souveraine (situation qu'on connue les pays de l'Est jusqu'à la fin des années 80).
Entre le sens commun et péjoratif de la bureaucratie, et la forme d'organisation politique de l'État qui exclut toute participation des citoyens, les sociologues ont, Max Weber le premier, donné un contenu plus précis à cette notion.
Pour Max Weber, la bureaucratie est une forme d'organisation générale caractérisée par la prépondérance de règles et de procédures qui sont appliquées de façon impersonnelle par des agents spécialisés. Ces agents appliquent les règles sans discuter des objectifs ou des raisons qui les fondent. Ils doivent faire preuve de neutralité et oublier leurs propres intérêts personnels au profit de l'intérêt général. Dans cette forme d'organisation, les recrutements reposent sur

les concours sanctionnant les aptitudes afin d'éviter le jeu des relations sociales ou familiales tandis que les promotions s'effectuent selon des principes stricts (ancienneté par exemple) afin d'éviter toute favoritisme.
Le principal mérite de l'analyse de Weber a été de montrer que les principes de la bureaucratie tendaient à s'imposer dans tous les secteurs de la vie économique et sociale. Loin d'être l'apanage de la seule Administration, la bureaucratie pouvait aussi se rencontrer dans les grandes entreprises, les partis, les organisations syndicales, etc., comme la forme d'organisation la plus efficace.
Les analyses de Weber ont été prolongées, en France, par le sociologue Michel Crozier. Dans *Le Phénomène bureaucratique*, il définit une organisation bureaucratique comme « une organisation qui ne peut ni se corriger facilement en fonction de ses erreurs, ni innover ou s'adapter sans crise aux transformations de son environnement ».

● VOIR État (politique), politique, pouvoir politique, Weber.

C

CAF

Cf. coût-assurance-fret.

Caisse des dépôts et consignations

Institution financière publique alimentée par les consignations des notaires et par les ressources collectées sur les livrets de caisse d'épargne, et dont les objectifs sont de prêter au système financier, de financer le logement social et les collectivités locales.

Cambiste

Professionnel opérant sur le marché des changes.

● Voir change, marché des changes.

Canuts

Ouvriers réalisant le tissage de la soie dans la région lyonnaise, les canuts sont passés à la postérité avec leur révolte de 1831.

La baisse des salaires liée à la concurrence étrangère fut à l'origine d'un accord sur un salaire minimal signé par les ouvriers et les maîtres de la soie (sous la pression du préfet cependant). Le refus de son application par de nombreux patrons provoqua alors l'insurrection des canuts qui prirent le contrôle de la ville durant quelques semaines, avant que la troupe ne rétablisse l'ordre.

Capacité d'autofinancement

Capacité bénéficiaire de l'entreprise, c'est-à-dire ensemble des ressources internes dont elle peut disposer pour financer le développement de son activité.

C'est l'ensemble des ressources disponibles pour distribuer des dividendes aux actionnaires et pour investir. C'est à partir de la capacité d'autofinancement que les dirigeants de l'entreprise opèrent un choix stratégique en déterminant la répartition entre les bénéfices distribués aux actionnaires et les ressources réinvesties dans l'entreprise.

La capacité d'autofinancement, ou marge brute d'autofinancement, ou encore *cash flow*, est égale à la somme de l'autofinancement et des bénéfices non distribués.

● Voir autofinancement, profit.

Capacité de financement

Épargne des agents économiques disponible pour d'autres agents.

Un agent économique a une capacité de financement lorsqu'il a une épargne disponible qu'il n'utilise pas pour investir lui-même. Les ressources sont alors mises à la disposition de l'économie.

D'un point de vue macroéconomique ou global, c'est-à-dire si l'on considère toutes les entreprises et tous les ménages au sein de l'économie, on constate que les ménages ont des « capacités de financement » tandis que les entreprises ont des « besoins de financement ». En conséquence, même si un certain nombre de ménages emprunte chaque année, les ménages pris dans leur ensemble ont des ressources d'épargne disponible. Celles-ci vont être utilisées par les entreprises qui sont dans une situation inverse.

● VOIR besoin de financement, financement de l'économie.

Capacité de production

Ensemble des machines et des équipements disponibles dans les entreprises pour assurer la production.

L'INSEE mesure régulièrement le taux d'utilisation des capacités de production. Quand celles-ci sont sous-employées, cela signifie que les entreprises ont acquis des équipements qui ne fonctionnent pas à plein régime (les entreprises jugent inutile de produire des biens qui ne seront pas vendus, faute d'une demande suffisante).

L'existence d'équipements sous-utilisés permet une reprise rapide de la production sans embauche ni investissements nouveaux (sans inflation aussi).

● VOIR facteurs de production, production.

Capital culturel

Notion due à Pierre Bourdieu pour montrer que les groupes sociaux ont un accès différent aux biens culturels, à l'image de ce qui existe pour les capitaux et les biens économiques. Le capital culturel regroupe ainsi les capacités intellectuelles, les biens culturels possédés, les titres scolaires et universitaires, etc.

● VOIR Bourdieu, habitus, reproduction.

Capital économique

Actif, patrimoine d'un agent économique susceptible de lui procurer un revenu.

Le capital est une notion économique qui peut avoir plusieurs significations. On distingue principalement le capital technique et le capital social.

À l'origine, le capital désigne le principal d'une dette, c'est-à-dire la somme prêtée, par opposition aux intérêts qui représentent la rémunération du prêteur. Par extension, un capital représente un actif (ce qu'on possède), un patrimoine susceptible de procurer un revenu. Un immeuble, des terres, des machines, des valeurs mobilières (actions et obligations) représentent un capital. Le capital est donc un stock, par opposition aux revenus qui sont des flux.

● VOIR bilan, capital technique.

Capital fixe

Cf. capital technique.

Capital humain

Capacités intellectuelles et professionnelles d'un individu qui lui assurent des revenus monétaires futurs.

Gary Becker, prix Nobel d'économie 1992, est à l'origine de l'expression « capital humain », apparue aux États-

Unis dans les années 60. Cette notion est intéressante, car elle permet de parler d'investissement en capital humain, à travers l'éducation ou la formation. Elle montre que les salariés d'une entreprise sont autant un coût pour l'entreprise qu'une occasion d'investissement pour assurer l'avenir de l'entreprise.

Capitalisation boursière

Pour une entreprise cotée ou une place boursière (Paris, Londres, etc.), c'est la multiplication du nombre total d'actions par leur cours boursier.

● Voir bourse des valeurs, cours boursier, valeur mobilière.

Capitalisme

Système économique caractérisé par la propriété privée des moyens de production et l'accumulation du capital grâce aux profits réalisés.

La liberté de propriété individuelle est le grand principe du libéralisme. Elle justifie le droit de propriété sur les moyens de production. Ainsi, les terres ou les machines, soit la plus grande partie des biens de production, sont détenues par des personnes privées (seules ou réunies en « sociétés »). La liberté de propriété s'accompagne des droits suivants : droits de gérer ces biens, droits de les vendre, droit de recevoir des revenus (les profits) liés à cette propriété.
La prédominance de la propriété privée dans un système économique n'est pas suffisante pour le qualifier de capitaliste. De même, l'existence de relations marchandes ne peut pas être le caractère fondamental du capitalisme. Le fait que la plupart des objets produits soient destinés à devenir des « marchandises » et que la production soit orientée non plus vers la consommation directe (autoconsommation) mais vers la vente sur des marchés définissent seulement une économie marchande.
Par ailleurs, le profit et la recherche du profit ne sont pas des traits spécifiques du capitalisme puisqu'ils ont de tout temps existé. Ce qui fait l'originalité absolue du système capitaliste, c'est l'accumulation du capital grâce aux profits. De quoi s'agit-il ?
À la différence d'une organisation de la vie économique dominée par l'artisanat, le capitalisme implique que la plus grande part des profits ne soit pas consommée (c'est-à-dire dépensée par les propriétaires de moyens de production sous forme d'achats de biens de consommation destinés à leur usage personnel), mais épargnée et réinvestie dans l'entreprise afin de permettre l'accroissement des moyens de production. Ainsi, les entreprises utilisent d'abord leurs bénéfices pour se développer en augmentant la quantité des moyens de production.
La recherche du profit est donc placée sous le signe de l'accumulation du capital, c'est-à-dire un processus de constitution du capital technique réalisé sous les deux formes que sont l'investissement net (création d'équipements supplémentaires) et l'amortissement (remplacement des équipements usés ou obsolètes).
Le capitalisme correspond ainsi à la recherche permanente de profits afin d'accumuler indéfiniment des capitaux. En cela, il est inséparable des moyens modernes d'organisation de la production. Le capitalisme est contemporain du développement des formes de rationalisation du travail et de la production. La recherche de la productivité maximale est ainsi à l'origine d'une véritable organisation du travail (de la division du travail à l'organisation scientifique du travail) ainsi que d'une évolution des structures productives (de la fabrique au développement de la concentration des entreprises).
Remarquons enfin que ce deuxième trait du capitalisme caractérise surtout les sociétés industrielles, c'est-à-dire autant le système capitaliste que les économies longtemps dominées par une propriété collective des moyens de production.

◆ Capital social

Certains historiens décèlent l'existence d'un capitalisme entre le XVIe et le XVIIIe siècle ; il s'agit alors d'un capitalisme « commercial », fondé sur le grand négoce maritime et colonial. Cependant, c'est véritablement la révolution industrielle qui marque les débuts du système capitaliste. En France, la suppression des contraintes réglementaires touchant l'activité économique a été une étape importante du développement du capitalisme.

● VOIR économie de marché, libéralisme, libre-échange, marxisme, révolution industrielle.

CAPITAL SOCIAL

Ensemble des sommes mises à la disposition d'une entreprise par ses propriétaires.

Lorsqu'un artisan crée son entreprise individuelle, il lui apporte au départ un capital ; ce sont des sommes permettant de financer l'achat de ses locaux et de ses stocks.
Lors de la création d'une société, plusieurs personnes apportent des capitaux. Le capital de départ de l'entreprise, appelé « capital social », est alors divisé en actions ou en parts sociales d'un même montant. En possédant une partie des actions (ou des parts sociales), un actionnaire (ou un associé) devient propriétaire d'une partie de l'entreprise.
Le capital social représente ainsi deux choses : d'une part, la mise de fonds initiale, utilisée pour démarrer l'activité ; d'autre part, la répartition de la propriété et du pouvoir entre les différents actionnaires ou associés.
Lorsqu'une entreprise souhaite disposer de ressources nouvelles sans les emprunter, elle peut recourir à une augmentation de capital. Cette opération signifie que le capital social s'accroît, de nouvelles actions étant acquises par les anciens actionnaires (ils ont un droit de préférence) ou par de nouveaux actionnaires.

● VOIR action, entreprise, sociétés.

CAPITAL TECHNIQUE

Ensemble des biens de production durables dont dispose l'entreprise (bâtiments, terrains, machines, etc.).

Dans une entreprise, de nombreux biens participent à la fabrication d'autres biens. Certains de ces biens sont immédiatement détruits ou transformés durant le processus de production ; il s'agit des consommations intermédiaires (matières premières, énergie, produits semi-finis).
D'autres biens vont servir plusieurs fois au cours de l'activité productive. Ce sont ces biens qui constituent le capital technique de l'entreprise. On les appelle aussi moyens de production ou biens d'équipement (machines, locaux, terrains, matériels de transport...). Le capital technique a besoin d'être renouvelé régulièrement. Cette acquisition de capital par l'entreprise correspond à l'investissement.
La notion de capital fixe (c'est le capital technique) est très importante en comptabilité nationale. L'INSEE définit le capital fixe par l'ensemble des « biens durables acquis pour être utilisés pendant au moins un an dans le processus de production ». La formation de capital fixe, qui est dite « brute » si l'on compte les amortissements, désigne alors sous le signe de FBCF les investissements, c'est-à-dire les biens d'équipement nouveaux à la disposition de l'économie chaque année (à l'exclusion des terres).
Le capital technique permet de réaliser un « détour de production ». Ima ginons un agriculteur habitant loin d'un point d'eau. Pour irriguer ses champs, il peut se rendre régulièrement au point d'eau pour chercher de l'eau ; mais il peut aussi fabriquer un système de canalisation assurant une irrigation immédiate de ses plantations. La construction de ce système représente un détour de production, car l'agriculteur a passé beaucoup de temps (au détriment de son activité agricole) pour concevoir ce système. Mais, en fin de compte, ce « détour » lui permet d'ob-

tenir des terres beaucoup plus fertiles grâce au capital que représente le système de canalisations. On constate, par ailleurs, que ce capital est le résultat d'un travail antérieur ; il correspond à du travail accumulé.
Avec le travail, le capital constitue l'un des facteurs de production.

● VOIR facteurs de production, formation brute de capital fixe, investissement.

CARRÉ MAGIQUE

Représentation graphique des quatre grands objectifs de la politique économique.

Il existe de très nombreux objectifs de politique économique, mais on résume souvent les quatre principaux à l'aide d'une représentation graphique appelée « carré magique » et due à l'économiste britannique Nicholas Kaldor. Ces quatre objectifs sont : l'emploi, la croissance, la stabilité des prix et l'équilibre extérieur (balance extérieure équilibrée). Le schéma suivant présente les quatre indicateurs propres à ces objectifs. On peut alors prendre, pour une série de pays, ces quatre indicateurs et les faire figurer sur le schéma. En rejoignant les points, on obtient un quadrilatère qui représente d'autant mieux une situation économique favorable qu'il est proche du carré magique.

● VOIR chômage, croissance, inflation, politique économique.

CARTEL

Accord temporaire entre les producteurs d'un bien afin de réglementer la vente pour accroître ou stabiliser les profits.

L'OPEP constitue le cartel des pays producteurs de pétrole.
Un cartel peut ainsi organiser une baisse volontaire de la production des adhérents afin de faire monter les prix du pétrole.

Le carré magique

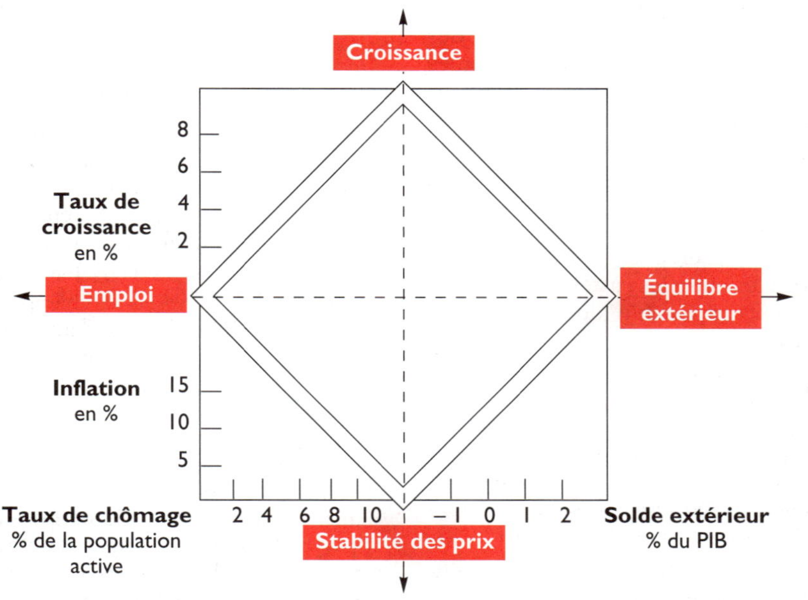

Dans un cartel, les diverses entreprises conservent leur autonomie. Un cartel a ainsi pour but de limiter ou de supprimer les risques de la concurrence entre producteurs.

Cash-flow

Cf. capacité d'autofinancement.

Castes

Groupes sociaux strictement délimités et hiérarchisés.

Le système des castes s'observe particulièrement en Inde où l'hindouisme sert de fondement religieux à la hiérarchie sociale. Certaines fonctions sociales sont sacrées et d'autres non, selon leur degré de pureté ou d'impureté religieuse.
C'est un type de stratification sociale extrêmement rigide, car il existe une séparation absolue entre les castes. Celle-ci est assurée par deux modalités : l'endogamie qui signifie que les mariages se réalisent au sein d'une même caste, et l'hérédité qui fait que chaque enfant appartient dès sa naissance à la caste de ses parents. Chaque caste se différencie des autres par des rites, des cérémonies et des droits spécifiques. L'appartenance à une caste détermine aussi le choix de certaines professions et définit le degré de pouvoir auquel on peut prétendre. Il existe de nombreuses mesures discriminatoires visant à empêcher les relations sociales entre les castes, et il est quasiment impossible de sortir de sa caste.
Dans le langage courant, le terme de caste permet de caractériser un groupe social fermé sélectionnant ses membres. Il s'agit alors d'un petit nombre de personnes occupant toutes les positions de pouvoir ou de prestige.

● Voir classes sociales, ordres, stratification sociale.

Causalité

Lien entre deux phénomènes dont l'un est la cause de l'autre.

Attention à ne pas assimiler corrélation et causalité. Lorsque l'on est en présence d'une corrélation, il est nécessaire de déterminer le phénomène expliqué et le phénomène explicatif pour démontrer la causalité.

● Voir corrélation.

CECA

Cf. construction européenne.

CEE

Cf. construction européenne.

Cens

Montant annuel d'impôt qui permettait, sous la Restauration et la Monarchie de Juillet, d'être électeur.
Le cens a été aboli en 1848 avec l'instauration du suffrage universel (masculin).

Cercle de qualité

Petit groupe de 5 à 10 volontaires appartenant au même atelier ou au même bureau qui se réunit régulièrement afin d'identifier, d'analyser et de résoudre les différents problèmes rencontrés dans le travail quotidien (qualité, mais aussi sécurité, productivité, etc.).

Certificat d'investissement

Action sans droit de vote.

Certains produits financiers destinés à apporter des fonds propres aux entreprises sont proches des actions. Ainsi, les certificats d'investissement (CI) proviennent de la scission d'une partie des actions de la société (surtout les entreprises publiques) en deux titres distincts, le certificat d'investissement représentant les droits aux dividendes et le certificat de droit de vote dont l'actionnaire reste propriétaire.

● VOIR action.

CESSATION DE PAIEMENT

Impossibilité pour un pays ou un agent économique de verser les intérêts de sa dette et de rembourser le capital emprunté.

● VOIR endettement international, moratoire.

CHANGE

Opération monétaire de conversion d'une monnaie dans une autre monnaie (devise) nécessaire à un échange économique entre deux pays.

Chaque pays ayant sa propre monnaie, les échanges internationaux de biens et de services entraînent un échange de monnaie. En effet, les fournisseurs étrangers des entreprises françaises, par exemple, n'acceptent généralement pas d'être payés en francs, car leurs salariés et leurs fournisseurs exigent d'être rémunérés dans leur monnaie nationale. Toute relation économique avec l'étranger exige une opération de change puisque la monnaie nationale doit être convertie dans la monnaie du pays avec lequel se réalise la transaction. Le taux de change, qui exprime la valeur d'une monnaie dans une autre, permet ainsi à un importateur de connaître la quantité de francs qu'il devra fournir pour obtenir le montant en dollars, marks, etc. exigé par l'entreprise étrangère.
Le schéma ci-dessous décrit les différentes étapes du règlement des échanges entre un importateur français de produits fabriqués en Allemagne et son fournisseur allemand. Il met en évidence deux points importants : d'une part, ce sont les banques qui sont les intermédiaires pour toutes les opérations de change ; d'autre part, un marché particulier apparaît, le marché des changes.

● VOIR marché des changes, parité des pouvoirs d'achat.

Les étapes du règlement des échanges

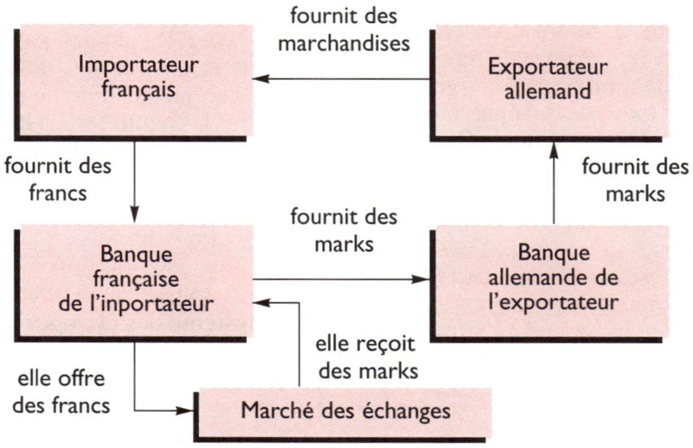

Changes fixes / changes flottants

Systèmes de change différents selon que les pays se sont mis d'accord ou non pour obliger leurs banques centrales à défendre la parité (fixée ensemble) de leurs monnaies respectives.

Comment concilier ces deux observations apparemment contradictoires : les cours du change entre le franc et le mark se modifient à tout instant sur le marché des changes, et le taux de change entre ces deux monnaies est stable au sein du Système monétaire européen ? La contradiction n'est qu'apparente comme le montre la description d'un système de changes fixes.

1) Le système des changes fixes

Certains pays peuvent s'entendre pour éviter que les fluctuations désordonnées de leurs monnaies n'entravent leurs relations commerciales. Ils vont donc instaurer des taux de change fixes et stables entre leurs monnaies. À la suite d'accords internationaux, qui définissent un système monétaire international, les taux de change sont déterminés par référence à un étalon (chaque monnaie correspond, par exemple, à tel poids d'or), à une autre devise (le dollar) ou à une combinaison de devises.

Ce dernier cas peut être illustré par l'exemple du SME. Chaque monnaie européenne a une valeur en écus, l'écu étant un « panier de monnaies » dont la valeur est égale à la somme de quantités fixes de chaque monnaie communautaire. Comme le franc et le mark ont chacun une valeur en écus, on peut ainsi déterminer une parité bilatérale entre ces deux monnaies (1 mark = 3,40 francs, par exemple).

La parité est ainsi la valeur officielle d'une monnaie par rapport à une autre. On tend cependant à utiliser la notion de parité comme synonyme de taux de change.

Les banques centrales des pays signataires d'un accord ont alors l'obligation d'intervenir sur le marché des changes pour maintenir la stabilité des taux de change fixés (il peut y avoir des marges de fluctuation). Par exemple, lorsque la parité franc/mark baisse sur le marché des changes à l'avantage du mark, la Banque de France doit intervenir pour acheter des francs (dont les cours avaient tendance à baisser) grâce aux réserves en devises dont elle dispose afin de faire remonter le taux de change du franc par rapport au mark. La Banque de France achète sa propre monnaie pour en soutenir le cours.

Prenons un exemple.

Situation t_0 : 1 mark = 3,40 francs.

Situation t_1 : sur le marché des changes, où l'offre et la demande fluctuent librement, on vend des francs et on achète des marks.

Résultat : 1 mark = 3,50 francs.

Le franc baisse par rapport au mark, car il faut davantage de francs qu'auparavant pour obtenir un mark. Le mark est en hausse.

Situation t_2 : la Banque de France doit aussitôt acheter des francs sur le marché des changes. La demande de francs s'accroît, ce qui entraîne la hausse du cours du franc. 1 mark = 3,40 francs.

Ainsi, le marché des changes fonctionne normalement et librement, et c'est aux banques centrales d'intervenir sur ce marché pour contrebalancer les tendances qu'elles jugent néfastes ou contraires aux accords passés avec les autres pays. Dans ce système de parités fixes, lorsqu'une banque centrale ne peut plus défendre la parité officielle de sa monnaie (ses réserves de change étant épuisées, elle est impuissante à compenser les tendances du marché), elle peut négocier avec ses partenaires une modification des taux de change fixés (dévaluation).

2) Le système des changes flottants

Dans un tel système, le taux de change d'une monnaie varie librement sur le marché des changes au gré des offres et des demandes de cette monnaie. La banque centrale n'est donc pas obligée d'intervenir pour vendre

ou pour acheter sa propre monnaie ou des devises. Plus une devise est demandée, plus son taux de change par rapport aux autres augmente. Une devise est davantage demandée qu'offerte sur le marché des changes lorsque le pays émetteur de cette devise connaît des excédents commerciaux, puisque les exportateurs désirent recevoir leur propre monnaie. À l'inverse, un pays dont la balance commerciale est déficitaire voit sa monnaie davantage offerte (par les importateurs qui cherchent des devises) que demandée. Des facteurs autres que commerciaux interviennent toutefois pour entraîner les fluctuations des monnaies.
Le dollar et le yen sont aujourd'hui des monnaies qui « flottent », c'est-à-dire que leurs taux de change (entre elles ou avec les autres devises) varient constamment.
En réalité, il n'existe pas de système de flottement « pur » des monnaies dans la mesure où les banques centrales interviennent toujours, peu ou prou, sur le marché des changes afin d'éviter de trop fortes fluctuations de leur monnaie. Par ailleurs, il existe des systèmes de changes flexibles qui, à l'exemple du SME, présentent une certaine stabilité sans être pour autant aussi rigides que le système des parités fixes.
La distinction entre changes fixes et changes flexibles permet de comprendre la différence entre dévaluation (ou réévaluation) et dépréciation (ou appréciation). C'est dans un système de changes flexibles qu'une monnaie se déprécie, lorsqu'elle perd de la valeur par rapport à d'autres devises sur le marché des changes. Cela peut être un processus très lent, à la différence d'une évaluation qui est une décision prise à un instant donné par les autorités monétaires, laquelle consiste à diminuer la valeur de la monnaie par rapport à un étalon de référence. Dévaluation ou réévaluation ne peuvent se produire que dans un système de changes fixes.

● VOIR change, dévaluation, étalon, marché des changes, politique, système monétaire international.

CHARTE D'AMIENS

Adoptée au congrès d'Amiens de la CGT en 1906, cette charte consacre les principes de la lutte de classe (analyse marxiste de l'opposition entre le prolétariat et la bourgeoisie) et, surtout, de l'autonomie du mouvement syndical à l'égard de l'État et des partis politiques.

CHIFFRE D'AFFAIRES

Montant total des ventes réalisées par une entreprise au cours d'une année.

Le chiffre d'affaires ne mesure ainsi que la production qui est vendue par l'entreprise. Les ventes peuvent être très différentes de la production effectivement réalisée (existence d'invendus, de stocks, par exemple).
Le chiffre d'affaires est un indicateur qui permet de comparer les entreprises d'un même secteur. Toutefois, il ne correspond pas réellement à la contribution économique d'une entreprise à la production nationale. Par exemple, une entreprise commerciale vend la production d'autrui, et sa marge correspond au chiffre d'affaires (hors taxe) diminué du coût d'achat des marchandises vendues.
C'est la valeur ajoutée d'une entreprise, c'est-à-dire la valeur de sa production diminuée de la valeur de ses consommations intermédiaires (matières premières, électricité, produits semi-finis, etc.), qui mesure sa contribution à la production totale de l'économie.

● VOIR production, valeur ajoutée.

CHOC PÉTROLIER

Le premier choc pétrolier, en octobre 1973, marque l'entrée de l'économie mondiale dans une longue crise. Le terme de « choc » traduit l'augmentation brutale et importante du prix du pétrole (multiplication par quatre du prix en 1973).

Cette augmentation, qui déclencha la crise sans en être la cause profonde, a été le résultat de l'utilisation de l'« arme du pétrole » par les pays arabes producteurs lors de la reprise du conflit israélo-arabe (embargo pétrolier sur les pays occidentaux, qui ne reçoivent donc plus de pétrole des pays arabes producteurs, afin que les États-Unis fassent pression sur Israël).
Un deuxième choc pétrolier s'est produit en 1979 (lié en partie à la révolution iranienne) avec un doublement du prix du baril de pétrole brut.
Le « **contre-choc** » **pétrolier**, tel qu'il s'est manifesté en 1986, caractérise, à l'inverse, une baisse du prix du pétrole (surproduction et guerre des prix entre producteurs) qui a eu des effets favorables sur l'économie mondiale à la fin des années 80 (reprise économique).

CHÔMAGE

Absence d'emploi pour une personne ou pour une partie de la population qui souhaite travailler.

1) Deux définitions du chômage

Il existe deux grands indicateurs en matière de mesure du chômage. Le premier correspond à la définition du Bureau international du travail (BIT), et il est calculé une fois par an par l'INSEE dans l'enquête « Emploi » réalisée en mars. L'autre correspond aux demandes d'emploi en fin de mois (DEFM) calculées chaque mois par l'Agence nationale pour l'emploi (ANPE).
La définition du chômage du BIT comprend trois critères :
– « être sans travail ». Ce critère est très restrictif pour le BIT, car une personne qui exerce, même pour une période très courte (« baby-sitting » par exemple), une activité est exclue du chômage au sens du BIT ;
– « être disponible pour travailler » ;
– « et rechercher effectivement un emploi ». L'INSEE exige que les personnes se déclarant chômeurs précisent la nature de l'emploi recherché et les démarches effectives réalisées dans le mois précédent.
La définition de l'ANPE comptabilise les demandes d'emploi en fin de mois (DEFM), c'est-à-dire les « personnes sans emploi et disponibles pour en occuper un, qui ont fait la démarche de s'inscrire à l'ANPE ». On peut donc être chômeur au sens de l'ANPE et exercer une activité professionnelle très réduite (emploi très occasionnel ou à temps partiel), insuffisante pour interrompre les droits à l'indemnisation. Par ailleurs, depuis 1985, les chômeurs les plus âgés sont dispensés de recherche d'emploi (et donc exclus des DEFM) sans perdre leurs droits à l'indemnisation.
Précisons enfin qu'il existe une troisième mesure du chômage, celle du recensement. Sont chômeurs ceux qui se déclarent chômeurs. Cette mesure est toutefois très épisodique, car elle est réalisée une seule fois à chaque recensement, c'est-à-dire tous les sept ans.

2) Quelles sont les différences entre les indicateurs ?

Les deux définitions ne coïncident guère, comme le montre l'écart important qui se créé entre ces deux mesures : les DEFM ayant eu tendance à augmenter au début des années 90 davantage que le chômage au sens du BIT.
On peut noter trois différences importantes entre ces deux définitions :
– certaines personnes sont au chômage au sens du BIT sans être pour autant inscrites à l'ANPE ; il peut s'agir, par exemple, des personnes ayant trouvé un emploi ultérieurement, car la définition du BIT retient les personnes sans emploi à la recherche d'un emploi (PSERE) ainsi que celles qui ont trouvé un emploi pour plus tard ;
– certaines personnes ont une petite activité tout en étant inscrites comme DEFM ; elle ne sont pas au chômage au sens du BIT ;

– certaines personnes inscrites à l'ANPE ont renoncé à rechercher activement un emploi ; elles ne répondent donc pas au troisième critère du BIT ; il s'agit en particulier des chômeurs découragés, souvent âgés, qui pensent avoir peu de chances d'insertion, soit en raison de leur situation personnelle soit en raison de la conjoncture.

En définitive, la mesure du chômage est le résultat d'une convention. Ce qui importe est de maintenir les conventions afin de disposer du même instrument de mesure sur une longue période.

3) Les différents types de chômage

On distingue les formes de chômage suivantes :

– **chômage de longue durée :** il s'agit des demandes d'emplois en fin de mois (ANPE) enregistrées depuis plus de douze mois consécutifs ;

– **chômage conjoncturel :** chômage résultant d'un ralentissement de l'activité économique ;

– **chômage structurel :** chômage lié aux déséquilibres structurels de l'économie (déséquilibres régionaux, inadaptation des qualifications, déclin d'activités traditionnelles, etc.) ;

– **chômage technique :** inactivité forcée dans l'entreprise en raison de circonstances particulières et indépendantes de l'entreprise (panne de machines, défauts d'approvisionnement en pièces, etc.) ;

– **chômage partiel :** inactivité forcée des salariés décidée par le chef d'entreprise pour réduire la production lorsque la conjoncture est mauvaise (les heures non travaillées font alors l'objet d'une moindre rémunération) ;

– **chômage frictionnel :** en situation de plein-emploi, chômage d'adaptation lié à la période entre deux emplois.

La théorie économique est aussi à l'origine d'une typologie du chômage. Le chômage est, en effet, la conséquence de deux tendances contraires : la croissance de la population active et le déclin de l'emploi. Si les facteurs socio-démographiques sont plutôt des données (évolutions démographiques, activité féminine, par exemple), le recul du nombre d'emplois disponibles dans l'économie doit recevoir une explication.

Pour les économistes keynésiens, la demande des ménages et des entreprises (ainsi que des marchés étrangers) est insuffisante, et les entreprises hésitent alors à investir et à accroître leurs capacités de production. Il y a donc, dans ce cas, un chômage qui disparaîtra lorsque la demande repartira ; c'est le **chômage keynésien.**

D'autres économistes pensent que, dans certaines situations, voire dans certains secteurs de l'économie, la relance de la demande ne fera pas disparaître le chômage. Même avec une demande supplémentaire, les entreprises ne développeront pas leurs capacités de production, car elles jugent que celles-ci ne sont pas rentables (profits insuffisants ou coût

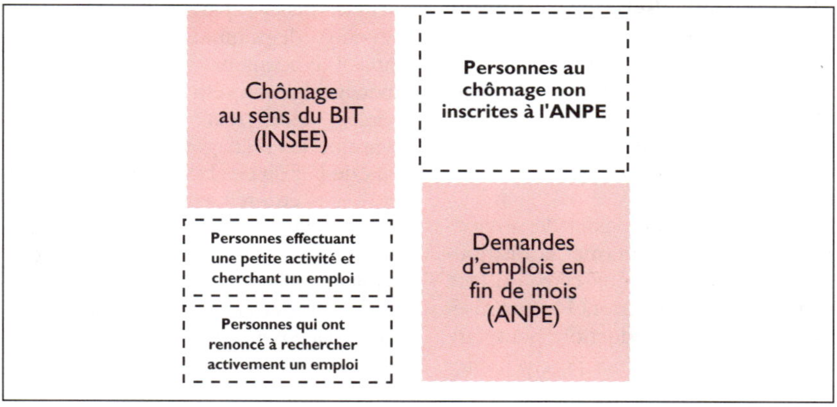

salarial élevé). Il y a alors un chômage appelé « **chômage classique** ».

● VOIR formes particulières d'emplois, marché du travail, politique de l'emploi, population active, sous-emploi, taux de chômage, traitement social du chômage.

CHÔMAGE D'EXCLUSION

Chômage de ceux qui se sont progressivement enfermés dans un chômage de longue durée dont ils ne peuvent plus sortir.

Après une première période de chômage, ces personnes sont considérées comme ayant des difficultés de réinsertion (en raison de leur âge ou de leur niveau de qualification, par exemple) et perdent, de ce fait, toute chance de sortir du chômage. Mais c'est aussi un cercle vicieux puisque leur « ancienneté » dans le chômage éloigne de plus en plus l'espoir d'une réinsertion professionnelle (réticence croissante des entreprises).

● VOIR exclusion, pauvreté.

CIRCUIT ÉCONOMIQUE

Présentation simplifiée des enchaînements économiques décrivant les grandes opérations réalisées par les agents économiques (production, répartition, consommation).

1) Le circuit macroéconomique simple

Dans une optique macroéconomique, les pôles du circuit sont des grandeurs économiques (la production, la consommation, les revenus) que la comptabilité nationale appelle des « agrégats ».

La production de biens et de services par les entreprises permet la distribution de revenus à tous ceux qui ont participé à la production. Plus précisément, toute la production peut être décomposée en revenus perçus par les différents acteurs de l'économie. Ainsi, au niveau de l'économie, la valeur de la production nationale (P) est égale au total des revenus distribués (R).

On a donc P = R.

Si tous les revenus distribués sont dépensés sous forme d'achats de biens et de services, on a alors une égalité entre la production totale, les revenus et la consommation (C).

Ainsi, P = C = R.

On peut donc obtenir un circuit où les interdépendances entre les agrégats s'expriment de la façon suivante : la production crée des revenus, les revenus permettent la consommation, et celle-ci incite les entreprises à produire.

Ce schéma est cependant trop simple pour représenter toute la réalité de l'économie. Les entreprises réalisent des profits et investissent, tandis que les ménages ne dépensent pas tout ce qu'ils gagnent.

2) L'épargne et l'investissement dans le circuit

Dans la réalité économique, la totalité du revenu national n'est pas affectée à la consommation puisqu'une partie de ce revenu est épargnée. L'épargne (E) est ainsi une renonciation à la consommation.

On peut écrire sous une forme arithmétique :

$$E = R - C \quad ou \quad R = C + E$$

L'épargne peut être le fait de tous les agents économiques, ménages, entreprises et État. Dans le cas des entreprises, qui n'ont pas de consommation finale, l'épargne correspond au revenu disponible, c'est-à-dire à l'autofinancement. L'épargne des ménages peut revêtir trois formes différentes. Elle peut être thésaurisée (lorsque les ménages conservent chez eux de l'or ou des billets, par exemple) et ne pas être réinjectée dans le circuit économique ; elle peut être destinée à un investissement (achat de logement) ; elle peut enfin être placée, c'est-à-dire confiée au système financier (placements à la caisse d'épargne, achats d'actions ou d'obligations) qui va lui-même prêter ces fonds.

Un circuit production / revenus / consommation

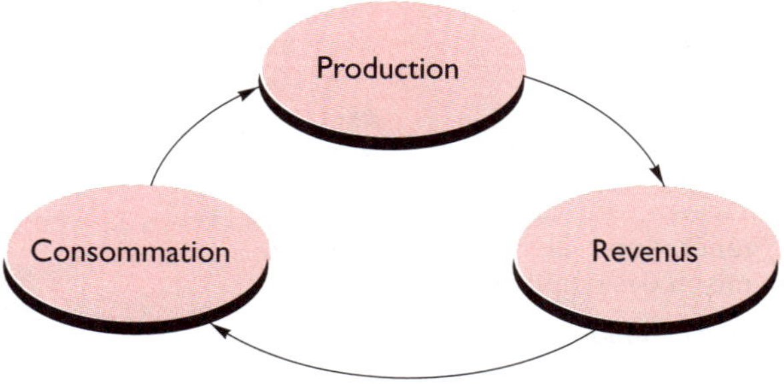

L'existence d'une épargne thésaurisée dans une économie perturbe le « circuit économique ». En effet, ce circuit fonctionne lorsque tous les revenus distribués par les entreprises à l'occasion de la production reviennent vers les entreprises sous forme d'achats pour cette même production. Ainsi, dans une économie fermée fictive, les entreprises produisent pour 100 millions (de francs par exemple) de biens et de services, et distribuent donc à cette occasion des revenus d'un montant identique. Elles s'attendent donc à ce que tous les agents économiques dépensent cette somme pour acquérir toute la production réalisée. Seulement, si les ménages décident de garder en réserve (thésaurisation) une partie de ces revenus, les entreprises ne pourront pas écouler toute leur production. Il y aura surproduction, ce qui entraînera une diminution ultérieure des quantités produites, et donc une augmentation du chômage.

On dit ainsi que l'épargne thésaurisée représente une fuite possible dans le circuit. En revanche, l'épargne qui est réintroduite dans l'économie (par l'intermédiaire du système financier, par exemple) va être utilisée par un autre agent économique que l'épargnant. Une entreprise va ainsi emprunter et utiliser ces ressources pour accroître ou perfectionner ses équipements. Elle effectue donc une dépense correspondant à l'achat de biens produits.

Il importe de comprendre, à ce stade, que la production et la dépense ne portent pas seulement sur des biens de consommation, mais aussi sur des biens de production (machines, équipements, etc.) achetés par les entreprises. Tous les produits issus du processus de production ont ainsi deux affectations, la consommation (C) ou l'investissement (I).

On obtient ainsi l'égalité

$$P = C + I$$

L'activité économique concernant les ménages et les entreprises dans une économie fermée peut en définitive être représentée par les égalités suivantes :

$$P = R$$
$$P = C + I \Rightarrow C + I = C + E \Rightarrow I = E$$
$$R = C + E$$

P représente la production totale, c'est-à-dire l'ensemble des biens et des services produits par les entreprises et proposés à la vente. P représente l'offre globale sur le marché des biens et services.

Si cette offre globale est entièrement achetée par les ménages (consommations) et les entreprises (investissements), il y a alors équilibre sur le marché des biens et des services, l'offre étant égale à la demande. Les égalités développées ci-dessus montrent alors qu'un équilibre entre l'offre et la demande globales correspond à une égalité entre l'épargne et l'investissement ; toute l'épargne des ménages est destinée à financer l'achat d'équipements (absence de thésaurisation). Le rôle de l'épargne dans une économie est ainsi précisé.

● VOIR comptabilité nationale, économie keynésienne.

CLASSE D'ÂGE

Ensemble des personnes qui sont nées la même année (exemple des « classes creuses », qui caractérisent ces générations de faible effectif, en raison des conflits).

● VOIR génération, pyramide des âges.

CLASSE DIRIGEANTE / CLASSE DOMINANTE

Distinction élaborée dans les années 60 par le sociologue français Raymond Aron pour analyser l'élite du pouvoir.

La classe dominante regroupe ceux qui occupent des positions importantes dans la vie économique et sociale, et qui détiennent de ce fait du pouvoir et de l'influence, mais de manière diffuse et discrète, sur l'ensemble de la société. La classe dirigeante regroupe plus précisément ceux qui détiennent, d'une façon claire et admise par tous, le pouvoir dans la société. Aron distinguait aussi plusieurs catégories au sein même de la classe dirigeante, notamment la classe politique (les hommes politiques), les hauts fonctionnaires (l'Administration) et les dirigeants des grandes entreprises. Cette distinction permettait ensuite à Aron de montrer qu'en France ces catégories dirigeantes n'étaient pas unies, et qu'il n'existait donc pas de véritable classe dirigeante. Ainsi, il concluait à un pluralisme des élites en France, à la différence de l'URSS où le parti unique déterminait une classe dirigeante unie et cohérente.

● VOIR parti politique, politique, pouvoir politique.

CLASSES MOYENNES

Classe ou groupe social hétérogène regroupant l'ensemble des personnes qui n'appartiennent ni à la bourgeoisie, ni à la classe ouvrière, ni au groupe des agriculteurs.

Aux anciennes classes moyennes non salariées (les indépendants, par exemple les commerçants ou les artisans), qui ont vu leur poids se réduire dans la société, se sont ajoutées les nouvelles classes moyennes salariées (les cadres notamment).

● VOIR classes sociales, professions et catégories socioprofessionnelles.

CLASSES SOCIALES

Groupes sociaux dans une société qui ne comporte pas de hiérarchie officielle et juridique, mais dans laquelle on observe une tendance à l'hérédité des positions sociales. Les membres occupent la même place dans les rapports de production, ont un mode de vie et des ressources proches et ont le sentiment d'appartenir à ce groupe.

Une stratification de la société en classes correspond donc à une société où la division en groupes hiérarchisés n'a pas d'existence légale. La notion de classe sociale reste toutefois une notion très discutée. On distingue, en effet, trois grandes approches des classes sociales.

1) La théorie marxiste des classes sociales

Observant la situation misérable des ouvriers en Angleterre au milieu de XIXe siècle, Karl Marx met en évidence une opposition entre deux classes sociales, la classe ouvrière, qu'il appelle le prolétariat, et la bourgeoisie. Ce qui définit et différencie ces deux classes, ce ne sont ni l'importance du revenu, ni la nature du travail (manuel ou non), ni l'exercice de métiers différents. La définition de ces deux classes repose sur leur place respective dans le processus de production. La **bourgeoisie** est la classe qui est propriétaire des moyens de production tandis que le **prolétariat** comprend les individus qui ne possèdent que leur force de travail. Comme cette force de travail, qu'ils sont obligés de vendre (contre un salaire, car ils ne possèdent rien d'autre), permet de produire plus de valeur (les produits vendus) que ce qui est nécessaire au paiement de leur travail, ils créent une plus-value que les propriétaires des moyens de productions s'approprient.

Une autre caractéristique de cette théorie, rappelée notamment dans le *Manifeste du Parti communiste* (écrit en 1848 avec Friedrich Engels), est que ces classes sont engagées dans une lutte de classes.

Il convient toutefois de noter que Karl Marx lui-même a développé d'autres analyses plus nuancées sur les classes sociales. Dans ses ouvrages historiques, il met en évidence bien plus que deux classes. En particulier, dans l'ouvrage *Le Dix-huit brumaire* (1852), Marx montre que les paysans forment « objectivement » une classe sociale (conditions économiques communes, genres de vie et intérêts communs), mais qu'ils n'en forment pas réellement une, puisqu'ils n'ont pas conscience (c'est la « conscience de classe ») de leur propre spécificité face aux autres classes sociales.

2) L'analyse de Max Weber

Le sociologue Max Weber définit trois types de stratification, correspondant à trois hiérarchies sociales. Un premier classement s'établit selon la place de chacun dans une hiérarchie du prestige. Il y a ainsi un ensemble de groupes sociaux caractérisés chacun par un mode de vie, une manière de consommer, une certaine forme d'éducation, un ensemble de valeurs spécifiques. Un deuxième classement s'opère selon une hiérarchie du pouvoir politique et correspond aux différents groupements politiques auxquels chacun est libre d'adhérer. Enfin, le troisième classement de Weber est celui des classes sociales. Une classe sociale regroupe l'ensemble des individus qui sont dans une situation économique semblable et qui peuvent agir pour défendre leurs intérêts communs. Il peut s'agir des ouvriers, mais aussi des travailleurs indépendants que Weber nomme « petite bourgeoisie » (responsables de petites entreprises, artisans, commerçants), ou, enfin, des cadres supérieurs.

3) La sociologie américaine et la stratification sociale

Les sociologues américains n'ont pas cherché à donner une définition théorique des classes sociales. Ils sont partis de l'observation de la réalité. Ils ont adopté une démarche empirique. Leur méthode était la suivante : ils ont demandé à un très grand nombre de personnes d'origines très diverses (dans une ville ou une commune) de répartir tous les individus en un certain nombre de « classes », c'est-à-dire de catégories de classement, en fonction de leur position dans une échelle de prestige. L. Warner a observé, dans les années 30, que les individus classaient toujours leurs concitoyens en trois grandes classes (supérieure, moyenne, inférieure), chacune se subdivisant en deux degrés (supérieure et inférieure), soit au total six classes.

Cette méthode de l'échelle de prestige a permis de mettre en évidence la perception que les membres de la communauté avaient des distinctions sociales qui les séparaient les uns des autres (différences en termes de revenu, d'activité professionnelle, de niveau d'instruction, etc.).

Cependant, ces analyses correspondent davantage à une théorie de la stratification sociale qu'à une théorie des classes sociales. En effet, les « classes » de Warner sont plutôt des strates superposées. Il y a continuité de l'une à l'autre, tandis que la théorie des classes repose sur l'existence d'une discontinuité, d'un fossé entre les différentes classes. La théorie de la stratification repose, au contraire, sur une simple description et elle ne se prononce pas sur les causes ou les raisons d'être des phénomènes de stratification.

● VOIR castes, ordres, marxisme, mobilité sociale, stratification sociale.

CLUB DE ROME

Groupe d'experts internationaux qui mirent en évidence les excès de la croissance au début des années 70 (pollution, épuisement des matières premières et des richesses naturelles, etc.).

Leurs analyses sur la nécessité d'une « croissance zéro » (taux d'accroissement du PNB égal à zéro) sont cependant devenues caduques après le déclenchement de la crise de 1973.

CNUCED

Cf. Conférence des Nations unies pour le commerce et le développement.

COB

Cf. Commission des opérations de bourse.

CODE DE LA FAMILLE

Le décret-loi du 29 juillet 1939, connu sous le nom de Code de la famille et inspiré notamment par le démographe Alfred Sauvy, marque le véritable début de la politique familiale avec l'extension des allocations familiales à toute la population active : des primes à la première naissance, des prêts aux jeunes ménages ruraux et un aménagement de la législation successorale et fiscale. (Ce Code a eu une certaine part de responsabilité dans la reprise de la natalité à partir de 1942.)

COEFFICIENT BUDGÉTAIRE

Part d'une certaine consommation dans le total de la consommation.

Les consommations des ménages peuvent être décomposées en « postes budgétaires » (produits alimentaires, habillement, logement, transport, santé, loisirs, divers).

$$\text{coefficient budgétaire} = \frac{\text{montant d'un poste budgétaire}}{\text{total de la consommation}}$$

● VOIR budget d'un ménage, consommation, taux d'équipement des ménages.

COEFFICIENT DE CAPITAL

Rapport entre le stock de capital d'une entreprise (ou d'un secteur) et la production réalisée grâce à ce capital.

De façon générale, les entreprises ou les secteurs économiques se caractérisent par la place plus ou moins importante du capital dans la production. On peut ainsi calculer un coefficient de capital.

$$\text{coefficient de capital} = \frac{\text{capital utilisé}}{\text{production}}$$

Un coefficient de capital élevé caractérise des entreprises ou des secteurs « capitalistiques » (sidérurgie, pétrochimie).

● VOIR capital technique, investissement, stock.

COEFFICIENT DE GINI

Cf. inégalités.

COEFFICIENT MULTIPLICATEUR

Rapport entre deux grandeurs destiné notamment à exprimer et à mesurer des variations dans le temps.

Prenons l'exemple d'une grandeur économique (une population) qui passe de 10 à 15 millions entre deux périodes, t_1 et t_2.

Par combien a été multipliée la population de l'année t_1 pour obtenir la nouvelle population en t_2 ?

Appelons m ce coefficient multiplicateur. On a : $10 \times m = 15$, d'où $m = \frac{1,5}{10} = 1,5$.

Si Va est la valeur de la grandeur d'arrivée et Vd la valeur de la grandeur de départ, le coefficient multiplicateur est définit ainsi :

$$m = \frac{Va}{Vd}$$

On constate qu'une augmentation de 50 % correspond à une multiplication de la grandeur par 1,5. Les pourcentages comme les coefficients multiplicateurs permettent d'exprimer des variations.

On utilise le coefficient multiplicateur lorsque les variations relatives sont très importantes. Dans le cas contraire, on préfère employer les pourcentages de variation. Par exemple, il est préférable de parler d'une multiplication par 9 plutôt que d'une augmentation de 800 %.

Pourcentage et coefficient multiplicateur sont reliés par la relation suivante :

$$m = \frac{\text{taux de variation} + 1}{100}$$

En effet, taux de variation

$$= \frac{(Va - Vd)}{Vd} \times 100$$

Cette relation permet de présenter les équivalences importantes (et souvent sources d'erreurs) entre ces deux outils.

Une augmentation de 100 % correspond à une multiplication par 2.

Une augmentation de 200 % correspond à une multiplication par 3.

Une augmentation de 5 % correspond à une multiplication par 1,05.

Une multiplication par 10 correspond à une hausse de 900 %.

Une multiplication par 1,2 correspond à une hausse de 20 %.

Les équivalences jouent aussi lorsque les taux de variations sont négatifs. Mais il faut faire attention, car les coefficients multiplicateurs restent, eux, positifs (ce qui est commode).

Exemple : à quel coefficient multiplicateur correspond une baisse de 20 % ?

On a $m = \frac{-20}{100} + 1 = 0,8$,

soit un coefficient de 0,8.

● Voir pourcentage, taux de croissance.

Cogestion

La cogestion caractérise la participation des salariés allemands à la gestion de leur entreprise.

En particulier, depuis 1976, une loi impose la cogestion à toutes les entreprises de plus de 2 000 salariés. Cela signifie que les représentants des salariés occupent la moitié des postes dans les conseils d'administration (le président conserve cependant une voix prépondérante). La cogestion, ou coresponsabilité, conduit à une connaissance réelle de l'entreprise et de ses possibilités par les syndicats.

Cohabitation juvénile

Cf. famille.

Collectif budgétaire

Loi de finances rectificative qui permet, en cours d'année, de modifier le budget voté par le Parlement.

Il ne faut pas oublier le caractère prévisionnel du budget. Les recettes réelles peuvent se révéler moins importantes que prévu (rentrées d'impôts plus faibles si la conjoncture se dégrade), tandis que des dépenses nouvelles peuvent apparaître. C'est par exemple le cas lorsqu'un nouveau gouvernement, formé en cours d'année, souhaite modifier la loi de finances (afin d'augmenter les dépenses ou de les répartir différemment). Le Parlement est alors amené à voter une loi de finances rectificative.

● VOIR budget, loi de finances.

COLLECTIVITÉS LOCALES

Les collectivités locales ou territoriales que sont les communes, les départements et les régions ; sont des personnes morales, juridiquement autonomes, et qui ne dépendent pas de l'Administration centrale.

Toutes possèdent un organe collégial élu (conseil municipal, général pour le département, et régional) qui détient les pouvoirs de décision essentiels et qui élit un organe exécutif (le maire et ses adjoints, les présidents des conseils généraux et régionaux assistés d'un bureau comprenant notamment un vice-président). Les collectivités locales ont accru leurs compétences avec l'importante réforme en matière de décentralisation de 1982. La région devient alors une collectivité locale, alors qu'auparavant seuls le département et la commune avaient cette qualité. Dans le département et la région, l'autorité exécutive est désormais élue par l'assemblée délibérante qu'elle préside (c'était auparavant le préfet du département ou de la région, c'est-à-dire un représentant de l'État, qui assurait l'exécutif).
L'État transfère des compétences (et les moyens financiers correspondants) aux collectivités décentralisées. Certaines attributions de l'Administration passent ainsi aux mains des collectivités locales. Ainsi, par exemple, les communes sont maintenant chargées de l'urbanisme et des écoles primaires, les départements de l'aide sociale et des collèges, et les régions de la formation professionnelle et des lycées.

● VOIR décentralisation / déconcentration, État (politique), État fédéral / État unitaire.

COMBINAT

Nom donné dans l'ancienne URSS au regroupement d'entreprises réalisant des activités complémentaires. (Il s'agit donc d'une concentration verticale.)

COMITÉ D'ENTREPRISE

Organisme, obligatoire dans les entreprises ayant au moins 50 salariés, consulté sur la gestion de l'entreprise et chargé de gérer les œuvres sociales.

Le comité d'entreprise est une institution créée en 1945. Un comité d'entreprise doit être mis en place dans toutes les entreprises comprenant plus de 50 salariés. Doté de la personnalité morale, il comprend le chef d'entreprise et des représentants élus du personnel (mêmes conditions d'élection que pour les délégués du personnel). Le nombre de représentants varie avec la taille de l'entreprise (par exemple, huit titulaires et huit suppléants pour les entreprises de 1 000 à 2 000 salariés).
Le comité d'entreprise gère les activités sociales et culturelles (cantines, colonies de vacances, coopératives de consommation, activités sportives, etc.) destinées au personnel. Ces activités sont financées par une contribution versée par l'employeur (un certain pourcentage de la masse salariale). Le comité d'entreprise a aussi un rôle consultatif en matière économique puisqu'il est obligatoirement informé et consulté pour les questions touchant l'organisation et la gestion de l'entreprise (effectifs, déménagement, licenciements, conditions de travail, etc.)

COMITÉ DES FORGES

Regroupement des patrons des entreprises sidérurgiques (les « maîtres de forge ») créé en France en 1864 afin de constituer une véritable entente.

La lutte contre l'abaissement des barrières douanières mis en œuvre par l'État, et l'entente en matière de marchés et de prix afin d'éviter les suréquipements et la concurrence représentent les principales caractéristiques de l'action du Comité des forges. Mais celui-ci joua aussi un rôle politique occulte entre les deux guerres avant d'être supprimé en 1940.

Commerce extérieur

Au sens strict, échanges de marchandises entre un pays et le reste du monde. Dans un sens plus large, échanges des biens et des services.

● Voir balance commerciale, compétitivité, solde commercial, taux de couverture, taux de pénétration, termes de l'échange.

Commerce inter-branche / commerce intra-branche

Modalités d'échanges de marchandises entre deux pays selon les branches concernées.

Le commerce intra-branche connaît un fort développement depuis quelques décennies. Il s'agit d'échanges de produits similaires appartenant à une même branche, à une même industrie, comme par exemple des échanges d'automobiles entre les pays européens. Le commerce traditionnel reposait plutôt sur un commerce inter-branche, chaque pays étant soit exportateur, soit importateur d'un produit donné. Si ces produits sont similaires, puisqu'ils appartiennent à la même branche de l'économie, ils ne sont jamais parfaitement identiques, car les producteurs pratiquent une différenciation de leurs produits pour répondre aux préférences des consommateurs (couleur, puissance pour une voiture, par exemple).

● Voir différenciation.

Commerce intra-firme

Échanges entre filiales d'une même firme multinationale situées dans plusieurs pays.

En raison du développement des firmes multinationales, une part croissante des échanges internationaux (environ le tiers aujourd'hui) revêt la forme d'un commerce intra-firme (on parle aussi de commerce captif). Les échanges ne sont internationaux que du point de vue douanier, car ces échanges entre la maison mère et ses filiales ou entre filiales d'une même firme multinationale obéissent en fait à des règles très différentes des principes classiques de l'offre et de la demande de produits. Un tel phénomène rend ainsi délicat l'analyse des résultats commerciaux.

● Voir firme multinationale, prix de transfert.

Commission des opérations de bourse (COB)

Organisme public indépendant (ce n'est pas une administration) dont la mission générale est de veiller à la protection des épargnants et au bon fonctionnement des marchés boursiers (sécurité et transparence des opérations).

La COB cherche à assurer une information parfaite des épargnants ; elle peut refuser son visa pour des produits d'épargne lui paraissant peu sûrs pour les épargnants. Elle peut recevoir des plaintes, enquêter, et sanctionner lorsqu'elle constate des infractions relatives tant à l'exécution d'opérations de bourse qu'aux conditions de déroulement d'opérations financières de sociétés cotées. Elle dispose aussi d'un pouvoir réglementaire dans le domaine du fonctionnement des marchés.

● VOIR bourse des valeurs, délit d'initié.

Communauté européenne (CE)

Cf. construction européenne.

Compagnonnage

À la différence des corporations qui regroupaient patrons et ouvriers, les compagnonnages, qui apparaissent à la fin du Moyen Âge, sont des confréries comprenant seulement des ouvriers.

N'ayant pas de statut légal, nombreuses et rivales, ces confréries comportaient un grand nombre de rituels et pratiquaient l'entraide (pour l'embauche notamment). La loi Le Chapelier de 1791 mit fin aux « coalitions » et donc aux compagnonnages, mais ceux-ci réapparurent ensuite.

Compensation

Transaction commerciale dans laquelle l'exportateur s'engage à réaliser dans le pays de son client des achats, des transferts, des services ou des investissements de technologie, en échange d'une vente qui n'est obtenue qu'à cette condition.

Pratiquée à l'origine entre l'Est et l'Ouest, la compensation se développe maintenant entre le Nord et le Sud (pays en développement) ou entre pays en développement eux-mêmes. Ce commerce compensé peut prendre plusieurs formes : le troc, c'est-à-dire l'échange de biens de valeur équivalente sans échange de monnaie ; le contre-achat (le vendeur de voitures dans un pays de l'Est prend l'engagement d'acheter des produits de base) ; la compensation industrielle (*buy back*), où la construction d'une usine à l'étranger par une entreprise s'accompagne de l'achat et de la commercialisation des produits fabriqués dans cette usine.
Lorsque le règlement des échanges commerciaux entre deux pays rencontre des difficultés, les deux pays peuvent chercher à compenser l'ensemble de leurs exportations et de leurs importations (accord de clearing), ce qui évite ou limite les échanges de devises.

Compétitivité

Capacité d'une entreprise, d'un secteur ou d'une économie à faire face à la concurrence étrangère, tant sur les marchés extérieurs que sur son marché interne.

La part de marché est la principale mesure de la compétitivité.
La compétitivité de l'industrie française en Europe se mesure par la part de marché à l'exportation selon la formule suivante :

$$\frac{\textit{exportations industrielles françaises en Europe}}{\textit{somme des importations industrielles européennes}}$$

La part de marché interne (qui est le complémentaire du taux de pénétration) des industries automobiles françaises est :

$$\frac{\textit{production nationale automobile} - \textit{exportations}}{\textit{marché intérieur automobile}}$$

Un secteur peut être compétitif si, par exemple, il vend moins cher que ses concurrents ; on parlera alors de compétitivité-prix.
La **compétitivité-prix** fait intervenir trois éléments :
– les coûts de production : les produits sont d'autant plus chers que les coûts de matières premières ou les coûts salariaux, par exemple, sont élevés ;
– le comportement de marge des exportateurs : les prix des produits vendus à l'étranger peuvent être relevés afin d'augmenter les marges perçues ;
– le taux de change : les produits sont plus onéreux en cas d'appréciation de la monnaie.

Ces trois éléments peuvent évoluer différemment, se compenser ou se renforcer l'un l'autre. Par exemple, si les taux de change ne varient pas, une entreprise peut compenser des coûts de production (compétitivité-coût) plus élevés que chez ses concurrents étrangers en acceptant de réduire sa marge afin d'aligner ses prix sur la concurrence.
Mais le niveau de prix n'est pas le seul élément qui entre en compte dans la décision d'achat. Les produits se vendent aussi pour d'autres raisons (qualité, efficacité du réseau de commercialisation, sérieux du service, positionnement dans la gamme, image de marque, etc.). On regroupe l'ensemble de ces éléments, qui expliquent aussi les performances des entreprises à l'exportation, sous le terme de **compétitivité structurelle.**

● VOIR commerce extérieur, contrainte extérieure, spécialisation.

COMPLEXE MILITARO-INDUSTRIEL

Alliance entre les industriels et les militaires américains dont la puissance et l'influence ont été dénoncées par le président Eisenhower, dans les années 50.

COMPORTEMENT

Manière d'agir d'un individu ou d'un groupe d'individus.

Un comportement désigne ce que font les individus, à la différence de l'opinion (ce qu'ils pensent). Un comportement électoral, c'est-à-dire l'action de voter lors d'une élection, est un comportement qui exprime une opinion. Mais il existe de nombreux autres comportements, religieux (aller à la messe), sociaux (participer à une association, à un syndicat) ou culturels (lire un livre).

COMPTABILITÉ NATIONALE

Représentation simplifiée et chiffrée de toutes les opérations économiques réalisées pendant une année à l'intérieur d'une économie ou entre celle-ci et le reste du monde. La comptabilité nationale permet des comparaisons dans le temps et dans l'espace, et constitue un instrument irremplaçable de prévision économique.

● VOIR agrégats, circuit, équilibre emplois-ressources.

COMPTE DE RÉSULTAT

Document comptable de l'entreprise retraçant les produits et les charges liés à son activité durant une année.

L'activité productive et commerciale de l'entreprise lui procure des fonds, des ressources monétaires, appelés « produits », liés aux ventes de biens et de services. En contrepartie, des fonds ont dû être utilisés pour produire et commercialiser ces biens et services ; ces utilisations des fonds sont appelées « charges » (achats de marchandises, paiement des salaires, électricité, etc.).
Les amortissements, qui représentent la dépréciation (usure, obsolescence) du matériel de production, sont, par exemple, des charges (dotation aux amortissements).
Le compte de résultat de l'entreprise retrace l'ensemble des charges et des produits. La différence entre les produits et les charges correspond au résultat net de l'entreprise. Il s'agit d'un bénéfice si les produits sont supérieurs aux charges et d'une perte dans le cas contraire.

résultat net = produits – charges

Comme le compte de résultat est équilibré, le bénéfice s'inscrit à gauche, en dessous des charges.

● VOIR amortissement, bilan, profit.

Concentration

Processus économique général consistant dans l'augmentation régulière de la dimension des entreprises d'une économie.

La concentration économique désigne la situation particulière d'une activité qui est dominée par quelques producteurs (industrie automobile par exemple). Cette tendance générale à la concentration, qui n'est pas toujours vérifiée, est le résultat d'opérations de concentration réalisées par les entreprises.
Les entreprises peuvent d'abord procéder à des concentrations techniques. C'est par exemple le cas d'une entreprise qui regroupe plusieurs établissements de production (ateliers, usines, etc.) en une seule unité de production afin de profiter d'économies d'échelle.
La concentration peut aussi caractériser le regroupement de deux ou plusieurs entreprises qui étaient auparavant juridiquement indépendantes. Il s'agit là d'une concentration financière dont les modalités peuvent être la fusion (les entreprises A et B disparaissent au profit d'une nouvelle entreprise C) ou encore l'absorption (l'entreprise A passe sous contrôle de l'entreprise B).
On distingue généralement trois types de concentration :
– **concentration horizontale :** elle réunit des entreprises fabriquant le même produit ou situées à un même stade du processus de production ; elle permet de réaliser des économies d'échelle et d'accroître le pouvoir de négociation face aux partenaires extérieurs (baisses de prix exigées des fournisseurs) ;
– **concentration verticale :** elle regroupe des entreprises situées à des stades complémentaires d'un processus de production ; il s'agit alors d'une intégration verticale destinée à garantir la sécurité des approvisionnements ou à diminuer les coûts d'achats des produits intermédiaires (suppression des intermédiaires) ;
– **concentration conglomérale :** elle regroupe dans un conglomérat des entreprises ayant des activités totalement différentes afin de diversifier les placements financiers ; les profits de certaines activités peuvent alors compenser les pertes d'autres parties de l'entreprise.

● VOIR économie d'échelle, sociétés.

Concurrence

1. Au sens courant, la concurrence correspond à une compétition, une confrontation entre plusieurs vendeurs (ou acheteurs) d'un même produit. Par extension, la concurrence désigne aussi les autres entreprises qui sont sur le même marché que soi-même.
2. Dans le sens économique, la concurrence désigne une structure de marché où les vendeurs et les acheteurs sont suffisamment nombreux pour qu'aucun ne puisse exercer une influence sur le prix ; seuls les mécanismes du marché déterminent le prix d'équilibre qui s'impose donc à tous.

Il existe toutefois des degrés différents de concurrence.
La théorie néoclassique définit ainsi une concurrence pure et parfaite. La concurrence est qualifiée de « pure » si elle répond aux trois hypothèses suivantes :
– atomicité : acheteurs et vendeurs sont nombreux au point que nul ne peut à lui seul influencer les prix ;
– homogénéité : les produits échangés sont identiques et substituables (ils permettent de satisfaire un même besoin) les uns aux autres ;
– libre entrée sur le marché : il n'existe aucune entrave, aucune barrière à l'entrée de nouvelles entreprises.
La concurrence est « parfaite » si deux hypothèses sont réunies :
– transparence : l'information des agents économiques (en particulier sur la qualité des produits) est totale ;
– mobilité des facteurs de production : le travail et le capital doivent pouvoir s'orienter vers les emplois les plus rémunérateurs.

Il s'agit donc d'un « modèle », d'une « représentation » de la réalité puisque ces cinq hypothèses se trouvent très rarement vérifiées simultanément. Lorsque l'une d'entre elles ne se vérifie pas, la concurrence est qualifiée d'imparfaite.

● VOIR économie néoclassique, loi de l'offre et de la demande, marché, marché contestable, monopole, oligopole.

CONCURRENCE MONOPOLISTIQUE

Situation de concurrence dans laquelle les entreprises différencient tellement leurs produits qu'elles se trouvent disposer d'un certain monopole pour leurs propres produits.

La concurrence ne passe pas toujours par les prix, car les firmes cherchent à se démarquer les unes des autres en proposant des produits légèrement différents, par leur qualité notamment (c'est la différenciation). La concurrence monopolistique (notion de l'économiste anglais Chamberlin dans les années 30) caractérise alors un marché où il existe un grand nombre de vendeurs (concurrence), chacun se trouvant, cependant, en situation de monopole pour son produit, étant donné ses caractéristiques spécifiques (image de marque, qualité, situation dans la gamme, etc.). Par exemple, les produits du marché français de l'automobile ne sont pas homogènes et certains constructeurs bénéficient d'un quasi-monopole sur certains types de véhicules.

● VOIR concurrence, différenciation, marché, monopole.

CONFÉRENCE DES NATIONS UNIES POUR LE COMMERCE ET LE DÉVELOPPEMENT (CNUCED)

Cycle de réunions qui ont lieu tous les 4 ans et qui regroupent les pays en développement afin de promouvoir une organisation du commerce international qui leur soit plus favorable.

La coopération internationale pour le développement correspond au dialogue noué entre les pays industrialisés et les pays en développement (dialogue Nord-Sud), sous l'égide des Nations unies, qui ont créé dans ce but, en 1964, la CNUCED. Cette coopération n'a pas donné, dans les années 60, les résultats escomptés, si bien que l'ensemble des pays du tiers monde représentés à la CNUCED (« groupe des 77 ») a proposé en 1974 l'instauration d'un « nouvel ordre économique international » (NOEI) remettant en question la division du travail existante.
L'absence d'accords généraux sur la coopération lors des conférences de la CNUCED n'a pas empêché l'adoption de mesures spécifiques. Celles-ci concernent essentiellement l'adaptation des règles du GATT. Le « système des préférences généralisées » (SPG), instauré en faveur des produits des pays en développement, prévoit que les pays industrialisés accordent des préférences tarifaires (c'est-à-dire des diminutions de droits de douane) à ces produits, sans que ces conditions soient étendues à d'autres pays industrialisés. Par ailleurs, les pays en développement ne sont pas obligés d'accorder la réciprocité (les importations venant des pays industriels peuvent donc supporter des droits de douane).

● VOIR développement, division internationale du travail, GATT, pays en développement.

CONFLIT COLLECTIF

Conflit opposant salariés et employeurs.

Les conflits, opposant salariés et employeurs, se traduisent le plus souvent par la grève. Ce terme de grève vient de la place de Grève à Paris, aujourd'hui place de l'Hôtel de ville, où se réunissaient autrefois les compagnons à la recherche de travail.
La **grève** est une cessation collective (on ne peut faire grève seul) et concertée du travail afin de voir satisfaire des revendications d'ordre professionnel.
Le droit de grève, qui a été reconnu en 1864 (fin de l'interdiction des coalitions datant de la loi Le Chapelier de 1791), est inscrit dans le préambule de la Constitution de 1946 repris par l'actuelle Constitution. Le droit de grève est toutefois réglementé. La grève, appelée aussi « débrayage », doit respecter la propriété individuelle (celle de l'employeur) et la liberté du travail des non-grévistes. Certaines grèves sont licites, c'est-à-dire reconnues par la loi, comme les grèves tournantes (grèves successives dans différents secteurs de l'entreprise), les grèves avec occupation des locaux (« grève sur le tas »), les « grèves du zèle » dans l'Administration (application stricte des règlements afin de désorganiser une activité) et parfois, suivant la jurisprudence, les « grèves perlées » (réduction des cadences sans véritable débrayage). D'autres grèves sont illicites (grèves pour motifs politiques ou pour des raisons non professionnelles, par exemple). Pendant une grève, les grévistes ne sont pas payés. Dans certains pays, le chef d'entreprise peut répondre à une grève en décidant de fermer temporairement son entreprise (c'est le lock-out), ce qui entraîne le non paiement de tous les bons. En France, le lock-out est illicite, sauf dans certains cas (impossibilité d'assurer le fonctionnement de l'entreprise ; risques de désorganisation de la production).
En général, un conflit du travail se termine, après des négociations, par une forme d'accord appelé « constat », « protocole » ou « procès-verbal » de fin de conflit. Ceux-ci prévoient les conditions de la reprise du travail.

● VOIR conseil des prud'hommes, convention collective, négociation collective, syndicat.

CONFORMITÉ SOCIALE

Caractéristique des conduites des individus lorsqu'ils respectent les normes ou les valeurs du groupe ou de la société.

C'est le contrôle social qui assure cette conformité à travers trois mécanismes : la crainte de la sanction (contrainte externe), la socialisation (contrainte interne) et l'attachement au groupe.

● VOIR contrôle social, déviance, norme.

CONGLOMÉRAT

Entreprise comprenant un ensemble d'activités très différentes.

Constitué généralement par des rachats de sociétés, le conglomérat se caractérise par la diversification totale de ses activités. Il obéit à une logique financière, la rentabilité des capitaux étant assurée par la diversification des risques. La forme conglomérale est, aujourd'hui, beaucoup moins répandue, la rentabilité des capitaux étant exigée quelle que soit l'activité.

● VOIR concentration, entreprise.

CONSCIENCE COLLECTIVE

Cf. Durkheim.

CONSEIL D'ADMINISTRATION

Cf. sociétés.

Conseil de la politique monétaire

Cf. Banque de France.

Conseil des prud'hommes

Juridiction particulière où se règlent les conflits individuels entre un salarié et son employeur.

Les conseillers, qui sont des salariés ou des employeurs, sont des juges élus ; ils sont à parité, c'est-à-dire qu'il y a autant de conseillers élus par les employeurs que par les salariés.

● Voir conflit collectif, contrat de travail, syndicat.

Consommation

Opération économique consistant dans l'utilisation immédiate de biens ou de services qui seront détruits dans ce processus.

1) Qu'est-ce que la consommation ?

La consommation, qui se caractérise donc par la destruction immédiate ou progressive du bien à travers son utilisation, se distingue ainsi de l'investissement, qui consiste à utiliser d'une façon durable des biens à des fins productives.

Toute consommation ne correspond pas, cependant, à une destruction immédiate comme c'est le cas pour un produit alimentaire (c'est une consommation non durable). Certains biens peuvent être utilisés un grand nombre de fois jusqu'à leur usure ; ces biens, comme l'automobile ou les appareils électroménagers, sont des biens de consommation durable ou biens durables.

Pour la consommation des ménages, la définition de la consommation est conventionnelle, c'est-à-dire arbitraire. On décide de définir certaines opérations comme des investissements (achats de logement et grosses réparations seulement), les autres étant des consommations (biens non durables et durables, services comme une consultation médicale, un spectacle, etc.) sont considérés comme une opération d'épargne.

La consommation, qui est le fait de tous les agents économiques (ménages, entreprises, administrations, etc.) cherche à satisfaire des besoins.

2) Consommation intermédiaire et consommation finale

La comptabilité nationale distingue une consommation finale et une consommation intermédiaire.

Si un bien ou un service permet de satisfaire directement un besoin, il s'agit d'une consommation finale. S'il est en revanche utilisé indirectement pour produire un autre bien, en disparaissant dans le processus de production (énergie par exemple) ou en étant incorporé dans d'autres produits (matières premières, produits semi-finis, etc.), il s'agit d'une consommation intermédiaire.

Ainsi, lorsqu'un ménage achète des pneumatiques pour sa voiture, c'est une consommation finale. Mais l'entreprise automobile qui achète des pneumatiques pour équiper ses véhicules réalise une consommation intermédiaire. Dans une entreprise, tous les achats, à l'exception des investissements, sont des consommations intermédiaires.

3) Consommation marchande et consommation non marchande

La plupart des biens consommés sont achetés sur un marché en échange de moyens monétaires (consommations marchandes). Les consommations non marchandes, qui ne passent donc pas par le marché, sont de deux sortes.

Il s'agit d'abord de l'autoconsommation qui désigne les biens et les services produits par les agents eux-mêmes pour leur propre consommation (exemple de la consommation des légumes d'un potager personnel).

Ce sont ensuite les consommations collectives qui désignent les services collectifs non marchands fournis par les administrations publiques (État, collectivités locales, ou institutions de protection sociale comme les hôpitaux). Ces consommations collectives (routes, justice, enseignement public, etc.) sont financées par l'ensemble de la collectivité grâce aux prélèvements obligatoires.

4) La structure de la consommation des ménages

Pour analyser la consommation des ménages, on dispose d'un certain nombre d'instruments ou d'indicateurs. La structure de la consommation désigne la répartition des dépenses de l'ensemble des ménages ou d'une certaine catégorie de ménages (une catégorie socioprofessionnelle, par exemple) en fonction d'un certain nombre de postes.

Les principaux postes – appelés aussi « fonctions » – sont les suivants : produits alimentaires, loisirs, culture et enseignement, logement, chauffage et éclairage, transports et communications, santé et services médicaux, habillement et meubles, etc. (on parle parfois de postes budgétaires).

● Voir besoin, budget d'un ménage, coefficient budgétaire, effet de démonstration, élasticité, loi d'Engel, taux d'équipement.

Consommation de masse

Diffusion massive des biens de consommation durables (automobiles, équipements ménagers) à l'ensemble de la population.

Durant les « trente glorieuses » (de l'après-guerre à la crise de 1973), la consommation a joué un rôle moteur dans la croissance du PIB. Grâce aux gains de productivité, qui ont permis des augmentations régulières de pouvoir d'achat, ainsi qu'au développement de la protection sociale, la consommation de masse est née, fondée sur l'équipement progressif des ménages en biens durables (équipements ménagers et automobiles). Les achats massifs de biens durables ont représenté un modèle de consommation, une norme de consommation.

● Voir fordisme, gain de productivité.

Consommations intermédiaires

Ensemble des biens et des services qui sont détruits ou transformés dans le processus de production (matières premières, énergie, fournitures, publicité, par exemple).

● Voir valeur ajoutée.

Consortium

Entité organisationnelle qui réunit plusieurs entreprises, dans une gestion de long terme, avec des objectifs de coopération sur des gammes de produit (Airbus industrie et Ariane sont des consortiums européens).

Construction européenne

Ensemble du processus qui, du traité de Rome instituant la Communauté économique européenne en mars 1957 à la signature du traité de Maastricht en février 1992 instituant l'Union européenne, a cherché à rapprocher plusieurs pays européens dans de multiples domaines.

1) Les grandes étapes de la construction économique européenne

Six pays européens (France, RFA, Italie, Belgique, Luxembourg et Pays-Bas) ont créé en 1951 une union douanière pour le charbon et les produits sidérurgiques, la Communauté européenne du charbon et de l'acier (CECA). En mars 1957, le traité de Rome instaure la Communauté économique européenne (CEE) et la

Communauté de l'énergie atomique (Euratom) entre ces pays. L'objectif de la CEE est l'établissement d'un marché commun. La disparition progressive de tous les droits de douane entre les pays membres et la mise en place d'un tarif douanier unique (le tarif extérieur commun ou TEC) conduit à la réalisation de l'union douanière européenne le 1er juillet 1968.

Un premier élargissement de la CEE a lieu en 1972 avec l'entrée du Royaume-Uni, de l'Irlande et du Danemark dans ce qui est désormais l'Europe des Neuf. Un second élargissement concerne la Grèce en 1981 (Europe des Dix), tandis qu'en 1986 l'Espagne et le Portugal rejoignent la CEE (Europe des Douze). En 1995, l'élargissement à l'Autriche, la Finlande et la Suède instaure l'Europe des Quinze.

La coopération monétaire européenne date de 1979 avec la création du Système monétaire européen (SME). En février 1992, les chefs d'État et de gouvernement des douze pays européens signent le traité de Maastricht qui comporte deux éléments majeurs : l'Union économique et monétaire et l'Union politique. La Communauté économique européenne (CEE) devient la Communauté européenne (CE), puis le 1er novembre 1993, l'Union européenne.

2) Les institutions communautaires

Le **Conseil des ministres,** réunissant les ministres des Quinze en fonction des dossiers inscrits à l'ordre du jour (agriculture, affaires étrangères, économie...) est le principal organe de décision de la CE.

Les prix agricoles, par exemple, sont discutés lors de ces réunions présidées par chaque État selon le principe d'une présidence tournante (tous les six mois).

Le **Conseil européen** ne doit pas être confondu avec le Conseil des ministres. Réunissant les chefs d'État ou de gouvernement deux ou trois fois par an, le Conseil européen règle les problèmes vitaux pour l'Europe et remplit une fonction d'impulsion politique.

Le **Parlement européen,** élu tous les cinq ans au suffrage universel depuis 1979, a un pouvoir essentiellement consultatif. Mais il vote le budget de la Communauté européenne et peut renverser la Commission (en adoptant une motion de censure à la majorité des deux tiers).

La **Commission européenne** est l'exécutif de la Communauté. Elle comprend vingt commissaires, nommés pour quatre ans, qui agissent pour la Commission et non pour leur pays d'origine.

Chaque commissaire a un domaine de compétences bien délimitées (énergie, concurrence, industrie, environnement, télécommunications...). La Commission propose et met en œuvre des politiques communautaires. Elle gère les différents budgets de la Communauté.

La **Cour de justice de la Communauté européenne (CJCE),** située à Luxembourg, statue sur tous les litiges mettant en cause les textes juridiques communautaires. Le droit européen communautaire prime sur le droit national et il est applicable immédiatement dans les États membres.

● Voir Acte unique européen, Union économique et monétaire.

Consumérisme

Développement des mouvements de défense des consommateurs (association) face aux producteurs.

● Voir consommation.

Contenu en importation

Proportion d'un produit (ou d'une grandeur) qui a son origine dans les importations de produits étrangers.

La contrainte extérieure d'un pays se manifeste à travers les « contenus en importations » des composantes de la demande. L'INSEE a calculé, au début des années 90, que 100 francs consommés par les ménages renfermaient

18 francs de produits importés (produits finis mais aussi consommations intermédiaires), 100 francs exportés comportaient 23 francs de produits importés, et 100 francs investis intégraient 28 francs d'importations. Ainsi, investir ou exporter davantage conduisent aussi à accroître les importations et à peser sur l'équilibre extérieur.

● VOIR contraintre extérieure.

CONTINGENTEMENT

Mesure économique protectionniste visant à restreindre l'entrée de certains produits étrangers en fixant un volume d'importations autorisées (exemple des importations d'automobiles japonaises en Europe).

● VOIR protectionnisme.

CONTRAINTE EXTÉRIEURE

La notion de contrainte extérieure traduit la dépendance d'une économie à l'égard des autres économies, et peut se définir par l'impossibilité pour certains pays de concilier une croissance forte et l'équilibre des échanges avec l'extérieur.

La principale manifestation de cette contrainte extérieure est donc l'existence d'un déficit commercial ou d'un déficit des transactions courantes. Comme un pays ne peut pas être longtemps, et de façon importante, déficitaire, il doit chercher à réduire ses importations et à accroître ses exportations. Il cherchera ainsi à éviter une trop forte demande interne de biens de consommation et d'équipement, ce qui permettra, d'une part, de limiter la quantité de biens importés et, d'autre part, de libérer pour les clients étrangers (exportations) des produits qui ne seront plus destinés aux clients internes.
Une illustration de ces liens entre croissance et équilibre extérieur est donnée par l'échec de la politique française de relance de 1981-1982, car la vive relance de la demande s'est traduite par une augmentation très nette des importations et un déficit commercial considérable, ce qui a contraint les autorités à ralentir l'activité économique (politique de rigueur à partir de 1983).

● VOIR compétitivité, spécialisation, soldes extérieurs.

CONTRAT DE TRAVAIL

Convention, généralement écrite, par laquelle le salarié s'engage à mettre son activité à la disposition de l'employeur, sous la subordination duquel il se place, moyennant une rémunération.

Le droit du travail parle de « lien de subordination » pour le contrat de travail (à la différence d'autres contrats). Cette subordination signifie que l'employeur organise le travail et donne des ordres. Il dispose donc d'un pouvoir de commandement, de direction et de contrôle. Le pouvoir du chef d'entreprise se manifeste dans le règlement intérieur (dans les entreprises de plus de 20 salariés), qui précise les règles de fonctionnement. En particulier, ce règlement donne la liste des sanctions que peut prendre l'employeur en vertu de son pouvoir disciplinaire.

● VOIR délégué du personnel.

CONTRAT SOCIAL

Notion philosophique désignant le pacte établi entre les membres de la société par lequel ceux-ci abandonnent la liberté dont ils jouissaient dans l'état de nature (avant la création de la société) au profit de la collectivité qui acquiert ainsi la souveraineté, et leur garantie en retour la protection de leurs droits individuels.

● VOIR politique.

Contreparties de la monnaie

Ensemble des créances détenues par le système bancaire en contrepartie desquelles est créé la monnaie.

La création monétaire repose sur la transformation de créances en moyens de paiement. Les contreparties de la monnaie représentent alors l'ensemble des créances qui ont permis la création monétaire durant une certaine période. Les créances sur l'économie (crédits aux particuliers et aux entreprises), les créances sur le Trésor et les créances sur l'étranger sont les trois contreparties de la masse monétaire. Elles indiquent donc l'origine de cette création.

● Voir création monétaire, liquidité bancaire, masse monétaire.

Contre-pouvoir

Institution ou organisation qui permet de limiter l'étendue du pouvoir des autorités politiques (pouvoir politique).

La presse, les médias, les syndicats, les associations constituent des exemples de contre-pouvoirs. Les contre-pouvoirs assurent ainsi un fonctionnement démocratique du système politique. Énoncée par Montesquieu, la théorie classique de la séparation des pouvoirs exécutif, législatif et judiciaire signifie que chaque pouvoir doit être confié à des organes distincts (chef de l'État ou gouvernement, assemblées représentatives, juridictions) et indépendants. Il s'agit ainsi de préserver l'équilibre des pouvoirs, car pour Montesquieu, « seul le pouvoir arrête le pouvoir ».

● Voir politique, pouvoir politique.

Contribution sociale généralisée (CSG)

Prélèvement instauré en 1990 pour obtenir un financement supplémentaire de la protection sociale.

Dans un souci de justice sociale, une contribution sociale généralisée (CSG) a été instaurée afin d'obtenir un financement plus large de la Sécurité sociale, son principe étant « à revenu égal, contribution égale ».

Représentant un faible pourcentage de tous les revenus (revenus d'activité, mais aussi revenus du patrimoine et revenus de remplacement), la CSG s'assimile à un impôt. Son taux est d'ailleurs décidé par le Parlement. Pour les salariés, il s'agit d'un impôt prélevé à la source, puisqu'il figure sur leur bulletin de paie et est retenu par l'employeur. Autre particularité : le produit de la CSG n'est pas affecté au budget de l'État (à la différence des impôts), mais directement aux organismes de Sécurité sociale. La CSG se situe donc entre l'impôt et la cotisation.

● Voir prélèvements obligatoires, protection sociale, Sécurité sociale.

Contrôle des changes

Instrument de politique économique visant à restreindre les possibilités qu'ont les résidents de détenir des devises étrangères.

Le contrôle des changes, supprimé en 1989 en France, avait surtout pour objectif d'empêcher les résidents de vendre des francs pour acheter des devises. Ces opérations contribuaient, en effet, à faire baisser la valeur du franc sur le marché des changes et entretenaient la spéculation à la baisse du franc (vente de francs pour les racheter plus tard, à une moindre valeur, et dégager ainsi un gain).

● Voir change, convertibilité, politique de change.

Contrôle social

Ensemble des moyens et des processus par lesquels une société parvient à faire respecter ses normes.

Les notions de régulation sociale et de contrainte sociale sont synonymes du contrôle social.
Le respect des normes et des règles essentielles de vie dans une collectivité est déterminant pour maintenir la cohésion et le fonctionnement de celle-ci. Le contrôle social a ainsi pour fonction d'encourager le respect de ces règles et de décourager leur transgression.
Les normes ne s'imposent pas toutes avec la même force. Ce sont les sanctions qui définissent la puissance des normes. Certaines normes sont absolues, car leur non-respect entraîne une sanction par les tribunaux (vol, par exemple). D'autres normes se révèlent obligatoires au sein du groupe social dans lequel s'insère l'individu. Le non-respect de la norme, s'il n'est pas sanctionné par la justice, peut néanmoins conduire à une réprobation morale (c'est la pression sociale) de la part des autres membres du groupe, voire à l'exclusion du groupe. Certaines normes sont, enfin, facultatives. Leur respect peut alors faire l'objet de ce que les sociologues appellent des « sanctions positives » (récompense, par exemple). Le prestige, l'acceptation et la reconnaissance des autres sont ainsi des formes de sanctions que le groupe confère à ceux qui respectent ses normes.
La théorie du contrôle social distingue donc les sanctions négatives (actions répressives, punitives ou correctrices de la société) et les sanctions positives (récompense, encouragement).

● Voir conformité sociale, culture, norme, socialisation.

Convention collective

Contrat entre représentants des salariés et représentants des employeurs relatif aux conditions d'emploi et de travail ainsi qu'aux garanties sociales.

Une convention collective ne concerne qu'une activité professionnelle déterminée (le bâtiment ou la chimie, par exemple). Un accord collectif est un contrat qui ne traite que d'un ou plusieurs sujets particuliers. Il peut être interprofessionnel quand il concerne plusieurs professions (exemple de l'accord collectif sur l'indemnisation du chômage concernant toutes les entreprises).
Ces conventions et accords sont négociés par les organisations syndicales représentatives et les syndicats d'employeurs. Leurs dispositions bénéficient à tous les salariés, même si tous les syndicats n'ont pas signé l'accord. Ces dispositions, qui ont une valeur juridique, sont rendues obligatoires pour les employeurs qui les ont signées ou qui sont membres des organisations signataires. Les conventions collectives peuvent être étendues par arrêté du ministère du Travail.

● Voir conflit collectif, négociation collective, syndicat.

Convertibilité

Qualité d'une monnaie que l'on peut convertir en une autre monnaie (ou en or).

Les pays membres d'un système monétaire international doivent assurer au préalable la convertibilité externe de leur monnaie. Cela signifie que tout étranger détenteur de cette monnaie doit avoir la possibilité, à tout instant, de l'échanger librement contre d'autres monnaies. La convertibilité peut être impossible (inconvertibilité) ou limitée, lorsque l'échange peut se faire jusqu'à un certain montant ou lorsque des procédures administratives longues et complexes sont nécessaires pour obtenir la conversion en devises étrangères (situation des pays européens de l'après-guerre jusqu'en 1958 ou de nombreux pays en développement aujourd'hui, qui ne disposent pas de devises en quantité suffisante).
Le système monétaire issu de Bretton Woods prévoyait ainsi la convertibilité des monnaies des pays membres.

Celle-ci n'a été rétablie qu'en 1958, mais il s'agissait d'une convertibilité uniquement externe, c'est-à-dire réservée aux seuls non-résidents.
Jusqu'à une date récente, l'échange de francs contre des devises n'était pas libre, mais réglementé. Cette convertibilité du franc n'était pas totale pour les résidents (convertibilité interne). Par exemple, ceux-ci ne pouvaient pas sortir des capitaux hors des frontières sans autorisation administrative. La fin du contrôle des changes en 1989 a rétabli cette convertibilité interne.

● Voir contrôle des changes, système monétaire international.

Coopérative

Entreprise privée appartenant à l'ensemble de ses membres, et dont l'objectif est de rendre des services à ses adhérents.

Ses objectifs sont la défense des intérêts de ses membres, appelés « sociétaires ». Une coopérative recherche donc moins le profit que la satisfaction de ses adhérents ; par exemple, les bénéfices sont répartis équitablement entre les sociétaires. Le pouvoir de décision appartient aux sociétaires eux-mêmes, selon le principe « un homme = une voix » quels que soient leurs apports (et non « une action = une voix », comme dans les autres sociétés).
On distingue les coopératives de production créées pour produire en commun (exemple des coopératives agricoles), et les coopératives de consommation, créées pour bénéficier des avantages des achats groupés.

● Voir économie sociale.

Corn laws

Ensemble des lois sur les céréales, en vigueur pendant plusieurs siècles en Grande-Bretagne, qui instauraient des taxes sur les importations afin d'assurer le maintien des revenus élevés des cultivateurs et des propriétaires fonciers.

Les industriels s'opposèrent à ces lois protectionnistes et en demandèrent l'abolition afin que la baisse des prix des céréales, liée aux importations, entraîne une baisse des salaires des ouvriers.
Cette opposition entre propriétaires fonciers et industriels se solda par la défaite des premiers et l'abrogation des *Corn Laws* en 1846.

Corporatisme

1. Dans un sens historique, le corporatisme désigne un système de relations sociales où les professions sont directement organisées par l'État et où les syndicats, courroie de transmission de ce dernier, reçoivent l'adhésion obligatoire de tous les partenaires sociaux (salariés comme employeurs).
2. Dans un sens courant, le corporatisme désigne la défense des privilèges et des intérêts spécifiques à une catégorie professionnelle.

On rencontre souvent aujourd'hui la notion de néocorporatisme. Celle-ci définit une association de fait entre l'État (hommes politiques et administrations) et les représentants d'une profession pour gérer conjointement un secteur de la vie sociale. L'État consacre ainsi le monopole de la représentation de la profession pour une organisation (il lui octroie de nombreux avantages), et celle-ci, de son côté, rend légitimes et acceptables par ses adhérents les mesures décidées conjointement. En France, certains ont ainsi fait observer que la FNSEA (Fédération nationale des syndicats d'exploitants agricoles) assurait, avec les pouvoirs publics, la cogestion du secteur agricole.

Correction des variations saisonnières (CVS)

Traitement des séries statistiques afin d'éliminer les irrégularités qui reviennent aux mêmes époques des années successives.

Par exemple, les chiffres du chômage sont gonflés tous les mois de septembre par les inscriptions des jeunes qui sortent du système scolaire, ce qui ne correspond pas vraiment à une brutale montée du chômage.

CORRÉLATION

Situation de deux phénomènes qui évoluent en même temps (dans le même sens ou en sens inverse).

Le sociologue comme l'économiste mettent en relation des phénomènes en montrant que l'un peut être la conséquence de l'autre. Ils doivent cependant se méfier et ne pas confondre corrélation et causalité. On est en présence d'une corrélation lorsque deux variables évoluent en même temps. Mais l'observation graphique ou statistique d'une corrélation ne prouve pas qu'un des phénomènes est la cause de l'autre. Par exemple, un troisième phénomène peut être la cause des deux autres.

● VOIR causalité.

COTATION

Cf. cours boursier.

COTE OFFICIELLE

Principal marché de la bourse des valeurs, composé de deux compartiments : le marché au comptant et le règlement mensuel.

Il s'agit du principal marché, celui qui enregistre le volume de transactions le plus important. Il comprend plusieurs centaines d'entreprises qui répondent à des conditions très précises (information des actionnaires, publication régulière de comptes, au moins 25 % du capital mis à la disposition du public).
La cote officielle se compose elle-même de deux compartiments : le marché au comptant (toutes les sociétés de la cote officielle) et le règlement mensuel (pour les plus importantes d'entre elles). Sur le marché au comptant, l'exécution des ordres, les livraisons et le règlement en espèce des titres se font immédiatement. En revanche, le règlement mensuel (RM) est un marché qui permet les opérations à terme, car l'exécution des ordres, la livraison et le règlement interviennent à une date ultérieure à celle de la négociation (où le cours est cependant fixé). Les opérations du RM sont des opérations réalisées à crédit ; elles sont payables à règlement mensuel, c'est-à-dire à la fin du mois boursier, au jour dit de « liquidation ». Le RM permet de spéculer avec des sommes que l'on ne possède pas.
Exemple : Monsieur X décide d'acheter à terme 1 000 actions Michelin à 200 F. Il lui suffit de déposer 20 % de cette somme comme garantie à la société de bourse qui lui trouve un vendeur.
Il ne devra verser le reste (80 % de 200 000 F) qu'à la fin du mois s'il souhaite obtenir ces actions. Le cours payable à terme est donc fixé à 200 F au départ.
Si, entre temps, l'action Michelin monte à 250 F, Monsieur X peut décider de revendre ces actions.
À la liquidation :
– il devra payer 200 000 F pour l'achat.
– il devra recevoir 250 × 1 000 = 250 000 F.
Son gain, versé par la société de bourse, sera de 50 000 F.

● VOIR bourse des valeurs, cours boursier, marché à terme, marché hors cote, second marché.

COTISATIONS SOCIALES

Versements réguliers effectués par les personnes appartenant à un régime de Sécurité sociale.

La plus grande partie des cotisations sociales sont des versements réalisés à partir des revenus d'activité des individus (salaires et revenus du travail non salariaux).
Prenons l'exemple des salariés dans une entreprise.
À partir d'un salaire de base appelé « salaire brut », les entreprises calculent

des cotisations à la charge des salariés (le salaire brut se décompose donc en cotisations salariales et en salaire net) et des cotisations à leur charge propre (cotisations patronales). C'est cependant l'employeur qui verse les deux types de cotisations à l'organisme collecteur de toutes les cotisations qu'est l'URSSAF (Union de recouvrement des cotisations de sécurité sociale et d'allocations familiales).
La plupart des cotisations sont calculées d'après les salaires, mais elles ne sont pas strictement proportionnelles aux salaires puisqu'il existe un « plafond » au-delà duquel on ne prélève pas de cotisations.
Exemple fictif :
Cotisations pour l'assurance maladie : 3 %
Plafond : 12 000 F par mois
Cotisations versées par un salarié recevant 16 000 F brut par mois : 12 000 × 0,03 = 360 F par mois
Cotisations versées par un salarié recevant 8 000 F brut par mois : 8 000 × 0,03 = 240 F par mois
Le déplafonnement des cotisations correspond alors à l'augmentation du plafond (les cotisations augmentent donc). Une partie des cotisations sont, en outre, déplafonnées puisqu'elles sont calculées sur la totalité du salaire brut.

● Voir prélèvements obligatoires, protection sociale, salaire.

Courbe de Laffer

Représentation graphique due à l'américain Arthur Laffer, visant à montrer l'inefficacité d'une trop lourde imposition des individus.

Si, en effet, les impôts sont trop importants (taux d'imposition élevés), les individus vont préférer diminuer leur travail pour ne pas atteindre un taux d'imposition trop élevé. Ainsi, un niveau trop élevé d'impôt conduit à une activité économique moins importante, et donc à une diminution des recettes fiscales pour l'État, d'autant que cette situation encourage fraude, travail au noir et évasion fiscale. La fiscalité est donc de moins en moins efficace (« trop d'impôt tue l'impôt »), et Laffer montre qu'un même niveau de recettes peut être atteint avec des taux d'impôt beaucoup moins importants. En effet, l'encouragement au travail, à l'effort et à l'initiative que constitue la baisse des impôts doit provoquer une relance de l'activité. Celle-ci conduira à son tour, à une hausse des impôts (les rentrées fiscales comme la TVA, les impôts sur le revenu augmentent avec le PIB) qui compensera les effets de la baisse initiale du taux d'imposition.
Cette analyse est à l'origine de la politique du président américain Ronald Reagan au début des années 80 aux États-Unis (forte baisse des impôts).

La courbe de Laffer

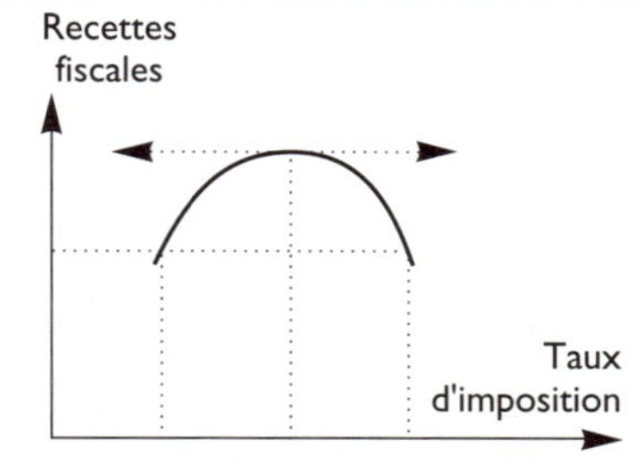

● Voir économie de l'offre, fiscalité, impôt sur le revenu, libéralisme.

Courbe de Lorenz

Cf. inégalités.

Courbe en J

Représentation graphique des conditions d'efficacité d'une dévaluation sur le solde commercial.

Les effets positifs d'une dévaluation (amélioration du solde commercial) ne jouent pas immédiatement. Dans un premier temps, la valeur des importations augmente, car celles-ci coûtent plus cher et les agents ne réduisent pas immédiatement leurs achats de produits étrangers. De même, les exportations, dont le volume ne s'accroît pas

La courbe en J

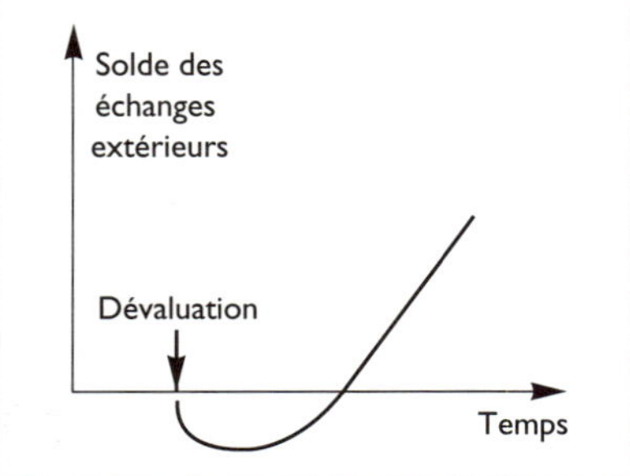

aussitôt, rapportent moins de francs (leurs prix ont en effet diminué). C'est seulement dans un deuxième temps que le solde des échanges s'améliore, avec l'augmentation du volume des exportations (quantités de biens exportés). Ces mécanismes reçoivent une illustration graphique avec la courbe en J.

● VOIR change, dévaluation, solde commercial.

COUR DES COMPTES

Juridiction composée de magistrats indépendants chargés de contrôler l'utilisation des deniers publics.

Créée en 1807, la Cour des comptes contrôle l'exécution des budgets de l'État et des organismes d'origine étatique (établissements publics par exemple), tandis que les cours régionales des comptes, créées en 1984, contrôlent les comptes et les budgets des collectivités locales et de leurs organismes.

COURS BOURSIER

Le cours d'une action ou d'une obligation est le prix qui résulte de la confrontation de l'offre et de la demande pour ce titre sur le marché boursier (marché secondaire).

1) Les cotations

La cotation désigne les opérations nécessaires à la fixation des cours de bourse (sociétés cotées seulement). Si les ordres de vente (offre) sont supérieurs aux ordres d'achat de titres, les cours sont orientés à la baisse.

La cotation permet de fixer le prix de telle sorte que le maximum d'acheteurs et de vendeurs soient satisfaits. Comme les acheteurs et les vendeurs ne sont pas présents lors de la fixation, ils donnent des indications générales de prix aux sociétés de bourse qui sont chargées des négociations. Par exemple, un ordre de vente à cours limité signifie que l'opérateur ne peut plus vendre si le cours descend en dessous de la limite (un ordre d'achat de 10 actions Michelin à un cours limité de 1 000 francs signifie que l'opérateur cesse d'acheter si le cours dépasse 1 000 francs).

Il existe deux grandes techniques de cotation des valeurs mobilières :

– **Cotation à la criée :** présents physiquement sur le marché, les opérateurs confrontent oralement leurs ordres ; une sorte de commissaire-priseur détermine alors un cours d'équilibre (fixing), celui-ci pouvant évoluer au long de la journée boursière ; cette technique est aujourd'hui réservée aux marchés d'instruments financiers (MATIF par exemple) et aux marchés de faible volume d'échanges (marché hors-cote).

– **Cotation en continu :** la cotation est réalisée en temps réel grâce aux systèmes informatiques. Utilisé pour les transactions sur les principaux marchés, ce système de cotation assistée en continu (CAC), ou marché continu, permet une fixation en continu des cours (de 10 heures à 17 heures). Les opérateurs n'ont plus besoin d'être réunis ensemble, car ils enregistrent, dans leurs propres locaux, les ordres des clients sur le système CAC.

2) Comment expliquer les variations des cours ?

La situation politique et économique, tant en France qu'au niveau international, joue un rôle important pour expliquer les fluctuations. Mais il existe aussi des facteurs spécifiques.

Commençons par les obligations. Les

obligations sont très sensibles à l'évolution du taux d'inflation, car la rémunération (fixe) comme la valeur nominale (reçue au moment du remboursement) risquent de connaître une diminution de pouvoir d'achat en cas d'inflation élevée. Dès lors, si le taux d'inflation augmente, les obligations auront tendance à voir leur cours baisser, car les détenteurs chercheront à s'en débarrasser.
Les obligations sont aussi très sensibles à l'évolution des taux d'intérêt. Prenons l'exemple d'une hausse des taux d'intérêt. Les nouveaux emprunts émis vont alors offrir aux épargnants une meilleure rémunération que les emprunts obligataires plus anciens. Les anciennes obligations vont alors être moins demandées que les nouvelles sur le marché, et leur cours va diminuer.
Soit une obligation X émise à 5 000 francs avec un taux de 8 %. Les taux montent à 10 %.
On vend donc l'obligation X qui rapporte 400 francs pour acheter une nouvelle obligation Y (s'il en existe une émise à 5 000 francs, elle rapportera 500 francs). Le cours de l'obligation X baisse jusqu'à ce que son rendement soit de 10 %.
La nouvelle valeur de X sera 4 000 francs car :

$$\frac{400}{4\,000} = 10\ \%$$

L'obligation X a vu son cours baisser de 1 000 francs.
On met ainsi en évidence un mécanisme général des cours boursiers (valable aussi pour les actions, par effet de contagion) :

hausse des taux → baisse des cours
baisse des taux → hausse des cours

Les perspectives économiques de baisse des taux d'intérêt sont donc favorables à la Bourse tandis que les risques de hausse dépriment la Bourse.
La valeur d'une action, quant à elle, est aussi liée à la situation de l'entreprise qui l'a émise. Une espérance de bénéfices élevés conduit à une hausse des cours, car ces bons résultats entraîneront soit un dividende plus élevé, soit une croissance de l'entreprise (si les bénéfices sont mis en réserve et non distribués) facteur de plus values (l'action représentera, en effet, une part plus importante de l'actif de l'entreprise).

● VOIR action, bourse des valeurs, cote officielle, obligation, price earning ratio (PER), valeur mobilière.

COURS FORCÉ

Décision des pouvoirs publics dispensant l'institut d'émission (banque centrale) de convertir en or les billets qui lui sont apportés par les particuliers.

En France, le cours forcé des billets fut adopté à partir de 1914 (sauf durant la période 1926-1936 où la convertibilité des billets en or put s'effectuer en lingots, c'est-à-dire pour des sommes très importantes).

● VOIR cours légal, franc.

COURS LÉGAL

Obligation pour les agents économiques d'accepter les billets comme moyen de paiement, au même titre que la monnaie métallique.

● VOIR franc.

COURS NOMINAL

Cours d'émission d'une action ou d'une obligation (s'oppose au cours en vigueur sur le marché qui, lui, se modifie sans cesse).

● VOIR action, cours boursier, obligation.

COÛT

Un coût désigne une dépense de l'entreprise nécessaire à la réalisation de sa production. C'est aussi le prix de revient d'un bien ou d'un service.

● VOIR bénéfice, coût de production.

Coût de production

Ensemble des dépenses qui ont permis la production d'un bien ou d'un service destiné à être vendu.

Il arrive parfois que l'on fasse une distinction entre d'une part le coût de production, comprenant le coût d'achat des matières premières et des produits semi-finis ainsi que le coût de fabrication (salaires, charges diverses), et d'autre part le coût de distribution ou de commercialisation, qui est constitué par les dépenses liées à la vente (publicité, réseau commercial, etc.). Mais, le plus souvent, la notion de coût de production correspond au coût total de l'entreprise.

coût de production = coût total = somme des dépenses nécessaires à la fabrication et à la vente du bien ou du service produit.

Si l'on connaît le coût de production total et les quantités produites, on peut calculer le coût unitaire (au coût moyen) de production :

$$\text{coût unitaire} = \frac{\text{coût total}}{\text{quantités produites}}$$

● Voir bénéfice, coûts fixes / coûts variables, coût salarial.

Coût de transaction

Ensemble des coûts en temps et en argent liés à un processus d'échange ou de négociation (informations sur les acheteurs ou les vendeurs, négociations des contrats, etc.).

Coût d'opportunité

« Manque à gagner » lié à un placement, à un investissement ou à un événement.

Prenons l'exemple d'une rupture de stock pour une entreprise ; cette rupture ne « coûte » rien à l'entreprise, car elle ne l'oblige pas à réaliser de nouvelles dépenses. Elle correspond, en revanche, à une perte de clientèle. Le coût d'opportunité d'un investissement dans une nouvelle machine peut se révéler très élevé si une même somme placée à la Bourse avait permis des gains considérables.

Coût marginal

Coût supplémentaire pour produire une unité de plus du produit considéré.

C'est le coût de la dernière unité produite.

Prenons l'exemple d'une entreprise dont les coûts (exprimés en francs) sont présentés dans le tableau ci-dessous.

Si l'entreprise produit 5 unités, le coût marginal représente le coût total des 5 unités diminué du coût total de 4 unités.

Si le prix de vente est fixé par l'état de la concurrence à 880 francs, l'entreprise devra produire 4 unités pour réaliser un bénéfice. Produire 5 unités ne lui rapporterait aucun bénéfice supplémentaire alors que le coût de production serait accru de 1 000 francs.

● Voir coût de production.

Unités produites	Coût total	Coût moyen	Coût marginal
0	1 000		
1	1 800	1 800	800
2	2 400	1 200	600
3	2 700	900	300
4	3 400	850	700
5	4 400	880	1 000

Coût salarial

Ensemble des charges (dépenses) de l'entreprise impliquées par la présence de salariés.

L'entreprise verse, en effet, à chaque salarié une rémunération brute (salaire brut comprenant le salaire net et les cotisations sociales à la charge du salarié), mais le coût salarial (*voir schéma au bas de cette page*) se compose aussi des charges patronales, réunissant les charges sociales (cotisations sociales à la charge de l'employeur ; c'est la part patronale des cotisations) et les charges professionnelles (taxe d'apprentissage, dépenses de comité d'entreprise, participation, etc.).

● Voir cotisations sociales, salaire.

Coût-assurance-fret (CAF)

Méthode d'évaluation des importations qui inclut, outre les prix des biens, les coûts de transport et d'assurance nécessaires pour l'acheminement à la frontière française.

● Voir balance commerciale, franco à bord.

Coût fixe / Coût variable

Un coût fixe est une dépense que l'entreprise doit effectuer quelles que soient les quantités produites. Un coût variable, au contraire, dépend des quantités produites.

Les coûts fixes sont des frais fixes, des charges fixes, que l'entreprise doit engager avant même de produire (bâtiments, machines, salaire du personnel de direction, par exemple). On les appelle aussi parfois les frais de structure. Dans certaines activités, les coûts fixes sont considérables (aéronautique par exemple).

Les coûts variables, au contraire, qui dépendent des quantités produites sont par exemple constitués des matières premières, des produits transformés au cours du processus de production. Les coûts variables peuvent être proportionnels aux quantités produites, mais ce n'est pas toujours le cas. Une entreprise qui augmente sa production pour faire face à un accroissement soudain de la demande doit, par exemple, recourir au travail temporaire ou aux heures supplémentaires (main-d'œuvre mieux rémunérée). En sens inverse, l'augmentation des achats peut permettre une baisse de leur coût.

Les coûts fixes représentent des frais qui doivent être couverts quel que soit le niveau de production. En période de mauvaise conjoncture économique, les entreprises cherchent donc à réduire leurs frais de structure.

Il faut enfin remarquer que les coûts fixes peuvent se modifier au-delà d'un certain seuil de production. Si l'activité augmente, les coûts variables s'accroissent, mais il peut exister une limite à partir de laquelle l'entreprise doit acheter de nouvelles machines, louer de nouveaux locaux, embaucher de nouveaux salariés, accroître ses frais fixes, si elle souhaite continuer à

coût salarial = {
salaire net
+
cotisations salariales
} salaire brut du salarié
+
cotisations patronales
+
charges professionnelles

élever son niveau de production. Les coûts fixes varient ainsi par paliers, l'entreprise modifiant à chaque fois son « échelle » de production.

● VOIR coût de production, coût marginal, économie d'échelle.

COÛT SOCIAL

Coût d'une activité qui est supporté par l'ensemble d'une collectivité (maladie professionnelle, pollution, par exemple).

COÛT UNITAIRE

Cf. coût de production.

CRÉANCIER

Agent économique qui a réalisé le prêt d'une somme qu'il possède auprès d'un autre agent économique, ce dernier devenant alors son débiteur.

Le créancier détient une créance sur son débiteur, c'est-à-dire un droit à obtenir de celui-ci l'exécution du remboursement à une certaine échéance.

● VOIR intérêt, taux d'intérêt.

CRÉATION MONÉTAIRE

Processus de création de nouveaux moyens de paiement mis à la disposition des agents économiques.

1) Le processus de création monétaire

Aujourd'hui, les banques ne sont plus de simples intermédiaires qui prêtent des fonds (crédits accordés aux clients) à partir des dépôts reçus. Elles créent de la monnaie lorsqu'elles accordent des crédits.

À l'origine, les banques ne prêtaient qu'à hauteur du montant de monnaie métallique détenue à leur actif. Ainsi, lorsqu'un dépôt d'or était effectué pour une durée d'un an, par exemple, la banque pouvait prêter cette somme pour une durée inférieure. Les banques s'aperçurent toutefois que leurs stocks de monnaies métalliques (or, argent) ne descendaient jamais en dessous d'un certain seuil puisque une partie des sommes prêtées revenait toujours dans leurs caisses sous forme de dépôts. Les banques décidèrent alors de prêter une nouvelle fois ces encaisses, donc d'accorder de nouveaux crédits, sans prendre trop de risques, puisque les dépôts se reconstituaient dans les comptes des nouveaux emprunteurs. Ainsi les banques prêtaient plusieurs fois les mêmes sommes.

Chaque déposant considérait ses dépôts comme disponibles alors qu'ils étaient à l'origine de nouveaux crédits (mais aussi de nouveaux dépôts). Il y avait ainsi une création monétaire puisque les moyens de paiement dont pouvaient disposer les individus étaient bien supérieurs aux encaisses métalliques ou, plus tard, aux billets en circulation dans l'économie.

Aujourd'hui, les banques ne prêtent même plus à partir d'un minimum de dépôts préalables. Elles créent de la monnaie en accordant des crédits, et ce sont ces crédits qui entraînent les dépôts dans les banques (il faut considérer l'ensemble des banques). Ainsi, ce sont désormais « les crédits qui font les dépôts » et non plus l'inverse.

Concrètement, comment une banque crée-t-elle de la monnaie ? Imaginons qu'elle accorde un crédit de 10 000 F à M. Martin (*voir tableau p. 69*). Elle écrit sur du papier ou sur écran ordinateur (on parle de « jeu d'écritures ») deux opérations symétriques : à son passif, elle inscrit les 10 000 francs que M. Martin est autorisé à retirer sur le compte qu'elle lui a ouvert ; à son actif, elle inscrit la reconnaissance de dette de M. Martin (il s'agit bien d'une créance pour la banque qui représente la promesse de remboursement signée par M. Martin).

La banque a donc créé sa propre monnaie. Il n'y a pas eu d'épargne

préalablement au crédit, et personne n'a renoncé à son pouvoir d'achat pour permettre ce crédit. La banque, enfin, n'a pas besoin de détenir dans ses caisses la somme correspondante. Elle a créé de nouveaux moyens de paiement qui vont circuler dans l'économie.
Notons que le remboursement de l'emprunt conduit à une opération symétrique de « destruction monétaire » (la banque annule sa créance de l'actif de son bilan et M. Martin annule sa dette au passif de son bilan).

2) Qui peut créer de la monnaie ?

La création monétaire est assurée par trois catégories d'agent : les banques, la Banque de France et le Trésor public.

– Les banques

Les opérations de crédit réalisées par les banques représentent une source majeure de création monétaire. Il s'agit de crédits accordés aux particuliers, aux entreprises, mais parfois aussi à l'État. Lorsque le Trésor public, banquier de l'État, veut financer le déficit budgétaire, il peut émettre des bons du Trésor qui seront achetés par les banques. Ces dernières acquièrent donc une créance sur le Trésor public en créant de la monnaie. Si elles prêtent en revanche des ressources qu'elles possèdent déjà, il n'y a pas création monétaire.

– La Banque de France

La Banque de France crée deux sortes de monnaie. Il s'agit d'abord de la monnaie fiduciaire puisqu'elle détient depuis 1848 le monopole d'émission des billets (c'est la fameuse « planche à billets »). Il s'agit ensuite de la monnaie scripturale qu'elle peut créer selon les mêmes mécanismes que la création monétaire des banques, c'est-à-dire lorsqu'elle transforme une créance en moyens de paiement (on parle de monétisation d'une créance).
La Banque de France crée de la monnaie scripturale au profit des banques lorsqu'elle leur achète les créances qu'elles détiennent (créances sur les particuliers, les entreprises ou le Trésor). Elle peut ainsi pratiquer le réescompte.
Prenons l'exemple d'une société X qui doit une somme d'argent à une société Y ; X signe donc une reconnaissance de dette ; si Y a besoin de cette somme avant l'échéance, elle peut porter ce papier (effet de commerce, traite) à sa banque qui lui échangera contre des moyens de paiement disponibles immédiatement (moyennant un prix qui est le taux d'escompte). La banque peut à son tour faire escompter ce papier auprès de la Banque de France ; par le réescompte, la Banque de France crée de la monnaie au profit de la banque (la dette de X est donc transférée à l'actif de la Banque de France).

Le bilan de la banque est :

actif	passif
créance sur M. Martin 10 000	dépôt (compte de M. Martin) 10 000

Le bilan de M. Martin est :

actif	passif
compte courant bancaire 10 000	dette auprès de la banque 10 000

La Banque de France peut aussi créer directement de la monnaie au profit du Trésor public en lui accordant des avances (c'est un découvert puisque le compte du Trésor est crédité de nouveaux moyens de paiement) ou en lui achetant directement des bons du Trésor.
Enfin, la Banque de France crée de la monnaie, en l'occurrence des francs, en contrepartie des devises étrangères (qui sont des créances sur l'extérieur) apportées par les banques et provenant des clients. Si, une certaine journée, les échanges de francs contre des dollars et de dollars contre des francs ne se compensent pas, et s'il y a, par exemple, une importante demande de francs en échange de dollars, la Banque de France va acquérir les dollars et donner les francs demandés, augmentant ainsi la masse monétaire. Plus généralement, un excédent commercial conduit à une augmentation de la masse monétaire, puisque les exportateurs français ont des excédents de devises qu'ils souhaitent échanger contre des francs.

– **Le Trésor public**

La dernière institution qui crée de la monnaie est le Trésor public. Le Trésor est l'agent financier de l'État, une sorte de « caissier », puisqu'il perçoit les recettes publiques (impôts) et exécute les dépenses. C'est aussi le banquier de l'État. Le Trésor crée la monnaie divisionnaire (monopole de fabrication des pièces), mais il peut aussi créer de la monnaie scripturale. Par exemple, lorsque le compte chèque postal (CCP) d'un fournisseur de l'État (ou d'un fonctionnaire à qui l'État doit verser un salaire) est crédité, le Trésor crée sa propre monnaie scripturale.

● Voir liquidité bancaire, marché monétaire, politique monétaire.

Crédit

> Ressources prêtées par une banque à un agent économique qui s'engage à payer des intérêts et à rembourser le capital du prêt.

● Voir banque.

Crédit-bail

Cf. investissement.

Crise

> Retournement brutal de la conjoncture économique qui marque la fin d'une période d'expansion. Par extension, situation économique caractérisée par la faiblesse de la croissance du PIB et par le développement d'un chômage important.

L'activité économique se mesure avant tout par l'évolution de la production. Si la production augmente, la conjoncture est favorable. De nombreux économistes ont montré que cette activité économique fluctuait selon des cycles où quatre phases se succédaient : une phase d'expansion économique (hausse de la production), une phase de crise (la production cesse d'augmenter et amorce une baisse), une phase de dépression (baisse de la production) et une phase de reprise.
Ainsi la crise correspond à une rupture, à un retournement brutal de la conjoncture économique qui marque la fin d'une période d'expansion. La crise est donc, au départ, le court moment où tout bascule, à l'image d'un krach boursier par exemple. Toutefois, on donne aussi aujourd'hui au mot « crise » une autre signification puisqu'elle désigne la phase de dépression elle-même.
L'histoire économique est jalonnée de crises dont la nature a évolué au cours des siècles.

1) Les crises de l'Ancien Régime ou crises agricoles

Dans ce type de crise, l'origine des difficultés se trouve dans le secteur prépondérant de l'agriculture. À la suite de guerres ou de conditions naturelles défavorables, la récolte est mauvaise. Ce qui entraîne une diminution des revenus de la grande majorité de la population paysanne, tandis que la hausse du prix des céréales ne profite qu'à ceux qui ont pu constituer des réserves. Cette aug-

mentation du prix conduit la population à consacrer l'essentiel de ses revenus à l'achat de produits alimentaires, si bien que la demande adressée à l'industrie (artisanat, textile) chute brutalement. Ainsi, la crise agricole aboutit à une crise des débouchés industriels.
Les économistes et historiens considèrent que la crise de 1847-1848 est la dernière grande crise de ce type dans les pays européens.

2) Les crises industrielles

Si les crises sous l'Ancien Régime sont des crises de sous-production (production agricole insuffisante), les crises industrielles sont des crises de « surproduction » puisqu'elles se caractérisent par une rupture entre la production et la demande solvable, c'est-à-dire susceptible d'acheter cette production. Il y a ainsi trop de produits. Comme l'a montré l'économiste anglais Keynes à propos de la « Grande crise » de 1929, c'est l'insuffisance de la demande par rapport à la quantité de biens produits par les entreprises qui explique la baisse de la production. En effet, la constatation d'une mévente de leurs produits amène aussitôt les industriels à réduire leur activité et à licencier des salariés.
Les économies européennes ont connu de nombreuses crises de ce type dans la seconde moitié du XIXe siècle, même si la crise de 1929 en est le symbole le plus marquant. Les crises industrielles se déclenchent d'abord dans la sphère de la circulation de l'argent, avec un krach boursier (effondrement brutal des cours après une hausse spéculative), puis des crises et des faillites bancaires. La crise gagne ensuite le secteur commercial et le secteur industriel avec une baisse importante de la production, une chute des prix des produits et des salaires ainsi qu'une hausse du chômage.

3) La crise contemporaine

C'est le choc pétrolier d'octobre 1973 qui marque le début de la crise contemporaine. Le quadruplement des prix du pétrole décidé par les pays producteurs de pétrole (OPEP) a provoqué de nombreux déséquilibres dans les pays occidentaux : hausse des taux d'inflation, aggravation des déficits commerciaux liés à la facture pétrolière, ralentissement de la croissance imposé par la hausse des coûts de production et des déficits extérieurs, montée du chômage.
Le relèvement des prix du pétrole n'a été que l'agent de déclenchement de la crise, car les facteurs de déséquilibre étaient déjà présents au début des années 70 (crise du système monétaire international, baisse des gains de productivité, inflation « rampante » qui progressait peu à peu depuis le milieu des années 60, etc.).
La crise contemporaine présente de nombreuses ressemblances avec la crise de 1929 : événements déclencheurs brutaux (krach boursier en 1929), montée du chômage et absence de perspectives claires de sortie de crise. Cependant ces deux crises présentent des différences essentielles : après 1973, ce sont les taux de croissance qui fléchissent (récession), et non la production (dépression) ; les prix continuent d'augmenter alors que les prix avaient baissé (déflation) après 1929 ; au niveau international, on n'assiste pas à un repli des pays sur eux-mêmes ni au développement du protectionnisme (et des dévaluations compétitives), mais à une poursuite, ralentie certes, du commerce international ; enfin, contrairement aux années 30 où la consommation avait chuté, les années 70 se caractérisent par une progression ralentie de la consommation. En définitive, la crise de 1973 diffère profondément de la crise des années 30 en raison du rôle important joué par l'État dans la vie économique et de l'existence d'un système de protection sociale (cela explique le maintien des revenus et de la consommation).

● VOIR croissance, cycle, Schumpeter, PIB.

Croissance

Augmentation régulière de la production.

La croissance économique est l'accroissement durable de la production globale d'une économie. C'est donc un phénomène quantitatif que l'on peut mesurer. C'est aussi un phénomène de longue période. En effet, une augmentation brutale et sans lendemain de la production nationale ne correspond pas à la croissance économique. Il ne faut donc pas confondre croissance et expansion, l'expansion caractérisant une augmentation de la production sur une courte période.
Il importe aussi de distinguer la croissance du développement qui désigne l'ensemble des transformations techniques, sociales, démographiques et culturelles accompagnant la croissance de la production. Le développement est une notion qui traduit l'aspect structurel et qualitatif de la croissance. Le développement peut être associé à l'idée de progrès économique et social (amélioration du niveau de vie et du niveau d'instruction, bien-être pour l'ensemble de la population).
Les facteurs de la croissance sont nombreux : augmentation de la population active et amélioration de sa qualification, accroissement du capital technique et son perfectionnement, progrès technique et innovations sous toutes leurs formes (organisation du travail et gestion des entreprises par exemple). Ces facteurs peuvent jouer différemment et conduire à deux grands types de croissance : une croissance dite « extensive », lorsqu'elle résulte de l'augmentation quantitative des facteurs de production (davantage de travailleurs et d'équipements conduisent à plus de croissance) et une croissance dite « intensive », lorsque l'augmentation de la production provient d'une utilisation plus efficace des facteurs de production existants. Une croissance intensive, qui repose sur d'importants gains de productivité, peut être ainsi recherchée par un pays dont les facteurs de production (population active par exemple) ne peuvent s'accroître facilement.
Pour mesurer la croissance économique, on retient comme indicateur de la production, le produit intérieur brut (PIB).

● Voir développement, production, PIB, taux de croissance du PIB.

Croissance démographique

Évolution de la population au cours d'une période.

On peut écrire l'équation fondamentale de la population d'un pays sous la forme suivante (nombre = nbre) :

population au 1er janv. d'une année n
= population au 1er janv. de l'année n – 1
+ nbre de naissances – nbre de décès
+ nbre d'immigrants – nbre d'émigrants

Cette équation montre que la croissance de la population est le résultat de deux évolutions, l'une liée aux mouvements naturels de la population (naissances et décès) et l'autre aux migrations.
On appelle solde naturel la différence entre les naissances et les décès. Il y a excédent naturel lorsque le nombre des naissances est supérieur à celui des décès.

solde naturel
= nbre de naissances – nbre de décès

Le taux d'accroissement naturel d'une population est la différence entre le taux de natalité et le taux de mortalité.

taux d'accroissement naturel
= taux de natalité – taux de mortalité

Le solde migratoire (ou immigration nette) est la différence entre les immigrants et les émigrants.

solde migratoire
= nombre d'immigrants – nombre d'émigrants

Les migrations sont généralement très mal comptabilisées. On calcule donc souvent le solde migratoire comme une différence.

$$\textit{solde migratoire} = \textit{augmentation totale de la population} - \textit{solde naturel}$$

La croissance de la population peut aussi se ralentir. On peut même observer, dans certains cas, un phénomène de dénatalité lorsque la diminution des naissances résulte d'une fécondité inférieure au seuil de remplacement des générations. Par ailleurs, un pays dont le solde migratoire est nul et dans lequel les décès sont supérieurs aux naissances (déficit naturel) connaît une dépopulation. Enfin, une population peut être caractérisée par un vieillissement démographique lorsque la part de personnes âgées augmente dans la population totale.

● Voir immigration, population, transition démographique, taux de fécondité, taux de natalité.

Croissance externe / croissance interne

Stratégies différentes de développement des activités des entreprises.

Dans un processus de croissance externe, l'entreprise développe sa production et son chiffre d'affaires en acquérant des moyens de production (usines, réseaux commerciaux, image de marque, par exemple) déjà existants. Les opérations de concentrations correspondent à un processus de croissance externe. L'entreprise peut aussi mettre en œuvre une stratégie de croissance interne, plus lente et moins onéreuse, en créant et en développant elle-même ses moyens de production.

● Voir concentration, sociétés.

CSG

Cf. contribution sociale généralisée.

CSP

Cf. professions et catégories socioprofessionnelles.

Culture

Ensemble des valeurs, des normes et des pratiques sociales et culturelles qui sont acquises et partagées par une pluralité de personnes vivant dans une même société.

La définition sociologique de la culture ci-dessus n'est pas la seule. Deux autres grandes définitions doivent être mentionnées.

Au sens courant, la culture représente l'ensemble des connaissances acquises qui permettent de développer le sens critique, le goût ou le jugement. Il s'agit de connaissances artistiques ou scientifiques qui caractérisent l'homme cultivé, l'« honnête homme » des Lumières. C'est la culture savante.

L'anthropologie donne une définition très large de la culture. Elle définit la culture en opposition à la nature. La culture, c'est tout ce qui est le produit de l'homme ; « la culture est ce qui dans le milieu est dû à l'homme » selon l'anthropologue américain J.M. Herskovits. Cette définition inclut ainsi les outils, l'architecture, les connaissances, les relations sociales et familiales, etc. Le sociologue, qui analyse les sociétés contemporaines, est donc plutôt gêné par cette définition qui est trop large pour lui permettre d'étudier, par exemple, les différences entre des groupes sociaux au sein d'une même société.

● Voir acculturation, anthropologie, norme, pratiques culturelles et sociales, sous-culture, valeurs.

CVS

Cf. correction des variations saisonnières.

CYCLE

Période plus ou moins longue caractérisée par une succession de phases de hausse et de baisse de la production. Les cycles comportent ainsi une phase d'expansion économique (augmentation de la production), une phase de crise (retournement brutal de la conjoncture), une phase de dépression et une phase de reprise.

Plusieurs cycles ont été mis en évidence. Les cycles longs décelés par Nicolas Kondratieff (1892-1930) se déroulent sur une cinquantaine d'années et comportent une phase de forte croissance des prix et de la production (phase A) suivie d'une forte baisse (phase B). À l'intérieur de ces cycles longs, on observe aussi des cycles courts d'une dizaine d'années, appelés « cycles des affaires » et découverts par Clément Juglar (1819-1905). Par-delà les cycles, on peut enfin déceler une tendance séculaire, appelée « trend » (tendance) de progression ou de diminution de l'activité.

L'analyse de la conjoncture menée en termes de cycles suggère que l'explication de la crise réside dans l'expansion et la prospérité qui ont précédé le retournement. Ainsi, la crise apparaît comme une purge nécessaire après une période de surchauffe et d'emballement de l'activité économique. Encore convient-il d'expliquer pourquoi la prospérité porte en elle la crise. Les cycles décrivent mais n'expliquent rien. Il appartient à l'économiste Schumpeter (1883-1950) d'avoir donné une explication des cycles (et des crises) en termes de progrès technique.

Les cycles économiques

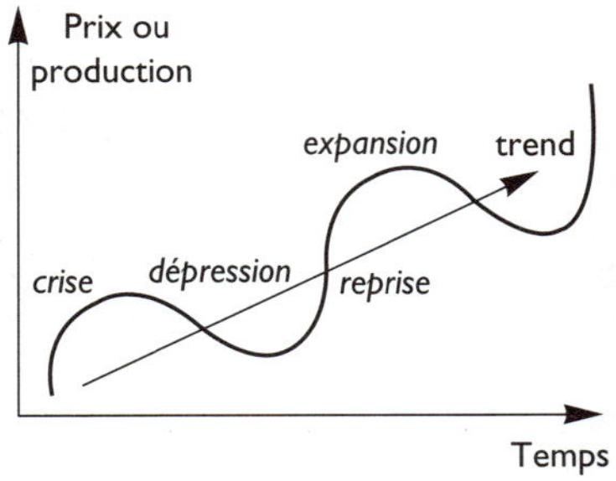

● VOIR crise, Schumpeter.

CYCLE DE PRODUCTIVITÉ

Variation cyclique de la productivité avec la conjoncture.

À court terme, la productivité connaît de fortes variations selon un mécanisme appelé « cycle de productivité ». Lorsque l'activité ralentit, par exemple, les entreprises ne licencient pas immédiatement et préfèrent, dans l'attente d'une reprise, conserver leur personnel. Il en découle une baisse de la productivité. Si la mauvaise conjoncture persiste, elles ajusteront dans un deuxième temps leurs effectifs au niveau réduit de production et licencieront (remontée de la productivité). De la même façon, une accélération de la croissance incite les entreprises à accroître l'efficacité des salariés en place (hausse de la productivité grâce à une meilleure utilisation des machines, par exemple) avant d'embaucher.

Le cycle de productivité traduit le retard de l'adaptation des facteurs de production aux variations de la demande.

● VOIR productivité.

d

DÉBITEUR

Agent économique qui a une dette à l'égard d'un autre agent économique (banque, entreprise, particulier). Le débiteur verse un intérêt à son créancier.

● VOIR intérêt, taux d'intérêt.

DÉBUDGÉTISATION

Pratique budgétaire qui consiste à transférer le financement de certaines charges de l'État à des organismes publics ou parapublics disposant d'un budget distinct de celui de l'État, ceci afin d'alléger le budget de l'État.

● VOIR budget.

DÉCALAGE CONJONCTUREL

Différence de conjoncture entre un pays et ses principaux partenaires commerciaux.

La notion de décalage conjoncturel permet de comparer les évolutions respectives de la demande nationale et de la demande des clients extérieurs. Si la demande augmente plus fortement en France que chez ses partenaires commerciaux, il se produira mécaniquement une augmentation des importations en France et une baisse des exportations vers l'étranger, ce qui détériorera le solde commercial. Le décalage conjoncturel peut aussi jouer de façon favorable si la croissance économique des partenaires de la France est plus rapide que la croissance de l'économie française.

● VOIR commerce extérieur, solde commercial.

DÉCENTRALISATION / DÉCONCENTRATION

Modalités différentes de transfert des pouvoirs et des compétences à des organes locaux.

La France a une longue tradition de centralisme administratif. Comme l'a noté Alexis de Tocqueville dans *L'Ancien Régime et la Révolution* (publié en 1856), cette centralisation est l'œuvre de la monarchie, qui peu à peu réduit à néant le rôle politique que jouait la noblesse dans les provinces. Elle a été accentuée par la Révolution et plus particulièrement par Napoléon (création des préfets). Dans les années 60, la nécessité d'une décentralisation s'est faite jour. L'idée était d'accroître peu à peu l'indépendance et les pouvoirs des collectivités locales. Parallèlement,

l'État développait la déconcentration de ses services.
Avec la **décentralisation**, l'État crée des collectivités territoriales (régions, départements et communes), qui ont la personnalité morale et qui sont donc autonomes, auxquelles il confie certaines activités. En donnant un véritable pouvoir de décision sur des questions importantes (urbanisme, enseignement, par exemple) aux représentants élus qui dirigent ces collectivités, l'État central voit son champ d'action se réduire. Les collectivités locales sont, en effet, indépendantes de l'État, ce dernier assurant juste un contrôle sur la légalité des décisions prises (respect du droit public).
Avec la **déconcentration**, ce sont les agents régionaux et locaux de l'État, c'est-à-dire des fonctionnaires, qui prennent directement certaines décisions intéressant leur circonscription. Par exemple, le préfet peut prendre certaines décisions à la place des administrations centrales (les ministères à Paris) dont il est le représentant dans le département. De nombreux ministres nomment ainsi des fonctionnaires qui les représentent localement (recteur dans les régions et inspecteurs d'académie dans les départements pour l'Éducation nationale). Les fonctionnaires locaux bénéficiant de pouvoirs particuliers en vertu de la déconcentration de leur ministère (Éducation nationale, par exemple) demeurent soumis à un strict contrôle hiérarchique de la part des autorités administratives.

● Voir collectivités locales, État (politique), État fédéral/État unitaire.

DÉCILE

Cf. dispersion.

DÉFICIT BUDGÉTAIRE

Solde budgétaire négatif, les dépenses publiques de l'État étant supérieures aux recettes publiques.

Un déficit budgétaire (ou déficit public) doit bien sûr être comblé, l'État devant trouver un financement pour payer le supplément de dépenses. L'État peut emprunter ces ressources auprès des épargnants, mais il peut aussi créer de la monnaie. Ce financement monétaire du déficit représente une forte tentation pour les gouvernements, car il s'agit d'une ressource « gratuite ». Dans le cas d'un financement par l'emprunt, l'État doit rembourser sa dette.

● Voir budget, dette publique, effet « boule de neige », effet d'éviction, politique budgétaire, stabilisateurs automatiques.

DÉFICIT COMMERCIAL

Solde négatif de la balance commerciale.

● Voir balance commerciale.

DÉFICIT EXTÉRIEUR

Cf. soldes extérieurs.

DÉFICIT PUBLIC

Cf. déficit budgétaire.

DÉFICITS JUMEAUX

Expression utilisée dans les années 80 pour caractériser les déficits conjoints du budget et du commerce extérieur (balance des transactions courantes plus précisément) américains.

Ces deux déficits, qui ont atteint des montants considérables au milieu des années 80, n'ont pas été indépendants l'un de l'autre. Les mesures de relance économique menées par le président américain Ronald Reagan (baisse massive des impôts, augmentation des dépenses publiques) ont provoqué le déficit du budget fédéral, mais elles ont aussi conduit au déficit extérieur, l'accroissement de la demande des ménages et des entreprises américaines favorisant les importations de produits étrangers.

DÉFLATEUR

Cf. pouvoir d'achat.

DÉFLATION

1. Baisse du niveau général des prix.
2. Politique économique cherchant à réduire brutalement la demande afin de faire baisser les prix et la consommation.

On parle davantage aujourd'hui de politique d'austérité ou de rigueur que de déflation. En revanche, l'adjectif est utilisé (politique ou situation déflationniste, par exemple). Un exemple célèbre de déflation est la déflation Laval réalisée en 1935 par le gouvernement de Pierre Laval : celle-ci prévoyait notamment une baisse de 10 % des salaires des fonctionnaires et des retraités.

DEGRÉ D'OUVERTURE

Indicateur qui mesure la place que tient l'environnement extérieur (les autres économies) dans l'économie nationale.

$$\textit{degré d'ouverture} = \frac{\textit{moyenne des exportations et des importations}}{\textit{PIB}}$$

La France s'est ainsi largement ouverte sur l'extérieur, puisque son degré d'ouverture est passé de moins de 15 % du PIB au lendemain de la Seconde Guerre mondiale à près de 30 % aujourd'hui.

● VOIR commerce extérieur.

DÉLÉGUÉ DU PERSONNEL

Personne élue par les salariés pour les représenter auprès du chef d'entreprise.

Les délégués du personnel doivent être élus dans tous les établissements comprenant plus de 10 salariés. Leur nombre varie selon les effectifs de l'entreprise (un délégué et un suppléant si l'entreprise comprend de 11 à 25 salariés,... dix délégués pour l'entreprise de 1 000 à 1 250 salariés, etc.). Ils sont élus pour un an. Il existe deux « collèges » (ouvriers et employés d'un côté, cadres, ingénieurs, techniciens et agents de maîtrise de l'autre) qui élisent chacun leurs délégués. Le scrutin est un système proportionnel à deux tours (il y a un second tour si la participation au vote ne dépasse pas 50 % des votants). Au premier tour, seuls les syndicats reconnus comme étant représentatifs peuvent présenter une liste de candidats ; au second tour, les candidatures sont libres. Reconnus en 1936, les délégués du personnel sont les porte-parole des salariés auprès du chef d'entreprise. Ils lui présentent les réclamations individuelles ou collectives relatives aux salaires, aux conditions de travail, etc. Ils peuvent informer l'inspecteur du travail des irrégularités en matière de législation sociale.

● VOIR comité d'entreprise, délégué syndical.

DÉLÉGUÉ SYNDICAL

Représentant syndical des salariés auprès de la direction de certaines entreprises.

Depuis 1982, des salariés peuvent se réunir pour former une section syndicale, quel que soit leur effectif. La seule condition est que cette section soit affiliée à une organisation nationale représentative. La section syndicale bénéficie d'un certain nombre de droits (liberté d'affichage, droit de réunion une fois par mois dans l'entreprise, etc.).

Tout syndicat représentatif qui a créé une section syndicale dans l'entreprise peut désigner un ou plusieurs délégués syndicaux à condition que l'entreprise emploie au moins 50 salariés. Le nombre de délégués syndicaux est fonction de l'effectif (un pour un effectif de 50 à 999 salariés, deux de 1 000 à 2 000... cinq au-delà de 10 000 salariés). Dans les entreprises de 11 à 49 salariés, les fonctions de délégué syndical peuvent être exercées par un délégué du personnel (qui lui est élu par les salariés). Pour exercer ses fonctions, le délégué bénéficie d'un crédit d'heures (payées comme heures de travail) ainsi que d'une certaine protection (en cas de licenciement, par exemple). Le délégué syndical est un interlocuteur du chef d'entreprise. Il représente le syndicat et assure la défense des intérêts collectifs de ses membres.

● VOIR syndicat.

DÉLIT D'INITIÉ

Pour une personne passant des ordres en bourse, c'est le fait de se servir d'informations privilégiées (c'est-à-dire non encore portées à la connaissance du public) sur la situation d'une société cotée lorsque ces informations ont été recueillies à l'occasion de fonctions professionnelles (dirigeants de la société, journalistes, etc.).

Par exemple, un journaliste ayant eu connaissance d'informations importantes sur les perspectives d'activité d'une société et s'en servant à des fins personnelles avant de les diffuser à ses lecteurs commet un tel délit qui crée un préjudice à l'ensemble des épargnants.

● VOIR Commission des opérations de bourse.

DÉLOCALISATION

Pratique des entreprises consistant à fermer une usine sur le territoire national pour en ouvrir une autre à l'étranger.

La délocalisation, qui constitue l'une des formes des investissements réalisés à l'étranger, a pour objectif de réduire les coûts unitaires de production. Les délocalisations ont des conséquences sur les emplois nationaux et font craindre un développement des formes de dumping social des nouveaux pays industriels. La menace est cependant quelque peu exagérée, car on observe aussi des relocalisations (rapatriement d'unités de production dans le pays d'origine), tandis que les délocalisations permettent d'ouvrir de nouveaux marchés (exemple du Japon dans les pays d'Asie du Sud-Est) dans des zones qui se développent rapidement.

DEMANDE

Cf. loi de l'offre et de la demande.

DÉMOCRATIE

Le mot démocratie désigne le pouvoir du plus grand nombre ou le gouvernement du peuple, par le peuple et pour le peuple (démocratie est formé des deux racines grecques *démos*, le peuple, et *cratos*, le gouvernement, le règne, le pouvoir).

1) Démocratie antique et démocratie moderne

La démocratie est née dans les cités grecques, Athènes en particulier, aux VIe et Ve siècles avant J.-C. La démocratie antique est une démocratie limitée et directe. Elle oppose au pouvoir d'un seul le pouvoir des citoyens libres et égaux. C'est l'assemblée du peuple qui décide après que chacun a pu s'exprimer, et la décision est prise à la majorité des voix. Mais c'est aussi une démocratie limitée, car le nombre de citoyens est très réduit (un dixième de la population à Athènes) ; en sont exclus les femmes, mêmes grecques et libres, les esclaves et les « métèques », c'est-à-dire les étrangers. C'est enfin une démocratie directe, car c'est l'assemblée du peuple, réunie sur l'Agora, qui décide directement et non des intermédiaires représentant les citoyens.

La démocratie moderne est au contraire illimitée mais indirecte. Grâce à l'instauration progressive du suffrage universel, tous les individus disposent, dans les pays occidentaux au moins, de droits politiques élémentaires (droit de vote, éligibilité, c'est-à-dire capacité d'être élu, liberté d'expression, liberté d'opinion, droit de réunion, liberté d'association). En France, le principal du suffrage universel pour les hommes est acquis avec la Seconde République en 1848. Mais c'est seulement sous la IIIe République qu'il est réellement appliqué (avec l'instauration du secret du vote), tandis que le droit de vote des femmes n'est établi qu'en 1944.

Mais, l'extension des droits politiques à l'ensemble de la population s'est révélée immédiatement incompatible avec les principes de la démocratie directe, qui ne peut fonctionner que dans les collectivités restreintes et pour des questions simples. Les démocraties modernes sont des démocraties représentatives puisque les citoyens élisent des représentants, qui exercent au nom de la nation tout entière (c'est la souveraineté nationale) les responsabilités politiques.

2) Le fonctionnement démocratique

La démocratie moderne n'est pas une véritable démocratie dans la mesure où le peuple ne peut pas lui-même « gouverner » au sens précis du terme. De plus, le système représentatif recèle bien des risques de déviations avec la constitution d'une classe politique formée des représentants élus (députés, par exemple). Cette classe politique peut parfois faire prévaloir ses propres intérêts (la réélection, par exemple) au détriment de ceux du plus grand nombre. À une souveraineté nationale peut se substituer une souveraineté parlementaire où les représentants ne représentent plus qu'eux-mêmes. Afin de réduire ces risques, la démocratie, qui selon la célèbre formule de Winston Churchil est « le pire des régimes à l'exception de tous les autres », peut mettre en place des parades.

Certaines procédures de démocratie directe peuvent d'abord s'instaurer. C'est le cas du référendum qui est la consultation des électeurs sur une question ou un texte, un vote majoritaire entraînant une adoption définitive. Dans certains pays autres que la France, l'initiative populaire permet aux citoyens de proposer, grâce à une pétition, l'adoption d'une mesure qui est soumise aux représentants, puis à l'ensemble des électeurs (sous forme de référendum) si les élus sont opposés à la proposition.

L'élection du président de la République en France par les électeurs, et non par les parlementaires (situation des IIIe et IVe Républiques ainsi que de la Ve République de 1958 à 1962), correspond aussi à un choix direct de l'ensemble des citoyens.

Enfin, le fonctionnement démocratique du système politique repose surtout sur l'existence de contrôles et de contre-pouvoirs.

Aujourd'hui, c'est moins une définition abstraite qui permet de caractériser une démocratie (car tous les régimes quels qu'ils soient, se réclament du peuple), que l'existence des pratiques suivantes : les libertés publiques, une pluralité de véritables partis, le suffrage universel, des élections régulières, la séparation des pouvoirs législatif, exécutif et judiciaire, une réelle possibilité d'alternance politique, etc.

La fin du XXe siècle voit le triomphe des démocraties sur d'autres formes d'organisation politique que l'on rassemble parfois sous le nom de totalitarisme.

● VOIR contre-pouvoir, mode de scrutin, parti politique, politique, pouvoir politique, régime démocratique, totalitarisme.

DÉMOGRAPHIE

Science sociale portant sur l'étude des populations humaines, leurs dimensions, leurs structures, leurs caractéristiques.

● VOIR recensement.

DÉNATALITÉ

Phénomène démographique caractérisé par une diminution des naissances liée à une fécondité qui n'assure plus le remplacement des générations.

● VOIR croissance démographique, taux de fécondité.

DÉPENDANCE

État d'infériorité d'un pays en développement qui se trouve dans l'impossibilité de réduire son déficit extérieur, qui est fortement endetté ou qui utilise des techniques de production importées dont la mise en œuvre est contrôlée par les firmes multinationales étrangères.

● VOIR développement.

DÉPENSES PUBLIQUES

Cf. budget.

DÉPÔT À TERME

Fonds déposés par les agents économiques dans les banques ou les institutions financières, ces fonds ne pouvant être retirés avant un certain délai.

● VOIR banque.

DÉPÔT À VUE

Fonds déposés par les agents économiques dans les banques et restant disponibles à tout moment pour un retrait.

● VOIR banque.

DÉPRÉCIATION

Diminution de la valeur d'une monnaie, constatée sur le marché des changes, par rapport à une ou plusieurs autres devises.

● VOIR change, dévaluation, marché des changes, politique de change.

DÉPRESSION

Conjoncture économique caractérisée par une diminution de la production et un accroissement du chômage.

La « grande dépression » des années 30 s'est, en outre, caractérisée par la baisse des prix (déflation) et la chute de la demande (consommation, investissement ou demande étrangère). Il est cependant très rare actuellement de constater dans les pays occidentaux une baisse effective et durable de la production (le PIB diminuant). On observe, en revanche, une diminution du taux de croissance du PIB : la production continue d'augmenter, mais à un rythme moins rapide. On emploie alors la notion de récession pour caractériser cette situation.

● VOIR crise, croissance, cycle, production, taux de croissance du PIB.

DESCENDANCE FINALE

Nombre moyen d'enfants d'une génération de femmes qui n'est plus en âge de procréer (au-delà de 50 ans).

Pour les générations de femmes qui sont encore en âge de procréer (de 15 à 50 ans), il n'est pas possible de donner la descendance finale. On peut seulement calculer, pour chaque génération, un taux de fécondité.

● VOIR fécondité, taux de fécondité.

DÉSÉPARGNE

Transformation d'une épargne en consommation.

● VOIR épargne.

DÉSINDEXATION SALARIALE

Phénomène correspondant à une progression des salaires moins importante que la progression des prix.

Par exemple, en 1983, ce sont les salaires du secteur public qui ont impulsé une politique de désindexation salariale. Alors qu'avant, les salaires suivaient automatiquement l'évolution des prix (indexation salariale) dans tous les secteurs, la politique de désindexation a consisté à refuser de répercuter entièrement l'augmentation des prix sur l'évolution des salaires du secteur public. Cette pratique s'est étendue ensuite au secteur privé et a permis de contribuer à la lutte contre l'inflation.

● VOIR indexation salariale.

DÉSINFLATION

Diminution du taux d'inflation.

On ne doit pas confondre la désinflation avec la déflation, qui désigne la baisse des prix. C'est donc la déflation, et non la désinflation, qui est le contraire de l'inflation.
Quand les prix augmentent toujours, mais à un rythme moins important qu'auparavant, il s'agit de la désinflation. Durant les années 80, les pays occidentaux ont connu une désinflation, le taux d'inflation passant, en France par exemple, de près de 14 % en 1981 à 2,1 % en 1986, niveau auquel il s'est fixé depuis.
La **désinflation importée** est obtenue grâce à une baisse du prix des importations car, en devenant moins chères, elles contribuent à limiter les coûts de production des entreprises. Ce phénomène entretient une baisse du taux d'inflation.

● VOIR franc fort, inflation, politique de monnaie forte, taux d'inflation.

DÉSINFLATION COMPÉTITIVE

Politique économique visant à faire baisser le taux d'inflation national au-dessous de ceux de ses principaux partenaires commerciaux afin de rendre les produits nationaux plus compétitifs.

La politique du franc fort s'inscrit, à partir de la fin des années 80, dans une telle stratégie. Il ne s'agit plus seulement de faire baisser le taux d'inflation (désinflation) grâce à la baisse des prix des importations (effets de l'appréciation du franc), mais il faut obtenir un taux d'inflation inférieur aux taux étrangers (Allemagne notamment).

● VOIR désinflation, dévaluations compétitives, inflation, politique de monnaie forte.

DÉSINTERMÉDIATION

Diminution des financements des agents économiques réalisés par les intermédiaires financiers (banques) au profit de financements réalisés directement sur les marchés (marché monétaire, marché financier).

● VOIR banque, financement de l'économie.

DÉTOUR DE PRODUCTION

Cf. capital technique.

DETTE PUBLIQUE

Ensemble des emprunts contractés par l'État (exemple des obligations d'État ou des bons du Trésor).

Déficit public et dette publique ne doivent pas être confondus. La dette publique représente l'ensemble des emprunts contractés par l'État (exemple des obligations d'État ou des bons du Trésor). Ces emprunts, comme leur remboursement, ne figurent pas dans le budget de l'État. Seuls, les intérêts de cette dette sont inscrits dans le budget comme une charge, c'est-à-dire une dépense que l'État doit faire chaque année au profit des créanciers de l'État.

La dette publique, qui a considérablement augmenté ces dernières années dans les pays occidentaux, ne doit pas être confondue non plus avec la dette extérieure de la nation. La dette extérieure regroupe l'ensemble des emprunts des agents économiques d'un pays (État, mais aussi entreprises) vis-à-vis de prêteurs étrangers.

● VOIR budget, déficit budgétaire, effet « boule de neige », État (économie).

DEUX CENTS FAMILLES

Les « deux cents familles » représentaient les deux cents plus gros actionnaires (sur près de 40 000) de la Banque de France, alors banque privée.

En 1934, lors du congrès du Parti radical, Édouard Daladier dénonce les « deux cents familles », « maîtresses de l'économie française et, en fait, de la politique française ». Il annonce ainsi le ralliement des radicaux aux socialistes et aux communistes, l'accusation lancée contre les « deux cents familles » constituant un ciment du Front populaire. Ce sont les « deux cents familles » qui élisaient les membres du Conseil de régence de la banque. Les quinze régents étaient alors les représentants des milieux d'affaires. Le Front populaire mettra fin à ce pouvoir de nomination des dirigeants par les plus gros actionnaires (une voix pour chaque actionnaire à partir de 1936).

Au sein d'une opinion publique encline à voir des complots partout, les « deux cents familles » ont alors symbolisé les vrais responsables de la crise économique qui touche la France au début des années 30. Les « deux cents familles » deviennent alors un mythe, qui resurgira parfois ensuite afin de rassembler les « masses » contre les « gros », les « exploiteurs », le « grand capital ».

DÉVALUATION

Décision officielle des autorités monétaires consistant, dans un système de changes fixes, à diminuer la valeur de la monnaie nationale par rapport à un étalon de référence (or, une autre monnaie, etc).

1) Dévaluation et dépréciation

Prenons l'exemple d'une dévaluation du franc de 10 % par rapport au dollar :

– avant la dévaluation : 1 $ = 5 F (1 F = 0,2 $) ;

– après la dévaluation : 1 $ = 5,5 F (1 F = 0,18 $).

Ainsi, après une dévaluation, il est nécessaire de fournir davantage de francs pour obtenir un dollar. Un dollar permet d'acheter davantage de biens en France qu'auparavant.

Une dévaluation (ou l'opération inverse qu'est la réévaluation) n'est possible que dans un système de changes fixes, où la parité des monnaies correspond à des taux de change officiels et stables par rapport à un étalon (exemple du système monétaire international de Bretton Woods).

La dépréciation d'une monnaie (sur le plan externe) doit être distinguée de la dévaluation. Dans un système monétaire international où les changes ne sont pas fixes, c'est-à-dire lorsque les banques centrales ne sont pas obligées d'assurer la stabilité de leur propre monnaie par rapport à d'autres devises, les taux de change fluctuent librement sur le marché des changes. La dépréciation correspond alors à la diminution de la valeur d'une monnaie par rapport à une ou plusieurs autres devises.

Une dépréciation (ou, à l'inverse, une appréciation) peut être un processus très lent, à l'inverse d'une dévaluation qui est une modification brutale et officielle de la valeur d'une monnaie. On observera, par exemple, sur le marché des changes, durant une journée ou sur une période plus longue, une dépréciation du franc par rapport au yen japonais et une appréciation du franc par rapport au dollar (le dollar se déprécie donc face au yen).

L'usage du terme de dévaluation (ou de réévaluation) est devenu impropre depuis l'abandon des parités fixes entre les monnaies en 1973. Il demeure, cependant, dans le cadre des accords monétaires européens puisque l'on parle de dévaluation ou de réévaluation lorsque l'on modifie les « cours pivots » entre les monnaies appartenant au mécanisme de change du système monétaire européen.

2) Les effets traditionnels d'une dévaluation

Partons de l'exemple d'une dévaluation du franc. Les conséquences valent aussi pour une dépréciation lorsque celle-ci est suffisamment importante sur le marché des changes. En outre, des raisonnements inverses permettent de décrire les effets d'une réévaluation-appréciation.

En opérant une dévaluation, un pays cherche à réduire un déficit commercial ou à améliorer le solde de sa balance des transactions courantes. L'objectif est de diminuer la valeur du franc par rapport aux monnaies des partenaires commerciaux de la France. Lorsque l'on passe, par exemple, d'un dollar à 5 francs à un dollar à 5,50 francs (dévaluation de 10 %), les achats français aux États-Unis (importations) vont être plus onéreux (pour acheter un produit américain à 1 000 dollars, il faudra 5 500 francs au lieu de 5 000 francs). À l'inverse, les exportations françaises aux États-Unis seront moins chères sur le marché américain (un produit français de 8 000 francs coûtera 1 440 dollars à un client américain ; c'est-à-dire 8 000 x 0,18 au lieu de 1 600 dollars). Moins chères pour les clients étrangers, les exportations se développeront, tandis que le renchérissement des importations en freinera la croissance sur le marché intérieur, les acheteurs français préférant alors les produits nationaux meilleur marché. Le solde des échanges (balance commerciale ou balance courante) doit donc s'améliorer grâce à la dévaluation-dépréciation.

3) Les conditions de réussite d'une dévaluation

Les avantages d'une opération de dévaluation doivent être nuancés. D'abord, les effets positifs ne jouent pas immédiatement. Dans un premier temps, la valeur des importations augmente, car celles-ci coûtent plus cher et les agents ne réduisent pas immédiatement leurs achats de produits étrangers. Ces mécanismes, qui jouent aussi pour les exportations, sont désignés sous le nom de « courbe en J ».

D'autres conditions sont aussi nécessaires. Les capacités de production (l'offre nationale) doivent être suffisantes pour faire face à l'augmentation de la demande intérieure et extérieure, sinon les importations ne diminueront guère. Par ailleurs, les entreprises françaises ne doivent pas modifier leur comportement de marge, c'est-à-dire profiter de la dévaluation pour augmenter leurs prix à l'étranger (produit français qui est toujours vendu 1 600 dollars aux États-Unis, ce qui permet à l'industriel français d'accroître sa marge puisqu'il reçoit 8 800 francs). En outre, les échanges doivent être sensibles aux modifications des prix, c'est-à-dire que la demande de produits étrangers doit baisser si les prix augmentent (l'élasticité-prix des importations doit être forte).

Enfin, la politique de dévaluation ne peut réussir qu'à la condition que les autres pays ne pratiquent pas une politique similaire.

4) Les limites actuelles des dévaluations : l'inflation

On observe désormais dans les pays occidentaux un effet important et néfaste des dévaluations : celles-ci favorisent l'inflation. Avec l'incompressibilité de certaines importations, si nécessaires que leur demande ne diminue pas alors que leurs prix augmentent après une dévaluation (énergie, matières premières, machines), se produit un accroissement des prix intérieurs (inflation importée). Les coûts de production des entreprises s'élèvent alors, ce qui contribue à l'augmentation générale des prix et annule les effets bénéfiques de la dévaluation.

● VOIR change, courbe en J, marché des changes, monnaie forte, politique de monnaie forte.

DÉVALUATIONS COMPÉTITIVES

Cycle infernal de dévaluations des différentes monnaies dans les années 30.

Tous les pays ont dévalué leur monnaie pour favoriser leurs exportations, ce qui s'est révélé inefficace, les dévaluations s'annulant les unes les autres, et néfaste pour le commerce mondial qui a chuté.

● VOIR dévaluation.

DÉVELOPPEMENT

Ensemble des transformations techniques, sociales et culturelles qui permettent l'apparition et la prolongation de la croissance économique ainsi que l'élévation des niveaux de vie.

La croissance traduit une augmentation de la production ; elle se mesure grâce au PIB (produit intérieur brut). Le développement, en revanche, est un phénomène qualitatif, irréversible et qui ne peut s'observer que sur une très longue période. On peut définir un processus de développement par la combinaison des changements touchant l'ensemble des structures économiques, sociales, culturelles et démographiques. De nombreux critères doivent donc évoluer simultanément : le niveau de vie (mesuré par le PNB par habitant), la part de l'industrie et des services dans la production et dans la population active, les écarts de revenus, l'espérance de vie, le taux de mortalité infantile, le taux d'alphabétisation, le nombre d'étudiants, de chercheur, etc. L'analyse de ces critères fait apparaître de fortes inégalités de développement dans le monde.

Longtemps, on a opposé les pays développés aux pays sous-développés (les pays socialistes constituant un groupe à part). Aujourd'hui, les pays sous-développés ne forment plus un ensemble homogène car il existe aussi entre eux de très fortes inégalités de développement.

1) Les facteurs naturels et démographiques et le sous-développement

L'absence de richesses du sous-sol ainsi que les effets défavorables d'un climat tropical ont souvent été présentés comme des causes naturelles du sous-développement. Pourtant, certains pays ont réussi à combattre ces handicaps : Australie ou Sud des États-Unis pour les effets du climat, Japon pour l'absence de ressources naturelles, tandis que certains PED ne présentent pas ces handicaps.

La forte croissance démographique ne constitue pas davantage une explication du phénomène, car dans de nombreux pays d'Asie ou d'Amérique latine la croissance de la population a accompagné et favorisé la croissance économique.

2) La thèse du retard de développement

Certains économistes considèrent le développement comme un processus linéaire, toutes les sociétés devant passer par les mêmes étapes du développement. Ainsi, W.W. Rostow, dans *Les Étapes de la croissance économique* (1963), décrit le passage des sociétés par cinq phases : la société traditionnelle, les conditions préalables au démarrage, le décollage (*take off*), le progrès vers la maturité et l'ère de la consommation de masse. La phase du décollage est l'étape décisive puisque l'accroissement de l'épargne et de l'investissement ainsi que la levée des obstacles structurels qui s'opposaient à la croissance rendent celle-ci irréversible. D'après Rostow, le décollage de la France se situe entre 1830 et 1860. Cette analyse, d'inspiration libérale, montre ainsi que les pays en développement sont à un stade où se trouvaient autrefois les pays aujourd'hui développés. Les retards actuels de développement s'expliquent alors par une main-d'œuvre abondante et peu qualifiée, un taux d'épargne trop faible et une absence de véritables entrepreneurs.

3) Le sous-développement, conséquence du développement

D'autres économistes refusent de considérer que les PED suivent les traces, avec un siècle de retard, des pays développés, car l'économie mondial leur paraît dominée hier comme aujourd'hui par ces mêmes pays développés. Le sous-développement correspond alors au « blocage de croissance », selon l'expression de François Perroux, résultant de la domination des pays développés. Le sous-développement des uns serait alors la conséquence du développement des autres.

Plusieurs manifestations de ce processus sont ainsi mises en avant :

– l'« échange inégal » qui maintient les pays en développement dans la production de produits de base d'origine agricole et minière, et les condamnent à servir de débouchés aux produits manufacturés des pays industrialisés ;

– le développement des cultures d'exportation réservées aux marchés étrangers (coton, arachides, tabac) aux dépens des cultures vivrières permettant d'améliorer le niveau de subsistance des populations ;

– la dégradation des termes de l'échange qui appauvrit les PED puisqu'ils achètent de plus en plus cher des produits étrangers, alors que les prix des produits qu'ils exportent eux-mêmes diminuent ;

– le développement du dualisme économique et social, c'est-à-dire la coupure, la fragmentation des structures économiques et sociales en deux groupes séparés (opposition entre un secteur moderne et un secteur traditionnel, dans l'agriculture comme dans l'industrie ; opposition entre les villes et les campagnes, etc.).

● VOIR aide au développement, dépendance, dualisme, indicateur de développement humain, pays en développement, termes de l'échange, tiers monde.

DÉVELOPPEMENT AUTO-CENTRÉ

Modèle de développement accordant la priorité au marché intérieur et refusant la participation à la spécialisation internationale.

Le développement auto-centré, ou autonome, repose sur la formation d'une base industrielle nationale privilégiant certaines branches industrielles ayant des effets d'entraînement sur les autres activités économiques (industries industrialisantes). C'est un modèle de développement ayant pour but l'autonomie et non l'autarcie, reposant sur la thèse selon laquelle le sous-développement est le produit de l'expansion des pays développés.

● VOIR autarcie, développement, extraversion, industries industrialisantes.

DÉVELOPPEMENT DURABLE

Développement qui répond aux besoins présents d'un pays sans compromettre la capacité des générations à venir à satisfaire leurs propres besoins.

Appelé aussi développement « soutenable », ce modèle de développement vise à prendre en compte les contraintes de l'environnement (réduction des gaspillages de ressources naturelles, préservation de l'environnement, etc.).

● VOIR développement.

Déviance

Conduite que les membres d'un groupe ou d'une société réprouvent ou sanctionnent parce qu'ils la jugent non conforme à leurs normes ou à leurs valeurs.

Il existe dans toute société, dans toute situation sociale, des individus qui ne se conforment pas aux normes. La sociologie qualifie de « déviance » cette infraction aux règles du groupe (il s'agit donc d'une observation sociologique et non d'un jugement de valeur).
La déviance n'est pas une notion juridique ou pénale, mais une notion sociologique, car elle se réfère au fonctionnement social, à l'accord qui existe entre les membres d'une société sur les normes et les valeurs communes. La déviance n'est pas alors une caractéristique propre à certains comportements, mais le résultat d'un jugement du groupe ou de la société porté sur certains comportements. Il n'y a pas de déviance en soi, mais seulement par rapport aux normes jugées importantes. Le sociologue peut donc repérer la déviance par les réactions qu'elle provoque (réprobation, réprimande, isolement, exclusion, enfermement, etc.). Lorsqu'un acte déviant ne fait plus réagir, il cesse d'être déviant.
À la différence de la déviance, qui traduit une infraction aux normes sociales dans leur ensemble, la délinquance désigne un jugement de la société sur les infractions aux seules normes juridiques.
La déviance est aussi une notion relative, les normes étant elles-mêmes relatives. Un comportement peut, par exemple, être jugé déviant dans certaines conditions seulement (l'enfant fumeur cessera d'être déviant quelques années plus tard).

● Voir anomie, conformité sociale, contrôle social, culture, socialisation.

Devise

Moyen de paiement libellé en monnaie étrangère.

● Voir change, marché des changes.

Différenciation

Stratégie des entreprises pour contourner les inconvénients de la concurrence tout en répondant aux attentes des consommateurs.

Les producteurs cherchent, en effet, à différencier leurs produits de ceux de leurs concurrents si bien que la concurrence ne passe pas par les prix, mais par les caractéristiques différentes des produits. On distingue deux formes de différenciation : la différenciation verticale (qualités différentes du même produit, comme, par exemple, des véhicules de puissances différentes) et la différenciation horizontale (liée aux seuls goûts variés des consommateurs, à l'image des couleurs des véhicules).

● Voir commerce inter-branche/commerce intra-branche, commerce, concurrence monopolistique.

Différentiel d'inflation

Différence entre les taux d'inflation de deux pays.

Si les prix progressent, une certaine année, de 3 % en Allemagne et de 5 % en France, le différentiel d'inflation entre la France et l'Allemagne est de 2 %.

● Voir parité des pouvoirs d'achat.

Dîme

Impôt d'Ancien Régime prélevé par l'Église sur la production agricole. Les paysans devaient ainsi verser une partie de leurs récoltes (généralement le tiers) au clergé.

Dirigisme

Politique économique dans laquelle l'État a un rôle prédominant sur l'activité économique.

Le dirigisme, qui instaure une « économie dirigée », ne doit pas être confondu avec l'intervention économique et sociale de l'État dans les économies occidentales contemporaines. À l'exemple de l'Allemagne et de l'Italie de l'entre-deux guerres, le dirigisme correspond à un fonctionnement de l'économie où l'État intervient de façon autoritaire pour imposer ses décisions à l'ensemble des acteurs économiques privés. L'étatisme correspond alors, en économie, au développement de la propriété étatique des activités productives au détriment des agents économiques privés. Ces notions d'interventionnisme, de dirigisme et d'étatisme sont souvent utilisées de façon péjorative.

● VOIR État (économie).

DISPERSION

Répartition des effectifs d'une série en fonction des différentes valeurs du caractère observé.

Considérons la répartition suivante des salaires dans une entreprise de 80 salariés :

Salaire	Effectifs	Salaire	Effectifs
5 000 F	8	9 000 F	25
6 000 F	12	13 000 F	7
7 000 F	6	25 000 F	7
8 000 F	14	29 000 F	1

Le salaire moyen de l'entreprise s'obtient en faisant une moyenne pondérée

$$\text{Salaire moyen} = \frac{(5\,000 \times 8) + \ldots + (29\,000 \times 1)}{80}$$

$$= 9\,285 \text{ F}$$

Cette moyenne ne donne aucun renseignement sur la hiérarchie ou la répartition des salaires dans l'entreprise. Pour avoir une idée de cette répartition, plusieurs indicateurs, appelés « indicateurs de dispersion », peuvent être utilisés.

On peut d'abord repérer des écarts. Entre le salaire le plus faible et le salaire le plus élevé, le rapport est presque de 1 à 6. Les écarts maxima peuvent cependant tenir à des cas particuliers. On préfère alors diviser l'effectif en deux, quatre ou dix parties égales. Par exemple, les **quartiles** correspondent aux valeurs du caractère observé (ici les salaires) qui partagent l'effectif en quatre parties égales. Les **déciles** partagent ainsi l'effectif en 10 groupes égaux. Dans notre exemple, le premier décile (D1) correspond à 5 000 francs, car 10 % des salariés reçoivent cette somme tandis que 90 % reçoivent une rémunération supérieure. Le neuvième décile (D9) est 25 000 francs, car 90 % des salariés reçoivent moins alors que 10 % reçoivent au moins une telle somme.

Pour mesurer la dispersion d'un ensemble d'observations, on utilise alors l'intervalle interdécile ID = D9 – D1. Cet intervalle est tel que 80 % de la population est comprise entre les deux caractères. On élimine ainsi les valeurs extrêmes. Dans l'exemple, 80 % des salariés gagnent entre 6 000 francs et 13 000 francs.

L'intervalle interquartile rassemble ainsi 50 % des effectifs entre le premier et le troisième quartile.

La médiane est la valeur qui divise l'effectif en deux parties égales (elle correspond au deuxième quartile). Ainsi, le revenu médian est le revenu tel que la moitié de la population gagne davantage et l'autre moitié moins.

● VOIR moyenne.

DIT

Cf. division internationale du travail.

DIVIDENDE

Revenu reçu par un actionnaire d'une société et correspondant à une fraction des bénéfices distribués.

● VOIR action.

DIVISION DU TRAVAIL

Répartition des tâches entre les individus organisée par l'entreprise pour accroître la productivité.

C'est l'économiste anglais Adam Smith qui a montré le premier les avantages de la division du travail et de la spécialisation dans l'entreprise (la « fabrique ») pour augmenter la productivité. Il développe l'exemple de la fabrication des épingles, et montre que « l'important travail de fabrication des épingles est divisé en dix-huit opérations distinctes ou environ, lesquelles, dans certaines fabriques, sont remplies par autant de mains différentes » (*Recherches sur la nature et les causes de la richesse des nations*, 1776).
Si, au sens large, la division du travail correspond à une simple répartition des tâches entre les individus, elle signifie, dans un sens plus précis, une décomposition du processus de production en de nombreuses tâches partielles, cette décomposition devant permettre une plus grande efficacité. Si chaque tâche partielle est confiée à la même personne (c'est la spécialisation), celle-ci sera beaucoup plus efficace que si elle devait réaliser plusieurs opérations différentes (suppression des pertes de temps, importance de l'habitude, etc.).

● VOIR fordisme, taylorisme, organisation scientifique du travail, productivité.

DIVISION INTERNATIONALE DU TRAVAIL (DIT)

Répartition des différentes spécialisations entre tous les pays du monde.

Le commerce international est le résultat d'une division du travail qui s'opère à l'échelle du monde. L'échange international est nécessaire, car les pays ne peuvent produire l'ensemble des biens et des services dont ils ont besoin. Les pays européens ont ainsi besoin de matières premières qui n'existent pas chez eux, tandis que d'autres pays souhaitent obtenir leurs produits de haute technologie. Chaque pays peut donc se spécialiser dans la production d'un certain type de bien et pratiquer des échanges avec les pays disposant d'une autre spécialisation.
La répartition des différentes spécialisations entre tous les pays du monde constitue la DIT. Celle-ci n'est jamais définitive, même si, pendant très longtemps, la DIT fut fondée sur l'échange de matières premières et de produits de base provenant des pays en développement contre des produits manufacturés exportés par les pays industriels. À cette ancienne DIT, qui attribuait à chaque nation une place particulière, a succédé une DIT moins rigide, puisque de nouveaux pays peuvent rapidement jouer un rôle important dans le commerce international (NPI), et plus complexe. Les pays occidentaux étant devenus les premiers producteurs mondiaux de produits agricoles, la nouvelle DIT se fonde plutôt sur l'échange de produits manufacturés de consommation courante fabriqués par la main-d'œuvre abondante et bon marché des PED contre les produits plus sophistiqués des pays industrialisés.

● VOIR avantage comparatif.

DIVISION SOCIALE DU TRAVAIL

Cf. société.

DOMINATION

Incapacité de se faire obéir sans recourir à la force et à l'application éventuelle de sanctions.

La domination s'oppose à l'autorité (aptitude à se faire obéir). De façon symétrique, on peut opposer l'obéissance, qui est librement consentie, à la soumission, qui est toujours contrainte.

● VOIR pouvoir.

DON

Cf. Mauss.

DOW JONES

Principal indice boursier de la Bourse de New York (Wall Street).

Le Dow Jones est calculé chaque jour d'après la moyenne des cours des trente valeurs boursières les plus importantes (les *blue chips*). Les variations de cet indice sont calculées en points, et non en pourcentage, comme pour l'indice français (CAC 40).

DROIT DE DOUANE

Impôt prélevé sur une marchandise importée lors de son passage à la frontière.

Ces droits peuvent être forfaitaires ou représenter un pourcentage du prix (droits *ad valorem*). En rendant plus chers les produits étrangers, cette pratique cherche à en décourager la consommation. Les droits de douane correspondent à une barrière tarifaire. Ils représentent le principal instrument du protectionnisme.

● VOIR protectionnisme.

DROITS DE TIRAGE SPÉCIAUX (DTS)

Numéraire créé en 1968 afin d'être alloué aux pays membres du FMI (proportionnellement à leur quote-part) pour leur permettre de les échanger contre des devises lorsqu'ils connaissent des difficultés pour financer leurs déficits extérieurs.

Les DTS représentent un droit de recevoir des liquidités internationales dont une faible partie seulement sera remboursée (ce qui permet une véritable création monétaire internationale).
Définis d'abord par rapport à l'or, puis en fonction d'un panier de monnaies choisies sur la base de leurs poids dans le commerce mondial, les DTS ont une valeur stable, ce qui explique leur utilisation comme unité de compte pour les opérations du FMI. Le faible volume des émissions de DTS n'en fait pas encore une nouvelle monnaie internationale.

● VOIR Bretton Woods, Fonds monétaire international, système monétaire international.

DTS

Cf. droits de tirage spéciaux.

DUALISME

Analyse du sous-développement qui met en évidence la fragmentation et la juxtaposition d'un secteur moderne et d'un secteur traditionnel dans les pays en développement.

● VOIR développement, pays en développement.

DUMPING

Pratique commerciale consistant, pour un exportateur, à vendre un produit à un prix inférieur au prix de vente sur son marché intérieur, ou à un prix inférieur à son prix de revient.

● VOIR protectionnisme.

DURÉE DU TRAVAIL

Durée hebdomadaire légale du travail.

Parler d'une durée hebdomadaire légale signifie que toute heure travaillée au-delà de 39 heures doit être payée en heures supplémentaires et doit s'accompagner d'un repos compensateur. Des limites existent cependant. La loi réglemente, par ailleurs, le travail à temps partiel (durée hebdomadaire inférieure à 32 heures) et le travail intermittent (contrat de travail selon lequel le salarié ne travaille que durant certaines périodes de l'année).
Plusieurs grandes étapes jalonnent l'histoire de la réduction du temps de travail :

1900 :	la durée journalière de travail pour les adultes passe progressivement de 12 à 10 heures.
1906 :	Repos hebdomadaire obligatoire.
1919 :	« Loi des 8 heures » qui institue des durées maximales de 8 heures par jour ou de 48 heures par semaine.
1936 :	La durée hebdomadaire légale est de 40 heures.
1982 :	Cette durée passe à 39 heures.

Depuis quelques années, il est question d'aménagement du temps de travail. À la préoccupation de faire tourner davantage les machines afin de les rentabiliser, se rajoute l'idée d'une flexibilité du volume d'heures de travail en fonction des périodes de pointe et des périodes creuses (modulation horaire sur l'année entière, l'horaire légal, c'est-à-dire sans heures supplémentaires, pouvant aller jusqu'à 48 heures certaines semaines). On parle d'annualisation du temps de travail.
Le droit à des congés payés pour les salariés du secteur privé a été institué en 1936 (deux semaines par an). Ces congés ont été portés à trois semaines en 1956, quatre semaines en 1969 et cinq semaines en 1982. Il s'agit là de congés minimum légaux.

DURKHEIM (ÉMILE)

REPÈRES BIOGRAPHIQUES

Sociologue français né en 1858, il est considéré comme le fondateur de la sociologie. Après des études philosophiques, il rédige une thèse intitulée *De la Division du travail social* (1893). Il devient, en 1906, le premier universitaire à occuper une chaire de sociologie. Durkheim fonde la méthode sociologique (*Les Règles de la méthode sociologique* en 1895), mais l'essentiel de son œuvre porte sur les différents problèmes liés à l'intégration sociale (*Le Suicide*, 1897 ; *Les Formes élémentaires de la vie religieuse*, 1912). Il meurt en 1917.

Pour établir les fondements de la sociologie, Durkheim met en avant l'existence, dans une société, de faits sociaux, un fait social étant un phénomène social régulier (régularité mesurée par des instruments statistiques) et presque prévisible, comme le montre l'illustration des taux de suicide selon les pays. Cette régularité du phénomène social est l'indice d'une certaine action de la société (pays, classe, famille, religion) sur les conduites des individus, action que le sociologue a pour tâche d'élucider. C'est la raison pour laquelle Durkheim précise encore qu'« est fait social toute manière de faire, fixée ou non, susceptible d'exercer sur l'individu une contrainte extérieure ».
Cette définition est tirée des *Règles de la méthode sociologique* (1895), où Durkheim énonce qu'« il faut traiter les faits sociaux comme des choses ». Cela ne signifie pas que les faits sociaux sont des choses, des faits naturels, mais que le sociologue doit, comme le biologiste, les observer de l'extérieur. Cette règle méthodologique est d'autant plus importante que le sociologue est immergé dans les phénomènes qu'il observe. Le sociologue doit alors se méfier de ses impressions, de ses jugements personnels, de ses préjugés, des explications toutes faites, soit un ensemble d'éléments du sens

commun que Durkheim appelle des « **prénotions** ». Il doit laisser de côté les représentations, les discours ou les justifications des individus pour rechercher ce qui, de l'extérieur, les pousse à agir (milieu social, facteurs sociaux). Il convient donc d'étudier les faits sociaux « du dehors » (phénomène de l'objectivation) et d'expliquer le social par le social.
La notion d'intégration sociale est au centre de la sociologie de Durkheim, et ses réflexions portent sur les dangers d'une rupture de la cohésion sociale, du « lien social » dirions-nous aujourd'hui. Dans les sociétés traditionnelles, la société est très présente dans chaque individu par l'intermédiaire de la **conscience collective**, « ensemble des croyances et des sentiments communs à la moyenne des membres d'une société et formant un système qui a sa vie propre ». Mais dans les sociétés modernes, la société s'impose moins à l'individu, la conscience collective exerçant une moindre emprise sur les consciences individuelles. Par exemple, la division sociale du travail est un facteur d'intégration sociale, mais poussée trop loin, elle peut conduire certains à ne plus voir le lien qui les relie aux autres. De même, l'absence de règles communes peut mener à une situation d'anomie, de dérèglement social. Autre exemple cher à Durkheim, la disparition des groupes intermédiaires (le groupe familial, par exemple, maintenant réduit à la famille conjugale), qui jouaient un rôle de régulation et de cohésion sociale, laisse les individus seuls et isolés face à un État lointain.

● Voir anomie, holisme, société, sociologie.

e

ÉCHANTILLON

Ensemble des personnes sélectionnées pour être interrogées par un enquêteur lors de la réalisation d'un sondage.

Pour réaliser un sondage, il convient d'abord de sélectionner le petit nombre de personnes qui seront interrogées. Cette sélection, qui est importante, conduit ainsi à déterminer un échantillon de personnes.

Comment choisir cet échantillon ? On ne peut choisir n'importe où, car l'échantillon doit être représentatif de la population dont on cherche à mesurer un comportement ou une opinion. Il existe en fait deux méthodes principales de constitution d'un échantillon.

1) La méthode aléatoire

Aléatoire signifie que le choix se fait « au hasard ». Mais le « hasard » des statisticiens a une définition très précise. Ce n'est pas choisir « au hasard » des personnes dans la rue, car on risque d'obtenir surtout des personnes actives en écartant des personnes inactives ou plus âgées. La catégorie des actifs est alors « surreprésentée » dans l'échantillon par rapport à son poids réel dans la population ; on dit aussi que l'échantillon comporte un biais. Pour réaliser un sondage « au hasard », on tire au sort certains individus, chaque élément ayant la même probabilité, c'est-à-dire les mêmes chances, d'être choisi (exemple : on tire un nombre entre 1 et 100, par exemple 45, et on prélève tous les éléments dont le numéro se termine par 45).

2) La méthode des quotas

On cherche alors à constituer un échantillon représentatif de la population en le construisant à l'image de la population. Par exemple, si la population contient un tiers de personnes âgées de plus de 60 ans, l'échantillon en contiendra la même proportion. L'échantillon doit donc posséder les mêmes caractéristiques (répartition par âge, par sexe, par catégorie socioprofessionnelle, etc.) que la population totale considérée. Concrètement, l'enquêteur est libre de choisir les personnes qu'il doit interroger à condition de rester dans la limite des quotas.

La méthode des quotas est utilisée par les instituts de sondage d'opinions, car elle est plus souple et surtout moins coûteuse que l'autre méthode, pratiquée, elle, par l'INSEE.

● VOIR sondage.

ÉCOLE DES RELATIONS HUMAINES

Ensemble d'analyses des situations de travail montrant l'importance des relations entre les individus dans l'entreprise.

Plusieurs enquêtes réalisées dans les années 30 par des sociologues montrèrent que la vision mécaniste de l'OST était trop simpliste et que le « moral » des ouvriers avait une influence déterminante sur le rendement.

L'expérience célèbre d'Elton Mayo à la Western Electric est la suivante : un groupe d'ouvrières a été constitué ; on a peu à peu amélioré leur environnement de travail (pauses, cadre de travail, etc.), et une augmentation de la productivité a été enregistrée ; puis on est revenu à la situation de départ, et la productivité a continué de s'accroître. Ce résultat paradoxal montrait que la cohésion du petit groupe et surtout la considération dont ces ouvrières avaient été l'objet étaient des éléments très importants, beaucoup plus que le simple cadre de travail.

Ces expériences ont donné naissance à l'École des relations humaines qui considère l'atelier comme un groupe social et l'entreprise comme un système social. En particulier, le groupe n'est pas simplement une addition d'individus au travail, mais une entité dont le fonctionnement peut avoir des conséquences sur la production (bonne entente, communication, etc.). Les limites du taylorisme montraient ainsi l'importance du facteur humain dans l'entreprise.

● VOIR organisation scientifique du travail, taylorisme.

ÉCONOMIE

Science qui étudie comment des ressources rares sont employées pour la satisfaction des besoins des hommes vivant en société.

Le mot économie vient du grec *oïkonomia* (de *oïkos*, la maison et de *nomos*, la loi, les règles).

Étymologiquement, l'économie désignait donc les règles de conduite de la maison. Plus largement, il s'agissait de la science de la vie domestique privée par rapport à la politique dont l'objet était la gestion de la cité.

On pourrait définir l'économie par l'ensemble des sujets dont elle s'occupe. On dirait ainsi que l'économie est l'analyse de la production, des échanges, de la monnaie, de l'inflation, du chômage, de la répartition, du budget de l'État, etc. Cependant, il ne s'agit pas toujours là de phénomènes strictement économiques, car ils comportent tous d'autres dimensions, politiques (pour le budget de l'État, par exemple), sociales (pour l'inflation ou la répartition), psychologiques, juridiques, qui justifient le recours à d'autres disciplines scientifiques.

L'économie se définit plutôt par une façon particulière de considérer les comportements humains. L'économie étudie la manière dont les individus, les groupes, les sociétés utilisent des ressources rares en vue de satisfaire au mieux leurs besoins. Précisons les termes de cette définition.

L'économie s'intéresse aux individus, aux groupes qu'elle qualifie d'agents économiques. Ces derniers se définissent par leur autonomie de décision. Par exemple, pour une entreprise, l'économiste attribue toutes les décisions à l'agent économique « entreprise », même si de nombreuses personnes différentes ont, chacune de leur côté, pris des décisions (acheter à des fournisseurs, recruter des salariés, commercialiser des produits, etc.). De la même manière, un ménage est considéré comme un agent économique, qu'il comprenne une ou plusieurs personnes. L'économiste s'occupe donc des ménages, des entreprises et se désintéresse de ce qui se produit au sein de ces ménages ou de ces entreprises. En procédant ainsi, l'économiste peut regrouper facilement tous les ménages, toutes les entreprises en grandes catégories. Dans la comptabilité nationale, « les ménages » regroupent tous les ménages de l'économie. L'économie se différencie alors de la gestion qui s'intéresse essentiellement aux phénomènes se déroulant à l'intérieur d'une entreprise.

Les agents économiques ont des objectifs (manger, se vêtir, se distraire, se cultiver, etc.) que l'économie appelle des besoins, mais ils disposent surtout de moyens limités (les revenus pour un ménage, le budget pour l'État, les recettes pour une entreprise) pour les satisfaire. Si tous les biens désirés existaient en quantité illimitée dans la nature, il serait inutile de s'interroger sur la façon de choisir tel bien plutôt que tel autre. L'idée de **rareté** est donc fondamentale pour définir l'activité économique. C'est parce que les biens sont rares que la science économique existe. La rareté permet aussi de définir un bien économique (c'est un bien rare), par opposition à un bien non économique (exemple de l'air) qui existe en quantité illimitée. Un tel bien, disponible sans effort, est appelé « bien libre ».

L'économie est donc la science des choix. Elle étudie la façon dont s'effectuent les choix des agents économiques. La définition précise aussi que les choix se font d'une manière optimale, ce qui signifie que les agents économiques font des calculs afin d'obtenir le maximum de satisfaction pour le minimum d'effort ou le minimum de ressources utilisées. Les agents économiques sont donc des êtres de calcul, des êtres rationnels.

On peut donner comme exemple de définition de l'économie celle de l'économiste français contemporain Edmond Malinvaud. Selon lui, l'économie est une « science qui étudie comment des ressources rares sont employées pour la satisfaction des besoins des hommes vivant en société ». Elle s'intéresse d'une part aux opérations essentielles que sont la production, la distribution et la consommation des biens, d'autre part aux institutions et aux activités ayant pour objet de faciliter ces opérations.

● Voir économie keynésienne, économie néoclassique, sociologie.

Économie d'échelle

Réduction du coût unitaire d'un produit lorsque l'on augmente les quantités produites.

Produire sur une plus grande échelle permet de faire baisser le coût de revient d'une unité produite, ce qui peut conduire à une hausse du bénéfice unitaire (si le prix de vente ne change pas) ou à une augmentation des quantités vendues induite par une diminution du prix de vente. L'existence d'économies d'échelle dans les entreprises représente donc un important facteur de leur développement.

Les déséconomies d'échelle apparaissent lorsque les coûts unitaires augmentent avec les quantités produites.

Le phénomène des économies d'échelle résulte d'une répartition des coûts fixes (siège social, bâtiments, réseaux commercial, coût salarial de l'encadrement, équipements, etc.) sur une production qui augmente (jusqu'à un certain seuil cependant, au-delà duquel les coûts fixes doivent s'accroître). L'industrie aéronautique et plus généralement les activités exigeant des dépenses préalables de recherche considérables sont des secteurs où les économies d'échelle peuvent devenir très importantes avec l'accroissement des ventes. Dans l'industrie automobile, la production en grande série permet d'abaisser le coût de production unitaire.

Il existe aussi d'autres sources possibles d'économies d'échelle ; par exemple, les achats en grande série permettent d'obtenir des fournisseurs des rabais plus importants (cas des grandes surfaces face aux producteurs).

La réalisation d'économies d'échelle repose, dans tous les cas, sur la possibilité d'accroître les quantités vendues.

● Voir coût de production, coûts fixes / coûts variables, productivité, rendement d'échelle.

ÉCONOMIE DE GUERRE

Modification de l'ensemble de l'activité économique, sous l'égide de l'État, afin d'affronter un conflit armé.

Instaurée lors du premier conflit mondial, l'économie de guerre se traduit par une orientation de la production industrielle vers la fabrication d'armements et par le contrôle étatique de la production et de la distribution des produits (instauration aussi d'un rationnement). L'économie de guerre, qui est une mobilisation économique de tout un pays, entraîne un bouleversement profond des structures économiques et sociales (accroissement du travail des femmes, apparition et développement de l'inflation, endettement public considérable et surtout développement du rôle économique et social de l'État, etc.).

ÉCONOMIE DE L'OFFRE

Ensemble d'analyses d'inspiration libérale présentées dans les années 80 et qui montraient la nécessité de réduire le poids de l'État dans la vie économique afin de libérer les initiatives individuelles (l'offre des entrepreneurs, l'offre du travail des individus).

Les propositions de politique économique inspirées par le libéralisme économique s'expliquent par le rôle que joue l'État dans le domaine économique. Déjà au XVIIIe siècle, les économistes libéraux dénoncent l'État et les réglementations des échanges qu'il a instaurée. Contre la doctrine du mercantilisme, qui justifie le protectionnisme, les libéraux affirment, comme Vincent de Gournay (1712-1759), « laissez passer les choses, laissez faire les hommes ».

Devant l'impuissance des politiques économiques à vaincre la crise, et face aux excès et aux limites de l'intervention économique et sociale de l'État (crise de l'État-providence, par exemple), certains économistes et hommes politiques ont plaidé dans les années 80 pour un retour au libéralisme économique. L'économie de l'offre n'est donc ni une véritable doctrine ni une théorie, mais un programme de politique économique dont les principaux aspects sont la diminution des impôts directs affectant les personnes et les entreprises, la diminution des dépenses publiques d'interventions économiques et sociales, et l'élimination des réglementations inefficaces qui brouillent les messages du marché. Plus profondément, c'est toute la politique économique conjoncturelle qui est dénoncée par les économistes de l'offre. Un exemple d'analyse appartenant à ce courant est donné par la « courbe de Laffer ».

● VOIR courbe de Laffer, économie de marché, libéralisme.

ÉCONOMIE DE MARCHÉ

Système économique qui accorde un rôle central aux mécanismes de marché pour réguler l'activité économique.

Le rôle du marché ne se limite pas à la détermination du prix d'équilibre. L'activité économique ne s'arrête jamais et les prix se modifient sans cesse. Ainsi, une demande d'un produit supérieure à son offre provoque non seulement une hausse du prix, mais aussi un ensemble de phénomènes économiques liés. L'augmentation du prix constitue d'abord une sorte de « signal » à destination des producteurs qui vont accroître leur production (espoir de gains plus importants), c'est-à-dire investir (achat de machines) et embaucher. Ces phénomènes vont avoir des répercussions sur d'autres marchés (le marché des capitaux si l'entreprise emprunte pour financer l'investissement, le marché du travail), et c'est toute la machine économique qui se trouve modifiée à l'issue de ce processus.

Le marché joue ainsi un rôle central dans le fonctionnement de l'économie. Les économies occidentales sont des pays à économie de marché. Toutefois,

la régulation économique ne fait pas intervenir que le marché ; d'autres acteurs sont présents : l'État, les groupes particuliers comme les organisations professionnelles, les associations, etc.
La régulation de l'activité économique par le seul marché constitue une certaine façon de voir le fonctionnement de l'économie. Celle-ci est alors considérée comme un ensemble de marchés assurant automatiquement l'équilibre entre les offres et les demandes des biens économiques.
Cette représentation de l'économie est qualifiée de libérale, car la régulation automatique ne doit pas être perturbée par les actions intempestives de l'État qui dérégleraient cette belle mécanique. L'État ne doit pas intervenir, car le moindre déséquilibre se corrige de lui-même.

● VOIR capitalisme, économie socialiste, libéralisme.

ÉCONOMIE EXTERNE

Cf. effet externe.

ÉCONOMIE KEYNÉSIENNE

Ensemble des analyses économiques issues des travaux de John Maynard Keynes (1883-1946), économiste et haut fonctionnaire britannique. La théorie keynésienne, tout en restant dans le cadre de l'économie de marché, s'oppose vivement à la théorie néoclassique et justifie la nécessité d'une intervention de l'État face aux crises économiques. Cette théorie est présentée dans l'ouvrage majeur de Keynes, *Théorie générale de l'emploi, de l'intérêt et de la monnaie*, publié en 1936.

1) Les fondements de l'analyse keynésienne

Le cœur de l'analyse keynésienne est le refus de faire confiance aux mécanismes du marché pour rétablir spontanément l'équilibre. Comme cette analyse s'inscrit dans le cadre de la grande dépression des années 30, le déséquilibre majeur auquel pense Keynes est alors le chômage. Le maintient durable d'un important taux de chômage apportait la démonstration de l'échec de la théorie néoclassique selon laquelle les fluctuations étaient de courte durée et devaient se corriger d'elles-mêmes.
Si Keynes ne croit pas au caractère autorégulateur du marché, il ne condamne pas pour autant l'économie de marché. Pour lui, celle-ci est tout à fait compatible avec une certaine intervention de l'État. En outre, Keynes reconnaît aux entrepreneurs le rôle primordial dans le fonctionnement de l'activité économique. Ce sont, en effet, les chefs d'entreprise qui décident, seuls, du niveau de la production et donc des emplois nécessaires.
Il est important, enfin, de garder à l'esprit que les principaux raisonnements keynésiens ne s'appliquent qu'à des situations particulières, se manifestant sur une courte période, dans lesquelles les facteurs de production sont sous-utilisés. La sous-utilisation du facteur travail correspond au chômage puisque tous ceux qui souhaitent travailler ne le peuvent pas. La sous-utilisation du facteur capital signifie que toutes les capacités de production (les machines, équipements, etc.) existantes dans les entreprises ne sont pas employées.

2) Une analyse en termes de circuit

Keynes se place immédiatement dans une perspective macroéconomique. Contrairement à l'analyse néoclassique qui examine les actions individuelles des agents économiques sur les différents marchés, l'analyse keynésienne décrit et étudie les relations entre les grandes variables économiques que sont la production, la consommation, l'emploi, etc. Au lieu de s'en tenir à un fonctionnement de l'activité comme résultat de l'ensemble des comportements des individus, l'analyse keynésienne met l'accent sur les interdépendances globales (offre globale, demande globale, etc.).

3) La demande effective et l'équilibre de sous-emploi

Keynes réfute l'analyse néoclassique selon laquelle un déséquilibre lié à une offre de travail des salariés supérieure à la demande de travail exprimée par les entreprises (chômage) se résorbe grâce à une baisse des salaires.

Normalement, selon cette théorie, le chômage (l'excès d'offre) devrait conduire à une baisse du prix d'équilibre sur le marché du travail, c'est-à-dire à une baisse des salaires, et donc à une augmentation de la demande de travail (baisse du chômage). Mais comment expliquer, alors, que durant les années 30 le chômage ne diminue pas ? Comment analyser la persistance d'un chômage très élevé ?

La réponse de l'école néoclassique a consisté à dire que le chômage se maintenait ainsi, car les individus le voulaient bien ; c'est la notion de « chômage volontaire ». Pour les néoclassiques, les chômeurs ne souhaitent pas travailler aux niveaux de salaires proposés par les entreprises. À l'inverse, en acceptant une telle baisse des rémunérations, ils pourraient trouver du travail sans difficulté.

Keynes refuse cette explication. Une baisse des salaires ne peut conduire à une réduction du pouvoir d'achat des consommateurs, et donc à une diminution de la demande sur laquelle peuvent compter les entrepreneurs. En soulignant que le chômage ne peut être qu'involontaire, Keynes complète sa démonstration du fonctionnement « en circuit » de l'économie.

L'élément fondamental de l'édifice keynésien est le principe de la demande effective, c'est-à-dire la demande anticipée par les entreprises, afin de leur permettre la mise en œuvre d'un certain niveau d'investissements et donc d'emplois.

Contrairement à une idée reçue, ce n'est pas la demande des agents qui constitue le moteur de la vie économique, mais l'offre des entreprises, celle-ci étant déterminée par une certaine idée qu'elles se font de la demande future (il s'agit d'une anticipation). Les anticipations des entrepreneurs sont donc à l'origine d'un certain volume de production et donc d'un certain volume d'emploi. Mais, et là est le point important, il n'y a aucune raison pour que ce volume d'emploi, décidé par les entrepreneurs, corresponde exactement au plein emploi, à l'emploi de ceux qui sont disposés à travailler au salaire courant. L'état de la demande effective peut ainsi conduire à un équilibre entre l'offre et la demande de travail, mais cela résulte du hasard. Il n'y a aucun mécanisme d'ajustement faisant coïncider offre et demande de travail.

Keynes montre, en outre, que si les revenus distribués à l'occasion de la production en permettent l'achat intégral (absence de « fuites » du circuit), on obtient un équilibre entre l'offre et la demande de biens (équilibre sur le marché des biens), mais cet équilibre peut aussi coexister avec un déséquilibre de l'emploi (chômage). Keynes propose alors d'appeler cette situation « équilibre de sous-emploi ».

4) La nécessité d'une intervention de l'État

Si les entrepreneurs sont pessimistes quant aux perspectives de la demande (ils anticipent donc un faible niveau de demande effective), ils contribuent au chômage, car ils ne produisent pas suffisamment pour permettre l'emploi de tous. Une autorité supérieure, en l'occurrence l'État, doit alors intervenir pour améliorer le climat économique. Ainsi, les entreprises anticipant une croissance de la demande accéléreront leur programme de production et embaucheront.

Par quels moyens l'État peut-il améliorer la situation ? Ici entre en jeu un mécanisme fondamental de l'analyse keynésienne qui est le multiplicateur. Lorsque l'État injecte dans l'économie des ressources supplémentaires (il peut décider d'augmenter les dépenses publiques, par exemple), celles-ci créent une demande nouvelle pour les entreprises, demande qui engendre une production supplémentaire. Celle-ci, à son tour, est l'occasion d'une distribution de revenus nouveaux, ce qui augmente encore la demande, etc. Le multiplicateur décrit ainsi des mécanismes en chaîne à l'issue desquels une injection de revenus dans l'économie a provoqué un accroissement beaucoup plus important de la production.

● VOIR économie néoclassique, circuit économique, multiplicateur, relance.

ÉCONOMIE MIXTE

Économie dans laquelle se développent les entreprises publiques et les entreprises associant capitaux publics et capitaux privés.

ÉCONOMIE NÉOCLASSIQUE

Théorie économique qui cherche à démonter l'efficacité d'une organisation économique fondée sur la libre concurrence, l'initiative individuelle et les mécanismes du marché.

Les historiens des théories économiques font une distinction entre les économistes classiques de la fin du XVIIIe siècle (les Anglais Adam Smith et David Ricardo, le Français Jean-Baptiste Say) et les économistes néoclassiques de la deuxième moitié du XIXe siècle (Léon Walras notamment, Vilfredo Pareto).

Poursuivant les analyses des « classiques », les économistes néoclassiques ont cherché à démontrer scientifiquement la supériorité d'une organisation de l'économie fondée sur le libre fonctionnement des marchés et la rationalité des comportements individuels.

1) Les fondements théoriques

Dans le cadre des économies de marché, l'analyse économique néoclassique repose sur trois grands principes (ce sont les hypothèses de la théorie) auxquels s'ajoute une idée qui constitue le dénominateur commun de très nombreuses analyses théoriques (le refus de l'intervention économique de l'État).

La première hypothèse consiste à rechercher l'explication des phénomènes économiques observés dans l'action des seuls individus, considérés comme des « atomes », identiques les uns aux autres, de la société. Cette méthode (appelée « individualisme méthodologique ») s'oppose donc à une approche globale de la société qui prend pour point de départ de l'analyse la société dans son ensemble.

Le deuxième principe affirme que l'individu est un être rationnel, c'est-à-dire qu'il raisonne et calcule afin d'atteindre le mieux possible un objectif, compte tenu des contraintes auxquelles il doit faire face (contrainte de ressources, par exemple). Ainsi, la consommation est l'occasion de calculs puisque le consommateur cherche à obtenir la satisfaction la plus élevée possible en achetant le maximum de biens correspondant à ses préférences, étant donné les prix de ces biens et ses ressources. Dans le langage de l'économie néoclassique, on dit que le consommateur maximise ses préférences sous la contrainte de revenu dont il dispose.

Le troisième principe précise que chaque individu poursuit son seul intérêt particulier, sans se préoccuper des autres. La rationalité du comportement de l'individu et la poursuite de son seul intérêt définissent alors l'*homo economicus* qui est un « modèle », c'est-à-dire une façon schématique de représenter les individus, de la théorie néoclassique. On peut associer à ce modèle abstrait la notion d'utilitarisme.

La recherche de l'intérêt personnel ne constitue pas un obstacle au bien-être de la société. Au contraire, c'est précisément la poursuite par chacun de son propre intérêt qui permet de réaliser l'intérêt général. L'économiste classique Adam Smith, dans *Recherche sur la nature et les causes de la Richesse des nations* (1776), précise : « nous n'attendons pas notre dîner de la bienveillance de notre boucher ou de celle du marchand de vin et du boulanger, mais bien de la considération qu'ils ont de leur propre intérêt. Nous nous adressons

non pas à leur humanité, mais à leur égoïsme, nous ne leur parlons pas de nos besoins, mais de leurs intérêts ». C'est l'intérêt personnel qui, sans le savoir et sans le vouloir, finit par mener naturellement la société au bien-être et à la prospérité. C'est la fameuse « main invisible » d'Adam Smith qui démontre l'existence d'un ordre économique naturel, spontané fondé sur l'intérêt personnel des individus.
Dès lors que l'harmonie des intérêts est naturelle, nul besoin d'une intervention de l'État dans la sphère économique. L'État doit seulement veiller au respect des libertés économiques.
Le refus de l'intervention de l'État et la confiance absolue dans l'efficacité des mécanismes du marché constituent le socle commun de ces théories économiques.

2) L'analyse néoclassique

L'analyse néoclassique distingue deux grandes catégories d'agents, les ménages qui consomment des biens et des services (les consommateurs), et les entreprises qui les produisent (les producteurs).
Les ménages sont caractérisés par leurs goûts (ils préfèrent un bien A à un bien B, ou un ensemble de biens à un autre) et par un ensemble de ressources dont ils disposent (revenus du travail notamment). Ils cherchent à maximiser leur utilité (c'est-à-dire le degré de satisfaction que leur procurent leurs achats) compte tenu de leurs ressources et des prix fixés sur le marché. Les ménages interviennent aussi sur le marché du travail en offrant leur travail. Sur ce marché, ce sont les entreprises qui demandent le travail et les salariés qui offrent le travail. Les ménages répartissent leur temps disponible entre le loisir et une activité rémunérée, cette dernière permettant l'achat de biens de consommation.
L'analyse néoclassique montre que la confrontation des offres et des demandes des agents économiques conduit à un équilibre stable. On peut alors considérer des marchés isolés (équilibre partiel) ou tous les marchés

Le marché du travail

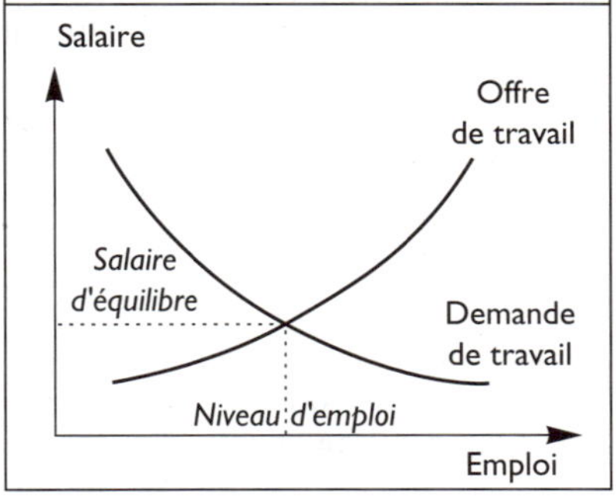

simultanément (équilibre général).
L'analyse en termes d'équilibre partiel permet de confronter l'offre et la demande d'un bien. Prenons l'exemple du travail.
Le salaire d'équilibre est déterminé par la rencontre de l'offre et de la demande de travail. Lorsque les salaires augmentent, l'offre de travail (il s'agit, selon le langage courant, de demandes d'emploi) faite par les individus s'accroît. Lorsque les salaires diminuent, le coût du facteur travail baisse pour les entreprises, ce qui les incite à augmenter leur demande pour ce facteur (la demande de travail correspond à l'offre d'emploi du langage courant).
L'analyse en équilibre partiel permet de présenter simplement ce qui se passe sur un marché. Imaginons le cas d'un salaire supérieur au salaire d'équilibre. Ce peut être, par exemple, un salaire minimum légal.
Pour le niveau du salaire minimum, l'offre O' excède la demande D', c'est-

L'instauration d'un salaire minimum

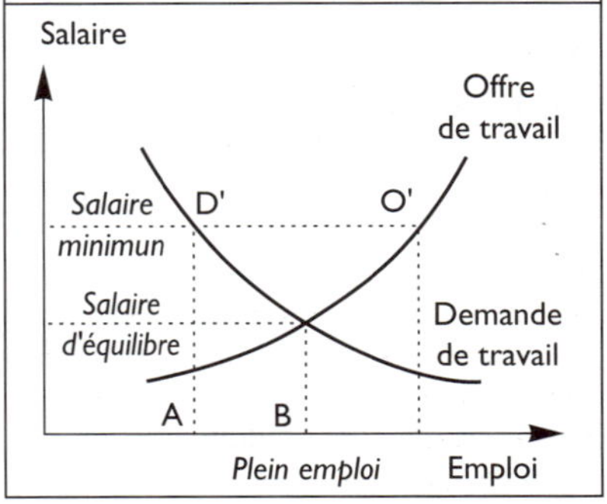

à-dire que de nombreux salariés cherchent à travailler pour ce salaire minimum alors que les entreprises refusent d'embaucher une main-d'œuvre dont le coût leur paraît excessif. Elles embauchent donc une quantité A de main d'œuvre, et provoquent un chômage. Le point A correspond à la demande de travail souhaitée par les entreprises pour un tel niveau de salaire. Mais c'est un chômage « volontaire », car si les individus acceptaient un salaire moins élevé (le salaire d'équilibre), les entreprises embaucheraient tous ceux qui souhaitent travailler à ce niveau de salaire, si bien qu'en définitive le plein emploi (au salaire d'équilibre) serait réalisé. Cet exemple montre que, pour les économistes néoclassiques, l'existence d'un salaire minimum fausse le libre jeu du marché du travail.

L'approche en termes d'équilibre général prend en compte toutes les offres et toutes les demandes sur tous les marchés. Cette approche est cependant plus rigoureuse, car elle montre l'interdépendance de tous les marchés. Ainsi, les salaires fixés sur le marché du travail déterminent, par exemple, le niveau des consommations sur les marchés des biens, ce niveau n'étant pas sans influence sur l'embauche.

L'équilibre général (imaginé par Léon Walras et démontré, sous certaines hypothèses, par les économistes contemporains Arrow et Debreu) correspond alors à une égalité des offres et des demandes sur tous les marchés. Il existe donc un système de prix faisant coïncider l'offre et la demande sur tous les marchés ; Vilfredo Pareto a, par ailleurs, démontré que cet équilibre général pouvait constituer un optimum économique (optimum de Pareto), c'est-à-dire une situation dans laquelle il n'est pas possible d'améliorer la satisfaction d'un individu sans détériorer celle d'au moins un autre. À l'équilibre, tous les échangistes sont satisfaits et il n'y a plus de possibilité d'échanges. Le marché a permis de réaliser l'allocation optimale des ressources.

Cette analyse repose sur un grand nombre d'hypothèses (rationalité parfaite des agents, indépendance de l'offre et de la demande, concurrence pure et parfaite, notamment) qui ne sont guère vérifiées dans la réalité. Par ailleurs, de très nombreux phénomènes économiques ne relèvent pas des mécanismes de marché et nécessitent une intervention collective (phénomènes non marchands avec les effets externes et les biens collectifs).

● VOIR bien collectif, concurrence, économie keynésienne, effet externe, économie de marché, individualisme méthodologique, libéralisme, rationalité, utilitarisme.

ÉCONOMIE SOCIALE

Secteur de l'économie regroupant les coopératives, les associations et les mutuelles (systèmes d'assurance fondés sur l'entraide et la solidarité). On parle aussi parfois de « tiers secteurs » (ni privé, ni public).

● VOIR association, coopérative.

ÉCONOMIE SOCIALE DE MARCHÉ

Expression qui caractérise le système économique libéral de l'Allemagne.

Conçue dans les années 50, l'économie sociale de marché (*Soziale Maktwirtschaft*) se résume par la formule « autant de liberté que possible, autant de limitation que nécessaire ». Il s'agit d'un libéralisme (l'État ne doit pas intervenir dans la vie économique) tempéré par des politiques sociales visant à réduire les inégalités qui pourraient remettre en cause le consensus social et la cogestion dans les entreprises.

ÉCONOMIE SOCIALISTE

Système économique caractérisé par la propriété collective des principaux moyens de production.

Les économies socialistes désignent les pays qui ont mis en œuvre ce système économique.

1) Une économie centralement planifiée

Plusieurs traits caractérisent ce système économique.

– La propriété collective des moyens de production. Cela signifie que tous les secteurs de l'économie appartiennent à l'État, qu'il s'agisse de l'industrie, des banques, des transports ou du commerce. L'agriculture est, elle aussi, collectivisée, même si certains paysans (ceux qui travaillent dans des coopératives que sont les kolkhozes) peuvent détenir un petit lopin de terre. Le pouvoir est exercé par des fonctionnaires nommés en réalité par le Parti communiste. On a ainsi appelé « nomenklatura » l'ensemble des personnes occupant des postes de responsabilité dans l'État et dans le système économique soviétique.

– La planification centralisée et impérative. Depuis les années 30, il existe des plans quinquennaux (5 ans) qui organisent toute la vie économique. Le Plan concerne tous les secteurs de l'économie ; les entreprises sont consultées, mais le Gosplan (comité d'État de la planification) décide seul des objectifs détaillés que les entreprises, qui dépendent des ministères spécialisés, doivent atteindre. La plupart de ces objectifs sont des objectifs quantitatifs, fixés en unités physiques (tonnes, nombre d'unités produites, etc.). La planification est obligatoire pour toutes les entreprises.

– Une économie contrôlée. L'activité des entreprises est entièrement sous le contrôle de l'État ; l'entreprise se voit ainsi imposer ses clients et ses fournisseurs, ses approvisionnements faisant l'objet d'un rationnement particulier puisque seul le ministère décide des quantités achetées aux fournisseurs. Le contrôle de l'économie réside aussi dans la fixation autoritaire des prix. Ceux-ci n'ont donc rien à voir avec la situation de l'offre ou de la demande de biens, mais résultent de la décision d'un organisme d'État (une exception concerne le marché libre des produits des kolkhoziens). Cette fixation des prix (on parle alors de prix administrés) permet ainsi à l'État d'orienter la demande. Par exemple, de faibles prix agricoles permettaient de maintenir des salaires peu élevés (prix alimentaires faibles), ce qui devait favoriser l'industrie et l'industrialisation. Un dernier élément de contrôle de l'économie concerne le secteur bancaire, la Banque d'État (Gosbank) assurant simultanément les fonctions de banque centrale et de banque commerciale pour tous les agents économiques.

– Le monopole du commerce extérieur. Celui-ci est entièrement sous le contrôle de l'État, une autorisation du ministère du Commerce extérieur étant nécessaire pour toute opération réalisée avec l'étranger. Par ailleurs, le rouble est une monnaie inconvertible, car il est impossible d'échanger des roubles contre des devises (dollar par exemple).

L'Union soviétique a, en outre, mis en place un organisme de coopération entre les pays socialistes (pays de l'Europe de l'Est à l'exception de l'Albanie et de la Yougoslavie ; Cuba, Mongolie et Vietnam) en 1949, le Conseil d'aide économique mutuelle (CAEM ou Comecon en russe).

Cet organisme a mis en place une division internationale socialiste du travail (chaque pays devant se spécialiser dans certains types de production) fonctionnant en réalité au seul profit de l'Union soviétique.

2) Les difficultés de l'économie centralement planifiée

La planification a engendré des lourdeurs bureaucratiques, de nombreux gaspillages et une production de qualité médiocre.

La plupart des secteurs ont connu des goulets d'étranglement, certaines entreprises ne réussissant pas à obtenir les produits nécessaires à la poursuite de leur activité productive.

Certains économistes ont qualifié l'économie soviétique, et plus généralement les économies socialistes, d'économies de pénurie, les entre-

prises comme les consommateurs étant rationnés dans leurs achats.
Les difficultés de l'économie soviétique ont donné naissance à une économie parallèle, c'est-à-dire à une économie souterraine fondée sur des activités et des échanges économiques situés en marge de l'économie officielle. L'économie parallèle dans les pays de l'Est, qui s'est développée en contournant les règles, offre un visage très diversifié : trocs informels entre les entreprises, détournement du matériel d'État pour créer des entreprises clandestines, production illégale d'alcool, travail au noir dans les services, etc.

3) L'échec des réformes économiques

Une première vague de réformes a eu lieu au milieu des années 60 (réformes Liberman) afin de donner aux entreprises une plus grande autonomie face au Plan. Certains profits pouvaient désormais être conservés par les entreprises, tandis qu'une forme d'intéressement des dirigeants aux performances faisait son apparition.
L'arrivée au pouvoir de Mikhaïl Gorbatchev en 1985 s'est traduite par une nouvelle vague de réformes, placée sous le signe de la glasnost politique (transparence et liberté d'expression dans tous les domaines) et de la perestroïka économique (politique de restructuration, de remise en cause). L'esprit de ces réformes visait à instaurer une « économie de marché contrôlée » ou un « socialisme de marché » (expression de l'économiste Oskar Lange dans les années 30) permettant de concilier le maintien de la propriété étatique sur la plupart des moyens de production et le fonctionnement réglementé du marché.
Les principaux axes de la prestroïka ont été les suivants :
– développement des secteurs privés et coopératif (lois autorisant la création d'entreprises privées et de coopératives) ;
– autonomie des entreprises (autonomie comptable, réduction de la tutelle administrative) ;
– ouverture du marché soviétique aux capitaux étrangers ;
– réforme bancaire créant des banques commerciales séparées de la Banque d'État (Gosbank) ;
– réforme agraire visant à reconstituer un réseau d'exploitations individuelles ;
– assouplissement de la planification impérative.
Ces réformes n'ont pas réussi à redresser une situation qui, au contraire, s'est aggravée. La production agricole n'a pas été suffisante pour assurer l'autonomie de l'Union soviétique, alors que M. Gorbatchev avait fait de l'autosuffisance alimentaire la priorité de la perestroïka, la condition de réussite des autres réformes. En outre, la pénurie de biens de consommation essentiels atteignait un seuil critique.
L'échec de ces réformes peut être imputable à l'attitude d'opposition de la nomenklatura qui voyait fondre ses privilèges. Mais on peut aussi considérer que ces réformes ont été trop timides ; ni la propriété d'État des entreprises, ni la planification n'étaient remises en cause, tandis que le système de prix continuait à être réglementé.

● VOIR marxisme, transition.

ÉCONOMIE SOUTERRAINE

Ensemble des activités de production, licites ou illicites, qui ne font pas l'objet d'un enregistrement statistique dans les comptes de l'économie (PIB).

On appelle « économie souterraine » ou « économie non officielle » les activités de production suivantes :
– les activités productives licites et non déclarées ; il s'agit du travail au noir (travail non déclaré afin d'éviter les prélèvements fiscaux et sociaux ainsi que certaines contraintes réglementaires) ;
– les activités illicites productrices de biens ou de services (trafic de drogue, ventes d'alcools prohibés, vols commis par les salariés).
Certaines activités illicites (cambriolages, rackets) ne font pas partie de l'économie souterraine (ou encore éco-

nomie parallèle), car elles constituent non des activités de production, mais des transferts de revenus et de capital. La première composante de l'économie souterraine (travail au noir) fait aujourd'hui l'objet d'estimations (4 % du PIB en France au début des années 90).

● Voir PIB.

Économisme

Système de pensée et d'analyse qui tend à tout expliquer par les facteurs économiques ; les idées, les valeurs ou les sentiments s'expliquant eux aussi par l'économique (le marxisme a été considéré par certains comme un économisme).

● Voir marxisme.

Écu

Unité de compte adoptée par les pays de la Communauté européenne.

L'écu (*european currency unit*) se définit par un « panier de monnaies », c'est-à-dire que sa valeur est calculée à partir des monnaies communautaires. Chacune de ces monnaies n'a pas la même importance dans la définition de l'écu, et la pondération doit correspondre au poids économique de chaque pays dans la CEE (part dans le PIB communautaire et importance des échanges de la CEE).

Prenons l'exemple fictif de trois pays, la France, l'Allemagne et le Royaume-Uni dont les monnaies respectives sont le franc (F), le mark (DM) et la livre (£). Les taux de change respectifs constatés sur le marché des changes sont : 1 DM = 3 F, 1 £ = 10 F, 1 £ = 3,33 DM.

Si la définition de l'écu est 1 écu = 0,6 DM + 0,1 £ + 1,3 F, on peut calculer la valeur d'un écu, en F, DM et £.

Calculons l'écu en F :

1 écu = 0,6 (3 F) + 0,1 (10 F) + 1,3 (1 F) = 1,8 F + 1 F + 1,3 F = 4,1 F.

Inversement, 1 F = 0,244 écu.

Pour le DM, on aura l'écu = 0,6 + 0,1 (3,33) + 1,3 (0,33) = 1,365.

DM ou 1 DM = 0,732 écu.

Comme les cours de ces monnaies fluctuent librement sur le marché des changes, la CE calcule quotidiennement la valeur de l'écu dans les monnaies des États membres. Les pondérations sont révisées tous les cinq ans.

L'écu est une unité de compte. Chaque monnaie possède, en effet, un « cours pivot » en écus défini, à certaines occasions (réajustements des monnaies, révision du panier), par le Conseil des ministres. Ces cours pivots sont fixes (par exemple, 1 écu = 7 F, 1 écu = 2 DM, etc.), mais il ne faut pas oublier que les marchés des changes sont libres, c'est-à-dire que le cours du franc en écus peut parfaitement s'écarter de son cours pivot (1 écu = 7,5 F, par exemple).

Ces cours pivots en écus permettent de déterminer une grille des parités (fixes donc) entre les monnaies communautaires. Enfin, c'est en écus que sont fixés les prix agricoles, le budget commun, les traitements des fonctionnaires européens, etc.

L'écu est aussi un instrument de règlement (les banques centrales européennes peuvent s'échanger ou se prêter des écus plutôt que des marks, des francs, etc.) et un instrument de réserve (le FECOM ou Fonds européen de coopération monétaire, qui assure le bon fonctionnement du système de change, reçoit des pays de l'or et des devises, et leur donne des écus destinés à servir de réserve de change).

Mais l'écu n'est pas une véritable monnaie, car un particulier ou une entreprise ne peuvent pas payer avec des écus, aucun institut d'émission n'émettant des écus.

● Voir construction européenne, Système monétaire européen, Union économique et monétaire.

EEE

Cf. Espace économique européen.

Effet « boule de neige »

Cercle vicieux concernant la dette publique, la nécessité de payer des intérêts aggravant le déficit et la dette.

Plusieurs années de déficit budgétaire peuvent conduire à une accumulation de la dette publique (en cas de financement par l'emprunt). Un risque important apparaît alors, celui d'un « effet boule de neige » de la dette. Il s'agit du cercle vicieux suivant : une dette importante implique le versement d'intérêts considérables aux épargnants créanciers de l'État ; le poids de ces intérêts, qui sont une charge, c'est-à-dire une dépense du budget, aggrave le déficit et conduit à un nouvel endettement public qui, à son tour, conduira à un niveau d'intérêts encore plus important, etc.

● Voir budget, déficit budgétaire, dette publique.

Effet d'agrégation

Mode d'explication d'un phénomène social qui repose sur l'addition (agrégation) ou la composition des actions individuelles qui en sont à l'origine.

L'effet d'agrégation permet au sociologue français contemporain Raymond Boudon de faire reposer les phénomènes sociaux sur les seuls comportements individuels (à l'opposé des analyses holistes).
Pour expliquer un phénomène social, il suffit alors de prendre en compte les seuls comportements des individus qui se rapportent à la situation observée, sans rechercher des explications générales. R. Boudon analyse par exemple la mobilité sociale en France dans les années 60 et 70 et montre que le nombre d'étudiants augmente beaucoup plus vite que le nombre d'emplois disponibles correspondant à leurs diplômes ; nécessairement, certains devront occuper des emplois moins qualifiés et perdront leurs chances d'ascension sociale. Ainsi, pour Boudon, nul besoin de faire référence aux structures sociales pour expliquer ce phénomène qui résulte seulement d'une addition (agrégation) de comportements individuels, d'une « composition » de comportements reflétant chacun la stratégie (ici, choix du passage à l'université pour un nombre croissant de personnes) des individus, appelés dès lors « acteurs ».
Un phénomène social n'est que la conséquence d'actions individuelles, même si le résultat obtenu n'a pas été prévu au départ par les acteurs, ce que Boudon nomme « effets pervers ».

● Voir Bourdieu, Durkheim, holisme, individualisme méthodologique.

Effet d'annonce

Phénomène traduisant la modification du comportement des agents économiques à la simple annonce de mesures par les pouvoirs publics.

Les illustrations de ce phénomène sont très diverses : l'annonce de mesures de relance économique peut inciter les ménages à accroître immédiatement leurs dépenses ; l'annonce de mesures éventuelles de rationnement pour un produit (essence, par exemple) peut conduire les ménages à acheter massivement ce produit, ce qui rend nécessaire des mesures seulement envisagées. Ainsi, les conséquences, bénéfiques ou néfastes selon les cas, des effets d'annonce obligent les autorités à tenir compte des réactions immédiates des agents économiques.

Effet d'apprentissage

Baisse des coûts unitaires liée à l'augmentation des quantités produites depuis le début de la fabrication du produit.

Dans certaines activités, les coûts de production diminuent grâce à l'expérience accumulée depuis la production de la toute première unité. Les

processus de production sont affinés, des erreurs sont rectifiées et les salariés acquièrent des techniques et des habitudes propres au produit.
Alors que les économies d'échelle concernent la baisse des coûts unitaires liée à une augmentation instantanée de la production (à un moment donné), l'effet d'apprentissage relie le coût unitaire à l'expérience accumulée. Cet effet explique l'avantage dont disposent les entreprises produisant depuis longtemps.

● VOIR économie d'échelle, productivité.

EFFET DE CLIQUET

Phénomène traduisant une rigidité à la baisse pour certaines grandeurs économiques.

Ainsi, les prix montent facilement, mais diminuent plus rarement. Un effet de cliquet a pu être observé après la crise de 1973 puisque la consommation des ménages a progressé dans les mêmes proportions qu'auparavant, alors que la croissance des revenus diminuait. Les ménages ont ainsi préféré réduire leur épargne plutôt que de changer leurs habitudes de consommation.

EFFET DE DÉMONSTRATION

Effet qui met en évidence le rôle social joué par la consommation de biens, puisque l'observation des consommations des ménages les plus favorisés peut inciter les autres ménages à acheter le même type de biens.

C'est une sorte d'effet d'imitation qui se fonde alors sur l'idée que les biens consommés témoignent (ou sont le reflet) du groupe social auquel on appartient, ou auquel on souhaite s'identifier, ou encore auquel on souhaite pouvoir être assimilé par les autres.

● VOIR consommation.

EFFET DE LEVIER

Amélioration de la rentabilité des capitaux propres d'une entreprise lorsque les taux d'intérêt, qui représentent le coût du capital emprunté, sont moins élevés que la rentabilité de l'investissement que ces capitaux permettent de financer.

L'effet de levier montre que les entreprises ont intérêt à emprunter massivement pour financer leur développement plutôt que d'utiliser leurs capitaux propres lorsque les taux d'intérêts sont faibles. Cette opération se révèle intéressante pour les entreprises puisqu'elles gagnent davantage d'argent que ce qui est nécessaire pour rembourser les emprunts et payer les intérêts.

EFFET D'ENTRAÎNEMENT

Une industrie ou un secteur a des effets d'entraînement s'il favorise, en amont ou en aval, le développement d'autres industries.

L'existence de ces effets justifient pour certains économistes le choix de secteurs prioritaires pour l'investissement ou l'aide des pouvoirs publics (exemples des industries de base ou des biens d'équipement).

● VOIR développement.

EFFET DE SEUIL

Niveau ou valeur d'une variable économique à partir duquel un phénomène économique se modifie.

Par exemple, le seuil de rentabilité désigne le niveau d'activité à partir duquel l'entreprise réalise des bénéfices.

EFFET DE STRUCTURE

Effet automatique lié aux caractéristiques structurelles d'un phénomène et non à une cause qui paraissait évidente *a priori*.

Prenons l'exemple de la diminution du taux de croissance de la productivité de l'économie. Est-ce à dire que la productivité des secteurs primaire, secondaire et tertiaire augmente moins vite qu'auparavant ? Non, car une diminution globale peut très bien aller de pair avec un maintien, voire une progression, de la croissance de la productivité dans les différents secteurs. Comme le tertiaire a des gains de productivité moins importants que les autres secteurs, il suffit pour cela que sa part dans l'économie augmente au détriment de celle des deux autres secteurs. La diminution de la croissance de la productivité provient aussi d'un effet de structure.

EFFET DE SUBSTITUTION OU EFFET-SUBSTITUTION

Cf. effet-revenu.

EFFET D'ÉVICTION

Phénomène qui conduit l'activité du secteur public à supplanter celle du secteur privé.

Dans le cas d'un déficit budgétaire, le recours à l'emprunt provoque un déplacement des ressources d'épargne disponibles vers un secteur public, au détriment des autres agents économiques. Le résultat de cet effet est une hausse des taux d'intérêt ; les taux d'intérêts augmentent, car la demande de capitaux s'accroît, les pouvoirs publics ayant aussi à proposer une meilleure rémunération pour attirer de nouveaux épargnants. La conséquence de ce phénomène est que les dépenses des agents économiques sensibles aux taux d'intérêt (investissements) sont freinées. L'effet d'éviction provoque un ralentissement de l'activité économique. Remarquons toutefois que ce mécanisme n'a jamais été véritablement démontré, bien d'autres causes (niveau souhaité des taux de change, par exemple, lorsqu'il s'agit de respecter un accord international de change) influençant le niveau des taux.

● VOIR budget, déficit budgétaire.

EFFET EXTERNE

Un effet externe est un avantage ou un inconvénient résultant pour une tierce personne d'un échange entre d'autres agents économiques.

L'effet est externe au marché et au système de prix, car il ne s'accompagne pas de compensation monétaire. La pollution est un exemple d'effet externe (les effets négatifs sont appelés déséconomies externes ou nuisances), car certaines personnes subissent un désagrément provoqué par une activité productive sans que l'entreprise concernée ne verse une indemnisation. À l'inverse, une amélioration du niveau général d'instruction d'un pays bénéfice aux entreprises sans que celles-ci financent spécifiquement ce « service » qui leur est rendu (effet externe positif ou économie externe).

EFFET GIFFEN

Phénomène paradoxal d'augmentation de la demande d'un bien provoqué par la hausse du prix de ce bien.

L'effet Giffen, du nom d'un économiste anglais de la fin du XIXe siècle, constitue, au même titre que l'effet Veblen, une exception à la loi de l'offre et de la demande.
Giffen a, en effet, observé que la hausse du prix d'un bien indispensable (le pain en l'occurrence, mais aussi la pomme de terre en Irlande en 1845) provoquait une chute du pouvoir d'achat des classes misérables qui ne pouvaient plus consommer les autres produits alimentaires plus nobles (viande, fruits). Dès lors, elles devaient

se rabattre sur ces biens indispensables, malgré leur renchérissement.

● Voir loi de l'offre et de la demande.

Effet pervers

Résultat inattendu et néfaste d'une action engagée par des acteurs (en économie ou dans d'autres domaines).

Par exemple, une dévaluation présente aujourd'hui des effets pervers (hausse des prix importés qui se répercute sur toute l'économie) beaucoup plus importants que les effets bénéfiques attendus (augmentation des exportations pour redresser la balance commerciale).

Effet-revenu

Effet-revenu et effet-substitution représentent deux solutions alternatives pour un agent économique placé dans certaines situations.

Prenons d'abord le cas d'un consommateur qui dispose d'un revenu constant et qui doit rectifier son choix de consommation lorsque le prix d'un bien souhaité varie. Une hausse de prix de ce bien correspondrait, s'il souhaitait toujours l'acquérir, à une baisse de son pouvoir d'achat. Ce consommateur a donc le choix entre acheter une quantité moindre de ce bien (c'est l'effet-revenu qui concerne l'évolution du revenu ou, ici, du pouvoir d'achat) ou substituer à ce bien d'autres biens dont les prix sont restés les mêmes (c'est l'effet-substitution, conséquence d'une variation des prix relatifs).
L'augmentation du prix d'un bien peut donc conduire à une diminution de la demande, plus ou moins accentuée selon l'action combinée de ces deux effets.
Un autre domaine d'application de ces effets concerne le choix que peuvent faire les personnes actives entre le travail rémunéré et les loisirs, lorsque la rémunération varie. Quand celle-ci s'accroît, les individus peuvent choisir de travailler davantage en renonçant aux loisirs (effet-substitution, car il devient plus avantageux de travailler que de se reposer), mais l'augmentation de leurs ressources (effet-revenu) peut aussi les inciter à ne pas accroître leur activité rémunérée.

Effet Veblen

Appelé aussi « effet de snobisme » ou « paradoxe de Veblen », du nom d'un économiste américain (1857-1929), cet effet constitue une infirmation de la loi de l'offre et de la demande, selon laquelle la demande diminue lorsque le prix augmente.

Veblen a montré à partir d'observations empiriques que certains produits, les produits de luxe, échappaient à cette loi. Pour ceux-ci, la demande est d'autant plus forte que le prix est élevé.
L' « effet de snobisme », l'effet de distinction, la recherche de consommations ostentatoires (destinées à être bien vues par les autres) expliquent ce paradoxe.

Effort à l'exportation

Part de la production nationale qui est exportée.

$$\textit{effort à l'exportation} = \frac{\textit{exportation}}{\textit{production}} \times 100$$

● Voir commerce extérieur.

Égalité

Principe selon lequel les individus, au sein d'une société, doivent être traités de la même façon.

1) Les différentes formes d'égalité

On distingue d'abord l'égalité civile ou juridique, acquise avec la fin de la féodalité. Ainsi, tous les hommes naissent libres et égaux en droits. Quels sont ces droits ? Il s'agit de l'interdiction de l'esclavage et du servage, de l'égalité de traitement devant la justice, du droit de propriété, de la liberté de pensée, d'aller et venir, etc.

Il y a ensuite l'égalité politique, obtenue progressivement en France depuis plus de deux siècles. Le droit de vote pour tous les adultes, hommes et femmes, le droit d'être élu, la liberté de réunion et la liberté d'association (sous forme de partis politiques, par exemple) permettent l'égalité entre les citoyens.

Même si l'égalité de droit entre les hommes n'est pas toujours une égalité de fait (c'est-à-dire observée dans la vie réelle), égalité civile et égalité politique sont en grande partie aujourd'hui assurées ; il n'en va pas de même pour l'égalité économique et sociale (l'inégalité face aux études et à l'éducation, l'inégalité devant la mort, l'inégalité devant la culture). Pour tous ces domaines, les individus ne bénéficient pas des mêmes chances en raison de leur position différente dans l'échelle sociale.

2) Une notion ambiguë

Il existe au moins deux façons de définir l'égalité.

Il peut s'agir d'une égalité arithmétique, en vertu de laquelle tous les individus, sans distinction, doivent être traités de la même manière.

Une autre conception de l'égalité met en relation ce que reçoivent ou gagnent les individus, et le travail ou les efforts qu'ils ont consacrés à cet objectif. Cette conception s'oppose donc à la précédente, car, selon elle, celui qui n'a pas travaillé ne doit pas recevoir autant que celui qui a réalisé beaucoup d'efforts. Deux notions liées caractérisent cette conception : l'égalité des chances et la méritocratie.

L'égalité des chances signifie que les conditions de départ faites aux individus dans leur vie sociale doivent être égales. L'héritage, les privilèges et les handicaps de départ sont donc condamnés. La **méritocratie** signifie qu'une fois tous les individus mis sur le même plan, il devient acceptable et normal que les meilleurs atteignent les meilleures places dans la société. Les inégalités « à l'arrivée » sont donc « justes » si deux conditions sont respectées : véritable égalité des chances au départ et inégalités observées liées aux seuls mérites, efforts et volontés des individus. C'est une des orientations de la sociologie actuelle que de s'interroger sur la réalité de ces deux conditions.

3) Qu'est-ce que la justice sociale ?

La conception méritocratique de l'égalité a été l'objet de deux critiques. D'abord, que doit-on faire de ceux qui n'ont aucun mérite, de ceux qui, pour une raison ou une autre, sont incapables de travailler suffisamment pour assurer leur subsistance ? Que faire des individus sans qualification, des individus involontairement inactifs ?

Les réponses à ces questions relèvent d'un jugement moral. On peut ainsi considérer qu'il est nécessaire de répondre aux « besoins » de ces individus, l'État devant intervenir pour réduire ces inégalités qui sont des injustices. Voilà une première approche de l'idée de justice sociale.

Une deuxième critique de la conception méritocratique s'adresse aux excès qu'elle peut engendrer. Le philosophe Jean-Jacques Rousseau a montré qu'une société pouvait être menacée si les riches étaient trop riches et les pauvres trop pauvres. Le lien social, le contrat social qui fait que les individus acceptent de vivre ensemble et d'avoir des relations sociales stables peut être remis en cause si les inégalités de richesse sont excessives. La lutte contre des inégalités trop criantes est donc nécessaire à la survie même de la société démocratique. Voilà une deuxième approche de la justice sociale à laquelle doit contribuer l'autorité politique. La justice sociale est donc une conception qui prône la recherche d'une plus grande équité dans la répartition des richesses. L'équité est alors la juste distribution des avantages, sans que ceux-ci soient nécessairement le résultat d'un partage égal.

● VOIR inégalités, Tocqueville.

ÉLASTICITÉ

Indicateur qui mesure la sensibilité de la demande aux changements de revenus (élasticité-revenu) ou aux changements de prix (élasticité-prix).

L'élasticité se définit par le rapport suivant :

$$\frac{\textit{variation de la quantité demandée en \%}}{\textit{variation du revenu (ou du prix) en \%}}$$

1) Élasticité-prix

Dans une économie de marché, la demande d'un bien est liée au prix de ce bien. C'est ainsi la loi de la demande qui indique que la demande diminue lorsque le prix du bien demandé augmente (c'est une fonction décroissante du prix, ou encore la demande varie en sens inverse du prix).

Pour une même variation de prix, la variation de la quantité demandée peut être cependant plus ou moins importante selon les produits.

Cette sensibilité de la demande à la variation du prix s'exprime sous la forme d'une élasticité de la demande par rapport au prix.

L'élasticité-prix est :

$$Ep = \frac{\textit{variation de la quantité demandée}}{\textit{variation du prix (\%)}}$$

Par exemple, une élasticité-prix égale à – 3 peut correspondre à une hausse de la demande de 3 % lorsque le prix baisse de 1 %.

L'élasticité-prix est, en règle générale, de signe négatif.

On dit qu'une demande est élastique (ou sensible au prix) lorsque le pourcentage de variation de la quantité demandée est supérieur au pourcentage de variation de prix. Il suffit alors d'une légère baisse du prix pour induire une forte hausse de la demande. Dans la situation inverse, la demande est inélastique ou rigide (il faut d'importantes variations de prix pour modifier la demande).

Deux biens sont substituables lorsqu'ils sont aptes à satisfaire le même besoin (la bière et le vin, par exemple). Ce sont des biens complémentaires si leur consommation simultanée est nécessaire pour satisfaire un besoin (la voiture et l'essence, par exemple). Lorsque l'on cherche à savoir si deux besoins sont complémentaires ou substituables, on peut calculer leur élasticité-prix croisée, c'est-à-dire mesurer comment la demande du premier bien réagit aux variations du prix de l'autre bien.

Une élasticité croisée positive caractérise deux biens substituables.

$$\textit{Élasticité-prix croisée} = \frac{\textit{variation de la quantité demandée du 1}^{er}\textit{ bien (\%)}}{\textit{variation du prix de l'autre bien (\%)}}$$

2) Élasticité-revenu

On peut calculer comment évolue la consommation de chaque type de biens ou de services lorsque le revenu varie.

On définit alors pour chaque produit une élasticité de la demande par rapport au revenu, ou élasticité-revenu, qui représente la sensibilité de la demande pour un produit à l'augmentation (ou à la diminution) du revenu. L'élasticité-revenu (Er) est un rapport entre la variation de la consommation du produit considéré et la variation du revenu.

$$Er = \frac{\textit{variation de la consommation (\%)}}{\textit{variation du revenu (\%)}}$$

Par exemple, si la demande de pain diminue de 2 % lorsque le revenu augmente de 3 %, on a : $Er = \frac{-2\,\%}{+3\,\%} = -0{,}66$

Un signe positif de l'élasticité-revenu signifie qu'une augmentation du revenu induit une augmentation de la demande du produit ; c'est le cas le plus général.

Un signe négatif correspond au cas d'une consommation qui diminue lorsque le revenu s'accroît.
Cette notion d'élasticité-revenu permet alors de classer les biens :
– **biens inférieurs :** ceux dont la consommation diminue avec l'augmentation du revenu (Er < 0) ; il s'agit des produits comme le pain, la margarine, la pomme de terre, etc.
– **biens supérieurs :** ceux pour lesquels une augmentation du revenu induit une augmentation de la consommation plus que proportionnelle (Er > 1). Cela signifie que la part de ces biens augmente dans le total de la consommation (exemple de la santé, des loisirs).
– **biens normaux** (0 < Er < 1) : ceux pour lesquels l'augmentation du revenu implique une hausse moins que proportionnelle de la demande.

● VOIR bien, consommation.

ÉLECTION

Cf. mode de scrutin.

EMBARGO

Interdiction d'exportation formulée pour des raisons politiques ou stratégiques.

C'est une arme économique destinée à infliger de lourdes pertes économiques au pays concerné (surcoûts d'approvisionnement, création de goulots d'étranglement).

● VOIR boycott.

ÉMIGRATION

Acte qui consiste à quitter son pays pour aller s'établir dans un autre.

On parle de pays d'émigration pour un pays qui connaît de très nombreux départs de ses nationaux.

● VOIR immigration.

EMPLOI PRÉCAIRE

Forme particulière d'emplois qui correspond à l'intérim, aux stages ou aux contrats à durée déterminée (CDD).

● VOIR formes particulières d'emplois, sous-emploi.

ENCADREMENT DU CRÉDIT

Mesure réglementaire s'imposant aux banques qui doivent alors respecter un certain pourcentage d'augmentation annuelle des crédits qu'elles distribuent.

D'une année sur l'autre, le total des crédits distribués ne doit pas augmenter de plus de tant de %. En cas de dépassement, les banques sont soumises à des sanctions (en particulier, la monnaie banque centrale dont elles ont besoin leur coûtera plus cher). Comme les banques limitent alors la distribution de crédits aux différents agents de l'économie, la création monétaire est ralentie.
L'encadrement du crédit, longtemps utilisé en France, a été supprimé en 1987.

● VOIR politique monétaire, refinancement, réserves obligatoires.

ENDETTEMENT INTERNATIONAL

L'endettement international représente le montant total des dettes contractées par les pays qui ont eu recours à des financements étrangers.

Lorsqu'il connaît une balance des transactions courantes déficitaire, c'est-à-dire lorsqu'il vit au-dessus de ses moyens, consommant et investissant davantage qu'il ne produit, un pays doit faire appel à l'épargne étrangère pour pallier l'insuffisance de son épargne interne. Ce recours à des financements externes peut être le fait des entreprises, des ménages ou même de l'État (lorsque des emprunts

destinés à financer un déficit budgétaire sont souscrits par des épargnants étrangers).
Il ne faut pas confondre l'endettement extérieur représentant la dette d'une nation à l'égard des autres pays et l'endettement public qui correspond à la dette de l'État. Quand l'État s'endette auprès des seuls agents économiques nationaux, ces deux notions ne se recoupent pas. L'État peut être endetté sans que la nation ait des engagements (des dettes) envers d'autres pays.
L'endettement extérieur peut concerner tous les pays. Ainsi, les États-Unis sont devenus, dans les années 80, le pays le plus endetté du monde, le premier débiteur mondial.
Toutefois, l'expression « endettement international » caractérise aussi un phénomène économique récent : l'endettement croissant de quelques PED éprouvant de plus en plus de difficultés à faire face à leurs obligations. Ces obligations qui correspondent au service de la dette sont doubles : d'une part le paiement régulier des intérêts, comptabilisés dans la balance des invisibles, et d'autre part le remboursement du capital (comptabilisé dans la balance des capitaux). L'endettement des pays en développement est devenu une préoccupation pour les pays développés, car ce sont les principales banques occidentales qui risquaient d'être atteintes par les cessations de paiements (les débiteurs ne peuvent plus faire face à leurs engagements).

1) La crise de l'endettement des PED

Aux origines de cette crise, on trouve la forte croissance de l'endettement des PED dans les années 70. Les capitaux étaient abondants (recyclage des pétro-dollars) et les banques occidentales ont pu orienter leur activité de prêts vers les pays en développement, car l'activité des pays de l'OCDE (les 24 pays les plus industrialisés) s'était ralentie à la suite du premier choc pétrolier de 1973. En outre, la forte croissance des PED nécessitait des investissements importants.
L'endettement n'est pas en soi une opération économique condamnable lorsque les richesses produites grâce aux ressources empruntées sont suffisantes pour permettre d'en assurer le remboursement. La théorie économique montre qu'il en est ainsi lorsque le taux de croissance de l'économie est supérieur au taux d'intérêt de l'emprunt. C'est cette situation qu'ont connue les PED dans les années 70 (fort taux de croissance et taux d'intérêt réel faible en raison de la forte inflation). L'environnement économique s'est cependant profondément modifié à partir du second choc pétrolier, puisque les échanges internationaux ont vu leur progression se ralentir tandis que les pays occidentaux adoptaient des politiques restrictives. Deux conséquences se révélaient particulièrement néfastes pour les PED : le ralentissement de leur croissance, puisque leurs exportations diminuaient (ce qui réduisait aussi les recettes d'exportation permettant de payer le service de la dette) et la montée des taux d'intérêt. Certains PED qui avaient beaucoup, voire trop emprunté (en Amérique latine notamment), se sont donc rapidement trouvés dans l'impossibilité de faire face à leurs engagements. La crise de l'endettement a débuté en août 1982, lorsque le Mexique se déclara en cessation de paiements.

2) La gestion de la dette des PED

Une gestion pragmatique, au cas par cas, a prévalu au début des années 80. Lorsqu'un pays ne pouvait plus assurer ses engagements, il négociait avec ses créanciers au sein du **Club de Paris** (pour les dettes publiques) ou du Club de Londres (pour les dettes privées) pour obtenir un **rééchelonnement** des dettes, autrement dit un aménagement des conditions (étalement du calendrier des remboursements principalement). Dans le même temps, afin que les banques occidentales continuent d'accorder aux pays endettés de nouvelles ressources financières (la *new money*) destinées au paiement des intérêts aux créanciers, le Fonds monétaire international

(FMI) imposait aux pays concernés un programme d'ajustement afin de corriger les déséquilibres internes (réductions drastiques des déficits, lutte contre l'inflation, etc.).
Les conséquences économiques (récession) et sociales (émeutes) de ces politiques, qui éloignaient toute chance sérieuse de règlement du problème, ont conduit à une nouvelle approche symbolisée par le **Plan Baker** (du nom du secrétaire américain au Trésor) en 1985. Partant de l'idée que seule la croissance économique dans les pays endettés permettrait d'améliorer la situation, le Plan Baker prévoyait une augmentation des fonds versés par les organisations internationales et une poursuite des rééchelonnements.
En 1989, le **Plan Brady** apporta une innovation puisque, pour la première fois, il était reconnu officiellement que les dettes ne pouvaient pas être intégralement remboursées. Ce plan demandait aux banques d'accepter l'annulation partielle de leurs créances contre la certitude, garantie par les organisations internationales, de voir leurs créances restantes remboursées.

● Voir système financier international.

Endogamie

Cf. mariage.

« Enrichissez-vous »

Cette expression, dont on a fait le mot d'ordre du capitalisme libéral triomphant du XIXe siècle, est due à François Guizot qui, en 1843, avait la responsabilité du gouvernement.
Mais la formule de Guizot est plus complète et moins polémique puisqu'elle affirmait : « Enrichissez-vous, mais par le travail, l'épargne et la probité ».

Entente

Accord passé entre plusieurs entreprises dans le but de fausser le libre jeu de la concurrence.

C'est, par exemple, un accord destiné à se partager le marché ou une action entre des entreprises afin d'empêcher un concurrent de pratiquer la politique des prix qu'il souhaite. Est aussi interdite la diffusion d'un barème de prix par une organisation professionnelle (le syndicat des boulangers de la région parisienne, par exemple).
Certaines ententes peuvent toutefois être admises lorsqu'elles assurent le développement du progrès économique (mais toute concurrence ne doit pas être supprimée). C'est, par exemple, l'accord entre les banques pour développer une carte bancaire dans tous les réseaux.

Entreprise

Unité de production qui vend ses produits sur un marché.

Elle produit donc des biens et des services marchands. Une banque, une clinique, une exploitation agricole, une boucherie, un cabinet de chirurgien-dentiste sont ainsi des entreprises.
Il existe de nombreuses structures juridiques pour les entreprises déterminant, pour chacune d'elles, la répartition de la propriété et des pouvoirs de direction. La principale distinction concerne les entreprises individuelles et les sociétés.

● Voir entreprise individuelle, sociétés.

Entreprise d'insertion

Entreprise aidée par les pouvoirs publics afin qu'elle emploie des personnes connaissant des difficultés d'insertion (chômeurs de longue durée, allocataires du RMI, par exemple).

Appelée autrefois entreprise intermédiaire, elle a une mission de réinsertion professionnelle.

ENTREPRISE INDIVIDUELLE

Entreprise dans laquelle une même personne assure la direction de l'entreprise, l'apport des capitaux (donc la propriété de l'entreprise) et l'activité productive.

Il n'y a pas de séparation entre le patrimoine privé du chef de l'entreprise individuelle (exploitation agricole, commerce, cabinet de médecine libérale, par exemple) et son patrimoine professionnel. Il perçoit seul les bénéfices de son activité et il peut avoir des salariés (conjoint salarié, par exemple).

● VOIR revenu.

ENTREPRISE PUBLIQUE

Société dont le capital ou la majorité du capital appartient à l'État (SNCF, EDF, Air France, RATP, France Telecom, etc.).

● VOIR nationalisation.

ÉPARGNE

Part du revenu qui n'est pas consommée.

Au sens courant, épargner consiste à mettre de l'argent de côté, à faire des économies. La notion économique d'épargne rejoint en partie le sens courant, car l'épargne représente la partie du revenu qui n'est pas destinée à une consommation. L'épargne est donc un acte de renonciation à une satisfaction immédiate au profit d'une satisfaction future, d'une consommation future.

Placer son argent à la caisse d'épargne, acheter des actions ou des obligations, ou conserver des billets chez soi constituent des formes d'épargne pour les ménages.

1) L'épargne nationale

Pour la comptabilité nationale, l'épargne est un flux et non un stock. La mesure de l'épargne des différents agents économiques porte sur les sommes épargnées durant une certaine période et non sur le montant de leur épargne à un moment donné.

On distingue, en outre, l'épargne brute, qui est la différence entre le revenu d'un agent et sa consommation, et l'épargne nette, qui est égale à l'épargne brute diminuée des amortissements (c'est-à-dire les sommes mises de côté pour permettre le renouvellement des équipements).

L'épargne nationale est ici la somme de l'épargne de tous les agents économiques (ménages, entreprises, administrations). Mais la nation elle-même peut dégager une épargne, résultat de ses transactions courantes avec le reste du monde. Il y a ainsi une « épargne de la nation » lorsque la balance des paiements courants dégage un excédent. Cela signifie que toute l'épargne des agents économiques ne trouve pas à s'employer dans l'économie nationale et que l'excédent est prêté à des agents économiques extérieurs. Si la balance des transactions courantes est déficitaire, une épargne étrangère vient, en France, s'ajouter à l'épargne nationale.

2) L'épargne des ménages

Dans la comptabilité nationale, l'épargne des ménages correspond à la part de leurs revenus qui n'est pas destinée à la consommation. L'épargne brute des ménages correspond alors à trois éléments :

– l'épargne des entrepreneurs individuels, mesurée par les investissements (FBCF, formation brute de capital fixe) qu'ils réalisent ;

– les achats de biens immobiliers. Font aussi partie de cette épargne, les remboursements de prêts immobiliers (on parle d'épargne contractuelle) ;

– l'épargne financière des ménages, appelée « capacité de financement des ménages ».

Globalement, l'épargne totale des ménages est supérieure à leurs besoins d'investissements, si bien qu'ils disposent d'une capacité de financement.

Ainsi, l'épargne des ménages peut être « investie » (achats de logements, achats de biens de production pour l'entreprise individuelle, par exemple). Il s'agit de l'épargne non financière. En revanche, la capacité de financement des ménages est susceptible de plusieurs utilisations. Une partie de cette épargne financière peut être thésaurisée (en or, en bien précieux), c'est-à-dire conservée par l'épargnant et non réintroduite dans le circuit économique. L'autre partie peut être placée, c'est-à-dire confiée au système financier, moyennant une rémunération appelée « intérêt ».

3) L'épargne des entreprises

L'épargne brute des entreprises correspond à leur autofinancement, c'est-à-dire à la part de leur bénéfice net (après impôt) qui n'est pas distribuée aux actionnaires (sous forme de dividendes) à laquelle s'ajoute l'amortissement (sommes mises de côté pour reconstituer le capital technique).

épargne brute des entreprises
= *autofinancement*
= *amortissement*
+ *bénéfices non distribués*

À la différence de l'ensemble des ménages, les entreprises ont un « besoin de financement » puisque l'épargne qu'elles dégagent est insuffisante pour couvrir leurs dépenses d'investissement.

● Voir désépargne, taux d'épargne, thésaurisation.

Équilibre budgétaire

Égalité des recettes et des dépenses du budget de l'État.

Le solde budgétaire est donc la différence entre toutes les recettes et toutes les charges du budget de l'État.

$$\text{solde budgétaire} = \text{ressources publiques} - \text{dépenses publiques}$$

Si le solde est positif, c'est-à-dire si les recettes sont supérieures aux dépenses, le budget est excédentaire. En revanche, lorsque les recettes de l'État ne couvrent pas toutes ses dépenses, le solde est négatif et le budget déficitaire.

● Voir budget, débudgétisation, déficit budgétaire, dette publique, politique budgétaire.

Équilibre emplois-ressources

Égalité entre les ressources et les emplois dans l'économie durant une année.

Les ressources de l'économie désignent les biens et les services qui sont mis à la disposition des agents économiques. Les ressources ont deux origines : la production nationale (PIB) et les importations de biens et de services, notées M.

Les emplois de l'économie correspondent aux différentes utilisations possibles des ressources : consommation finale (C), investissement (FBCF), variation de stocks (VS) et exportations (X).

L'équilibre emplois-ressources est résumé dans l'égalité suivante :

$$PIB + M = C + FBCF + VS + X$$

Négligeons les variations de stocks et considérons le cas d'un déficit commercial (solde négatif).

On a alors $X - M < 0$
d'où $PIB - C - FBCF < 0$
d'où $PIB < C + FBCF$

Ainsi, lorsqu'un pays connaît un déficit des transactions courantes (biens et services), il dépense (consommation et investissement) davantage qu'il ne produit lui-même. On dit parfois qu'il vit « au-dessus de ses moyens ». À l'inverse, un excédent témoigne d'une production nationale supérieure aux dépenses intérieures ; il s'agit toutefois d'une production qui réussit à s'écouler sur les marchés étrangers.

Un autre intérêt de l'égalité emplois-ressource est de permettre de mesurer les facteurs de la croissance. On mesure les grandeurs PIB, C, FBCF, etc. pour l'année n et l'année n + 1, puis on calcule leurs différents taux de croissance. On peut ainsi voir si l'augmentation du PIB s'explique par une forte consommation, une demande extérieure dynamique ou une reprise des investissements.

● VOIR comptabilité nationale, circuit.

ÉROSION MONÉTAIRE

Diminution du pouvoir d'achat de la monnaie résultant d'une hausse du niveau général des prix (inflation).

● VOIR francs constants / francs courants, inflation.

ESCOMPTE

Procédure bancaire permettant d'accorder un crédit à court terme à une entreprise en échange d'un effet de commerce que cette dernière détient.

La banque achète un titre représentatif d'une créance à terme sur un tiers et met à la disposition de l'entreprise des moyens de paiement.

● VOIR réescompte.

ESPACE ÉCONOMIQUE EUROPÉEN (EEE)

Accord passé, en 1992, entre les pays de la Communauté européenne et les pays de l'Association européenne de libre-échange (AELE) pour créer un marché commun de 380 millions d'habitants.

● VOIR Association européenne de libre-échange, construction européenne, marché commun.

ESPÉRANCE DE VIE

Durée moyenne de vie à un certain âge.

Si la longévité caractérise la durée maximale de la vie humaine (115 ans environ), l'espérance de vie à un âge donné est la durée moyenne de vie restant à vivre à cet âge. On calcule souvent l'espérance de vie à la naissance, c'est-à-dire la durée moyenne de vie d'individus soumis aux conditions actuelles de mortalité. Ainsi, les enfants nés au milieu des années 90 ont, en moyenne, une espérance de vie de plus de 82 ans s'il s'agit de filles et de plus de 74 ans s'il s'agit de garçons. La différence entre les sexes, que l'on observe aussi sur la pyramide des âges pour les générations les plus âgées, correspond à une surmortalité masculine, les hommes étant plus souvent victimes que les femmes d'affections circulatoires ou d'accidents.

● VOIR taux de mortalité.

ÉTABLISSEMENT

Unité géographique de base d'une entreprise.

Une entreprise peut être constituée d'un ensemble d'établissements géographiquement (mais non juridiquement) distincts (siège social, usines, laboratoires, entrepôts, etc.).

● VOIR entreprise, sociétés.

ÉTALON DE RÉFÉRENCE

Cf. système monétaire international.

ÉTALON-OR

L'étalon-or (*gold-standard*) est un système de changes fixes dans lequel chaque monnaie est définie par son poids d'or, les taux de change étant déterminés par le rapport des valeurs en or de chacune de ces monnaies.

L'étalon-or est le système monétaire international qui s'est établi au milieu du XIXe siècle pour permettre des échanges entre les grands pays industrialisés d'Europe et d'Amérique du Nord. Il dura jusqu'en 1914, date à laquelle prendra fin une caractéristique de ce système : la convertibilité de chaque monnaie en or, tant à l'intérieur qu'à l'extérieur du pays concerné

(les billets peuvent être changés contre des pièces d'or par la banque centrale).
L'étalon-or assure, grâce à la libre circulation de l'or entre les pays, une stabilité des taux de change et un équilibre automatique des balances des paiements. Prenons l'exemple d'un déficit commercial de la France face à l'Angleterre. La demande de livres sterling qui en résulte provoque la baisse de la valeur du franc. Les importateurs français doivent donc payer, sur le marché des changes, les livres anglaises plus cher qu'avant. Mais ils peuvent préférer payer les fournisseurs britanniques en or obtenu à la parité officielle. Ainsi, il existe un « point » de sortie de l'or, calculé en fonction des frais de transport et d'assurance du métal, au-delà duquel les importateurs préféreront envoyer de l'or en Grande-Bretagne. Au-delà de ce « **point d'or** », la sortie d'or provoque alors en France une diminution de la masse monétaire et donc une baisse des prix (application de la théorie quantitative de la monnaie). Celle-ci induit, à son tour, un rétablissement de l'équilibre commercial, ce qui met fin aux sorties d'or et à la baisse de la valeur du franc. De manière inverse, un excédent et une augmentation de la valeur de la monnaie ne peuvent être que temporaires, le retour à l'équilibre étant « automatique ».
La Première Guerre mondiale a déstabilise ce système en raison de la création monétaire excessive et du développement de l'inflation qui rendaient impossible la convertibilité-or (suspendue en 1914 au profit du cours forcé des billets). Durant l'entre-deux-guerres, seules les années 20 seront caractérisées par un SMI stable, **l'étalon de change-or** (*gold exchange standard*) étant instauré à la conférence de Gènes en 1922. Ce n'est plus l'or qui est le principal instrument de règlement des transactions entre les pays, mais des devises, qui sont elles-mêmes convertibles en or (la livre sterling et le dollar essentiellement). Au début des années 30, les différents pays renoncent peu à peu à la convertibilité-or de leur monnaie, ce qui met un terme à l'étalon de change-or.

● Voir Bretton Woods, système monétaire international.

ÉTAT (ÉCONOMIE)

Il existe, en économie, deux façons de considérer l'État.
1. Une conception restrictive ne retient que les administrations centrales, c'est-à-dire les ministères, et les grands organismes publics (État au sens strict).
2. Une conception plus large regroupe l'État et les administrations publiques locales (régions, départements, communes) ainsi que les organismes de Sécurité sociale (versement de prestations sociales et prélèvement de cotisations sociales).

La comptabilité nationale caractérise l'État au sens large avec le terme d'administrations publiques. Quant à l'État au sens strict, ses recettes (impôts) et ses dépenses sont inscrites dans le budget de l'État.
Au sens large, les interventions économiques et sociales de l'État correspondent alors aux dépenses publiques portant sur ces domaines (subventions et aides économiques, allégements de charges sociales pour l'emploi de chômeurs, par exemple) auxquelles s'ajoutent les prestations sociales (ce que les ménages reçoivent) de la Sécurité sociale. Depuis une trentaine d'années, ce sont moins les dépenses publiques (du budget de l'État au sens strict) que les dépenses liées à l'État-providence (la protection sociale) qui expliquent le développement du rôle économique et social de l'État (sens large des « administrations publiques »).
L'État (sens strict du budget) et la protection sociale sont donc deux institutions différentes.

● Voir bien collectif, budget, effet externe, loi de Wagner, nationalisation, planification, politique économique, réglementation.

ÉTAT (POLITIQUE)

Forme d'organisation politique caractérisée par le monopole du pouvoir de contrainte sur un territoire et une population donnée, l'existence d'une Administration et de règles stables et, enfin, la constitution d'une classe dirigeante spécifique.

L'État est une forme d'organisation politique qui est apparue en Europe à l'époque moderne (entre le XIVe et le XVIIIe siècle). Certaines sociétés de l'antiquité ont connu des formes d'organisation politique très perfectionnées, mais les États européens ou américains se caractérisent, depuis un ou deux siècles, par des traits communs et spécifiques qui permettent de donner un contenu précis à la notion d'État. Celle-ci ne doit pas être confondue avec le gouvernement, c'est-à-dire avec l'organe central de décision d'une collectivité.
L'État est une forme d'organisation politique caractérisée par les trois éléments suivants.
L'État détient tout d'abord le monopole du pouvoir de contrainte sur un territoire et une population donnée. Il dispose seul de la capacité de contraindre éventuellement les particuliers à se conformer aux règles de conduite qu'il a édictées. Max Weber a notamment défini l'État comme l'instance qui, sur un territoire donné, possède le « monopole de la contrainte physique légitime ». Mais cela ne suffit pas à définir l'État, d'autant que certaines activités étatiques ne requièrent ni la menace, ni l'emploi de la force. Il leur suffit d'être légitimes, et cette légitimité (ce qui est reconnu et accepté dans une société) provient, dans les sociétés dotées d'un État, de l'existence de règles et non, comme dans les autres sociétés, de la tradition ou du charisme du chef.
Second élément, l'État dispose d'une Administration et de règles stables (lois, règlements, principes juridiques) qui ne changent pas au gré des autorités politiques. L'élaboration croissante de réglementations de plus en plus spécialisées, le développement du droit, et notamment du droit public qui organise les relations des particuliers avec la puissance publique, montrent l'émergence d'un domaine spécifique de l'activité sociale qui ne concerne ni le pouvoir politique, ni la production de biens économiques, ni même la religion ; ce domaine, c'est l'Administration. La multiplication du nombre de fonctionnaires et la constitution d'une Administration ou d'une bureaucratie constituent ainsi un aspect important de l'État moderne.
Enfin, l'État suppose la constitution d'une classe dirigeante spécifique. Autrefois, dans le régime féodal, dominant en Occident entre le XIe et le XVIe siècle, l'organisation sociale se caractérisait par la confusion des fonctions en une même personne, le seigneur ; celui-ci était, sur son domaine, souverain, propriétaire des moyens de production, chef des forces militaires et policières, juge, etc. C'est en rupture avec cette forme d'organisation sociale et politique que se sont construits les États.
On assiste ainsi peu à peu à l'apparition de groupes spécialisés dans des activités politiques (l'activité politique devient un métier) alors qu'auparavant ces groupements ou ces institutions étaient plus ou moins confondus avec les groupements religieux ou économiques. L'État se caractérise alors par la spécialisation d'un appareil politique comme il existe aussi désormais un appareil administratif.

● VOIR bureaucratie, classe dirigeante / classe dominante, démocratie, État fédéral / État unitaire, politique, pouvoir politique, Weber.

ÉTAT DE DROIT

État qui se soumet au droit, qui respecte les décisions de la justice indépendante et qui protège les droits de l'individu.

La notion d'« État de droit » vise à distinguer nettement les États démocratiques des États despotiques. En

France par exemple, le Conseil constitutionnel joue un rôle de contre-pouvoir en protégeant les droits et libertés des citoyens (éventuellement contre des lois votées par le Parlement qui seraient contraires à la Constitution).

ÉTAT FÉDÉRAL / ÉTAT UNITAIRE

Formes étatiques selon le degré de centralisation des pouvoirs.

Un **État fédéral** est un État qui rassemble sous sa bannière des États membres ou fédérés. Cela signifie que l'État fédéral partage ses compétences avec les autres États membres de la fédération. L'État fédéral est toujours un produit de l'histoire, et la constitution d'un tel État (fédéralisme) peut provenir d'une association d'États unitaires (cas des États-Unis en 1787) ou bien d'une dissociation d'un État unitaire qui accepte la transformation des structures.

Un État fédéral ne doit pas être confondu avec une confédération qui est une association d'États demeurant souverains, mais qui, par traité, délèguent certaines compétences (Défense par exemple) à des organismes communs. C'est par exemple le cas de la CEI, Communauté des États indépendants, qui a succédé à l'URSS à la fin de 1991.

L'État unitaire est celui qui, sur son territoire, ne comporte qu'une seule organisation politique, administrative et juridique disposant de l'ensemble des compétences étatiques. Les États unitaires se caractérisent par la centralisation de leurs activités ; toutes les décisions sont prises dans la capitale qui est le centre administratif et politique.

Imposée souvent par l'histoire, cette centralisation des pouvoirs a été peu à peu atténuée par la mise en œuvre de la déconcentration et de la décentralisation.

En France, où la « République est une et indivisible », l'État est unitaire.

● VOIR collectivités locales, décentralisation / déconcentration, État (politique), nation.

ÉTAT-GENDARME

Rôle de l'État réduit à sa fonction principale qui est d'assurer la sécurité, intérieure et extérieure, de la nation (maintien de l'ordre, justice, défense nationale).

● VOIR État (économie), État-providence, libéralisme.

ÉTATISME

Doctrine prônant la toute-puissance de l'État dans la vie économique et sociale, y compris en matière de propriété des moyens de production.

● VOIR dirigisme, État (économie), État-providence.

ÉTAT-NATION

Autorité souveraine s'exerçant sur l'ensemble d'une nation.

La plupart des pays occidentaux se caractérisent aujourd'hui par une correspondance entre la nation et l'État, ces deux réalités se superposant. Cela n'a pas toujours été le cas. Ainsi, dans certains pays d'Europe, comme l'Allemagne ou l'Italie, la formation de la nation a précédé celle de l'État. L'unité politique sous l'égide d'un État est venue tardivement, comme reconnaissance de l'existence d'une nation.

En revanche, en France, l'État royal s'est développé bien avant la constitution de la nation française. En termes politiques, la souveraineté a d'abord reposé sur le roi et le pouvoir monarchique avant de devenir souveraineté nationale après la Révolution française.

● VOIR nation, nationalité.

ÉTAT-PROVIDENCE

Au sens strict et historique, intervention de l'État dans le domaine social par l'intermédiaire du système de la sécurité sociale. Dans un sens plus large, c'est l'ensemble des interventions économiques et sociales de l'État.

Les assurances sociales sont apparues dès la fin du XIXe siècle (en Allemagne, avec Bismarck notamment), mais c'est véritablement en 1942, avec le rapport Beveridge qui organise le système britannique de sécurité sociale, qu'apparaît l'État-providence, ce *Welfare State* (l'État de bien-être) désignant alors la responsabilité de l'État en matière de progrès social.
Si l'État-providence correspond strictement au système de protection sociale (la crise de l'État-providence fait alors référence aux problèmes du financement des prestations sociales comme par exemple les retraites), cette notion est de plus en plus utilisée dans un sens large pour désigner les interventions économiques et sociales de l'État. Celles-ci continuent à se développer durant les années 50 et 60 et connaissent un regain avec la crise économique de 1973 (indemnisation du chômage, versement des préretraites, par exemple).

● Voir État (économie), État-gendarme, protection sociale.

Ethnocentrisme

Attitude des membres d'une société qui jugent les éléments d'autres cultures en fonction de leurs propres normes et valeurs.

L'ethnocentrisme consiste à ramener les traits culturels observés à ceux qui sont connus, voire à estimer l'autre culture comme inférieure ou méprisable. L'ethnocentrisme peut ainsi mener au racisme ou même à l'ethnocide (l'**ethnie** étant un groupement d'individus appartenant à la même culture, l'**ethnocide** correspond à la destruction de la culture et à la dissolution du groupement) ou au **génocide** (destruction physique d'une population).
L'attitude inverse de l'ethnocentrisme est le **relativisme culturel** qui consiste à affirmer que tout fait culturel, toute norme, toute production humaine n'ont de sens que dans le contexte de leur propre culture. Sous une forme extrême, le relativisme culturel refuse l'existence de valeurs universelles puisque toutes les cultures se « valent ».

● Voir acculturation, culture, racisme.

Eugénisme

Théorie très particulière qui prône une amélioration de la « qualité » de l'espèce humaine. L'Allemagne nazie a ainsi cherché à appliquer cette doctrine (sélection des « races »).

Aujourd'hui, les progrès de la biologie et du génie génétique reposent d'une certaine façon le problème de l'eugénisme.

Euromarché

Marché de capitaux sur lequel se réalisent des opérations de prêt ou d'emprunt libellées dans des monnaies différentes de la monnaie du pays où sont réalisées ces opérations.

L'originalité de ces marchés est que les opérations libellées dans une certaine devise (le dollar ou le mark, par exemple) échappent aux réglementations fiscales et monétaires du pays qui émet cette monnaie (les États-Unis ou l'Allemagne). Par exemple, un crédit bancaire libellé en dollars accordé à Londres ou à Paris à une entreprise américaine est une opération de l'euromarché. Plus précisément, c'est une opération concernant les eurodollars. Le marché de l'eurofranc représentera toutes les activités financières réalisées en francs dans des banques situées hors de France. Le préfixe « euro » a été consacré par l'usage, mais les activités de l'euromarché déborde le cadre européen.
Nés dans les années 50, lorsque l'Union soviétique ne souhaitait pas confier les dollars dont elle disposait à des banques américaines, aux États-Unis ou ailleurs, les euromarchés n'ont pris leur véritable essor qu'après

1973 avec le recyclage des pétrodollars (devises accumulées par les pays producteurs après la hausse des prix du pétrole).
Les euromarchés permettent les activités de prêt (du côté des investisseurs) et d'emprunt (du côté des emprunteurs), tant à court terme qu'à long terme. À court terme, par exemple, un investisseur peut réaliser un dépôt en eurodevises dans une banque localisée à l'extérieur de la zone de circulation de la devise considérée. À plus long terme, les emprunteurs peuvent s'endetter sous deux formes : en demandant des crédits (eurocrédits consentis à partir des dépôts des euromonnaies) ou en émettant des obligations (il s'agit alors d'euro-obligations) libellées en eurodevises (exemple d'une émission à Tokyo d'obligations libellées en dollar, en mark ou en écu). Lorsque ces opérations financières concernent des montants importants, plusieurs banques internationales se réunissent dans un pool bancaire (on parle aussi de syndicat bancaire) qui accorde le prêt ou réalise l'émission obligataire.
Par sa taille, l'euromarché a permis de diminuer les coûts des services financiers, ce gain se partageant entre les investisseurs (dont les placements étaient mieux rémunérés que sur leur marché national) et les emprunteurs (qui obtenaient des financement moins coûteux que chez eux).
Les euromarchés ont aujourd'hui perdu de leur intérêt avec la déréglementation financière et le développement d'un marché mondial des capitaux.

● VOIR endettement international, système financier international.

EUROPE

Cf. construction européenne.

ÉVICTION

Cf. effet d'éviction.

ÉVOLUTIONNISME

Théorie de la société qui considère que celle-ci, tel un organisme vivant, reproduit nécessairement dans son évolution les étapes franchies par cet organisme au cours de son développement.

Les théories évolutionnistes considèrent que toutes les sociétés, des sociétés traditionnelles jusqu'aux nôtres, parcourent exactement les mêmes étapes.

● VOIR société.

EXCÉDENT BUDGÉTAIRE

Solde budgétaire positif, les recettes publiques étant supérieures aux dépenses publiques.

● VOIR budget, déficit budgétaire.

EXCÉDENT COMMERCIAL

Solde positif de la balance commerciale (exportations supérieures aux importations).

● VOIR balance commerciale.

EXCLUSION SOCIALE

Phénomène social caractérisé par les difficultés d'intégration à la société d'un nombre croissant d'individus.

L'exclusion sociale peut se définir comme une rupture du lien social. Les exclus sont des individus atomisés, isolés, qui n'appartiennent plus à un groupe de base de la société comme la famille, le groupe de voisinage, etc. Mis à l'écart, n'ayant plus de soutiens d'aucune sorte, ils perdent peu à peu les repères sociaux qui les maintenaient encore insérés dans le tissu social. Ainsi, ils en arrivent à ne plus fréquenter les institutions caritatives (associations d'aide aux plus démunis), les centres d'accueil ou les bureaux d'aide sociale des mairies. La perte du lien social

s'accompagne aussi d'une image de soi dévalorisée.
En France, ces exclus sont surtout représentés par les « sans domicile fixe » (SDF) qui n'ont plus aucune adresse à donner à un éventuel employeur. Les SDF sont évalués à 200 000 personnes au début des années 90.
L'exclusion sociale résulte d'un processus de cumul des précarités et des handicaps sociaux. C'est un processus infernal aux multiples facettes dont la plus courante conduit du chômage durable à la destruction du tissu familial et à la perte du logement. Le chômage, la pauvreté, l'âge, l'absence de diplôme, les problèmes de santé et la faible insertion dans des réseaux familiaux ou sociaux constituent des facteurs de précarité qui peuvent conduire à l'exclusion sociale.
L'exclusion témoigne en définitive d'un défaut d'intégration sociale pour de nombreuses personnes.

● Voir chômage, exclusion, pauvreté.

Exode rural

Départ de la population rurale qui quitte les communes rurales (moins de 2 000 habitants) pour la vie urbaine (commune de plus de 2 000 habitants).

Expansion

Conjoncture économique d'un pays caractérisée par une hausse de la production.

L'expansion correspond à l'une des phases du cycle économique. Sur une longue période, on préfère utiliser la notion de croissance économique.

● Voir boom, croissance, cycle, PIB.

Exportation

Vente à l'étranger de marchandises produites par des entreprises installées en France.

● Voir balance commerciale.

Externalités

Cf. effet externe.

Extraversion

Stratégie d'ouverture sur l'économie mondiale adoptée par de nombreux pays en développement.

L'extraversion se caractérise par l'importance de la production qui est orientée vers les marchés étrangers. L'intégration dans la division internationale du travail consiste à utiliser des avantages particuliers (matières premières, main-d'œuvre abondante, qualifiée et bon marché comme pour les nouveaux pays industriels, etc.).

● Voir développement, division internationale du travail, pays en développement.

f

FAB

Cf. franco à bord.

Facteurs de production

Ensemble des éléments qui sont combinés durant l'activité économique pour produire des biens et des services. On distingue généralement deux facteurs de production, le travail et le capital technique.

Une production est obtenue par une combinaison du travail des individus et du capital (usines, équipements, chaînes de montage, etc...), cette combinaison productive utilisant les consommations intermédiaires (acier, matières plastiques, etc...).

L'activité productive consiste ainsi à combiner différents éléments en choisissant la meilleure combinaison possible.

La combinaison des facteurs de production dépend de la rareté relative des facteurs et de leur coût. Par exemple, dans un pays où les capitaux sont rares et la main-d'œuvre abondante, les entreprises développeront des activités utilisant peu de machines et beaucoup de travail. Lorsque dans certaines activités, on remplace les hommes par des machines, on substitue du capital au travail (substitution capital-travail).

● Voir capital technique, production, travail.

Fait social

Ensemble d'actions humaines qui se produisent avec une régularité observée statistiquement.

● Voir Durkheim.

Famille

Sens courant : ensemble des personnes qui ont des liens de parenté et d'alliance (grands-parents, oncles, tantes, cousins, etc.).

Sens de l'INSEE : groupe de personnes qui vivent ensemble dans le même foyer, c'est-à-dire généralement les parents et les enfants. Il peut s'agir soit d'un couple (marié ou non) avec ou sans enfants, soit d'un seul parent avec au moins un enfant (« famille monoparentale »).

Les transformations récentes des familles, notamment l'augmentation du nombre de divorces, ont conduit à des changements de dénomination. Ainsi, la cohabitation désigne la situa-

tion d'un couple vivant ensemble sous le même toit sans être marié (on parlait autrefois de concubinage ou d'union libre). Lorsque tous les « cohabitants » sont des jeunes, il s'agit de cohabitation juvénile.
De la même façon, la notion de naissance hors mariage s'est substituée à la notion de naissances illégitimes.
Ces bouleversements s'accompagnent de l'apparition d'une nouvelle forme d'organisation familiale : la famille recomposée (lorsque les enfants vivant avec un couple n'ont pas les mêmes parents).

Famille conjugale

Ménage réunissant dans le même foyer les seuls parents et les enfants non mariés.

La famille conjugale, ou famille nucléaire, est celle que nous connaissons aujourd'hui. Le développement de la famille conjugale témoigne aussi de l'affaiblissement progressif du rôle économique de la famille comme unité de production autonome (exploitation agricole ou artisanale).
Si la famille conserve toujours sa fonction de socialisation et d'éducation, préparant les enfants à vivre en société, elle tend à jouer aujourd'hui un nouveau rôle, lié à la persistance de la crise économique. Elle assure ainsi une fonction de solidarité et de refuge pour les personnes ayant des difficultés d'intégration sociale et économique.
La famille conserve cependant une dimension économique fondamentale, car c'est une unité de consommation, un cadre spécifique pour un certain nombre de dépenses.

● Voir groupe domestique, famille, mariage, nuptialité.

FBCF

Cf. formation brute de capital fixe.

Fécondité

Nombre d'enfants vivants que chaque génération de femme a mis au monde.

On ne peut connaître la fécondité d'une génération de femmes (nées la même année) qu'à l'issue de sa période féconde, soit une quarantaine d'années. Pour connaître les chances de voir une population se renouveler, on peut mesurer la fécondité à l'aide de deux instruments : le taux de fécondité (ou plus précisément indicateur conjoncturel de fécondité) et la descendance finale. Ces instruments ne fournissent qu'une estimation, car les comportements en matière de fécondité peuvent évoluer.

● Voir croissance démographique, descendance finale, taux de fécondité, taux de natalité.

FED

Institution d'émission et banque centrale de États-Unis depuis 1913, le *Federal Reserve System* (FED) détermine aussi la politique monétaire américaine, car il est, comme la Bundesbank en Allemagne, totalement indépendant des autres autorités, notamment gouvernementales.

Le FED s'est rendu célèbre en octobre 1979 lorsqu'il a décidé, sous la présidence de Paul Volcker, de laisser monter les taux d'intérêt américains pour lutter contre l'inflation.

Filiale

Entreprise dont plus de la moitié du capital social appartient à une autre société.

● Voir groupe, holding.

FILIALE ATELIER / FILIALE RELAIS

Types de filiales étrangères d'une firme multinationale.

Par définition, une firme multinationale comprend des filiales de production qui produisent à l'étranger. Deux étapes caractérisent le développement de ces filiales. Dans un premier temps, l'entreprise décide de produire directement sur place, car ses seules exportations ne suffisent pas à augmenter sa part des marchés étrangers. Dans une optique qui reste commerciale, les filiales produisent alors les mêmes biens que la maison mère, et on les qualifie de filiales-relais. Dans un deuxième temps, les sociétés mères jugent moins efficace l'existence de filiales-relais et préfèrent spécialiser chacune de leurs filiales dans la production d'un élément de la gamme ou dans un type de pièces détachées. Chaque filiale, qualifiée de filiale-atelier, produit ainsi pour un marché plus vaste que son marché national.

● VOIR firme multinationale, prix de transfert.

FINANCEMENT DE L'ÉCONOMIE

Modalités de financement des agents économiques qui souhaitent obtenir des capitaux (entreprises pour investir, ménages pour acheter un bien immobilier, etc.).

Une économie se caractérise par la coexistence de deux sortes d'agents : ceux qui ont un besoin de financement (généralement les entreprises, bien qu'elles dégagent un autofinancement) et ceux qui ont une capacité de financement (les ménages pris globalement). Le financement de l'économie correspond aussi à la façon dont se rencontrent ces agents.

1) Les deux sources de financement

L'épargne des ménages permet donc aux entreprises de disposer de capitaux nécessaires à leur activité de production. Cependant, dans les économies actuelles, les besoins en capitaux sont immenses et l'épargne des agents économiques se révèle tout à fait insuffisante pour les satisfaire. Les besoins de financement des entreprises sont ainsi largement supérieurs aux capacités de financement de l'économie.

Quels sont les moyens de financement supplémentaires ? Le supplément de financement peut provenir des autres pays qui placent leur propre épargne (épargne étrangère) dans l'économie française. C'est, par exemple, la situation d'une banque étrangère qui prête des fonds à une grande entreprise française.

Mais les financements supplémentaires résultent surtout de la création monétaire, c'est-à-dire de l'accroissement des moyens de paiement mis à la disposition de l'économie chaque année. Ce sont les banques qui, par leur activité de création monétaire, assurent le financement des entreprises (en consentant des crédits bien au-delà des dépôts placés) qui ne peut être couvert par la seule épargne.

Il existe ainsi deux types de financement de l'économie :

– un financement que l'on peut qualifier de « non monétaire », car il est lié à des ressources préexistantes (l'épargne constituée par les différents agents économiques). Le financement non monétaire correspond ainsi à la transformation de l'épargne de certains agents en financement pour d'autres ;

– un financement monétaire correspondant à la création des ressources monétaires nouvelles.

Dans la réalité, il n'est pas très simple, cependant, d'observer une telle distinction comme le montre la description des différents circuits de financement de l'économie.

2) Les circuits de financement

Ce sont évidemment les banques qui assurent, seules, le financement monétaire de l'économie. En matière de financement non monétaire, deux circuits assurent la mise en relation des

prêteurs (ceux qui ont une capacité de financement) et des emprunteurs (ceux qui ont un besoin de financement) : les marchés de capitaux et le système bancaire. Les marchés de capitaux sont la Bourse, ou marché financier pour les capitaux à long terme, et le marché monétaire pour les capitaux à court terme. Sur ces marchés, l'emprunteur obtient directement des fonds de l'épargnant grâce à l'émission de titres (actions, obligations, billets de trésorerie, etc.) qu'il lui vend.
En revanche, dans le second circuit, les banques jouent le rôle d'intermédiaire entre les prêteurs et les emprunteurs puisqu'elles fournissent des crédits à plus ou moins long terme grâce aux dépôts que leur confient leurs clients. Ce second circuit caractérise ainsi le rôle d'intermédiation du système bancaire. En effet, à la différence du circuit des marchés de capitaux, les épargnants ne savent pas précisément à qui sont destinées leurs ressources ; de même les emprunteurs s'engagent auprès des banques et ne connaissent pas les épargnants.
Si l'on tient compte des deux sources de financement, on constate que le système bancaire intervient dans les deux cas puisque la distribution des crédits bancaires est réalisée autant à partir de l'épargne des agents (leurs dépôts) que de la création monétaire.
En définitive, le financement de l'économie s'effectue selon deux modalités, quelle que soit l'origine des fonds prêtés : le financement assuré par les marchés de capitaux correspond à un mécanisme de « finance directe », tandis que le financement réalisé par l'intermédiation bancaire correspond à la « finance indirecte ».

● Voir banque, besoin de financement, bourse des valeurs, capacité de financement, désintermédiation.

Finances publiques

Ensemble des éléments qui se rapportent aux budgets des différentes administrations (État au sens large).

● Voir budget, État (économie), impôt.

Firme multinationale

Grande entreprise d'origine nationale qui exerce ses activités productives dans plusieurs pays.

IBM, Général Motors, Nestlé, Renault et Rhône-Poulenc sont des multinationales. Une firme multinationale est une grande entreprise nationale qui possède ou contrôle plusieurs filiales de production dans plusieurs pays.
Une firme multinationale est d'abord une entreprise nationale. Les termes de « multinationale » ou de « transnationale » présentent une certaine ambiguïté en suggérant que ces firmes pourraient avoir plusieurs nationalités ou, ce qui revient au même, n'en avoir aucune. Or, en pratique, on observe que toutes ces entreprises conservent une nationalité, celle de leur pays d'origine. Plusieurs signes en témoignent : la nationalité des détenteurs de ses capitaux, celle de ses dirigeants, les liens étroits avec l'État, par exemple. Le cas d'entreprises véritablement multinationales, comme les entreprises anglo-néerlandaises Royal Dutch, Shell et Unilever, est rarissime.
Une firme multinationale est composée d'une société, appelée « société-mère », qui se situe dans le pays d'origine, et de l'ensemble des entreprises détenues ou contrôlées par cette société-mère et appelées « filiales ». Une firme multinationale doit posséder plusieurs filiales à l'étranger, mais le seuil que l'on retient souvent (six filiales dans des pays différents) ne peut servir de critère pour définir la firme multinationale, car ce qui compte aussi, c'est l'importance des activités à l'étranger par rapport aux activités de la firme dans son ensemble. Ces filiales peuvent être la propriété entière de la société-mère, qui possède alors 100 % de leur capital

social, ou être seulement contrôlée par celle-ci, qui détient en général une part significative du capital.

● VOIR filiale, filiale-atelier / filiale-relais, prix de transfert.

FISCALITÉ

Terme général qui désigne l'ensemble des réglementations concernant les impôts.

● VOIR budget, impôt, prélèvements obligatoires.

FLEXIBILITÉ

Modalité d'organisation de la production et du travail salarié permettant à l'entreprise de s'adapter aux aléas de la conjoncture.

Chaque composante du travail salarié est susceptible de flexibilité (temps de travail, salaire, contenu des tâches, statut notamment). Au niveau de la production, les ateliers flexibles constituent un système de production capable de fabriquer des produits différents à partir d'une même organisation de base des équipements, ce qui permet de s'adapter aux variations et aux goûts de la clientèle.

● VOIR travail.

FLOTTEMENT

Situation monétaire dans laquelle les cours des monnaies concernées fluctuent librement sur le marché des changes (absence d'intervention des banques centrales lorsque le flottement est « pur »).

● VOIR changes fixes / changes flottants.

FLUX

Grandeur économique mesurée pendant une certaine période (un mois, une année, par exemple).

● VOIR stock.

FMI

Cf. Fonds monétaire international.

FOB

Cf. franco à bord.

FONDS COMMUN DE PLACEMENT (FCP)

Organisme de placement collectif organisé juridiquement sous la forme d'une copropriété (et non d'une société).

Ils fonctionnent sur le même principe que les SICAV, mais présentent quelques différences : ils sont d'une taille plus petite ; ils subissent moins de contraintes réglementaires et peuvent consacrer la totalité de leurs fonds à l'achat d'actions ; ils sont moins liquides (leur valeur est calculée deux fois par mois). Ils permettent aux épargnants de réaliser de meilleures performances (plus values) que les SICAV, mais ils présentent aussi davantage de risques. En effet, ils ne sont pas obligés de détenir une certaine part de leur portefeuille sous forme d'obligations, celles-ci fluctuant moins que les actions.

● VOIR organisme de placements collectifs de valeurs mobilières, SICAV.

FONDS DE STABILISATION DES CHANGES

Organisme rattaché à la Banque de France chargé d'intervenir sur le marché des changes pour le compte de celle-ci.

Cet organisme gère les réserves de change de la France (or, devises, écus, avoirs en DTS). Par exemple, il accumule des devises, lorsque le franc est très demandé sur le marché des changes, qu'il cède ensuite lorsque le franc est « attaqué » (le FSC rachète les francs dont se débarrasse une majorité d'intervenants sur le marché des changes).

● Voir change, marché des changes, politique de change.

Fonds monétaire international (FMI)

Institution financière internationale créée en 1945 à la suite de la conférence des Nations unies de Bretton Woods et installée à Washington afin de veiller au respect des règles acceptées par les pays membres.

La création du FMI visait à rétablir un minimum de coordination entre les grands pays industriels. Il réglementait ainsi la définition des parités (en autorisant, par exemple, des dévaluations économiquement justifiées) et les modalités obligatoires de leur défense. Aussi le FMI ressemblait-il à une vaste société de secours mutuel à l'échelle mondiale, chaque pays cotisant au départ (la « **quote-part** » étant constituée par un quart d'or ; et pour le reste, de monnaie nationale) en fonction de son produit national, et de ses réserves en or et en devises.
Face à des difficultés de balance des paiements courants, un pays peut demander l'aide au FMI. Il peut recevoir, sans conditions, l'équivalent d'une certaine proportion de sa quote-part (les tranches de crédit). Au-delà, le FMI considère que les déficits courants reflètent davantage des difficultés structurelles et subordonne son prêt à certaines conditions (c'est la « conditionnalité » de l'aide du FMI), le pays demandeur devant appliquer certaines recommandations du FMI quant à sa politique économique.
Regroupant aujourd'hui la quasi-totalité des États, le FMI a connu une évolution de ses missions. Depuis l'abandon officiel du régime de changes fixes en 1976, il n'a plus qu'un vague objectif de surveillance des politiques de change des pays membres. En revanche, son rôle monétaire s'est accru, et le FMI est devenu un véritable organisme bancaire participant à la création de moyens de paiement (DTS), en particulier lors des menaces de crises financières internationales (crise de l'endettement des pays en développement, par exemple).

● Voir Bretton Woods, droits de tirage spéciaux.

Fonds propres

Cf. bilan.

Fordisme

Modèle d'organisation de la production inventé par Henry Ford aux États-Unis et caractérisé par l'importance de la chaîne de production.

Henry Ford (1863-1947) poursuit, à partir des années 1910, l'œuvre de Taylor en ajoutant à l'OST le système de la chaîne de montage, c'est-à-dire l'emploi d'un « convoyeur » mécanisé qui transporte les pièces à travailler d'un poste de travail à un autre. Ce ne sont plus les ouvriers qui se déplacent, mais les pièces elles-mêmes, ce qui permet de réduire les temps morts et de diminuer le personnel de manutention. Par ailleurs, la chaîne permet d'accroître la cadence, car c'est elle qui impose aux ouvriers le rythme de travail.
Le développement du travail à la chaîne s'est aussi accompagné d'importants progrès en matière de mécanisation des usines. Les machines se perfectionnent et se spécialisent, ce qui conduit à une standardisation des pièces et des produits finis. Dans ses usines automobiles, Ford produit ainsi

un modèle unique, sans variantes de formes ou de couleurs, la Ford T.
Le fordisme, qui correspond ainsi à une parcellisation extrême des tâches, a permis l'emploi massif d'ouvriers non qualifiés (immigrants aux États-Unis, paysans dans les pays européens).
Mais il se caractérise surtout par le développement des gains de productivité et par l'avènement de la production de masse. Lorsque Henry Ford décide, en 1914, de faire passer le salaire des ouvriers de 2,4 dollars à 5 dollars par jour (le five dollars day), son but était d'arrêter les départs de travailleurs rebutés par les conditions de travail. Mais Ford souhaitait surtout permettre à ses salariés d'acheter les voitures qu'ils produisaient. Il existe ainsi une autre conception du fordisme qui correspond à un modèle de croissance économique dans lequel les gains de productivité favorisent des augmentations de salaires, et donc une consommation de masse, ce qui assure l'écoulement d'une vaste production (qui elle-même induit de nouveaux gains de productivité grâce aux économies d'échelle, etc.). Ce schéma caractérise la période des « trente glorieuses » en France. Les gains importants de la productivité ont permis d'améliorer le niveau de vie des individus, et une consommation de masse s'est développée autour des biens durables (l'automobile, par exemple). Production de masse et consommation de masse se sont alors mutuellement entraînées, dans un cercle vertueux.

● Voir taylorisme, productivité.

Formation brute de capital fixe (FBCF)

Terme de la comptabilité nationale désignant l'ensemble des investissements (usines, machines, logements, routes, etc.) réalisés par l'économie durant une certaine période.

L'investissement constitue, en effet, une composante de la demande (comme la consommation ou les exportations) puisque l'entreprise qui investit fait travailler d'autres entreprises fabriquant les machines, par exemple. La demande d'investissement stimule ainsi l'activité économique. Par ailleurs, l'investissement favorise l'offre de biens et de services puisqu'il permet de produire plus et mieux.
Il est donc important de connaître et de mesurer le niveau des investissements dans l'économie ; c'est l'objet de la FBCF calculée par l'INSEE. La formation brute de capital fixe (FBCF) désigne la « valeur des biens durables acquis pour être utilisés pendant au moins un an dans le processus de production ». Elle regroupe ainsi les investissements de tous les agents économiques de l'économie (État, entreprises et ménages).
La « formation de capital » regroupe ces investissements et les stocks (qui ne sont pas du capital fixe). La formation nette de capital fixe (FNCF), qui exclut les amortissements du total des investissements comptabilisés, correspond ainsi à l'accroissement réel de l'investissement dans l'économie.

formation de capital
= FBCF + stocks

FBCF
= FNCF + amortissement

On définit aussi la notion d'investissement productif pour désigner les investissements en capital fixe des entreprises qui sont véritablement destinés à produire d'autres biens. Les dépenses en logement ou bâtiment sont donc exclues.

investissement productif
= investissements des seules entreprises (hors logement)

● Voir capital technique, investissement.

Formes particulières d'emplois

Ensemble des formes d'emplois qui ne correspondent pas à un emploi normal, c'est-à-dire un emploi durable (contrat à durée indéterminée) et à temps plein.

Les formes particulières d'emplois, ou emplois atypiques, sont le temps partiel (horaires réduits), l'apprentissage, les stages, l'intérim (travail temporaire) et les contrats à durée déterminée (CDD).

● Voir chômage, emploi précaire, sous-emploi.

Franc

Unité monétaire utilisée par la France, la Belgique, le Luxembourg, la Suisse et la zone franc.

Le « franc » apparaît pour la première fois en 1360 et correspond à la livre (vingt sous). Le franc devient l'unité monétaire de la France sous la Révolution, et les lois de germinal an XI (1803) organisent son émission. Le franc germinal était défini par un certain poids d'or ou d'argent (on parle de bimétallisme). Seules les pièces d'or et d'argent avaient cours légal, contrairement aux billets de banque qui, jusqu'en 1870, avaient cours libre, c'est-à-dire que les particuliers n'étaient pas obligés de les accepter en paiement.
Le bimétallisme, qui dura jusqu'en 1876, fut remplacé ensuite par l'étalon-or. Ainsi, les billets étaient convertibles en or auprès de la Banque de France, mais cette convertibilité fut supprimée en 1914 (c'est l'instauration du cours forcé des billets). À la même époque, les pièces d'or cessèrent d'être utilisées pour les transactions.
Le franc germinal connaît une très grande stabilité jusqu'au premier conflit mondial, qui ouvre une période d'inflation et d'instabilité monétaire. La première dévaluation du franc est réalisée en 1928 et le « franc Poincaré » ne représente plus que le cinquième de la valeur-or du franc germinal.
Après trois décennies au cours desquelles les dévaluations furent nombreuses, le franc retrouve une stabilité en 1958, consolidée par la création du nouveau franc en 1960 (le nouveau franc, qui vaut 100 « anciens » francs, est appelé « franc » en 1963). Jusqu'au flottement généralisé des monnaies en 1973, le franc ne connaît qu'une dévaluation, en 1969. Depuis 1973, le franc a une parité flexible avec le dollar et le yen (la valeur du franc en dollar ou en yen peut se modifier tous les jours sur le marché des changes), tandis que la création du SME en 1979 a lié le franc aux autres monnaies européennes.

● Voir Système monétaire européen.

Franc fort

Cf. politique de monnaie forte.

Franco à bord (FAB)

Méthode d'évaluation des exportations (*free on board* en anglais, FOB) qui correspond aux prix de vente des marchandises à la frontière (c'est-à-dire avec les frais de transport jusqu'à la frontière).

● Voir balance commerciale, coût-assurance-fret (CAF).

Francs courants / francs constants

Modalités différentes d'évaluation d'une même quantité de francs.

Si les prix ont augmenté, on pourra acheter, avec autant de francs, moins de produits ou il faudra consacrer une somme plus importante pour se procurer les mêmes biens. Ce phénomène correspond à l'érosion monétaire. On parle aussi dans ce cas de dépréciation de la valeur de la monnaie, mais il y a risque de confusion avec la dépréciation externe, qui concerne la valeur du franc par rap-

port aux autres monnaies. Ainsi, l'inflation traduit la baisse du pouvoir d'achat de la monnaie. À l'inverse, si les prix baissent, le pouvoir d'achat du franc augmente.
Comment comparer, s'il y a eu inflation, une même quantité de francs, à deux dates différentes ? Quel est le pouvoir d'achat en 1990 d'une somme de 1 000 francs de 1979 ? Pour comparer ce montant d'une période à l'autre, il faut raisonner en « francs constants », afin de tenir compte de l'érosion monétaire. On sait qu'entre 1979 et 1990 les prix ont été multipliés par deux. Ainsi, en francs constants ou en « valeur réelle », 1 000 francs de 1979 correspondent à 2 000 francs de 1990. En francs constants, 1 000 francs de 1979 et 2 000 francs de 1990 ont le même pouvoir d'achat, alors qu'en francs courants (valeur courante ou valeur nominale) la première somme représente la moitié de l'autre.
L'INSEE établit chaque année un « coefficient de transformation » qui permet de savoir ce que vaut aujourd'hui, en pouvoir d'achat, une somme d'argent prêtée, donnée ou possédée une certaine année.
Par exemple, un salaire mensuel de 500 francs en 1914 correspond à un pouvoir d'achat, en 1990, de 500 × 14,68 = 7 340 francs.
Un produit vendu 100 francs en 1975 se vendrait 301 francs en 1990 (toutes choses égales par ailleurs).

● VOIR franc, pouvoir d'achat.

FREINAGE

Le « freinage » est la fixation par les ouvriers de normes de production inférieures à celles demandées par le bureau des méthodes (ralentissement des cadences).

● VOIR organisation scientifique du travail.

FRIEDMAN (MILTON)

REPÈRES BIOGRAPHIQUES

Économiste américain contemporain né en 1912. Il a obtenu le prix Nobel d'économie en 1976. Ses principaux ouvrages sont : *Histoire monétaire des États-Unis, 1867-1960* (1963) et *Inflation et systèmes monétaires* (1976), qui a montré les limites et les dangers d'une politique monétaire cherchant à accroître la quantité de monnaie dans l'économie pour stimuler l'activité.

Une politique monétaire expansionniste a pour seule conséquence de favoriser l'inflation et non l'activité économique. Friedman recommande donc d'accroître régulièrement la quantité de monnaie en circulation, sans chercher à peser sur les ajustements spontanés de l'économie.

● VOIR monnaie, monétarisme.

g

Gain de productivité

Gain obtenu par une entreprise lorsque sa valeur ajoutée augmente plus vite (ou diminue moins rapidement) que le coût des facteurs de production.

L'amélioration de la productivité dans une entreprise permet de créer des revenus supplémentaires. Prenons la productivité horaire du travail ; si celle-ci augmente, cela signifie, par exemple, que le même nombre d'heures de travail produit une valeur ajoutée plus importante. Comme le coût du travail ne se modifie pas (on n'embauche pas et on n'augmente pas la durée du travail), l'entreprise réalise un gain, appelé « gain de productivité ».
Les gains de productivité, liés à l'amélioration de l'efficacité des facteurs de production, représentent donc une ressource supplémentaire que l'entreprise peut répartir entre plusieurs bénéficiaires : les salariés (on augmente leur rémunération), les consommateurs (on baisse les prix), l'entreprise elle-même (accroissement des bénéfices non distribués) ou ses propriétaires (hausse des dividendes).

● Voir facteurs de production, fordisme, productivité, valeur ajoutée.

GATT

Accord général sur les tarifs douaniers et le commerce (*General Agreement on Tariffs and Trade*) ayant permis de supprimer progressivement la plus grande partie des obstacles aux échanges internationaux.

1) Les principes fondamentaux

Pour éviter le retour aux désordres commerciaux de l'entre-deux-guerres, les pays occidentaux ont conclu, en octobre 1947, un accord général sur les tarifs douaniers et le commerce afin de libéraliser le commerce mondial. Plus de cent pays ont signé cet accord qui comporte une double dimension. Le GATT annonce une série de principes et de règles que les pays signataires s'engagent à respecter, mais il organise aussi périodiquement de grandes négociations commerciales, les Rounds.
Le premier principe du GATT est la non-discrimination entre les nations. Le commerce international doit se développer sur la base du multilatéralisme et non du bilatéralisme (accord entre deux pays seulement, à l'exclusion des autres). Ce principe s'incarne dans plusieurs règles. Tout d'abord, la clause de la nation la plus favorisée implique l'engagement d'étendre à tous les pays signataires de l'accord les

conditions les plus favorables appliquées à l'un de ceux-ci. Ainsi, tout nouveau signataire bénéficie de toutes les concessions déjà réalisées par les autres pays. Existent aussi, la règle de réciprocité (un pays abaisse ses barrières commerciales si ses partenaires lui accordent des avantages équivalents) et la règle du traitement national (aucune discrimination entre les producteurs nationaux et ceux des pays signataires).
Le second principe est l'interdiction des restrictions aux échanges (droits de douane élevés, restrictions quantitatives, etc.) et du dumping (prix des exportations moins élevés que les produits vendus sur le marché intérieur).
Ces règles et principes peuvent toutefois ne pas s'appliquer. Le GATT prévoit, en effet, des exceptions, lorsqu'un pays connaît un déficit grave de sa balance des paiements (il peut mettre en place, pour une durée limitée, des restrictions) ou lorsqu'une brutale montée des importations met en péril des producteurs nationaux (une clause de sauvegarde lui permet d'instaurer des restrictions).

2) Un bilan du GATT

Le GATT, qui a permis le développement du libre-échange dans le monde, a largement contribué à l'essor du commerce international dans les années 50 et 60.
Le GATT a favorisé de très importantes réductions des droits de douane. Ainsi, avec les Kennedy Round (1961-1966) et Nixon Round (ou Tokyo Round de 1973-1979), les pays signataires décidèrent de réductions qui firent passer les droits de douane moyens de 40 % au début des années 60 à 5 à 8 % aujourd'hui.
Les progrès du GATT ont été ralentis par de nombreuses limites : traitement particulier en faveur des pays en développement et des zones de libre-échange (les pays membres de ces zones, comme la CEE, peuvent ainsi réduire ou éliminer les obstacles à leurs échanges réciproques, sans étendre ces avantages aux autres pays du GATT), exception importante pour le commerce des produits agricoles, accords d'autolimitation, regain du bilatéralisme (contraire au principe de non-discrimination).
L'Uruguay Round, commencé en 1986 et adopté en 1993, prévoit la création d'une Organisation mondiale du commerce (OMC) qui doit se substituer au GATT. Il prévoit aussi la réduction des subventions aux exportations agricoles, une nouvelle réduction des droits de douane et le démantèlement progressif de l'Accord multifibres (l'audiovisuel est exclu).

● VOIR libre-échange, Organisation mondiale du commerce, protectionnisme.

GÉNÉRATION

En démographie, ensemble des personnes nées la même année (synonyme de classe d'âge).

● VOIR pyramide des âges.

GRÈVE

Cf. conflit collectif.

GROUPE

Ensemble de sociétés composé d'une société-mère et de filiales.

Les actionnaires d'une société anonyme détiennent une certaine fraction du capital social. Les actionnaires peuvent être des personnes physiques, mais aussi d'autres sociétés. On appelle ainsi « participation d'une société dans une autre » la détention d'un certain nombre d'actions de la première société dans la seconde.
Une **société-mère** peut se définir comme une société non détenue à plus de 50 % par une autre société et qui possède des participations supérieures à 50 % dans une ou plusieurs sociétés appelées alors « filiales ». Lorsque la part du capital d'une société détenue

par une autre est inférieure à 50 %, cette première société n'est pas une filiale, mais une simple « participation ». La société-mère assure la direction du groupe qui poursuit généralement un objectif commun aux sociétés qui en font partie. Il existe de nombreux liens techniques, commerciaux ou financiers entre les sociétés d'un même groupe. Lorsque la société-mère n'a pas d'activités productives propres, et se contente de détenir et de gérer ses participations dans d'autres sociétés, il s'agit d'un holding. Un holding a donc une activité financière.

Groupe d'appartenance / groupe de référence

Distinction due au sociologue américain Robert Merton dans les années 50. Les groupes d'appartenance sont ceux dont l'individu est membre selon des critères objectifs (revenu, position sociale, niveau culturel, etc.), et les groupes de référence, ceux auxquels l'individu s'identifie.

● Voir socialisation anticipatrice.

Groupe de pression

Cf. parti politique.

Groupe domestique

Groupe de personnes qui vivent ensemble dans le même foyer, c'est-à-dire généralement les parents et les enfants (famille conjugale).

● Voir famille, mariage.

Groupe primaire

Petit groupe dans lequel sont insérés les individus (famille, groupe ethnique, groupe d'âge, groupe de voisinage, etc.).

Les groupes primaires, au sein desquels les relations interpersonnelles sont très fortes, jouent un rôle important dans la socialisation des individus.

● Voir socialisation.

Groupe semi-autonome

Nouvelle forme d'organisation du travail dans laquelle les salariés forment une équipe qui organise librement, sans contrôle hiérarchique, le travail demandé en le répartissant tout aussi librement entre ses membres (le groupe est responsable collectivement de sa production).

● Voir organisation scientifique du travail, taylorisme.

h

Habitus

Notion sociologique due à Pierre Bourdieu désignant un ensemble de dispositions durables, plus ou moins inconscientes, acquises au sein du milieu social d'origine et qui guident les perceptions, les opinions et les actions des individus.

Pierre Bourdieu cherche à préciser la façon dont les structures sociales influencent et expliquent les comportements individuels. Comment expliquer justement l'existence de régularités sociales (le mariage entre personnes de même niveau social et culturel, par exemple), alors que les individus n'obéissent pas à des règles sociales contraignantes ? Comment expliquer que le jeu social soit le lieu de régularités alors que les individus sont libres et autonomes ?
Pour concilier ces deux sortes de phénomènes, Bourdieu propose la notion d'habitus, qui est une certaine disposition de l'esprit engendrant des « conduites réglées et régulières en dehors de toute référence à des règles ». L'influence des structures sociales, et notamment des classes sociales, se retrouve dans les habitus propres à chaque groupe social, si bien que chaque classe sociale se caractérise par un habitus de classe. Bourdieu prend l'exemple de la consommation et montre ainsi que les goûts, loin d'être des choix personnels soumis à l'arbitraire de chacun, sont en fait socialement définis par un habitus de classe. Les goûts des classes populaires sont placés, selon Bourdieu, sous le signe de la nécessité (choix de ce qui est pratique ; choix contraints par l'insuffisance des ressources), alors que ceux des classes moyennes témoignent d'un souci du paraître, les goûts des classes supérieures s'attachant à marquer leur distinction.

● Voir Bourdieu, holisme, reproduction.

Holding

Société financière dont l'activité consiste à détenir et à gérer des participations dans d'autres sociétés.

● Voir groupe.

Holisme

Principe sociologique selon lequel les comportements individuels s'expliquent en référence aux structures sociales et au milieu social dans lequel se situent les individus.

Le holisme est un principe d'explication qui s'oppose à l'individualisme méthodologique. Dans le holisme, la priorité est donnée au tout (le système social) sur les parties qui le composent (les comportements individuels). Les comportements des individus ne sont que le produit, le résultat de mécanismes sociaux qui les dépassent.

● Voir Durkheim, habitus, individualisme méthodologique.

Homogamie

Fait d'épouser son semblable sur le plan social ou professionnel.

Cette homogamie était vraie autrefois, mais elle existe encore aujourd'hui dans les sociétés modernes. En effet, malgré la liberté de choix du conjoint dont chacun dispose, on constate une très forte homogamie sociale, en particulier aux deux extrémités de l'échelle sociale, puisque les conjoints présentent les mêmes caractéristiques sociales et culturelles (mêmes milieux sociaux, mêmes niveaux d'instruction).

● Voir mariage.

Hyperinflation

Phénomène d'augmentation rapide et considérable du taux d'inflation (exemple de l'hyperinflation allemande en 1918-1923).

Idéologie

Au sens général, celle-ci est un ensemble d'idées et de jugements, explicites et cohérents, qui servent à décrire, à interpréter et à justifier la situation d'un groupe ou d'une société.

L'idéologie correspond donc à une certaine « vision du monde » que peuvent avoir les membres d'une société ; elle constitue l'élément central de la culture, son noyau. Dans le sens marxiste, l'idéologie est un moyen de domination dont dispose les classes dominantes, puisque « les idées dominantes sont les idées de la classe dominante » (Marx).

● Voir culture, marxisme, valeurs.

IDH

Cf. indicateur de développement humain.

Immigration

Entrée dans un pays de personnes étrangères désirant y résider.

Il est très important de ne pas confondre la notion d'étranger, notion juridique reposant sur le critère de la nationalité, et celle d'immigré (*voir schéma p. 137*). Sont comptées comme « étrangères », lors d'un recensement, les personnes résidant en France de façon permanente qui déclarent n'avoir pas la nationalité française. Ces personnes peuvent d'ailleurs être nées en France ou hors de France. En revanche, les personnes « immigrées » sont les personnes nées à l'étranger et résidant en France au moment du recensement. Parmi celles-ci, certaines sont restées étrangères tandis que d'autres sont devenues françaises (« Français par acquisition »). Il existe ainsi des étrangers, nés en France, qui ne sont pas des immigrés. Enfin, les notions d'étranger ou d'immigré ne doivent pas être confondues avec la notion de personne d'origine étrangère, définie par l'Institut national des études démographiques comme une « personne née en France d'un parent ou d'un grand-parent ayant immigré en France ».

Immobilisations

Cf. bilan.

Impérialisme

Domination des pays capitalistes sur les autres pays du monde grâce à la colonisation.

Les nombreuses crises de surproduction dans la seconde moitié du

Une décomposition de la population de la France

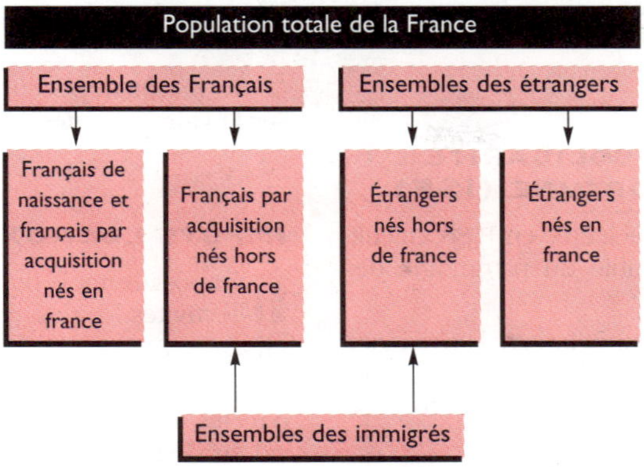

XIXe siècle conduisent les pays européens à la recherche des débouchés nouveaux en se partageant le reste du monde. Cette domination des pays capitalistes par la colonisation a été qualifiée d'impérialisme par les marxistes. Pour Lénine, l'impérialisme (« stade suprême du capitalisme ») ne caractérise pas seulement une politique extérieure de puissance, mais bien une domination économique des colonies et un partage du monde sous l'égide des grands groupes financiers.

● VOIR capitalisme, libéralisme.

IMPORTATION

Achat par les agents économiques installés dans un pays donné de marchandises fabriquées hors de ce pays.

● VOIR balance commerciale.

IMPÔT

Versement obligatoire que font les agents économiques (ménages et entreprises) au profit du budget de l'État et des collectivités locales.

En France, les versements obligatoires aux organismes de Sécurité sociale ne sont pas des impôts, car la protection sociale n'est pas financée par le budget de l'État : les cotisations sociales sont versées à des organismes indépendants du budget de l'État.

Le paiement des impôts par les agents économiques (les contribuables) ne donne pas droit à des contreparties directes et immédiates (la redevance TV n'est donc pas un impôt). En revanche, ces agents bénéficient des services publics qui sont fournis gratuitement par la collectivité (éducation, routes, justice, défense du territoire, etc.). Les impôts servent donc à financer les charges du budget de l'État et des collectivités locales.

Tout impôt se caractérise par trois éléments : l'assiette, le taux et le recouvrement. L'**assiette** de l'impôt désigne la matière imposable, c'est-à-dire les grandeurs économiques (revenus, patrimoine, valeur d'un produit, etc.) servant de base au calcul de l'impôt. Le calcul du montant de l'impôt se fait alors en appliquant un certain pourcentage (le taux de l'impôt) à l'assiette. Lorsque plusieurs taux existent pour des valeurs différentes de l'assiette (exemple de l'impôt sur le revenu), ils figurent dans un barème d'imposition. Le **recouvrement**, enfin, désigne le mode d'encaissement de l'impôt.

● VOIR fiscalité, impôt de solidarité sur la fortune, impôt direct / impôt indirect, impôts locaux, impôt sur le revenu, impôt sur les sociétés, prélèvements obligatoires, taux d'imposition, taxe sur la valeur ajoutée (TVA).

Impôt de solidarité sur la fortune (ISF)

Impôt annuel, créé en 1988, calculé sur l'ensemble du patrimoine des ménages.

L'assiette de l'impôt intègre la résidence principale, l'ensemble des actifs, mais il exclut l'outil de travail (l'entreprise d'un entrepreneur).

● Voir assiette, impôt.

Impôt direct / impôt indirect

Catégories différentes d'impôts selon que le versement au fisc est réalisé directement ou non par celui qui supporte l'impôt.

Les impôts directs désignent les impôts qui sont supportés et versés au percepteur par le même agent économique. Au contraire, les impôts indirects sont supportés par certains agents et versés au fisc par d'autres agents. La taxe sur la valeur ajoutée (TVA) est ainsi un impôt indirect, car c'est le consommateur qui la paye véritablement (il achète en effet une marchandise supportant la TVA plus cher qu'en l'absence de taxe) alors qu'elle est versée au fisc par le commerçant. À cet égard, les impôts indirects sont souvent qualifiés d'indolores, car les agents économiques ne s'aperçoivent pas qu'ils payent de tels impôts. Un impôt indirect peut donc être répercuté dans les prix puisque c'est l'acheteur, ou les acheteurs successifs, qui le supportent.
Les impôts sur le revenu et sur les bénéfices des sociétés, les impôts sur le patrimoine, les impôts locaux sont des impôts directs. En revanche, la TVA, les droits de douane, la taxe sur les produits pétroliers, les tabacs et les alcools sont des impôts indirects. En France, et à la différence d'autres pays, la part des impôts indirects est très importante (entre 55 % et 60 % du total des impôts).

● Voir impôt, impôt sur le revenu, taxe sur la valeur ajoutée (TVA).

Impôts locaux

Impôts annuels perçus par les collectivités locales.

En France, ces impôts sont au nombre de quatre : la taxe d'habitation (payée par les ménages en fonction de la valeur de leur habitation, qu'ils soient locataires ou propriétaires), la taxe professionnelle (payée par les entreprises, individuelles ou non, et fonction des salaires et de la valeur des biens), et les taxes foncières sur les propriétés bâties et non bâties payées par les propriétaires.

● Voir collectivités locales, impôt.

Impôt sur le revenu

Impôt progressif versé par les personnes physiques sur l'ensemble des revenus qu'elles ont perçu durant une année.

Cet impôt porte sur le revenu net imposable (assiette) qui est calculé en faisant la somme de tous les revenus (salaires, pensions, bénéfices de l'activité industrielle ou libérale, revenus immobiliers, revenus de l'épargne, etc.) nets d'éventuels abattements et déductions propres à chaque catégorie de revenus, et en déduisant certaines charges (pensions alimentaires, par exemple).
C'est un impôt progressif, car le taux de l'impôt n'est pas unique, mais s'accroît avec l'augmentation du revenu imposable.
Imaginons trois contribuables X, Y, et Z ayant un revenu annuel imposable suivant :

X	revenu imposable	80 000 F
Y	revenu imposable	150 000 F
Z	revenu imposable	300 000 F

S'il existe un seul taux d'imposition, 10 % par exemple, les impôts sont les suivants :

X	impôt de	8 000 F
Y	impôt de	15 000 F
Z	impôt de	30 000 F

Dans ce cas, l'impôt sur le revenu est proportionnel. Avec l'impôt proportionnel, tous les contribuables sont affectés de façon identique.

Dans un impôt progressif, les taux augmentent. Par exemple, les taux seront de 10 % pour un revenu imposable inférieur à 100 000 F, de 15 % pour un revenu imposable compris entre 100 000 et 250 000 F et de 20 % pour un revenu imposable supérieur à 250 000 F.

On aura alors :

impôts de X	8 000 F
impôts de Y	22 500 F
impôts de Z	60 000 F

L'impôt progressif sur le revenu, qui a été instauré en France en 1914, cherche à satisfaire un principe de justice et d'équité puisque l'on considère que le taux d'impôt, l'effort fiscal en quelque sorte, doit être d'autant plus élevé que les revenus sont importants.

Deux autres caractéristiques de l'impôt français sur le revenu reposent aussi sur un principe de justice et de solidarité : il existe d'abord un seuil minimum de revenu imposable en deçà duquel l'impôt sur le revenu n'est pas perçu. C'est ensuite le quotient familial ; le quotient familial est un allégement d'impôt qui permet de prendre en compte les charges de famille. Ainsi, à revenu imposable égal, un ménage paie d'autant moins d'impôts qu'il a d'enfants à charge.

Comment calcule-t-on l'impôt sur le revenu ? Le revenu est divisé en tranches, et un taux s'applique à chaque tranche. Révisé annuellement pour tenir compte de l'inflation, le barème est le même pour tous les contribuables.

Exemple de calcul

Soit le barème fictif suivant :

De 0 à 100 000 F de revenu imposable, taux : 0 %.

De 100 000 à 150 000 F, taux de 10 %.

De 150 000 à 200 000 F, taux de 20 %.

De 200 000 à 250 000 F, taux de 30 %.

De 250 000 à 350 000 F, taux de 40 %.

Au delà de 350 000 F, taux de 50 %.

Calculons l'impôt sur le revenu d'un cadre supérieur célibataire dont le revenu imposable est de 280 000 F (son salaire annuel est plus élevé, car il y des abattements et déductions) ; le calcul est le suivant :

100 000 taux 0, donc 0 F d'impôts pour cette tranche

50 000 taux 10 %, donc 5 000 F pour la 2e tranche

50 000 taux 20 %, donc 10 000 F pour la 3e tranche

50 000 taux 30 %, donc 15 000 F pour la 4e tranche

30 000 taux 40 %, donc 12 000 F pour la 5e tranche

Total 42 000 F d'impôts.

Le salarié a un revenu imposable situé dans la 5e tranche (celle où les revenus sont compris entre 250 000 et 350 000 francs). Le taux correspondant est de 40 %, mais cela ne veut pas dire que l'impôt va représenter 40 % de son revenu total. Ce sont uniquement les revenus supérieurs à 250 000 francs (ici, 30 000 francs) qui se verront appliquer ce taux dit « taux marginal d'imposition ».

Son **taux moyen d'imposition** est seulement de 15 % (42 000/280 000).

● VOIR impôt, impôt direct / impôt indirect.

IMPÔT SUR LES SOCIÉTÉS

Imposition sur les bénéfices des sociétés de capitaux (SARL, SA, par exemple).

Le résultat de l'activité fournit un bénéfice imposable auquel s'applique un taux d'imposition. C'est le bénéfice net d'impôt qui permet ensuite de distribuer des dividendes et de réaliser un autofinancement.

● VOIR impôt, sociétés.

INACTIF

Personne n'exerçant et ne recherchant aucune activité rémunérée.

Les inactifs regroupent un ensemble disparate de personnes (enfants, étudiants, personnes âgées, femmes au foyer notamment). Certaines catégories se situent à la frontière de l'activité et de l'inactivité. Les aides familiaux agricoles, qui sont des travailleurs saisonniers et occasionnels, ou encore les stagiaires sont ainsi classés parmi les actifs. Par convention, les militaires du contingent sont comptabilisés dans la population active.

● VOIR actif, population active.

INDEMNISATION DU CHÔMAGE

Versement d'une ressource aux chômeurs, qui sont privés de revenus.

L'indemnisation du chômage comprend deux éléments : une allocation de base pour les chômeurs qui ont cotisé au régime de l'assurance chômage et des allocations (régime de la solidarité nationale) pour ceux qui n'ont pas cotisé ou qui ont épuisé leurs droits. L'ensemble de ces prestations est géré par des organismes régionaux appelés « ASSEDIC » (Associations pour l'emploi dans l'industrie et le commerce), lesquels sont regroupés au niveau national dans l'UNEDIC (Union nationale pour l'emploi dans l'industrie et le commerce).

● VOIR chômage, prestations sociales, protection sociale.

INDEXATION SALARIALE

Réajustement des salaires pour protéger les salaires contre la diminution de leur pouvoir d'achat en période d'inflation.

La progression des salaires suit automatiquement (cas du salaire minimum interprofessionnel de croissance) ou non (existence de négociations) le taux d'inflation.

● VOIR désindexation salariale, salaire minimum interprofessionnel de croissance.

INDICATEUR DE DÉVELOPPEMENT HUMAIN (IDH)

Indice publié par les Nations unies depuis 1990 pour mesurer le progrès humain en combinant le revenu national et deux indicateurs sociaux : les connaissances (mesurées par l'alphabétisation des adultes et la moyenne des années d'études) et l'espérance de vie à la naissance (l'échelle de l'IDH va de 0 à 1).

● VOIR développement, pays en développement.

INDICE DES PRIX À LA CONSOMMATION

Instrument statistique utilisé chaque mois par l'INSEE pour mesurer l'évolution du niveau général des prix, c'est-à-dire l'ensemble des prix des biens et des services consommés par les ménages.

Comment mesurer le niveau général des prix ? Il faut résumer dans un chiffre unique une quantité importante de prix. Ce chiffre, c'est l'indice des prix à la consommation. La mesure de l'inflation consiste alors à mesurer l'évolution, la variation de cet indice.

On s'intéresse d'abord aux prix des produits qui sont consommés par les ménages (on parle aussi, dans ce cas, de prix de détail) ; les prix à la production ou les prix de gros ne sont donc pas pris en compte.

Mais il est impossible de mesurer tous les prix, pour tous les produits de consommation et pour tous les points de vente. En outre, tous les ménages ne consomment pas les mêmes produits et ne sont donc pas sensibles à l'évolution des mêmes prix. Il est pourtant impossible de faire un indice des prix correspondant à la consommation d'un cadre supérieur célibataire et un indice correspondant à celle d'une famille nombreuse dont le chef de ménage est ouvrier.

L'indice des prix à la consommation, que calcule l'INSEE, consiste à choisir un certain nombre de produits que l'on juge représentatifs de la consommation des ménages. L'INSEE relève ainsi les prix de 266 postes représentant plus de 9/10e des biens et services consommés par les ménages. La technique du sondage permet ainsi, après un nombre de relevés suffisants, de calculer les variations des prix de ces 266 postes.
La construction de l'indice des prix à la consommation comporte une deuxième étape, car il serait absurde de faire la simple moyenne des variations de prix de tous ces postes. Les produits n'étant pas consommés dans les mêmes quantités, il convient d'affecter à ces articles des pondérations correspondant à la part de chacun dans la consommation moyenne des Français. L'INSEE a choisi, pendant longtemps, comme référence des pondérations, les ménages urbains dont le chef est employé ou ouvrier, catégorie dont la structure de consommation était proche de celle de la moyenne de la population totale. Depuis janvier 1993, l'indice est calculé « tous ménages », comme dans les autres pays européens.
Comme tout instrument, il présente des limites : comment prendre en compte les changements dans les comportements de consommation des ménages ? Comment intégrer les produits nouveaux ? Cet indice reste cependant une référence importante pour l'économie (relèvement du SMIC, indexation d'un certain nombre de grandeurs économiques).

● VOIR indice, inflation

INDICE

Outil statistique permettant d'établir des comparaisons entre des grandeurs économiques ou sociales.

1) Indice élémentaire

Un indice élémentaire est un rapport entre deux valeurs d'une même grandeur dans deux situations différentes. Si on note $I_{1/0}$, l'indice représentatif d'une grandeur g dans la situation 1 par rapport à la situation 0, on a :

$$I_{1/0} = \frac{g_1}{g_0} \times 100$$

(base 100 dans la situation 0)

Au dénominateur de cet indice élémentaire, on place la grandeur de référence correspondant à la base de référence.
Le résultat du rapport est multiplié par 100 pour éviter d'obtenir des indices ayant trop de nombres après la virgule. Un indice n'a pas d'unité.
Prenons un exemple. On cherche à comparer la population de la France en 1982 et la population au dernier recensement de 1990.
1982 54,335 millions d'habitants (France métropolitaine).
1990 56,615 millions d'habitants (France métropolitaine).
Ces chiffres absolus sont assez lourds à manipuler et l'on peut, grâce aux indices, obtenir des chiffres plus commodes à analyser.
Pour présenter l'évolution de la population, on peut considérer que la population de 1982 est équivalente au chiffre 100. Il s'agit là d'une convention.
Dès lors, si 54,335 équivaut à 100, la population de la France en 1990, soit 56,615, équivaut à 104,2. On calcule ce nombre avec la méthode des tableaux de proportionnalité (ou « règle de trois » ou encore « produit en croix ») :

54,335	100
56,615	nombre à trouver

d'où indice de 1990

$$= \frac{56,615}{54,335} \times 100 = 104,2$$

100 et 104,2 sont des indices décrivant la population de la France à deux dates différentes. Le chiffre 100 représente la « base de référence », c'est-à-dire qu'il correspond au chiffre absolu choisi comme point de départ. Il aurait d'ailleurs été possible de choisir une autre base de référence (par exemple, la population au recensement de 1975).

Le résultat s'exprime ainsi : l'indice de la population de la France est de 104,2 en 1990 (base 100 en 1982).
L'indice permet de comparer la population de la France à deux dates différentes. L'indice permet, en outre, de connaître le taux de variation de cette population : elle a augmenté de 4,2 % entre 1982 et 1990.
Il est en effet possible d'utiliser les indices pour exprimer une variation relative.
L'indice de variation s'exprime ainsi :

$$I_{a/d} = \frac{\text{valeur d'arrivée} \times 100}{\text{valeur de départ}}$$

l'année de départ étant prise comme base.

On a alors une relation entre le taux de variation t et l'indice de variation :

$$t = I\,a/d - 100 \text{ ou } Ia/d = t + 100$$

Un indice est une valeur relative permettant de présenter plus simplement des relations entre des valeurs absolues.
L'usage des indices ne se limite pas aux comparaisons dans le temps (entre une date de base ou de référence et une date courante, qui lui est postérieure).
Les indices permettent aussi les comparaisons géographiques, dans l'espace. Par exemple, on peut mettre sous forme d'indices les populations des douze pays européens à une certaine date. La base de référence ne peut donc être une date. On choisit alors arbitrairement une base de référence qui peut être un des douze pays (sa population sera alors associée à l'indice ou base 100).

2) Indice synthétique

L'indice synthétique est un indice relatif à un ensemble de grandeurs (quantités, prix, etc.).
Un exemple d'indice synthétique est fourni par l'indice des prix. C'est un bon outil statistique, car il permet de présenter de façon simple l'évolution des prix. Si l'indice des prix est 105 par rapport à la base 100 l'année précédente, on peut dire que les prix se sont accrus de 5 % en un an.
On utilise les indices synthétiques et non les indices élémentaires, car le calcul de l'indice des prix repose sur l'évolution des prix d'une multitude de biens et de services consommés.

● VOIR indice des prix à la consommation, moyenne.

INDIVIDUALISATION DES SALAIRES

Augmentation individuelle du salaire en rapport avec les qualités personnelles du salarié (c'est le contraire d'une augmentation généralisée des salaires où chacun voit sa rémunération s'accroître automatiquement en fonction, par exemple, de son ancienneté dans l'entreprise).

● VOIR salaire.

INDUSTRIALISATION

Processus qui traduit le développement des activités de transformation (industries) au détriment des activités agricoles.

● VOIR industrie, secteur d'activité.

INDUSTRIE

Secteur économique regroupant les activités de transformation des produits (matières premières, produits semi-finis).

L'INSEE retient pour ses statistiques une classification particulière des branches de l'économie. La branche « bâtiment et travaux publics » (BTP) ne fait ainsi pas partie de l'industrie (bien qu'appartenant au secteur secondaire).
L'industrie au sens large comprend trois catégories :
– l'industrie manufacturière ou industrie au sens strict ;
– l'industrie agro-alimentaire (IAA) ;
– l'énergie.

L'industrie manufacturière comprend elle-même trois ensembles :
– l'industrie produisant des biens intermédiaires (sidérurgie, métallurgie, chimie, verre, papier, matières plastiques) ;
– l'industrie des biens d'équipement des entreprises (machines-outils, matériel électronique, construction navale et aéronautique) et des ménages (automobile, électroménager) ;
– l'industrie des biens de consommation courante (pharmacie, textile, ameublement, parachimie, presse et édition notamment).

● VOIR secteur d'activité, service.

INDUSTRIES INDUSTRIALISANTES

Activités industrielles motrices caractérisées par leurs effets d'entraînement, en amont et en aval, sur l'ensemble de l'industrie (sidérurgie, métallurgie par exemple ; pétrochimie dans certains pays producteurs de pétrole).

● VOIR développement, développement autocentré.

INDIVIDUALISME

Au sens sociologique, émergence et affirmation de l'autonomie de l'individu par rapport aux normes et aux valeurs des groupes d'appartenance (famille, voisinage, village, etc.) et de la société.

Si l'individualisme a un sens courant (celui d'égoïsme, de repli sur ses intérêts personnels), il a aussi un sens philosophique ou éthique (la personne humaine comme valeur fondamentale) ainsi qu'un sens proprement sociologique. Une société peut ainsi être qualifiée d'individualiste lorsque les individus disposent d'une grande autonomie dans la vie sociale par rapport aux normes et aux contraintes sociales. À l'opposé, on trouve des sociétés qui ne laissent aucune autonomie aux individus en imposant leurs normes, leurs règles et leurs valeurs. Dans ces sociétés (les sociétés traditionnelles), la société domine les individus, et la singularité est perçue comme une menace pour l'existence et la survie du groupe. Émile Durkheim a montré comment le développement de la division sociale du travail permettait aux individus d'acquérir une autonomie croissante, ceux-ci devenant plus libres de choisir leurs actes et leurs croyances (sociétés industrielles modernes).

● VOIR Durkheim, société, Tocqueville.

INDIVIDUALISME MÉTHODOLOGIQUE

Principe d'explication, valable pour tout phénomène social, qui consiste à reconstruire les motivations des individus concernés par le phénomène en question, puis à analyser celui-ci comme le résultat des comportements individuels dictés par ces motivations.

La notion d'individualisme méthodologique, qui s'oppose au holisme, est attachée aux travaux du sociologue français contemporain Raymond Boudon. Celui-ci reproche aux démarches sociologiques relevant du holisme de négliger le rôle des acteurs individuels dans l'explication des phénomènes sociaux. Plus particulièrement, il leur fait grief de nier la liberté et l'autonomie des individus au profit d'une vision trop déterministe du social. Ainsi, l'analyse de Boudon revient à rejeter le principe de base de la sociologie de Durkheim selon lequel « la cause déterminante d'un fait social doit être recherchée parmi les faits sociaux antécédents, et non parmi les états de la conscience individuelle » (Durkheim).
La théorie de l'individualisme méthodologique admet que les individus sont insérés dans un contexte social. Mais elle se distingue de la méthodologie holiste, car elle cherche toujours à mettre en évidence les raisons individuelles des phénomènes col-

lectifs et elle refuse de traiter un groupe comme un acteur qui, à l'image de l'individu, serait doté d'une identité, d'une conscience et d'une volonté (R. Boudon).
Ainsi, les individus sont les atomes de base de l'analyse sociologique, tandis que les faits sociaux sont le produit d'une multitude de conduites distinctes, prises séparément par les individus (effet de composition ou effet d'agrégation).

● Voir effet d'agrégation, holisme.

Inégalités

Différences entre des individus ou des groupes sociaux qui sont socialement perçues comme injustes ou illégitimes.

Une inégalité ne doit pas être confondue avec une différence. Une différence quelconque entre deux individus ou deux groupes d'individus ne devient une inégalité qu'à partir du moment où elle est traduite en termes d'avantages ou de désavantages par rapport à une échelle de valeurs.
Dans certaines sociétés, les inégalités ne sont pas acceptées. Ces sociétés sont alors caractérisées par l'**égalitarisme**, c'est-à-dire une idéologie qui accorde à l'égalité la première place parmi les valeurs qui guident et dominent la société.
On dispose de certains outils méthodologiques pour mesurer les inégalités. Prenons un exemple, on peut découper l'ensemble des ménages en dix groupes, allant des 10 % les plus pauvres jusqu'aux 10 % les plus riches. On relie ensuite ces groupes à la part des revenus qu'ils reçoivent ou à la part des richesses qu'ils détiennent.
On suppose que les 10 % des ménages les plus pauvres reçoivent 5 % de l'ensemble des revenus et que les 20 % des ménages les plus pauvres (ce groupe contient donc les 10 % les plus pauvres) reçoivent 11 % de l'ensemble des revenus, etc. En commençant par l'autre bout, on a par exemple 10 % des ménages les plus riches qui reçoivent 30 % des revenus, etc. On mesure ainsi ce qu'on appelle la concentration des revenus (l'opération est identique pour les patrimoines). La concentration des revenus sur certains ménages (les plus riches) s'oppose à une répartition égalitaire des revenus (ou des richesses) dans laquelle 10 % des individus ont 10 % des revenus, 20 % des individus disposent de 20 % des revenus… et 90 % ont 90 %.

La courbe de Lorenz

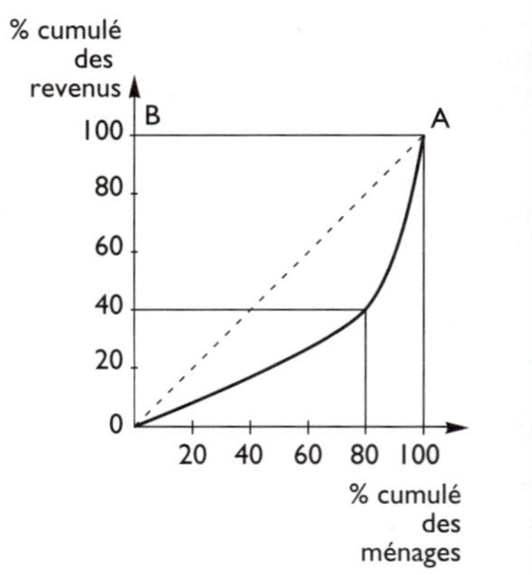

Il existe une représentation graphique de ces situations : c'est la **courbe de Lorenz**. C'est un graphique rectangulaire avec, en abscisse, le pourcentage cumulé des effectifs (10 % des ménages, 20 % des ménages, etc.) et, en ordonnée, le pourcentage cumulé des revenus (ou des patrimoines correspondants).
À l'origine, 0,0 % des ménages reçoit 0 % des revenus. Au point A, 100 % des ménages reçoivent la totalité des revenus distribués. Une répartition des revenus parfaitement égalitaire correspond à la diagonale OA du carré. L'inégalité absolue correspondrait au point B puisque un seul individu disposerait de l'ensemble des revenus.
La courbe de Lorenz mesure donc la concentration des revenus. Plus la concentration est forte, plus la courbe s'éloigne de la diagonale. Ainsi, dans le graphique, 80 % des ménages disposent de 40 % des revenus alors que les 20 % les plus riches se partagent 60 % des revenus.

La courbe de Lorenz peut aussi s'appliquer à la concentration des entreprises (abscisse : le pourcentage d'entreprises ; ordonnée : le pourcentage cumulé des parts de marché). La courbe de Lorenz permet aussi de donner une mesure précise de la concentration appelée « coefficient de Gini » (ce coefficient varie de 0 à 1).

$$\textit{coefficient de Gini} = \frac{\textit{surface entre la courbe et la diagonale}}{\textit{surface du triangle OBA}}$$

● VOIR égalité, exclusion, pauvreté, revenu.

INFLATION

Hausse durable du niveau général des prix.

L'inflation désigne une hausse durable des prix. Lorsque le prix d'un seul bien ou de quelques biens augmente, il n'y a pas forcément d'inflation, car les prix de tous les autres biens peuvent ne pas bouger, voire diminuer. L'inflation correspond alors à une hausse du prix moyen de tous les biens et services.

Mais il faut aussi que ce mouvement de hausse des prix soit durable. Ainsi, lorsque tous les prix augmentent à une certaine date de 1 %, puis restent stables pendant de longs mois, on ne peut pas parler d'inflation. En revanche, s'ils augmentent ainsi tous les mois, on est bien en présence d'inflation.

En période d'inflation, certains prix augmentent plus vite que d'autres ; l'inflation s'accompagne donc d'une modification des prix relatifs, c'est-à-dire des rapports de prix entre les biens, considérés deux à deux.

Comment calculer le taux d'inflation ? Le taux d'inflation correspond au taux de variation de l'indice des prix à la consommation entre deux dates.

Si l'indice est 145 pour l'année 1 (I_1 = 145) et 150 pour l'année 2 (I_2 = 150), le taux d'inflation de l'année 2 est :

$$\textit{taux d'inflation} = \frac{I_2 - I_1}{I_1} \times 100$$

$$= \frac{150 - 145}{145} \times 100 = 3,4\ \%$$

Le taux d'inflation est donc de 3,4 %.

Le taux d'inflation annuel peut être calculé en glissement ou en moyenne.

Le calcul en glissement compare l'indice des prix du mois de décembre des deux années. Le calcul en moyenne compare la moyenne annuelle de l'indice (moyenne arithmétique simple des douze indices de l'année) des deux années considérées.

Les économistes distinguent plusieurs causes de l'inflation.

L'inflation par la monnaie voit dans la hausse des prix le résultat d'une création monétaire excessive. Cette explication, apparue dès le XVIe siècle lorsque l'afflux de métaux précieux d'Amérique provoqua une hausse des prix, a reçu le nom de « théorie quantitative de la monnaie ». L'inflation monétaire provient donc d'une quantité de monnaie excessive ou, plus exactement, d'une croissance de la masse monétaire trop importante par rapport à la croissance de la production.

L'inflation par la demande explique la hausse des prix par un déséquilibre entre l'offre de biens, qui est insuffisante, et la demande des consommateurs. Une création de monnaie trop importante peut être une explication de cette demande trop forte, mais d'autres facteurs peuvent intervenir (augmentation de la population par exemple). Cette explication permet de trouver un remède à l'inflation dans l'accroissement de l'offre de biens, dans l'augmentation des capacités de production des entreprises (et pas seulement dans une réduction de la masse monétaire).

L'inflation par les coûts met en cause un ou plusieurs coûts de production. Elle se traduit par une répercussion sur les prix de vente d'une augmentation du prix des matières premières, des salaires ou des autres coûts auxquels les entreprises doivent faire face. Une hausse du prix du pétrole peut ainsi se répercuter sur l'ensemble de l'économie (il s'agit en outre d'une inflation « importée », c'est-à-dire liée à l'augmentation du prix des importations). Par ailleurs, si les salaires augmentent plus rapidement que les gains de productivité, le coût du travail augmentera et sera peut-être répercuté sur les prix de vente.

L'inflation par les coûts traite des facteurs qui interviennent dans la fixation des prix de revient par les entreprises. Mais aux côtés des coûts, on rencontre aussi le profit. Les entreprises ont ainsi la possibilité d'augmenter leurs prix afin de maintenir ou d'accroître leurs profits résultant de leur activité productive, ce qui influe sur le niveau général des prix. Dès lors l'inflation peut aussi s'analyser comme une spirale salaires-profits (« spirale inflationniste »), la hausse des uns ne faisant que compenser celle des autres.

● Voir indice des prix à la consommation, pouvoir d'achat, taux d'inflation, théorie quantitative de la monnaie.

Influence

Relation sociale dans laquelle une personne (ou un groupe) modifie le comportement d'une autre personne (ou d'un groupe) par un simple processus de communication.

● Voir autorité, pouvoir.

Inné

Cf. acquis.

Innovation

Application d'une découverte ou d'une invention dans le domaine économique et commercial.

Il ne faut pas confondre l'invention, qui est une découverte (machine à vapeur, microprocesseur) et son application économique, au sein d'une entreprise, que l'on nomme innovation. Le progrès technique, qui est incorporé dans les machines, n'est pas la seule innovation qui permet d'obtenir des gains de productivité. L'économiste autrichien Joseph Schumpeter a ainsi montré, au début du siècle, que l'innovation, qui est mise en œuvre par l'entrepreneur, peut prendre plusieurs formes comme le progrès technique, l'ouverture d'un nouveau débouché, la fabrication d'un produit nouveau, ou encore, la mise en œuvre d'une nouvelle méthode d'organisation de la production.

Ainsi, l'organisation du travail peut aussi permettre, comme le montrent les pratiques de Taylor et de Ford, d'accroître la productivité. Lorsqu'il s'accompagne de gains de productivité, le progrès technique mis en œuvre dans les entreprises est souvent à l'origine de restructurations et de licenciements. La machine supprime, en effet, le travail de l'homme, puisqu'elle est conçue dans ce but. L'histoire économique a cependant montré que, jusqu'à présent, les effets du progrès technique sur l'emploi étaient, à long terme, favorables.

● Voir organisation scientifique du travail, productivité, progrès technique, Schumpeter.

INSEE

Cf. Institut national de la statistique et des études économiques.

Institut national de la statistique et des études économiques (INSEE)

Direction générale du ministère de l'Économie et des Finances, créée en 1946, chargée de produire des informations statistiques démographiques, économiques et sociales (recensements, enquêtes), de diffuser ces informations, voire de les analyser et, enfin, de coordonner le système statistique français.

● VOIR comptabilité nationale, recensement, sondage.

INSTITUTION

Au sens sociologique, ensemble de normes précisant, pour certains aspects de la vie en société, ce qui « se fait » (ce qui est légitime) et ce qui « ne se fait pas ».

On peut citer comme exemples le mariage, la famille ou l'école.

INSTITUTION D'ÉMISSION

Cf. Banque de France.

INTÉGRATION SOCIALE

Cf. société.

INTÉRESSEMENT

Complément de salaire afin d'inciter les salariés à améliorer la productivité de l'entreprise.

Ses modalités de calcul sont diverses (fonction du résultat, des bénéfices, des gains de productivité).

● VOIR participation.

INTÉRÊT

L'intérêt est un revenu ; c'est la rémunération du service qu'un prêteur rend à un emprunteur en lui prêtant une somme d'argent, appelée « capital », pour une certaine durée. Cette rémunération versée par le débiteur (celui qui a une dette envers son créancier) représente un pourcentage du capital prêté appelé « taux d'intérêt ».

L'emprunteur d'une somme d'argent s'engage à rembourser le capital à une certaine échéance, mais il doit aussi verser régulièrement (tous les ans en général) un revenu au prêteur. L'intérêt représente ainsi le loyer de l'argent prêté.

Un emprunt est aussi un prêt pour un autre argent. Un prêt correspond au placement d'une somme d'argent, d'un capital destiné à procurer des revenus réguliers. Une opération de prêt (placement auprès d'une banque, par exemple) ou d'emprunt comporte plusieurs caractéristiques : le montant du capital, la durée qui détermine l'échéance du remboursement et le prix du service (taux d'intérêt).

Il existe deux méthodes de calcul des intérêts.

1) Méthode des intérêts simples

À la fin de chaque période, les intérêts ne sont pas ajoutés au capital pour le calcul des intérêts de la période suivante. À la fin de chaque période, les intérêts sont calculés sur le capital initial.

Prenons l'exemple d'une somme de 5 000 F placée pendant 4 ans au taux de 10 %.

Intérêts produits chaque année :
5 000 × 0,10 = 500 F.

Intérêts totaux : 500 × 4 = 2 000 F.

Valeur acquise par le capital au bout de 4 ans :
5 000 + 2 000 = 7 000 F.

Si C représente le capital prêté ou placé, t le taux d'intérêt et d la durée du prêt, on obtient l'intérêt I suivant :

$$I = C \times t \times d$$

Il faut faire particulièrement attention à la signification de t. Le taux d'intérêt représente le taux annuel pour 100 F placés ou prêtés.

En conséquence, une somme de 1 000 F placée au taux de 10 % pendant 100 jours procure les intérêts suivants :

$$\mathrm{I} = 1\,000 \times 0{,}10 \times \frac{100}{365} = 27{,}3\,\mathrm{F}$$

2) Méthode des intérêts composés

Lorsque le prêt ou le placement sont faits à intérêts composés, on ajoute à la fin de chaque période l'intérêt simple de la période au capital. À la période suivante, l'intérêt simple est alors calculé sur le capital augmenté des intérêts des périodes antérieures.

Prenons l'exemple d'une somme de 5 000 F placée à intérêts composés pendant 4 ans au taux de 10 %.
Intérêts produits à la fin de la première année : 500 F.
Valeur du placement durant la deuxième année : 5 500 F.
Intérêts produits à la fin de la deuxième année :
$5\,500 \times 0{,}10 = 550$ F.
Intérêts produits à la fin de la troisième année :
$(5\,500 + 550) \times 0{,}10 = 605$ F.
Intérêts produits à la fin de la quatrième année :
$(5\,500 + 550 + 605) \times 0{,}10$
$= 665{,}50$ F.
Valeur du placement au bout de 4 ans :
$5\,000 + 500 + 550 + 605$
$+ 665{,}50 = 7\,320{,}50$ F.
Dans une opération financière réalisée avec les intérêts composés, on dit que les intérêts sont capitalisés (intégrés au capital) à la fin de chaque période. Les intérêts capitalisés (et non versés au prêteur) représente ainsi un nouveau capital portant à son tour intérêt.
Si C_o est le capital initial, n le nombre d'années et Cd la valeur acquise à la fin de la période d, on a :
$C_d = C_o\,(1 + t)^n$
On peut retrouver cette formule avec notre exemple :
$C_1 = 5\,000 + 5\,000 \times 0{,}10$
$= 5\,000$
$(1 + 0{,}10)$.
$C_2 = 5\,000\,(1 + 0{,}10) + 5\,000\,(1 + 0{,}10) \times 0{,}10$
$= 5\,000\,(1 + 0{,}10) \times (1 + 0{,}10)$
$= 5\,000 \times (1 + 0{,}10)^2$, etc.

● VOIR capital technique, formation brute de capital fixe, taux d'intérêt.

Intérêts composés

Cf. intérêt.

Intermédiation bancaire

Rôle intermédiaire joué par les banques entre les prêteurs (même s'il s'agit de prêteurs involontaires dans le cas des agents qui ne réalisent que des dépôts à vue) et les emprunteurs.

● VOIR banque, financement de l'économie, monnaie.

Internationalisation

Développement des relations économiques entre les différentes nations.

À l'internationalisation des échanges, caractérisée par l'accroissement du volume des biens et des services échangés, s'est ajoutée l'internationalisation de la production. Ce ne sont plus les produits seuls qui se déplacent, mais aussi les capitaux, car les firmes exportent aussi leurs usines qui fabriquent ces produits. L'internationalisation financière, qui s'est développée depuis le début des années 70, désigne la multiplication des mouvements de capitaux en quête de placements rémunérateurs ainsi que l'essor des firmes multinationales bancaires et financières (société d'assurance par exemple).

● VOIR firme multinationale, mondialisation.

Investissement

Opération réalisée par un agent économique consistant à obtenir des biens de production (machines, bâtiments, équipements, etc.).

Dans une entreprise, l'investissement est une dépense destinée à maintenir ou à accroître son potentiel productif. Il ne faut donc pas confondre un investissement et une consommation intermédiaire. L'investissement correspond à l'achat de biens qui vont servir plusieurs fois au cours du processus de production, alors que les consommations intermédiaires (matières premières, produits semi-finis, etc.) sont immédiatement détruites ou transformées dans ce processus.

Dans une économie, les entreprises ne sont pas les seules à investir. L'État investit en réalisant des équipements collectifs (infrastructures, écoles, etc.), tandis que les investissements des ménages correspondent aux achats de logement (les achats de biens durables comme l'automobile sont considérés par la comptabilité nationale comme des consommations) et aux achats de biens d'équipement par les entrepreneurs individuels.
La notion économique d'investissement est différente, enfin, du sens courant d'investissement qui correspond à un placement financier (« investir en bourse »).
Pour une entreprise qui a besoin de financement pour ses investissements, plusieurs possibilités sont ouvertes. Elle peut tout d'abord faire appel à sa propre épargne (autofinancement). Elle peut également trouver des capitaux auprès des associés de l'entreprise ou des actionnaires (émission d'actions en bourse), et augmenter ainsi son capital. Elle peut aussi recourir à des emprunts à moyen et long terme. Le **crédit-bail** constitue une autre possibilité : il s'agit d'un système de location avec une option d'achat à terme. Cette formule permet à l'entreprise de disposer de moyens de production sans immobiliser de capitaux.

● VOIR autofinancement, capital technique, formation brute de capital fixe.

INVESTISSEMENT BRUT / INVESTISSEMENT NET

Formes d'investissement selon le caractère nouveau ou non de l'acquisition.

Lorsqu'une entreprise investit en achetant, par exemple, de nouvelles machines, elle ne dispose pas nécessairement d'une augmentation de son potentiel productif équivalente aux nouveaux équipements. Une partie de ceux-ci servent, en effet, à remplacer les machines usées ou victimes de l'obsolescence (elles sont dépassées et coûtent trop cher pour fonctionner). Ces investissements de remplacement correspondent aux amortissements puisqu'ils sont achetés grâce aux sommes mises de côté par l'entreprise pour faire face à ces renouvellements.
L'investissement net désigne donc l'investissement nouveau, celui qui permet une augmentation du volume du capital technique de l'entreprise. L'investissement brut représente en revanche le montant total de l'investissement.

investissement net
= *investissement brut – amortissement*

● VOIR amortissement, formation brute de capital fixe.

INVESTISSEMENT DE CAPACITÉ / INVESTISSEMENT DE PRODUCTIVITÉ

Différentes formes d'investissement selon leur utilisation.

Les investissements de capacité sont destinés à accroître les capacités de production. Ils consistent donc à rajouter, par exemple, de nouvelles machines à celles qui existent déjà afin de produire en plus grande quantité. Ils s'accompagnent ainsi de créations d'emplois pour faire fonctionner les nouvelles machines.
En revanche, les investissements de productivité ou de rationalisation visent à diminuer les coûts de production en remplaçant une machine par une autre plus productive, c'est-à-dire utilisant une main-d'œuvre ou des consommations intermédiaires en quantité plus faible. Un investissement de productivité ne s'accompagne donc pas nécessairement d'une augmentation de la production et de l'emploi. Remarquons cependant qu'un investissement peut combiner ces deux caractéristiques (capacités supplémentaires et gains de productivité).

● VOIR investissement.

INVESTISSEMENT DE PORTEFEUILLE

Achat de parts ou d'actions de sociétés étrangères dans une optique de rentabilité de l'investissement (rendement ou plus-value) et non de prise de contrôle effectif de l'entreprise.

● VOIR investissement direct, système financier international.

INVESTISSEMENT DIRECT

Exportation de capitaux dans un autre pays afin d'y créer une entreprise, de racheter ou de prendre une participation dans une entreprise de ce pays, l'objectif étant d'acquérir un pouvoir de décision effectif dans la gestion de l'entreprise.

Avec les investissements de portefeuille, les investissements directs à l'étranger (IDE) représentent une des deux formes des mouvements de capitaux entre les pays.

Les investissements directs, qui connaissent depuis le milieu des années 80 une croissance spectaculaire, se manifestent sous quatre formes (définition du FMI) :

– la création d'une entreprise ou d'un établissement à l'étranger ;

– l'acquisition d'au moins 10 % du capital social d'une société étrangère déjà existante ;

– le réinvestissement de bénéfices par la filiale ou la succursale ;

– les opérations entre la maison mère et les filiales (souscription à une augmentation de capital, prêts, avances de fonds, etc.).

Les investissements directs sont les instruments de la multinationalisation des entreprises.

● VOIR firme multinationale, investissement de portefeuille, système financier international.

INVESTISSEMENT IMMATÉRIEL / INVESTISSEMENT MATÉRIEL

Formes d'investissement distingués selon leur nature physique ou non.

Les machines, les bâtiments, les véhicules de transport de marchandises représentent des investissements physiques, matériels. On leur oppose les investissements immatériels, appelés aussi « investissements intellectuels » ou « incorporels », qui sont des dépenses particulières destinées à améliorer le potentiel productif de l'entreprise.

Les investissements immatériels regroupent les dépenses suivantes : dépenses liées à l'innovation (recherche, brevets, licences, etc.), dépenses de formation des salariés, dépenses en logiciels, dépenses en publicité, dépenses commerciales (création d'un réseau commercial, à l'étranger par exemple). Les investissements immatériels, appelés à se développer, sont souvent étroitement imbriqués avec des investissements matériels (exemple de l'ordinateur et du logiciel ou de l'ordinateur et de la formation du personnel à ce matériel).

Cependant, les investissements immatériels sont encore considérés par la comptabilité des entreprises comme des consommations intermédiaires ; ils ne peuvent donc donner lieu à des amortissements venant réduire le bénéfice imposable de l'entreprise.

● VOIR investissement.

INVESTISSEMENT PRODUCTIF

Cf. formation brute de capital fixe.

IINVESTISSEURS INSTITUTIONNELS

Institutions financières disposant de ressources importantes et jouant, de ce fait, un rôle important à la bourse des valeurs.

Appelés aussi « zinzins », ils sont constitués par les compagnies d'assurances, les caisses de retraite, la Caisse des dépôts et consignations et les organismes de placement collectifs créés par l'ensemble des institutions financières et bancaires. Ils peuvent aussi intervenir massivement sur le marché secondaire pour réguler les cours (éviter une trop forte baisse par exemple), si bien qu'on les désigne aussi comme étant les « gendarmes » de la bourse.

● VOIR bourse des valeurs, cours boursier.

INVISIBLES

Partie de la balance des transactions courantes d'un pays regroupant l'ensemble des échanges de produits immatériels avec l'extérieur.

Les invisibles comprennent les échanges de services (transport, tourisme, grands travaux, revenus du capital sous forme de dividendes et d'intérêts), et les transferts unilatéraux, c'est-à-dire sans contrepartie, qu'ils soient publics (aide au développement, contribution gouvernementale aux organismes internationaux) ou privés (transferts à l'étranger des économies réalisées par les travailleurs immigrés).

● VOIR balance des transactions courantes.

ISF

Cf. impôt de solidarité sur la fortune.

Jetons de présence

Cf. sociétés.

Jeudi noir

Nom donné à la journée du 24 octobre 1929 qui marqua le début de la grande crise mondiale.

C'est l'effondrement des cours boursiers (krach), dû à la panique des actionnaires et aux ventes massives, qui déclencha la crise économique.

Joint-venture

Association de plusieurs entreprises afin de réaliser conjointement certaines opérations.

Les firmes multinationales multiplient aujourd'hui les accords de coopération sous forme, par exemple, de participations réciproques ou de filiales communes.

La forme principale de coopération est la filiale commune, ou co-entreprise. Le terme de joint-venture correspond à cette notion de filiale commune, mais il couvre plus largement, dans les pays anglo-saxons, toute forme organisée de coopération entre entreprises.

Justice sociale

Conception qui prône la recherche d'une plus grande équité dans la répartition des richesses.

● Voir égalité.

K

KEYNES (JOHN MAYNARD)

REPÈRES BIOGRAPHIQUES
Économiste britannique, haut fonctionnaire, John Maynard Keynes (1883-1946) est l'auteur d'un ouvrage fondamental, *La Théorie générale de l'emploi, de l'intérêt et de la monnaie* (1936), dans lequel il prend le contre-pied des analyses néoclassiques.

Après avoir été fonctionnaire de l'Empire britannique en Inde, il devient professeur d'économie à Cambridge. En 1919, il est membre de la délégation britannique à la Conférence de la paix qui doit préparer le traité de Versailles. En 1944, il dirige la délégation britannique à la Conférence de Bretton Woods où il s'oppose au schéma d'organisation du système monétaire international inspiré par les américains.

● VOIR économie keynésienne.

KOLKHOSE

Coopérative agricole en Union Soviétique dont les familles-membres se partagent les profits.

Un kolkhose comprenait en moyenne plusieurs centaines de foyers, répartis sur plusieurs villages. Les familles kolkhosiennes possédaient un lopin de terre dont la production était vendue librement sur le marché kolkhosien.

● VOIR économie socialiste, sovkhose, transition.

KONDRATIEFF (NICOLAS)

Cf. cycle.

KRACH

Chute brutale des cours des actions et des obligations sur le marché financier.

● VOIR Bourse.

L

Le Chapelier (loi)

On appelle ainsi un décret de la Constituante des 14-17 juin 1791 qui interdit les « assemblées d'ouvriers et d'artisans ». La loi Le Chapelier proscrit ainsi les coalitions, tant ouvrières que patronales, mais ce sont surtout les premières qui étaient visées (crainte qu'elles ne provoquent des augmentations de salaires).
La loi Le Chapelier ne fut abrogée qu'en 1884.

● Voir syndicat.

Légitimité

Caractère de ce qui est accepté et reconnu dans une société.

La légitimité d'une autorité, d'une politique, d'une mesure économique ou sociale se fonde sur des valeurs partagées pour l'ensemble de la collectivité. Max Weber a mis en évidence trois formes de légitimité d'une autorité politique.

● Voir État (politique), pouvoir politique, Weber.

Libéralisme

Doctrine qui affirme le caractère fondamental de la liberté individuelle dans les domaines économique et politique, et qui cherche à limiter l'action de l'État.

1) Les principes

Le libéralisme est né au XVIIIe siècle en réaction à l'absolutisme royal. Il érige un principe fondamental, la liberté individuelle, c'est-à-dire l'autonomie et la libre initiative des individus dans l'organisation de leur propre existence. Libres et responsables, ceux-ci doivent décider eux-mêmes de leurs actions.
Ce principe en implique aussitôt un autre, la limitation du pouvoir politique quel qu'il soit. On distingue alors deux grandes traditions libérales pour garantir cette limitation. Pour la première, seule la règle peut limiter le pouvoir ; on définit donc au départ des domaines où l'État ne doit pas intervenir (activités économiques par exemple). Le nom de Montesquieu est inséparable de la seconde tradition pour laquelle seul « le pouvoir arrête le pouvoir » ; il est donc nécessaire, dans ce cas, de diviser le pouvoir, de le répartir afin que, plusieurs pouvoirs (législatif, exécutif, judiciaire, par exemple) s'opposant entre eux, aucun ne puisse dominer absolument.

L'affirmation de la liberté des individus et la nécessité de limiter le pouvoir étatique laissent cependant sans réponse des questions essentielles : comment éviter que la liberté permette aux plus forts de dominer « librement » les plus faibles ? (une formule célèbre parle de la liberté du renard dans le poulailler). Comment harmoniser les différentes actions des individus et éloigner le spectre d'une « loi de la jungle », lorsque chacun est libre d'agir à sa guise ?
Libéralisme économique et libéralisme politique apportent des réponses différentes à ces questions.

2) Libéralisme politique et libéralisme économique

Le libéralisme politique repose sur l'égalité civile des individus qui se transforment alors en citoyens. La liberté d'opinion, de réunion, d'information, la liberté de se regrouper en associations ou en partis politiques représentent les libertés publiques sur lesquelles repose le libéralisme politique. Le cœur du libéralisme politique reste toutefois le libre choix des gouvernants. Il est donc inséparable de l'existence d'élections (démocratie). Les lois réglant la vie sociale sont donc le résultat de la volonté des citoyens.
Le libéralisme économique offre une vision très différente. À partir du moment où un certain nombre de libertés sont assurées et respectées (liberté de la propriété privée, libre concurrence, liberté du travail), il suffit que chacun poursuive son activité pour que se réalise l'harmonie sociale. Le libéralisme économique fonde alors cette conviction d'un ordre naturel et spontané dans les bienfaits d'un mécanisme de régulation unique, le marché. Le marché est un processus d'ajustement entre les actions économiques des individus ; l'échange est avantageux pour tous les participants et l'intérêt général n'est que la somme des intérêts particuliers des uns et des autres (« la main invisible » de l'économiste Adam Smith). Le marché apparaît en définitive comme le seul moyen de concilier l'autonomie individuelle et un minimum d'ordre et de contraintes sociales.
Dans la réalité, libéralisme économique et libéralisme politique ne coïncident pas toujours. De nombreuses dictatures politiques mettent en œuvre les principes de l'économie libérale. À l'inverse, de nombreux pays politiquement libéraux refusent de se remettre entièrement à ces mêmes principes économiques.

3) Les différents libéralismes économiques

Le libéralisme économique est né à la fin du XVIIIe siècle avec des économistes comme Adam Smith (1723-1790), Thomas Malthus (1766-1834) et David Ricardo (1772-1832). Jean-Baptiste Say (1767-1832) et John Stuard Mill (1806-1873) sont aussi d'importants théoriciens du libéralisme économique.
Conformément à la double tradition libérale, les économistes se réclamant du libéralisme économique ne sont pas d'accord sur la façon de limiter l'action économique de l'État. Pour certains, l'État ne doit pas intervenir dans la vie économique, car il perturberait les mécanismes du marché et détruirait l'allocation optimale des ressources qu'il assure. D'autres, au contraire, pensent qu'il n'est pas possible d'émettre une telle interdiction générale, car l'État est obligé d'intervenir (situations où le marché est défaillant ou impuissant comme pour les biens collectifs et les effets externes, par exemple). Dès lors, il est préférable de limiter son action en favorisant l'émergence de contre-pouvoirs efficaces (groupes de pression, syndicats, mouvements de consommateurs, etc.)

● VOIR courbe de Laffer, économie de l'offre, économie néoclassique, démocratie.

LIBRE-ÉCHANGE

Doctrine économique prônant la liberté de circulation de tous les biens économiques entre les pays.

Le libre-échange s'est imposé après la Seconde Guerre mondiale grâce à la coopération entre les pays industrialisés sous l'égide du GATT.

1) Les fondements

Le libre-échange correspond à une doctrine économique (c'est le « laissez faire » du libéralisme économique), née au tournant des XVIIIe et XIXe siècles, qui préconise la liberté du commerce entre les nations et la suppression de toutes les entraves aux échanges (droits de douane, contingentements).

Adam Smith, dans son ouvrage *Recherches sur la nature et les causes de la richesse des nations* (1776), montre les avantages d'une division internationale du travail entre tous les pays en s'opposant aux thèses mercantilistes qui considéraient le commerce international comme un affrontement où un pays gagnait ce que l'autre perdait (l'enjeu étant les métaux précieux). David Ricardo, avec *Principes de l'économie politique et de l'impôt* (1817), est le fondateur des théories libérales de l'échange international qui montrent que le commerce ne désavantage aucun des participants, chacun ayant tout à y gagner. Le libre-échange favorise selon eux, une augmentation des échanges et un accroissement de la production mondiale.

2) Les périodes de libre-échange

Les premières applications de cette théorie ont lieu en Angleterre avec l'abolition en 1846 des « lois sur les blés » (*Corn Laws*) qui dataient de 1815 et qui protégeaient les blés anglais par des droits de douane élevés. La France imite l'Angleterre après la signature du traité de commerce franco-anglais imposé par Napoléon III en 1860. Une ère libre-échangiste règne ainsi en Europe jusqu'en 1876. La France, de son côté, revient au protectionnisme de 1892 (lois Méline) à 1914.

Avec le premier conflit mondial, le Pacte de la Société des Nations reprend le treizième des « quatorze points » énoncés par le président américain Wilson qui prescrit la suppression de toutes les barrières économiques entre les nations. Mais ces déclarations d'intention ne peuvent empêcher le protectionnisme de se développer, même en Angleterre, patrie du libre-échange, et aux États-Unis (tarifs douaniers Hawley-Smoot de 1930) à la suite de la grande crise. L'autre grande période de libre-échange s'ouvre alors au lendemain de la Seconde Guerre mondiale sous l'égide du GATT.

● VOIR avantage comparatif, division internationale du travail, GATT, protectionnisme.

« L'INTENDANCE SUIVRA »

C'est une formule attribuée au général de Gaulle alors que celui-ci ne l'a jamais prononcée ou écrite. Elle est sensée traduire le faible intérêt de Charles de Gaulle pour les questions économiques comme le rôle négligeable que jouerait, selon lui, la politique économique.

Cependant, les historiens ont fait observer que c'est le général de Gaulle seul qui a imposé, en 1958, contre l'avis du ministre des Finances (Antoine Pinay), le redressement financier de la France et son ouverture extérieure.

LIQUIDITÉ BANCAIRE

Encaisse en billets de banques et avoirs que celles-ci détiennent sur un compte courant à la Banque de France.

La liquidité bancaire (ou monnaie banque centrale) correspond à la capacité des banques de faire face à une demande de remboursement en billets. Si la liquidité bancaire diminue, les banques rencontreront des difficultés pour satisfaire les besoins de leurs clients et seront alors conduites à réduire leur création monétaire. En revanche, une augmentation de la liquidité bancaire induit

un accroissement de la masse monétaire. La liquidité bancaire (appelée parfois « base monétaire ») est donc une notion très importante : elle détermine le pouvoir de création monétaire de chaque banque.
Le multiplicateur de crédit désigne le coefficient multiplicateur reliant l'augmentation de la monnaie banque centrale à l'augmentation plus importante de la masse monétaire.
La liquidité bancaire constitue ainsi une limite monétaire en instaurant une dépendance des banques à l'égard de la banque centrale, « prêteur en dernier ressort ». La Banque de France assure l'unité (le bouclage) du circuit monétaire en permettant aux banques de satisfaire leurs demandes de conversion de la clientèle. En application des décisions prises en matière de politique monétaire, la Banque de France régule la création monétaire des banques. Cette politique monétaire est d'ailleurs facilitée, car un autre élément pèse sur la liquidité bancaire, les réserves obligatoires.

● VOIR création monétaire, marché monétaire, politique monétaire.

LIQUIDITÉS INTERNATIONALES

Ensemble des moyens de paiements internationaux (or, devises, instruments de réserve liés au FMI, par exemple) dont disposent les États pour financer leurs déficits de balance des paiements.

Par extension, les liquidités internationales représentent l'ensemble des moyens de paiement utilisés dans les relations économiques et financières internationales.

● VOIR droits de tirage spéciaux, réserves de change.

LOBBY

Terme d'origine anglo-saxonne (il signifie couloir, hall) qui désigne un groupe représentant un intérêt particulier et faisant pression sur les autorités (législatives ou administratives) afin de faire adopter une réglementation qui lui est favorable (ou supprimer une réglementation défavorable).

LOI D'AIRAIN DES SALAIRES

Loi selon laquelle les salaires des ouvriers s'établissent au niveau juste nécessaire à leur subsistance.

Émise au XIXe siècle par le socialiste allemand réformiste Ferdinand Lassalle (1825-1864), cette loi s'appuie sur les thèses des économistes classiques (Ricardo par exemple) montrant que toute augmentation des salaires entraînait un accroissement de la population ouvrière, ce qui ramenait le salaire au niveau du salaire de survie. Cette « loi » n'est évidemment plus vérifiée depuis longtemps, mais elle a eu une grande influence politique comme description de la condition ouvrière aux premiers temps du capitalisme.

LOI DE FINANCES

Loi votée par le Parlement autorisant le gouvernement et l'Administration à exécuter le budget.

Le budget de l'État est préparé par le gouvernement et voté par le Parlement. Le budget reçoit le nom de « loi de finances ». Ce sont les différents ministères et administrations qui préparent, avec l'aide du ministère de l'Économie, un projet de budget (« projet de loi de finances »). Le budget est ensuite voté par le Parlement à l'automne qui précède l'année civile de son application.

● VOIR budget, collectif budgétaire, services votés.

LOI DE GRESHAM

Loi monétaire, attribuée abusivement à Thomas Gresham qui était le conseiller du roi Edouard VI d'Angleterre (XVIe siècle), selon laquelle « la mauvaise monnaie chasse la bonne ».

Cette loi traduit l'impossibilité pour deux monnaies légales de circuler ensemble dans un pays. Une des monnaies, plus appréciée que l'autre, va être retirée de la circulation par les individus pour être thésaurisée, tandis que l'autre, dite « mauvaise » ,continue seule à assurer les échanges. La loi de Gresham a reçu d'innombrables illustrations au cours de l'histoire (or et argent par exemple).

Loi de King

Phénomène, observé à la fin du XVIIe siècle par le mercantiliste anglais G. King, selon lequel l'accroissement de la production agricole suscite une baisse plus que proportionnelle des prix de cette production.

Cette observation, qui vaut aussi pour les matières premières, tient à la rigidité de la demande, la consommation de ces biens variant peu, lorsque les prix augmentent ou diminuent. Dès lors, une hausse de la production se traduit, avec la concurrence des producteurs, par une chute des prix et une diminution des revenus agricoles beaucoup plus importantes (d'autant que les producteurs cherchent à accroître les quantités vendues pour compenser la baisse des prix unitaires). En revanche, une légère réduction de la production entraîne, selon cette loi, une augmentation très importante des prix. La loi de King présente l'intérêt de montrer qu'une bonne récolte n'est pas nécessairement synonyme de revenus plus importants.

Loi de la valeur

Loi, énoncée par les économistes classiques et développée par Karl Marx, selon laquelle la valeur des biens correspond à la quantité de travail nécessaire à leur production.

Ainsi, le prix relatif des marchandises, c'est-à-dire le prix des unes par rapport aux autres, correspond aux rapports des quantités de travail nécessaires à leur production. Dans la théorie marxiste, la valeur d'échange représente la quantité de travail dépensée dans la production. C'est la loi de la valeur ou loi de la valeur-travail.

Loi de l'offre et de la demande

Variation de l'offre et de la demande lorsque les prix se modifient sur un marché. L'offre est une fonction croissante du prix tandis que la demande est une fonction décroissante du prix.

1) Demande et offre

La demande représente la quantité de produits que les acheteurs sont prêts à acquérir pour un certain prix. On dit aussi qu'il s'agit d'une demande solvable, puisque les agents disposent des ressources financières suffisantes pour acheter ces produits. Ainsi, les besoins des individus en matière de luxe (grosses voitures par exemple) ne se transforment pas toujours en une demande en raison du prix élevé de ces biens.

L'offre, de son côté, représente la quantité de produits que les vendeurs souhaitent vendre à un prix donné.

La demande, l'offre et le prix d'un bien sont en effet liés. Lorsque le prix d'un produit baisse, les consommateurs ont tendance à en acheter davantage. La diminution du prix peut aussi rendre ce produit plus abordable, compte tenu de leurs ressources. Ainsi, une baisse de prix correspond à un accroissement de la demande. C'est généralement vrai, mais dans certains cas, ce mécanisme n'est pas vérifié. Par exemple, certains produits ne sont pas achetés en plus grande quantité lorsque leur prix baisse (le pain, le beurre, le sucre). Comme la demande

Offre, demande et prix

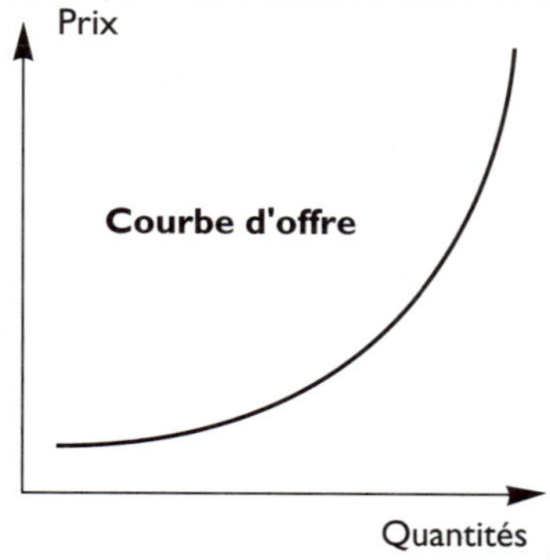

Les quantités offertes par l'entreprise augmentent avec les prix.

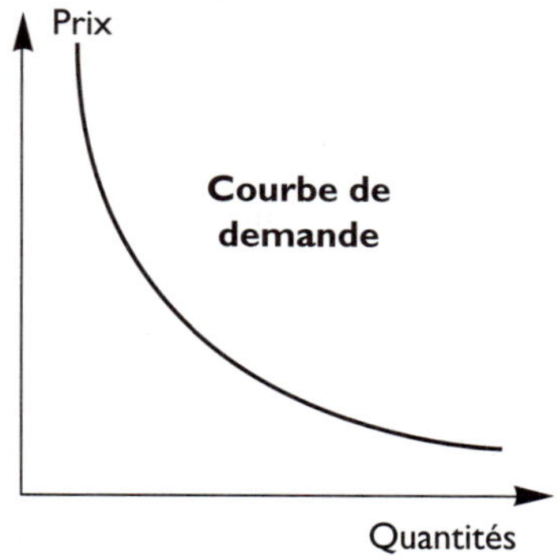

Les quantités demandées par les consommateurs augmentent lorsque les prix baissent.

de ces produits est peu sensible au prix, on dit que l'élasticité de la demande de ces produits par rapport à leur prix est faible ou nulle.

Du côté de l'offre, la baisse du prix d'un bien conduit généralement les entreprises productives à réduire les quantités fabriquées. Les prix baissant, les rémunérations des producteurs diminuent, ce qui n'incite pas ces derniers à poursuivre la fabrication du produit dans les mêmes quantités. Une baisse de prix correspond à une diminution de l'offre.

La loi de l'offre et de la demande correspond ainsi aux réactions opposées des vendeurs et des acheteurs lorsque les prix varient sur un marché. Ainsi, une baisse des prix conduit les acheteurs à accroître leur demande et les vendeurs à réduire leur offre. À l'inverse, une hausse amène les vendeurs à offrir davantage alors que les acheteurs modèrent leur demande. On peut faire deux graphiques représentant ainsi les relations offre-prix et demande-prix.

2) La formation du prix d'équilibre

Prenons l'exemple d'un marché local de la pêche (le fruit). Les offres et les demandes sont indiquées dans le tableau suivant ; elles sont évidemment en fonction du prix au kilogramme.

On constate ainsi que l'offre est une fonction croissante du prix (elle s'accroît quand le prix augmente) et que la demande est une fonction décroissante du prix (elle diminue lorsque le prix augmente). On peut représenter ces offres et ces demandes par des courbes : ce sont la courbe d'offre et la courbe de demande (*voir schéma ci-contre*).

Si dans un premier temps, le prix du marché est de 3 francs le kilo, les producteurs proposent à la vente 2 000 kg. Mais pour ce prix, la demande des commerçants et des grossistes n'est que de 600 kg. Comme les nombreux producteurs qui sont en concurrence cherchent à écouler le maximum de produits, le prix proposé aura tendance à baisser.

Si le prix passe de 3 à 2 francs, la demande double pour monter à 1 200 kg. Si le prix passe enfin à 1,8 franc le kg, vendeurs et acheteurs sont d'accord sur les quantités qu'ils peuvent s'échanger à un tel prix. Remarquons aussi que les acheteurs auraient demandé davantage avec un

Offre (en kg)	Prix (en F)	Demande (en kg)
2 000	3	600
1 500	2	1 200
1 400	1,8	1 400
1 000	1	2 200
500	0,6	3 000

kilo à 1 franc (2 200 kg) ; mais à ce prix, l'offre aurait été insuffisante pour tous les satisfaire.
Cet exemple nous montre la façon dont se forme un prix d'équilibre sur un marché. Le mécanisme du marché ainsi décrit correspond donc à un processus d'ajustements successifs entre les agents économiques présents, un processus de « tâtonnements » qui se déroule jusqu'à la détermination d'un prix d'équilibre.
Le prix d'équilibre est donc le prix qui égalise les offres et les demandes sur un marché. Toutes les quantités offertes à ce prix sont vendues tandis que les quantités demandées pour ce même prix sont achetées.
On peut dire aussi que le prix d'équilibre se fixe au point de rencontre des courbes d'offre et de demande. Cependant, un certain nombre de conditions doivent être respectées pour que les mécanismes du marché fonctionnent ainsi. Il est d'abord nécessaire que la concurrence joue normalement sur ce marché ; en particulier, aucun intervenant ne doit pouvoir imposer ses prix. Par ailleurs, l'offre et la demande doivent être fortement élastiques (forte croissance de la demande et diminution importante de l'offre quand le prix baisse). Ainsi, la formation d'un prix d'équilibre sur un marché est un résultat de la loi de l'offre et de la demande. Cet exemple présente un marché qui se déroule en un même lieu et durant une même période. Or ces caractéristiques ne se rencontrent pas toujours sur les autres marchés.

● VOIR concurrence, économie néoclassique, marché.

LOI DE MALTHUS

Principe énoncé par l'économiste anglais Thomas Malthus (1766-1834) selon lequel la population augmente plus rapidement que la production agricole.

Selon lui, les moyens de subsistance augmentent de façon arithmétique (1, 2, 3, 4, 5,...) tandis que la population progresse de façon géométrique (1, 2, 4, 8, 16,...), ce qui conduit à la misère et à la mort, ceux qui ne peuvent être nourris. L'analyse de Malthus s'appuie sur la loi des rendements décroissants concernant la terre. Pour Malthus, seule la contrainte morale, c'est-à-dire la renonciation volontaire à la procréation pour les plus pauvres, peut limiter le développement de la population.

LOI DE SCHMIDT

Appelée aussi « théorème de Schmidt », du nom du Chancelier allemand social-démocrate Helmut Schmidt qui en est l'auteur (au milieu des années 70), cette loi s'énonce ainsi : « les profits d'au-

Le marché de la pêche

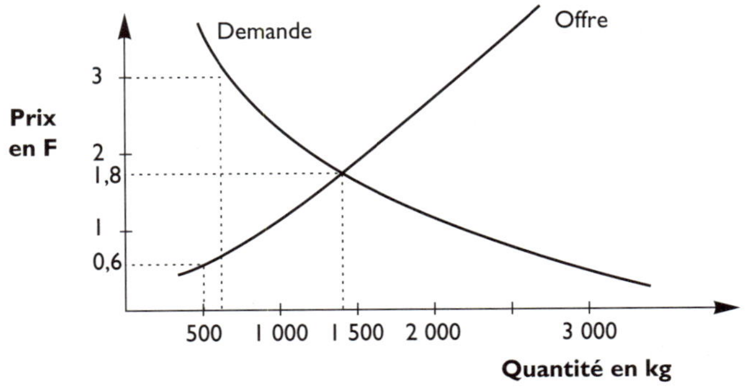

jourd'hui sont les investissements de demain et les emplois d'après-demain ».

Cette loi correspond cependant davantage à un principe de politique économique. La lutte contre le chômage est moins prioritaire que la restauration des profits des entreprises, le partage des richesses produites ayant été jugé trop favorable aux salariés dans les premières années de la crise de 1973. Elle témoigne d'une vision optimiste qui n'a pas été vérifiée, car la restauration des profits dans les années 80 a surtout profité aux investissements de productivité et non aux investissements de capacité, favorables à l'emploi.

Loi des débouchés

Appelée aussi « loi de Say », du nom de l'économiste français Jean-Baptiste Say (1767-1832), la loi des débouchés est souvent résumée par les formules suivantes : « l'offre crée sa propre demande » et « les produits s'échangent contre des produits ». Pour Say, les produits se servent mutuellement de débouchés.

Un produit fabriqué et vendu permet une distribution de revenus qui assure aussitôt l'achat d'autres produits. Globalement, dans une économie, la production (l'offre) crée sa propre demande grâce aux revenus distribués. En définitive, la surproduction est impossible.

L'optimisme de Say a cependant été démenti par les faits, puisque le XIXe siècle a connu de nombreuses crises de surproduction, tandis que J.M. Keynes a montré les limites de la loi des débouchés. En effet, si les individus thésaurisent (c'est-à-dire conservent chez eux) l'argent gagné, afin d'attendre de meilleures occasions (dans ce cas, la monnaie est recherchée pour elle-même), toute l'offre ne pourra être écoulée, ce qui mènera à une surproduction.

● Voir économie keynésienne.

Loi des rendements décroissants

Appliquée à toute opération de production qui combine des facteurs de production (terre, capital, travail), cette loi montre que si l'on augmente régulièrement l'un des facteurs (le travail par exemple) tandis que tous les autres restent fixes, la production supplémentaire due à l'accroissement du facteur variable diminue progressivement.

La loi des rendements décroissants correspond ainsi à la baisse de la productivité marginale (du facteur variable). Ainsi, lorsqu'on augmente peu à peu le nombre de personnes qui travaillent sur des terres en quantité limitée, la production supplémentaire devient de plus en plus faible. En fait, il existe certainement un seuil en deçà duquel la production augmente et au-delà duquel joue la loi des rendements décroissants. En outre, cette loi correspond à un certain état des techniques, si bien que le progrès technique en retarde l'application.

Loi des trois secteurs

Phénomène, constaté par des économistes comme Colin Clark ou Jean Fourastié, selon lequel la répartition de la population active entre les trois secteurs (primaire, secondaire, tertiaire) évolue toujours de la même façon.
L'évolution de la demande liée au développement économique et les progrès de la productivité conduisent à un déplacement des actifs du secteur primaire vers le secteur secondaire, puis, plus ou moins rapidement, à un déplacement de secteur secondaire vers le tertiaire.

Loi d'Engel

Phénomène, observé au XIXe siècle par le statisticien allemand Ernest Engel, selon lequel la part des dépenses alimentaires dans le budget des ménages diminue avec l'augmentation du revenu (les dépenses alimentaires augmentent moins vite que le revenu).

● VOIR consommation, élasticité.

LOI DE WAGNER

Loi de l'économiste allemand qui a montré, à la fin du XIXe siècle, que les dépenses de l'État augmentaient plus rapidement que la production.

Les raisons en sont les suivantes : l'amélioration du niveau de vie entraîne un accroissement des dépenses consacrées à l'éducation ; le développement économique s'accompagne d'investissements très importants (infrastructure, recherche) que le secteur privé ne peut financer (rentabilité à court terme insuffisante) ; enfin, la réglementation (dépenses d'administration générale) s'accroît avec l'industrialisation et l'urbanisation.
La loi de Wagner donne ainsi une explication de la croissance du rôle économique et social de l'État.

● VOIR État (économie).

LOI DU PRIX UNIQUE

Selon cette loi, les différents prix d'un même produit sur des marchés géographiquement éloignés tendent à s'égaliser grâce à la concurrence et au fonctionnement normal des marchés.

Si le prix d'un bien quelconque est moins élevé en Angleterre qu'en France, il se produira des phénomènes d'arbitrage (c'est l'achat en Angleterre de ce bien pour le revendre en France avec un bénéfice) qui peu à peu conduiront au prix unique. De nombreux phénomènes entravent aujourd'hui ce mécanisme (exemple des prix des automobiles en Europe où les constructeurs différencient les prix selon le pays pour un même véhicule).

LOIS SUR LES PAUVRES

Ensemble de lois (les *poor laws*) qui, au début du XVIIe siècle en Grande-Bretagne, organisaient l'assistance systématique en faveur des indigents (pauvres, invalides, enfants).

Les paroisses devaient ainsi verser des ressources aux invalides et trouver du travail aux autres pauvres. Cette dernière obligation donna naissance aux *workhouses*, maisons de travail rassemblant les personnes valides. La loi sur le domicile (1662) obligea les pauvres à ne pas changer de domicile, tandis que l'acte de Speenhamland (1795) reconnut le droit de chacun à un minimum de subsistances (fonction du prix du blé notamment).
Les économistes libéraux, comme Adam Smith et Thomas Malthus, critiquèrent cette assistance qui empêchait l'industrie de bénéficier d'une main-d'œuvre plus mobile et acceptant une moindre rémunération. C'est seulement en 1834 que fut abolie la loi sur le domicile, l'assistance devenant de son côté, plus sélective.

LUDDISME

Mouvement d'ouvriers qui, en Angleterre au début du XIXe siècle, pratiqua la destruction des machines accusées de provoquer le chômage.

MAASTRICHT (TRAITÉ DE)

Traité signé en 1992 entre les pays de la Communauté européenne et instituant une Union européenne. Tirant son nom de la ville des Pays-Bas dans laquelle il a été en grande partie négocié, il institue une Union européenne comprenant deux volets : l'Union économique et monétaire, et l'Union politique.

Sur le plan économique, l'élément central du traité consiste dans l'adoption d'une monnaie unique, au plus tard en 1999, gérée par une banque centrale européenne.
Sur le plan politique, le traité cherche à renforcer la coopération entre les pays. À cet égard, la nouvelle Union européenne comporte trois éléments :
– la Communauté européenne perd son qualificatif d'« économique » pour mettre l'accent sur de nouveaux objectifs ;
– la coopération en matière de politique étrangère et de défense avec la création d'une politique étrangère et de sécurité commune (PESC) ;
– la création d'une Europe sociale ; celle-ci doit cependant se faire à onze, car le Royaume-Uni a refusé une harmonisation de toutes les législations en matière sociale (le Royaume-Uni bénéficie d'une « clause d'exception »).

● VOIR construction européenne, Union économique et monétaire.

MACROÉCONOMIE

Étude des relations entre les données globales de l'économie (les agrégats) telles que la production, l'emploi, l'épargne, l'investissement, la consommation.

● VOIR économie, microéconomie.

1ER MAI

Jour de la fête du travail.

Décidée en 1889 par le 1er congrès de la IIe Internationale socialiste et célébrée en France à partir de 1890, cette journée, symbolisant la lutte des travailleurs, fut souvent l'occasion de troubles dramatiques. Devenue fête légale en 1947, elle est aujourd'hui célébrée dans de nombreux pays.

MAI 1968

En France, comme dans d'autres pays industrialisés, la crise de mai 1968 s'est d'abord traduite par une révolte étudiante (grèves, manifestations, occupation des locaux universitaires, barricades dans les rues du Quartier latin à Paris, etc.) qui, au-delà d'une prestation contre la guerre du Viêt-nam, contestait les excès de la « société de consommation ».

À la mi-mai, la révolte étudiante fut rejointe par une agitation sociale (6 millions de grévistes le 20 mai) qui touchait toutes les professions. Sans perspectives politiques, cette agitation déboucha sur une vaste négociation sociale (accords de Grenelle). Le mouvement de mai 1968 prit fin avec la nette victoire de la majorité gaulliste aux élections législatives de juin 1968.

● VOIR accords de Grenelle.

MALTHUS (THOMAS)

REPÈRES BIOGRAPHIQUES

Économiste classique, Thomas Malthus est né à Londres en 1776. D'abord pasteur, il devient professeur d'économie politique en 1805. Il meurt en 1834. Son principal ouvrage est l'*Essai sur le principe de la population* (1798). Il s'est principalement intéressé aux liens existant entre démographie et économie.

MALTHUSIANISME

Doctrine inspirée de Thomas Malthus (1766-1834) qui prône une limitation volontaire de la population.

Dans son *Essai sur le principe de la population* (1798), Malthus montre que la population croît beaucoup plus vite que la production agricole, ce qui conduit à la misère, et à la mort de ceux qui ne peuvent être nourris. Pour lui, seule la contrainte morale, c'est-à-dire la renonciation à la procréation, pour ceux qui n'ont pas les moyens d'entretenir tous leurs enfants, peut limiter le développement de la population. Les politiques démographiques malthusiennes cherchent donc à limiter le nombre des naissances.

● VOIR loi de Malthus, natalisme.

MALTHUSIANISME ÉCONOMIQUE

La doctrine du mathusianisme, qui s'inspire des analyses de l'économiste anglais Thomas Malthus prônant une restriction volontaire des naissances pour lutter contre la surpopulation, est à l'origine de la notion de « malthusianisme économique ». Ce terme désigne alors l'attitude ou des pratiques reposant sur la réduction volontaire de la production.

Dans une situation de surproduction et de baisse des prix, la réponse donnée par les malthusiens est de restreindre l'offre (destruction de la production et des capacités de production) empêchant alors toute reprise ultérieure. Le malthusianisme économique, qui s'oppose donc aussi au libéralisme, a souvent permis de qualifier un état d'esprit courant en France durant l'entre-deux-guerres.

MARCHÉ

Lieu de rencontre de l'offre des vendeurs et de la demande des acheteurs dans le but de réaliser un échange.

Dans toutes les villes, il existe souvent un marché, situé parfois place du marché, sur lequel s'achètent (si l'on est client) et se vendent (lorsqu'on est commerçant) des produits de consommation courante, alimentaires le plus souvent.

Dans un premier sens courant, un marché est donc un endroit où se rencontrent des acheteurs et des vendeurs, les produits s'échangeant contre de l'argent.

Cependant, sur certains marchés, les vendeurs (offreurs) ne rencontrent pas physiquement les acheteurs (demandeurs). Par exemple, le marché des changes, où se rencontrent l'offre

Une typologie des marchés			
Offre / Demande	une seule entreprise	quelques entreprises	nombreuses entreprises
un seul acheteur	monopole bilatéral		monopsone
nombreux acheteurs	monopole	oligopole	concurrence

et la demande de monnaie nationale et de monnaie d'autres pays, met en relation des banques (auxquelles nous nous adressons pour obtenir des francs ou des devises étrangères) qui communiquent les offres et les demandes à l'aide d'un réseau moderne de télécommunication (téléphone, télécopie, etc.).
La rencontre de l'offre et de la demande peut s'effectuer en un lieu géographique spécifique (par exemple la Bourse où se vendent et s'achètent des actions et des obligations), mais parfois le lieu du marché n'est pas localisé : c'est le cas du marché des changes.
Enfin, un marché peut caractériser la situation de l'offre et de la demande pour un produit particulier sur une zone géographique bien déterminée ; on parlera ainsi du marché français de l'automobile ou du marché mondial des télécommunications. Il s'agit alors d'une conception très large du marché, entendu comme un état des lieux, une photographie reflétant la demande des consommateurs et l'offre des entreprises d'un secteur particulier.
La théorie économique propose une classification des types de marchés à partir du nombre de vendeurs et d'acheteurs. Il est alors possible de donner des noms particuliers à certaines situations que l'on peut facilement observer dans la vie économique.

● VOIR concurrence, loi de l'offre et de la demande.

MARCHÉ À TERME

Marché sur lequel sont conclues des transactions dont les modalités (quantités vendues ou achetées, prix, échéance) sont fixées le jour de l'opération, mais dont la réalisation intervient à une date ultérieure.

Prenons le cas d'un opérateur qui vend à terme, à trois mois, une tonne de sucre à un prix de 3 000 francs. Il n'est pas obligé de disposer déjà de la marchandise. Dans ce cas, le jour de l'échéance, pour honorer son contrat, il doit acheter cette quantité sur le marché au comptant. Cet opérateur fera un bénéfice si le prix du sucre a baissé pendant la durée du contrat à terme. En effet, il achètera, par exemple, une tonne de sucre pour 2 000 francs afin de la livrer, contre un encaissement de 3 000 francs, à l'acheteur à terme (soit un bénéfice de 1 000 francs). Ainsi, un vendeur à terme spécule à la baisse et un acheteur de contrat à terme spécule à la hausse. En réalité, le but d'un marché à terme n'est pas la spéculation, mais la « couverture » contre un risque. En reprenant l'exemple, le marché à terme permet au vendeur réel de sucre d'éviter le risque de la baisse des cours de cette denrée entre la date du contrat et celle de sa réalisation ; il vendra donc à terme. En revanche, un véritable acheteur de sucre achètera un contrat à terme pour être certain du prix qu'il devra payer lorsqu'il achètera sa marchandise.

Il existe de nombreux marchés à terme, pour les marchandises (bourses de commerce), les actions, les devises.

● VOIR cote officielle, marché au comptant, marché des changes.

MARCHÉ À TERME INTERNATIONAL DE FRANCE (MATIF)

Marché d'opérations à terme permettant de se protéger contre les risques de fluctuation des taux d'intérêt. (Il ne concerne donc pas les valeurs mobilières, mais il est situé physiquement à la Bourse.)

MARCHÉ AU COMPTANT

Marché sur lequel sont conclues des transactions dont le règlement et la livraison interviennent immédiatement.

● VOIR marché à terme.

MARCHÉ COMMUN

Ensemble de pays qui décident de laisser circuler librement entre eux les marchandises, les services, les personnes, les capitaux et les monnaies. Le marché commun désigne aussi l'association conclue en 1957 par 6 pays européens pour créer la Communauté économique européenne (traité de Rome).

Lorsque toutes ces composantes du marché commun sont réunies, on peut alors parler de marché unique entre les États membres. Dans un véritable marché commun, il y a intégration monétaire et intégration financière. L'intégration monétaire, qui correspond à la circulation parfaite des devises, c'est-à-dire à la possibilité d'utiliser n'importe quelle devise d'un pays membre dans un autre pays membre, exige un système de changes fixes. L'intégration financière correspond à la mobilité parfaite des capitaux et peut se mesurer par l'égalité des taux d'intérêt réels (taux d'intérêt nominaux corrigés du taux d'inflation) entre les pays.

● VOIR Acte unique européen, construction européenne, union douanière, union économique, zone de libre-échange.

MARCHÉ CONTESTABLE

Marché pour lequel il n'existe aucun obstacle à la venue d'un nouveau concurrent. L'entrée sur le marché de ce dernier est peu coûteuse.

La notion de marché contestable (elle est due à l'économiste américain Baumol au début des années 80) définit la concurrence par la liberté d'entrée et de sortie d'un marché. Ainsi, un marché est « contestable », et donc la concurrence est sauvegardée, si l'entrée y est absolument libre (aucun obstacle pour entrer sur le marché) et si la sortie est peu coûteuse (les coûts irrécupérables doivent être faibles, sinon l'entreprise ne peut prendre le risque d'entrer sur le marché). Cette théorie montre que la concurrence n'est pas forcément liée à un nombre important d'offreurs et de demandeurs. Il peut y avoir une très forte concurrence entre deux firmes seulement, et la simple possibilité de nouveaux concurrents suffit à éviter une hausse des prix.

● VOIR concurrence, marché.

MARCHÉ DES CHANGES

Marché où s'achètent et se vendent les devises, c'est-à-dire les différentes monnaies convertibles.

La confrontation de l'offre et de la demande de devises permet la détermination du prix d'une devise dans une autre (cours du change). Par exemple, l'offre des francs sur le marché des changes pour obtenir des marks conduit, s'il n'y a pas d'autres opérations de change, à une hausse du mark par rapport au franc (et

symétriquement à une baisse du franc par rapport au mark), si bien que par la suite il faudra davantage de francs pour recevoir la même quantité de marks.
Enfin, le marché des changes fonctionne en continu, c'est-à-dire que les cours de change des différentes devises, qui sont toujours déterminés par rapport au dollar, peuvent se modifier constamment, en fonction des offres et des demandes qui apparaissent à un endroit de la planète. On peut donc observer sur le marché des changes une multitude de cours successifs.
Sur le marché des changes au comptant, l'achat et la vente de devises se réalisent à un cours déterminé, le règlement intervenant immédiatement.
Sur le marché des changes, on peut aussi réaliser des opérations de « change à terme ». On parlera alors de marché des changes à terme pour ces opérations où le règlement intervient à une échéance plus ou moins lointaine et à un cours (différent du cours au comptant du jour de la négociation) déterminé au départ.

● VOIR change, changes fixes/changes flottants, marché à terme, risque de change.

MARCHÉ DU TRAVAIL

Relation entre les demandeurs d'emploi et les entreprises qui proposent une activité.

Le marché du travail a un double sens. Au sens courant, il désigne la situation de l'emploi dans une économie et, plus précisément, l'état des emplois disponibles (nature, qualifications exigées, quantité). On dira ainsi que les demandeurs d'emplois, c'est-à-dire les chômeurs, ont des difficultés pour s'insérer sur le marché du travail, car les offres d'emplois des entreprises sont insuffisantes.
Le marché du travail est aussi un concept économique. C'est un marché mettant en relation ceux qui offrent leur travail (les salariés) et ceux qui demandent ce service qu'est le travail (facteur de production pour les entreprises). Langage courant et langage économique s'opposent ici, car l'offre du travail des salariés (notion économique) correspond à la demande d'emploi (sens courant). À l'inverse, la demande de travail des entreprises correspond à l'offre d'emploi (sens courant).
Sur le marché du travail, la confrontation de l'offre et la demande conduit à déterminer deux grandeurs : le salaire et le niveau d'emploi. La théorie néoclassique utilise ce mécanisme de marché pour démontrer que le chômage ne peut être durable. Il suffit, en effet, de diminuer les salaires pour que la demande de travail des entreprises s'accroisse et fasse disparaître le chômage. Les économistes keynésiens ont cependant contesté ce mécanisme, car une baisse des salaires réduit le pouvoir d'achat et donc la demande qui s'adresse aux entreprises, de telle sorte que celles-ci ne sont nullement incitées à embaucher, pour accroître leur production. Le chômage résulte au contraire d'une insuffisance de la demande effective.

● VOIR chômage, économie keynésienne, économie néoclassique, politique de l'emploi.

MARCHÉ FINANCIER

1. Au sens strict, désigne le compartiment de la bourse des valeurs qui concerne les émissions d'actions et d'obligations (marché primaire pour les capitaux à long terme).
2. Au sens large, désigne la bourse elle-même (marché primaire et marché secondaire où s'échangent actions et obligations déjà émises).

Par extension, les « marchés financiers » désignent l'ensemble des opérations financières internationales (tant pour les valeurs mobilières sur toutes les places financières du monde que pour les monnaies).

● VOIR bourse des valeurs, marché monétaire, système financier international.

Marché hors cote

Marché financier moins réglementé que la cote officielle (règlement mensuel et marché au comptant), ou que le second marché et dont les conditions d'accès pour une entreprise sont moins rigoureuses (toute entreprise peut voir ses actions cotées sur le hors cote).

● Voir cote officielle.

Marché monétaire

Marché des capitaux à court et moyen terme (par opposition au marché financier des capitaux à long terme).

Depuis 1985, le marché monétaire comprend deux compartiments, le marché interbancaire et le marché des titres courts.

Le **marché interbancaire,** réservé aux banques, assure la rencontre des offres et des demandes de monnaie banque centrale. Ce sont donc les banques qui s'y échangent quotidiennement leurs excédents et leurs déficits de trésorerie (c'est la compensation interbancaire). La Banque de France peut intervenir sur ce marché afin de retirer des liquidités, selon les objectifs de politique monétaire.

Sur l'autre **marché** monétaire, celui **des titres courts**, les banques, les entreprises ou l'État peuvent émettre ou s'échanger des titres négociables (de 10 jours à 7 ans) ; la création de billets de trésorerie (pour les entreprises), de certificats de dépôts (pour les banques) et de bons du Trésor négociables donne l'accès du marché des capitaux à court terme à ces agents alors qu'autrefois, pour leurs placements ou leurs emprunts à court terme, ils devaient s'adresser aux banques (intermédiation), à des conditions moins intéressantes. L'ouverture du marché monétaire à l'ensemble des investisseurs (les compagnies d'assurances, les caisses de retraites, etc.) permet notamment aux banques de satisfaire leurs besoins de liquidité bancaire sans s'adresser à d'autres banques.

● Voir création monétaire, liquidité bancaire, open market, politique monétaire.

Marché noir

Marché clandestin qui apparaît lorsqu'il existe des rationnements (la demande est largement supérieure à l'offre, mais les prix sont fixés).

Certains producteurs sont alors tentés de vendre leurs marchandises sur le marché noir à un prix plus élevé. Sur le marché noir, l'équilibre de l'offre et de la demande se rétablit par l'augmentation des prix des produits concernés.

Marge

Différence entre un prix de vente et un prix de revient.

Dans une entreprise commerciale, la marge correspond au chiffre d'affaires hors taxe, diminué du coût d'achat des marchandises.

● Voir chiffre d'affaires.

Marge brute d'autofinancement (MBA)

Cf. capacité d'autofinancement.

Marge de fluctuation

Possibilité pour une monnaie appartenant à un système de changes fixes de fluctuer autour de sa parité fixée par l'accord de change.

● Voir Système monétaire européen, système monétaire international.

Mariage

Institution sociale organisant et réglementant la création du groupe conjugal.

Outre l'union des conjoints, le mariage peut remplir de nombreuses fonctions sociales (alliances entre plusieurs familles ou groupes) et économiques (échanges de biens entre les groupes, maintien et accroissement des patrimoines, etc.).
Les modalités du mariage varient considérablement selon les sociétés et les époques, mais une règle commune se dégage cependant : la prohibition de l'inceste (interdiction de mariages entre parents proches).
En matière de choix du conjoint, on observe aussi certaines règles sociales, comme par exemple l'**endogamie** qui est l'obligation pour une personne de chercher son conjoint à l'intérieur du groupe auquel elle appartient (clan, groupe territorial, caste, société, milieu social). L'exogamie est le contraire de l'endogamie.

● VOIR famille, homogamie, nuptialité.

MARX (KARL)

REPÈRES BIOGRAPHIQUES

Né en Allemagne en 1818, Karl Marx a été un philosophe et un militant révolutionnaire. Son œuvre majeure, *Le Capital* (1867 pour une partie de l'ouvrage), est restée inachevée. Il est mort à Londres en 1883. Il est à l'origine d'un ensemble de thèses assemblées sous le terme de « marxisme ».

La prudence dans l'analyse s'est souvent effacée devant la doctrine politique. Pourtant, l'œuvre de Marx est loin de présenter une vision unique de la réalité, une orthodoxie précise. Au contraire, la diversité de ses travaux, historiques, économiques, politiques, philosophiques, témoigne du caractère ouvert de ses réflexions. L'analyse du capitalisme n'a donc pas conduit Marx à fournir des éléments définitifs. En particulier, il met en évidence non des lois de développement inéluctables, mais seulement des tendances, susceptibles d'être infirmées par des mouvements inverses.
Le marxisme a cependant donné une place particulière à l'économie dans l'analyse de l'évolution politique, historique et sociale. Les facteurs économiques et matériels expliquent bien des phénomènes, même s'ils ne sont pas seuls en cause.

● VOIR classes sociales, marxisme.

MARXISME

Ensemble des thèses exposées par le philosophe allemand Karl Marx (1818-1883).

S'il est impossible de séparer le marxisme de l'utilisation qui a été faite de cette doctrine au cours du XXe siècle, on ne présentera cependant ici que la composante économique de l'œuvre de Marx.

1) Les modes de production

Chaque société peut se caractériser, à un moment donné, par son mode de production.
Celui-ci désigne la combinaison de deux éléments qui sont les forces productives et les rapports de production.
Les forces productives regroupent les instruments de production, la force de travail, physique et intellectuelle, des hommes, les objets du travail, les sciences et les techniques en vigueur, l'organisation du travail. À l'occasion de cette activité de production, les hommes nouent entre eux des relations sociales que Marx appelle précisément des **rapports de production**.
En particulier, les rapports de production correspondent aux rapports de propriété des moyens de production (machines, usines, etc.) et permettent de donner une définition des classes sociales selon la place qu'elles occupent par rapport à la propriété de ces moyens.
Ainsi, au lieu de parler de régime économique ou de structure sociale à une époque donnée, Marx utilise la notion de mode de production. Il peut alors distinguer les étapes de l'histoire humaine en déterminant quatre modes de production :

– le mode de production asiatique se caractérise par des sociétés quasi esclavagistes dans lesquelles la population est subordonnée à l'État, qui est relativement développé, centralisé et fort ;
– le mode de production antique est caractérisé par l'esclavage ;
– le mode de production féodal est défini par le servage, la société étant divisée en deux camps antagonistes, les seigneurs et les serfs ;
– le mode de production capitaliste ne se distingue pas par la propriété des moyens de production, mais par le salariat qui assimile le travail des hommes à une marchandise qui peut être achetée et vendue.

2) La dynamique des modes de production

Pour Marx, le mouvement de l'histoire s'explique par les contradictions entre les forces productives et les rapports de production. Dans un mode de production, les forces productives représentent un élément dynamique comme le montrent l'histoire des découvertes, les inventions, les progrès de la division du travail, la rationalisation de la production, etc. Comme les rapports de production sont, en revanche, relativement stables et immuables, il arrive un moment où ils entravent le développement des forces productives.

Ce schéma peut ainsi expliquer le passage du mode de production féodal au mode de production capitaliste. Ainsi, la naissance de l'industrie moderne avec les manufactures et le développement de l'économie marchande sont venus peu à peu buter sur des rapports de production figés (division de la société en ordres, corporations qui entravaient la liberté du commerce et du travail). En effet, comme le rappelle Marx, « les conditions féodales de la propriété ne correspondaient plus aux forces productives déjà développées. Elles se transformaient en autant de chaînes. Il fallut les briser ; elles furent brisées ».

Le même processus doit, selon Marx, conduire du mode de production capitaliste au mode de production socialiste ou communiste. À travers une série de crises, le capitalisme doit peu à peu s'effondrer pour laisser la place au socialisme (« à chacun selon son travail »), puis au communisme (« de chacun selon ses capacités, à chacun selon ses besoins ») caractérisé par l'abolition de l'État, des classes sociales et de l'exploitation de l'homme par l'homme.

3) Le matérialisme historique

Ce schéma d'analyse a reçu le nom de matérialisme historique. Il s'agit d'abord d'un matérialisme, car ce sont les conditions matérielles, c'est-à-dire la base économique de la société, qui expliquent le mouvement de l'histoire. Ce ne sont donc pas les idées qui mènent le monde, mais les contradictions qui naissent au sein du mode de production de chaque société (contradictions qui assurent aussi le développement de la lutte des classes). Karl Marx est ainsi amené à opposer l'**infrastructure** d'une société (son mode de production) et sa **superstructure** qui comprend l'organisation juridique (le droit), l'organisation politique, etc. Une superstructure caractérise donc tout mode de production, mais elle en est le reflet, la conséquence.

Ce matérialisme peut être qualifié en outre d'historique, car Marx montre comment les modes de production se sont nécessairement succédés dans l'histoire.

4) L'analyse du système capitaliste

Selon Marx, la société capitaliste est divisée en deux classes antagonistes. C'est la propriété privée des moyens de production qui est à l'origine de cette organisation économique et sociale : ceux qui possèdent des moyens de production (la bourgeoisie ou les capitalistes) dominent et exploitent ceux qui ne possèdent que leur travail, leur « force de travail » (les prolétaires et le prolétariat, c'est-à-dire la classe ouvrière). Cette capacité de travail est donc une simple chose, une marchandise comme une autre.

Selon la théorie marxiste, les capitalistes achètent cette force de travail contre un salaire de subsistance (qui assure juste la survie des ouvriers, c'est-à-dire l'entretien et la reproduction de leur force de travail), mais ils opèrent surtout un prélèvement sur la valeur créée par le travail de ces ouvriers. En effet, la force de travail peut fournir davantage de travail qu'elle n'en coûte. Rappelons que Marx, comme certains économistes classiques (Ricardo par exemple), considère le travail comme l'unique source de la valeur des biens produits. La différence entre la quantité de travail fournie par les ouvriers et la quantité de travail juste nécessaire au paiement de leurs salaires revient au capitaliste : c'est la **plus-value**. Elle résulte donc de la propriété privée des moyens de production et de l'exploitation des salariés.

Mais, selon Marx, le capitalisme est un système dans lequel se développent des contradictions qui peuvent l'amener à disparaître. Il existe ainsi une contradiction entre capitalistes et prolétaires, mais aussi au sein même de la classe des capitalistes.

L'essence du capitalisme réside dans le réinvestissement des profits (les marxistes parlent, à ce propos, d'accumulation), mais le développement illimité de la production s'oppose aussi au pouvoir d'achat de plus en plus limité des salariés (phénomène de paupérisation). Alors apparaissent régulièrement des crises de surproduction. Marx montre ainsi que les crises sont des phénomènes nécessaires de remise en ordre.

● VOIR aliénation, classes sociales.

MASSE MONÉTAIRE

Quantité de monnaie en circulation dans l'économie. Il s'agit de la monnaie au sens large.

La masse monétaire comprend de multiples éléments dont les billets, les pièces et les dépôts à vue ne constituent qu'une partie. Elle comprend des actifs monétaires qui sont des moyens de paiement immédiats, mais aussi des actifs non monétaires, c'est-à-dire de l'épargne, qui peuvent être plus ou moins rapidement transformés en moyens de paiement.

Les agrégats monétaires sont un regroupement, établi de façon conventionnelle, de tous ces actifs dans quelques grandes catégories qui s'imbriquent les unes dans les autres. M1, appelé aussi « disponibilités monétaires », regroupe les monnaies divisionnaires, les billets et les comptes à vue. C'est la masse monétaire au sens strict.

M2 comprend, outre M1, un ensemble d'actifs appelés aussi « quasi-monnaie » : placements à vue rémunérés (compte sur livret, livret de caisse d'épargne, codevi, compte d'épargne logement). Les sommes qui sont sur ces comptes n'ont pas de pouvoir libératoire immédiat (elles ne peuvent servir à régler une transaction), mais elles peuvent être transformées instantanément en moyens de paiement.

M3 regroupe M2 et les placements à terme : dépôts en devises, titres du marché monétaire émis par les banques. Il représente donc la masse monétaire au sens large. C'est sur cet agrégat M3 que portent les normes de progression de la masse monétaire, définies par les pouvoirs publics.

Enfin l'agrégat M4, comprend M3 ainsi que les autres titres du marché monétaire (billets de trésorerie pour les entreprises, bons du Trésor négociables pour l'État). Depuis 1990, il existe aussi des agrégats de placement, de P1 à P3 (P1 représentant l'épargne stable comme les plans d'épargne logement).

● VOIR création monétaire, monnaie, politique monétaire.

MAUSS (MARCEL)

REPÈRES BIOGRAPHIQUES

Sociologue français (1872-1950), disciple de Durkheim, il est l'un des fondateurs de l'anthropologie. Son principal ouvrage est l'*Essai sur le don* (publié dans la revue *L'Année sociologique* de 1923-1924).

Pour Marcel Mauss, l'échange est le commun dénominateur d'un grand nombre d'activités sociales. Mais il s'agit moins d'échanges économiques intéressés que d'échanges sociaux croisés et continuels permettant de symboliser la vie collective. Dans l'*Essai sur le don,* qui concerne les sociétés traditionnelles, il montre que ce type d'échanges s'observe à travers trois obligations : obligation de donner (refuser de faire un don, c'est refuser l'alliance), obligation de recevoir (c'est une contrainte sociale forte, car on ne peut refuser un don) et obligation de rendre (contre-don ou contre-prestation). Ce « système de prestations totales » ne porte pas tant sur des biens et des richesses que sur des politesses, des festins, des rites, des cérémonies, etc., réalisés par des groupes (clans, tribus, familles) et non par des personnes. Ces échanges créent donc des droits et des devoirs, et leur caractère obligatoire est au fondement même de la vie sociale.
Mauss rapproche ses analyses sur le don de la cérémonie indienne (Amérique du Nord) du potlatch qui est une confrontation de chefs de tribus où la compétition porte sur les cadeaux qu'ils se font entre eux. Il faut ainsi manifester sa supériorité en donnant, en dépensant ses richesses. À l'inverse, accepter sans rendre ou rendre moins que ce qui a été reçu revient à se subordonner. Ainsi, Mauss confirme encore que la richesse est moins recherchée pour son utilité économique que pour son utilité sociale, qui est ici de servir de moyen de prestige et de domination.

MÉDIANE

Valeur d'une série statistique qui divise l'effectif de la série en deux parties égales. Par exemple, le revenu médian d'une population de salariés est le revenu tel que la moitié des salariés gagne davantage et l'autre moitié moins.

● VOIR dispersion.

MÉNAGE

Ensemble des personnes partageant le même logement, qu'elles aient ou non un lien de parenté (INSEE).

Un ménage peut donc être constitué d'une seule personne comme d'un grand nombre de personnes (une caserne, un couvent, par exemple). Dans chaque ménage, l'INSEE distingue une « personne de référence du ménage », appelée autrefois « chef du ménage ».
Les personnes qui appartiennent à un ménage sans appartenir à une famille sont dites « isolées ».

● VOIR famille.

MERCANTILISME

Doctrine en vigueur en Europe entre le XVe et XVIIIe siècle et qui est fondée sur la croyance à la prééminence des métaux précieux, l'or et l'argent constituant alors le facteur prédominant de la puissance des nations.

Une nation doit donc les accumuler en vendant plus à l'étranger qu'elle ne lui achète. Elle doit donc dégager des excédents commerciaux au détriment des autres nations. Cette doctrine a été utilisée pour justifier des pratiques opposées : protectionnisme et limitation des importations en Espagne ou bien volonté de vendre d'abord comme en Angleterre. En réalité, le mercantilisme a surtout été une notion utilisée par les économistes libéraux au XVIIIe siècle pour désigner et dénoncer la politique d'intervention de l'État. À cet égard, le « **colbertisme** », en protégeant les activités nationales par une réglementation douanière, visait moins à acquérir des métaux précieux qu'à stimuler l'industrie nationale.

● VOIR protectionnisme.

MÉRITOCRATIE

Cf. égalité.

Microéconomie

Étude des comportements et des choix économiques effectués par les agents individuels (consommateurs, entreprises, etc.).

● Voir économie, macroéconomie.

MITI

Ministère de l'Industrie et du Commerce extérieur japonais (*Ministry of international trade and industry*).

Véritable lieu de concertation et de collusion entre l'État et les milieux d'affaires nippons, le MITI organise, planifie même, le développement industriel du Japon. Il favorise ainsi le développement d'industries stratégiques ou le repli de secteurs en difficulté.

Mobilité intragénérationnelle / mobilité intergénérationnelle

Formes distinctes de mobilité sociale selon qu'elles considèrent les individus ou les groupes sociaux.

La sociologie cherche à étudier les grandes évolutions, les permanences, les régularités que l'on peut observer sur une longue période. Elle privilégie ainsi l'analyse des groupes d'individus et non celle d'un individu particulier. L'étude sociologique de la mobilité sociale concerne donc surtout la mobilité entre les générations, c'est-à-dire les différences et les changements entre la position sociale des individus et la position sociale de leurs pères : c'est la mobilité intergénérationnelle. Elle s'oppose à la mobilité intragénérationnelle qui caractérise les changements de position sociale des individus au cours de leur vie active.

● Voir mobilité nette/mobilité structurelle, mobilité sociale, table de mobilité, reproduction sociale.

Mobilité nette / mobilité structurelle

Différentes formes de mobilité sociale selon que l'on tient compte ou non des effets induits par l'évolution de la structure socioprofessionnelle au cours du temps.

L'interprétation des données statistiques de la mobilité sociale est perturbée par l'existence d'une mobilité sociale structurelle entre deux périodes. Si, par exemple, le nombre d'agriculteurs diminue d'une génération à l'autre, certains fils d'agriculteurs devront nécessairement exercer un autre métier que celui de leur père et deviendront mobiles. À l'inverse, si le nombre de cadres supérieurs s'accroît dans une société, il y aura nécessairement des individus originaires d'autres PCS qui connaîtront une mobilité sociale ascendante en devenant cadre supérieur. En définitive, cette mobilité sociale est davantage le résultat d'une modification de la structure socioprofessionnelle (diminution du nombre d'agriculteurs et accroissement du nombre de cadres), ce qui explique le nom de mobilité sociale structurelle, que la conséquence d'une société plus égalitaire. La mobilité sociale qui ne découle pas des changements structurels s'appelle mobilité non structurelle ou mobilité nette. Précisons enfin qu'il est très difficile, voire impossible, de mesurer statistiquement l'une et l'autre.

● Voir mobilité sociale, reproduction sociale, table de mobilité.

Mobilité sociale

Changement de position sociale d'un individu ou d'un groupe d'individus.

Contrairement à la **mobilité professionnelle** (changement de profession), la mobilité sociale est un phénomène sociologique qui met en jeu les positions sociales des individus, c'est-à-dire les places dans la société lorsque l'on a découpé cette société en catégo-

ries, par exemple des professions et catégories socioprofessionnelles (nomenclature PCS de l'INSEE) ou des classes sociales. Ces catégories peuvent être hiérarchisées, certaines catégories étant considérées comme supérieures à d'autres. Le passage d'un individu d'un groupe social à un autre, jugé supérieur, correspond alors à une mobilité ascendante. Lorsqu'un ouvrier professionnel devient cadre ou patron de PME après s'être mis à son compte, il y a mobilité sociale ascendante. Parfois, il est plus difficile de préciser si la mobilité sociale est ascendante ou descendante comme le montre le cas d'un ouvrier qualifié qui devient employé. On peut ainsi distinguer la mobilité verticale (passage d'une position sociale à une autre, jugée supérieure ou inférieure) et la mobilité horizontale (passage d'une position sociale à une autre, jugée équivalente).
Si la mobilité sociale est toujours liée à une mobilité professionnelle, l'inverse n'est pas toujours vrai, car un individu peut changer de profession sans changer de position sociale.

● VOIR classes sociales, mobilité nette/mobilité structurelle, reproduction sociale, table de mobilité.

MODE DE SCRUTIN

Modalité d'élection des différentes institutions politiques ayant recours au suffrage universel.

Il existe deux grandes modalités d'élection (aux niveaux local, régional, national ou supranational comme les élections au Parlement européen). Ces modes de scrutin influencent nécessairement les choix des électeurs, la stratégie des partis et le fonctionnement des assemblées élues.

1) Le scrutin majoritaire

Dans le scrutin majoritaire, c'est le candidat qui a recueilli le plus de voix qui est élu.
Ce scrutin peut être à un ou deux tours. Dans ce dernier cas, il faut obtenir la majorité absolue (c'est-à-dire plus de la moitié des voix) des suffrages exprimés (nombre d'inscrits moins les abstentions) pour être élu au premier tour ; lors d'un second tour, la majorité relative suffit (c'est-à-dire arriver en tête des candidats).
Le **scrutin majoritaire** peut être **uninominal,** c'est-à-dire que le territoire est divisé en circonscriptions qui élisent chacune un seul candidat. En France, les députés sont élus au scrutin majoritaire uninominal à deux tours (seuls les candidats ayant obtenu 12,5 % des suffrages exprimés peuvent se représenter au second tour).
Au Royaume-Uni, c'est le même mode de scrutin, mais il n'y a qu'un seul tour. Le scrutin majoritaire peut être un **scrutin de liste** s'il y a plusieurs sièges à pourvoir dans une même circonscription. Les sièges sont alors donnés en totalité à la liste qui arrive en tête. En France, le scrutin majoritaire de liste à deux tours est utilisé pour les élections municipales dans les communes de moins de 3 500 habitants (avec droit de panachage, c'est-à-dire de mélange entre les listes).
Avec le scrutin majoritaire, l'électeur sait pour qui il vote, il connaît son élu. Mais certains le considèrent injuste, car il écarte définitivement ceux qui n'ont pas obtenu la majorité et accentue ainsi les tendances (un écart de voix faible entre majorité et opposition peut se traduire par des écarts de sièges beaucoup plus importants).
Pour la vie politique, ce scrutin est un facteur de simplification, car il impose aux forces politiques de se regrouper. Le scrutin à un tour conduit au bipartisme (situation britannique où deux partis dominent la vie politique) et le scrutin à deux tours conduit à un petit nombre de partis qui passent des alliances électorales (pour le second tour).
Pour la vie des institutions, c'est un scrutin qui assure la stabilité grâce à l'existence de majorités soudées et cohérentes.

2) Le scrutin proportionnel

Dans le scrutin proportionnel (ou représentation proportionnelle), la répartition des sièges se fait en fonction du nombre de voix obtenues par chaque liste. C'est un scrutin à un seul tour. Il s'agit en général de listes bloquées (pas de panachage, impossibilité d'éliminer un candidat de la liste).

Les modalités de ce scrutin sont complexes puisqu'elles consistent à déterminer un quotient électoral qui représente le nombre de voix nécessaire pour obtenir un siège. Le quotient correspond au nombre de suffrages exprimés divisé par le nombre de sièges à pourvoir.

Imaginons 1 000 votants pour 5 sièges, les listes A, B et C ayant obtenu respectivement 300, 580 et 120 voix (aucune abstention). Le quotient est 1 000 : 5 = 200 voix.

On fait un premier calcul :

– la liste A obtient un siège ; il lui « reste » 100 voix

– la liste B obtient deux sièges ; il lui « reste » 180 voix (soit 580 – 2 × 200)

– la liste C n'obtient aucun siège et il lui « reste » 120 voix.

Le deuxième calcul concerne l'affectation des « restes » aux deux sièges non encore pourvus.

Si l'on adopte **la règle du « plus fort reste »**, les deux sièges vont l'un à la liste B, l'autre à la liste C. Mais cette règle peut alors être jugée injuste, car A dispose alors d'un siège pour 300 voix alors que B en a 3 pour un nombre de votants qui est inférieur au double de voix de A.

L'autre **règle** est celle **de la « plus forte moyenne »**. Pour l'appliquer, on donne « fictivement » le quatrième siège à A, puis à B, puis à C et on calcule combien de voix représente, pour chaque liste, un siège obtenu. Ainsi, pour A, un siège représente 150 voix (300 : 2) ; pour B, c'est 193,33 (580 : 3) et pour C, un siège correspond à 60 voix (120 : 2). Le siège revient donc à B qui détient la plus forte moyenne. On procède ensuite de même pour le cinquième siège. Les résultats donnent le siège à A (A, toujours 150 ; B, 145 et C, 120).

Le scrutin proportionnel permet une représentation de toutes les sensibilités. Il donne par ailleurs un rôle important aux partis politiques qui choisissent eux-mêmes les candidats qui pourront être élus. Il conduit enfin à un certain émiettement qui favorise les combinaisons instables. Il peut entraîner une certaine instabilité en donnant un pouvoir exorbitant aux partis minoritaires qui sont en position charnière (qui peuvent donc faire et défaire les majorités).

Le scrutin proportionnel est utilisé en France pour les élections régionales. Il existe aussi un système mixte pour les élections municipales (dans les communes de plus de 3 500 habitants) : c'est un scrutin proportionnel permettant aux listes qui obtiennent la majorité absolue des suffrages exprimés de recevoir les trois quarts des sièges (les minorités disposent donc d'un quart des sièges).

● Voir démocratie, politique, pouvoir politique.

Mode de vie

Façon de vivre, de consommer, d'utiliser ses loisirs, son temps libre.

● Voir niveau de vie.

Mondialisation

Intégration économique mondiale qui va au-delà de l'internationalisation des échanges de marchandises, de services ou de capitaux et qui se caractérise par une plus grande mobilité internationale des ressources et par une concurrence accrue entre firmes et nations.

La mondialisation (*globalisation* en anglais) qui caractérise les années 80 et 90 s'explique par la conjonction et l'interaction de trois facteurs fondamentaux : l'accroissement des investissements directs, souvent croisés entre pays de la Triade (Amérique du Nord, Europe et Asie), les mesures de déréglementation dans divers secteurs (télécommunications et finance principalement) et le rythme soutenu de l'innovation (électronique par exemple). Avec la mondialisation, tous les secteurs deviennent exposés à la concurrence internationale tandis que les firmes sont elles aussi obligées de mener des stratégies mondiales. La mondialisation des entreprises désigne des stratégies qui visent moins à développer des activités à l'étranger qu'à mieux organiser l'ensemble de leurs opérations à l'échelle du monde.

● VOIR internationalisation, investissement direct.

MONÉTARISME

Doctrine économique inspirée par la théorie quantitative de la monnaie, et qui prône un contrôle de la masse monétaire pour lutter contre l'inflation.

L'analyse monétariste, en particulier celle de l'économiste américain Milton Friedman, reprend la théorie quantitative de la monnaie puisqu'elle considère que l'inflation est partout et toujours un phénomène monétaire. Critiquant les interventions de l'État en matière monétaire, les monétaristes proposent d'adopter des normes d'augmentation annuelle de la masse monétaire afin que celle-ci ne progresse pas plus rapidement que le taux de croissance de l'économie (certains monétaristes proposent même d'inscrire cette règle dans la Constitution).

L'idée centrale des thèses monétaristes est que la politique monétaire n'a, à long terme, aucun effet réel sur l'activité économique. Elle ne peut influencer, avec l'inflation, que les grandeurs nominales de l'économie.

L'histoire économique récente a, cependant, montré que l'inflation n'avait plus véritablement de liens avec l'évolution des agrégats de la masse monétaire. Dès lors, ce sont d'autres instruments (taux d'intérêt, taux de change) qui assurent la lutte contre l'inflation.

● VOIR Friedman, politique monétaire, théorie quantitative de la monnaie.

MONNAIE

Ensemble des moyens de paiements dont disposent les agents économiques pour régler leurs transactions.

1) Les trois fonctions de la monnaie

On distingue traditionnellement trois fonctions de la monnaie. Elle sert d'intermédiaire des échanges, d'unité de compte et d'instrument de réserve de valeur.

Dans certaines sociétés qualifiées de « primitives », les échanges, très limités, se réalisaient sous forme de troc. Les produits s'échangeaient contre d'autres produits. Lorsque les échanges se sont développés, le troc est devenu impossible et un bien quelconque (coquillage par exemple) a servi d'intermédiaire.

Les produits s'échangeaient alors contre ce bien particulier, appelé **monnaie d'échange.** Celui-ci permettait ensuite l'achat d'autres biens. La monnaie est donc un bien particulier, reconnu et accepté par tous, destiné à faciliter les échanges.

Avec l'introduction de la monnaie, on peut aussi mesurer et comparer des biens ou des services très différents. C'est donc aussi une **unité de compte** qui permet d'établir le prix de chaque bien. La monnaie détermine ainsi une échelle générale des prix entre tous les biens.

La monnaie est enfin un **instrument de réserve de valeur**, un instrument d'épargne. Cela signifie qu'elle peut être conservée afin de reporter dans le temps les achats. La monnaie représente alors, comme l'a écrit Keynes, « un lien entre le présent et l'avenir ». La mise en réserve de la monnaie pour des achats ultérieurs repose cependant sur le maintien du pouvoir d'achat de la monnaie (absence d'inflation).

2) Les formes de la monnaie

La monnaie se présente aujourd'hui sous plusieurs formes.

Il y a la **monnaie divisionnaire** (pièces ou monnaie métallique), la **monnaie fiduciaire** (billets de banque acceptés par tous, en lesquels tout le monde a confiance) et la monnaie scripturale qui correspond aux transferts d'un compte bancaire à un autre par simple jeu d'écriture (manuelle ou électronique).

Le règlement d'un achat dans un magasin grâce à un chèque correspond à l'utilisation de monnaie scripturale puisque la somme d'argent passe directement du compte du client au compte du magasin.

La **monnaie scripturale** désigne donc les dépôts à vue possédés par les agents économiques dans les comptes courants des banques (et de La Poste, avec le CCP). Elle circule grâce aux chèques, aux virements bancaires et aux cartes de crédits.

L'histoire de la monnaie depuis quelques siècles montre un processus constant de dématérialisation puisque les billets ont d'abord acquis la prépondérance face aux monnaies métalliques. Puis les chèques ont succédé (dans la deuxième moitié du XXe siècle) aux billets comme principal instrument de règlement des échanges. Enfin, une **monnaie électronique** tend à supplanter aujourd'hui l'usage des chèques.

Il faut enfin noter qu'une conception plus large de la monnaie est retenue par les autorités monétaires, car celles-ci rajoutent les avoirs qui, sans permettre de régler un achat immédiatement, peuvent très facilement se transformer en moyens de paiement (livret de caisse d'épargne par exemple).

● Voir création monétaire, masse monétaire, politique monétaire.

Monnaie banque centrale

Cf. liquidité bancaire.

Monnaie électronique

Moyen de règlement utilisant les cartes de paiement.

La monnaie électronique, c'est-à-dire l'utilisation de cartes de paiement, est un moyen de paiement de plus en plus utilisé. Les cartes bancaires permettent des retraits d'argent dans les guichets automatiques de banques et des paiements chez les commerçants, le débit du compte du propriétaire de la carte pouvant être différé. Les cartes de paiement des grandes surfaces et des grands magasins ne font pas partie, en revanche, des moyens de paiement électroniques.

Une autre conception de la monnaie électronique existe aussi ; elle concerne les systèmes électroniques d'encaissement : cartes à mémoire chargées d'une certaine somme d'argent appelées aussi « porte-monnaie électronique », comme par exemple les cartes téléphoniques.

Monnaie faible

Monnaie qui est plus souvent offerte que demandée sur le marché des changes et dont la valeur se déprécie par rapport aux autres monnaies.

● Voir dévaluation, politique de monnaie forte.

Monnaie forte

Monnaie fortement demandée sur le marché des changes et dont la valeur s'apprécie par rapport aux autres monnaies.

● Voir dévaluation, marché des changes, politique de monnaie forte.

Monnaie unique

Cf. Union économique et monétaire.

Monopole

Caractère d'une entreprise qui est seule à vendre un certain produit. Forme de concurrence imparfaite dans laquelle un vendeur (offre) fait face à une multitude d'acheteurs (demande).

Lorsqu'un seul vendeur propose un certain produit, il s'agit d'un monopole (le monopole est bilatéral s'il fait face à un seul acheteur). Une entreprise qui est seule sur un marché peut donc fixer elle-même son prix. Le prix est supérieur au prix qui résulterait de la libre concurrence sur le marché, mais il ne peut s'élever sans limite. En effet, il existe une limite au pouvoir du monopole : la demande du consommateur ; celle-ci baisse si le prix augmente. Une entreprise en situation de monopole peut choisir de produire, pour un même niveau de profit, une grande quantité de produits vendus à un prix faible ou une petite quantité vendue à un prix élevé (c'est la connaissance de la courbe de demande du consommateur qui permet au monopole de faire le meilleur choix possible).
Les vrais monopoles sont très rares (EDF par exemple), car il y a toujours des produits substituables (exemple de la SNCF concurrencée par la route et les compagnies aériennes). Les origines d'un monopole sont diverses : une innovation technologique, une situation géographique privilégiée ou une réglementation. Certains monopoles ont une origine historique, comme la SEITA qui détient, depuis Colbert au XVIIe siècle, le monopole de la distribution du tabac et des allumettes en France.
L'existence de monopoles s'explique surtout par la présence de coûts fixes importants, compte tenu de la taille du marché. En effet, ces coûts (infrastructure coûteuse comme pour les chemins de fer, coûts de recherche exorbitants) sont trop élevés pour pouvoir être amortis s'il existe plus d'une entreprise.
Il existe enfin une dernière catégorie de monopole, le « **monopole discriminant** ». Comme certains consommateurs sont prêts à payer plus que d'autres, une solution idéale pour le monopole consiste à établir une discrimination entre ses clients, en pratiquant des tarifs différents pour chacun d'eux. Il améliore ainsi son profit (exemple de la compagnie aérienne qui propose des tarifs différents pour des services quasiment identiques).

● Voir concurrence, loi de l'offre et de la demande, marché, monopsone, oligopole.

Monopsone

Marché d'un produit caractérisé par une offre abondante face à un acheteur unique.

La SEITA, par exemple, est un monopole d'achat (monopsone), car tous les producteurs français de tabacs doivent lui vendre leurs récoltes.

● Voir concurrence, marché, monopole.

Moratoire

Mesure prise par les créanciers d'un pays, d'une entreprise ou de particuliers (exemples des loyers en France en 1914) consistant à accorder au débiteur un délai pour régler ses dettes.

Concrètement, un moratoire signifie que les obligations du débiteur sont suspendues. Le moratoire Hoover, décidé par le président américain en 1931, a ainsi suspendu le paiement des dettes allemandes (les « réparations ») liées au premier conflit mondial.

Mouvement social

Nom donné par le sociologue français contemporain Alain Touraine à de nouvelles formes d'actions collectives visant à transformer l'ordre social.

Ces mouvements (féministes, pacifistes, écologistes, etc.) ne concernent plus directement l'univers de la production et de l'économie (comme le mouvement ouvrier autrefois), mais ils se situent dans le champ de la culture et de la société.

MOYEN DE PRODUCTION

Cf. capital technique.

MOYENNE

Outil statistique permettant de résumer dans un seul chiffre des informations nombreuses concernant une même grandeur. Moyenne arithmétique simple et moyenne pondérée sont les deux types de moyenne les plus fréquemment employés.

1) Moyenne arithmétique simple

La moyenne arithmétique est la plus connue des moyennes. Ainsi, une moyenne trimestrielle établie à partir des notes de devoirs de même importance consiste à ajouter les valeurs observées (les notes) puis à diviser le résultat par le nombre d'observations.

Exemple : Si les notes sont 10, 12, 8, 7 et 15.

La moyenne est :

$$\frac{10+12+8+7+15}{5} = \frac{52}{5} = 10,4$$

La moyenne arithmétique, notée $\overline{x}$ (on dit « x barre »), s'obtient en faisant la somme des variables observées et en divisant le résultat par le nombre d'observations :

$$x = \frac{x_1 + x_2 + \ldots + x_n}{n}$$

$x_1, x_2, \ldots x_n$ étant les n variables observées.

La moyenne, qui s'exprime dans la même unité que les variables observées, est qualifiée de moyenne arithmétique simple lorsque chaque variable observée a le même « poids », la même importance dans le calcul.

2) Moyenne pondérée

La moyenne pondérée est utilisée lorsque les termes dont on cherche à calculer la moyenne n'ont pas la même importance.

Reprenons l'exemple des notes. Les notes 9, 10, 9, 11, 11 ont pour moyenne simple 10. Mais on peut aussi considérer que 10 est la moyenne des trois notes 9, 10 et 11, la fréquence des notes 9 et 11 étant chacune de deux fois sur cinq notes. On peut encore considérer que certaines notes ont davantage d'importance que d'autres et qu'elles sont affectées d'un coefficient plus grand que 1.

Ainsi, 10 est la moyenne des notes 9 (coefficient 2), 10 (coefficient 1) et 11 (coefficient 2).

10 est ainsi une moyenne pondérée que l'on peut calculer de deux manières :

$$\frac{9+10+9+11+11}{5} \text{ ou}$$

$$\frac{(9\times 2)+(10\times 1)+(11\times 2)}{2+1+2}$$

Dans le deuxième cas, le dénominateur correspond à la somme de tous les coefficients. Le dernier calcul représente la moyenne pondérée des trois notes 9, 10 et 11, les pondérations, c'est-à-dire le poids de chaque note, correspond aux différents coefficients.

On peut définir ainsi la moyenne pondérée :

Soit x1, x2,..., xn les n valeurs observées.

Si chaque valeur xi apparaît mi fois, la moyenne pondérée est :

$$\frac{m_1 x_1 + m_2 x_2 + \ldots + m_n x_n}{m_1 + m_2 \ldots + m_n}$$

On remarque aisément que si mi = 1, on retrouve la moyenne arithmétique simple.

● VOIR dispersion.

MULTINATIONALE

Cf. firme multinationale.

MULTIPLICATEUR

Processus économique général montrant que l'augmentation d'une grandeur économique

Multiplicateur ◆

entraîne l'accroissement plus important d'une autre grandeur. L'effet multiplicateur est un élément fondamental de la théorie économique keynésienne.

1) L'exemple du multiplicateur d'investissement

On peut présenter ce mécanisme avec l'exemple du multiplicateur d'investissement keynésien. Keynes montre qu'une dépense supplémentaire d'investissement (ΔI) dans une économie détermine une hausse plus importante de la production nationale (ΔY). Les richesses nouvellement produites sont ainsi supérieures à la dépense d'investissement initiale.

$$\Delta Y = k\,\Delta I$$

k étant le coefficient multiplicateur.
Décrivons d'abord le processus : supposons que l'investissement augmente de 100 millions dans une branche quelconque de l'économie. Ces sommes vont alors être distribuées aux agents économiques qui ont contribué à produire les biens d'équipement ; ceux-ci vont à leur tour dépenser une partie de ces revenus (ils épargnent l'autre partie), cette dépense fournissant de nouveaux revenus pour d'autres agents économiques qui, eux aussi, consommeront une part de ces nouvelles ressources, et ainsi de suite.
Il s'agit donc d'un processus en chaîne où, à chaque étape, la partie du revenu qui est consommée augmente la production de biens et entraîne la distribution de nouveaux revenus. Mais le multiplicateur n'est pas un processus sans fin puisque les sommes distribuées sont, à chaque étape, moins importantes en raison de la part qui est épargnée.
On peut donner une illustration de l'effet multiplicateur en supposant que la part consommée est identique à chaque étape du processus et égale à 0,8. Ce chiffre représente la propension marginale à consommer (c), c'est-à-dire la partie du revenu supplémentaire qui induit une augmentation de la consommation ($\Delta C = c\Delta R$).
Le résultat de ce processus est qu'à chaque étape la production totale augmente (aux 100 millions de la production initiale s'ajoutent 80, puis 64, etc., *voir tableau ci-dessous.*). Quelle est alors la production totale issue de l'effet de multiplication ?
Les mathématiques montrent que la somme infinie est la suivante :

$$100 + 0{,}8 \times 100 + 0{,}8\,(0{,}8 \times 100)^2 + \cdots$$

ou encore

$$100 + c \times 100 + c^2 \times 100 + \ldots + c^n \times 100$$

$$\text{soit } 100\,(1 + c + c^2 + \ldots + c^n)$$

On admet le résultat suivant :

$$100 \times \frac{1}{1-c} = 100 \times \frac{1}{1-0{,}8} = 500$$

Ainsi, un investissement initial de 100 millions entraîne une augmentation de la production nationale de 500 millions.
On a donc $\Delta Y = k\Delta I$, avec $k = 5$.
Le multiplicateur a pour formule générale :

$$k = \frac{1}{1-c}$$

L'effet multiplicateur, ainsi que le coefficient multiplicateur, dépendent

	Production (P)	Consommation (C)	Épargne (E)
Investissement initial : 100 →	100 →	80 →	20
1re étape	80	64	16
2e étape	64	51,2	12,8
3e étape	51,2		

donc de la propension marginale à consommer. Si celle-ci est faible, c'est-à-dire si une partie importante de nouveaux revenus est épargnée, l'effet multiplicateur joue moins.

2) Les effets multiplicateurs

Le processus décrit pour l'investissement peut être appliqué à de nombreuses autres grandeurs économiques. On distingue ainsi les multiplicateurs concernant les différentes composantes de la demande.

L'impulsion, l'origine du mécanisme se situe dans une composante de la demande (des ménages, des entreprises, de l'État) tandis que le point d'arrivée est toujours le production ou le revenu national.

Le multiplicateur des dépenses publiques montre le rôle joué par la demande autonome de l'État ; les achats supplémentaires de l'État induisent une augmentation de la production plus importante que la dépense initiale.

Le multiplicateur des impôts, ou multiplicateur fiscal, décrit l'effet d'une baisse des impôts, celle-ci conduisant à une augmentation des revenus des contribuables et donc à un accroissement plus élevé de la production nationale. Une baisse des impôts de 100 ou une augmentation des dépenses publiques de 100 n'ont cependant pas le même effet, car, dans le premier cas, la demande est moins élevée puisque les contribuables épargnent une partie des revenues supplémentaires.

Le multiplicateur peut aussi s'appliquer à l'emploi : le multiplicateur d'emploi est un mécanisme suivant lequel la création d'un nombre donné d'emplois entraîne, grâce aux revenus ainsi distribués, la création d'autres emplois (exemple des grands travaux publics).

● Voir économie keynésienne.

Mur d'argent

Cette expression a longtemps symbolisé l'opposition des milieux financiers à toute réforme économique et sociale d'envergure.

Elle a été employée par le radical Édouard Herriot, chef du gouvernement du Cartel des gauches en 1924 (alliance électorale radicale et socialiste), pour traduire l'hostilité des milieux bancaires et financiers dont l'attitude de méfiance a aggravé les difficultés financières que connaissait le gouvernement (chute du franc, fuite des capitaux, trésorerie publique réduite à néant, etc.).

La confiance des milieux économiques revint en juillet 1926 avec l'arrivée du gouvernement dirigé par Raymond Poincaré.

Natalisme

Politique démographique ou doctrine prônant un relèvement de la natalité.

À l'opposé du malthusianisme, on trouve les politiques natalistes. Les politiques natalistes sont aujourd'hui observées dans les pays qui connaissent un non-renouvellement des générations (déficit démographique).

● Voir malthusianisme.

Nation

De façon générale, unité humaine et politique partageant le même territoire.

Préciser cette notion conduit immédiatement à distinguer deux grandes conceptions de la nation. Les philosophes allemands du début du XIXe siècle ont fondé l'idée de nation sur des éléments comme la langue, la race, la culture ou la religion. Le philosophe allemand Fichte définit la nation comme la réunion des individus qui parlent la même langue. D'autres, qui ont mis en avant la notion de race comme déterminant seule l'appartenance à une nation, ont inspiré les doctrinaires nazis. Ainsi, selon cette première grande conception, l'appartenance à la nation ne dépend absolument pas de la volonté des individus, mais résulte d'éléments « objectifs » comme une langue, une origine ethnique, une religion, une histoire commune. On fait partie d'une nation dès sa naissance et rien ne peut supprimer ce lien. Mais, à l'inverse, rien ne peut créer ce lien si notre naissance en a décidé autrement.

À cette conception « ethnique » de la nation, des philosophes français, comme Ernest Renan, ont opposé une théorie « élective » de la nation. La nation est alors le produit de la volonté des individus et de leur libre choix de s'associer, de vouloir vivre ensemble. Pour Renan (*Qu'est-ce qu'une nation ?* est le titre d'une conférence prononcée en 1882), la nation n'est le produit ni de la race, ni de la religion, ni de la communauté des intérêts, ni même de l'unité géographique. Elle est au contraire un passé commun, dans lequel s'enracine l'identité collective, mais elle est surtout la volonté des individus de vivre ensemble au sein d'une collectivité nationale. Pour Renan, « l'existence d'une nation est un plébiscite de tous les jours ».

Les conceptions de la nation n'ont pas seulement été l'objet de débats théoriques. L'annexion de l'Alsace-Lorraine après la guerre de 1870-1871 a posé la question de la légitimité d'un tel acte. Les partisans de la « théorie

ethnique », justifiant l'annexion par un passé commun, une langue et une culture communes, se sont opposés aux partisans de la « théorie élective », affirmant la liberté des Alsaciens et des Lorrains de choisir librement leur appartenance nationale.
La conception française de la nation rejoint ainsi le principe des nationalités, appliqué constamment de la Révolution française à la décolonisation, à savoir le droit des peuples à disposer d'eux-mêmes, le droit à l'autodétermination. Les bouleversements récents en Europe de l'Est montrent l'actualité de cette question.

● VOIR État (politique), État-nation, nationalité.

NATIONALISATION

Une nationalisation est une opération juridique consistant à transférer à la collectivité la propriété d'une entreprise ou d'un groupe d'entreprises.

Toujours accompagnée de l'indemnisation des actionnaires, la nationalisation peut concerner la totalité du capital de l'entreprise ou une partie (supérieure à 50 %).
Il y a eu trois vagues de nationalisations en France : en 1936, après la victoire du Front populaire (SNCF, entreprises d'armement, aéronautique) ; en 1939-1945, à la Libération (EDF, Charbonnages de France, Renault, Banque de France, les grandes banques de dépôts comme le Crédit Lyonnais) ; en 1982, au début du premier septennat de François Mitterrand (Usinor, Thomson, Péchiney, Saint-Gobain, Rhône-Poulenc, Suez, Paribas notamment).

● VOIR entreprise publique, État (économie), privatisation.

NATIONALISME

Doctrine fondée sur l'attachement passionné à la nation à laquelle on appartient.

Le nationalisme qui correspond à l'exaltation du sentiment d'appartenance à une collectivité nationale, a prix deux formes successives. Après la Révolution française, il s'agit d'un nationalisme qui oppose la nation à l'autorité royale, encore dominante en Europe, et qui affirme le droit de toute collectivité de s'organiser librement. Au XIXe siècle, une autre forme de nationalisme devient peu à peu prédominante ; c'est un nationalisme cocardier, antiparlementaire, antisémite et protectionniste, un nationalisme qui, sous l'influence de Charles Maurras et du journal *L'Action française* (« organe du nationalisme intégral »), choisit et exclut, un nationalisme qui rejette tout ce qui est étranger.

● VOIR État-nation, nation, nationalité.

NATIONALITÉ

Appartenance d'un individu à une nation qui ouvre des droits juridiques et politiques.

Les grands pays occidentaux se distinguent par la façon dont ils conçoivent l'acquisition de la nationalité. Jusqu'à ces dernières années, l'Allemagne, par exemple, appliquait une stricte définition ethnique de la nation (elle a élargi depuis peu les possibilités de naturalisation). Les grands pays comme les États-Unis, le Canada ou l'Australie ne pouvaient pas avoir de conception ethnique de la nation, puisque ce sont précisément les vagues successives d'immigration qui ont constitué leur nation. Dans ces pays, l'acquisition de la nationalité est cependant devenue très sélective.
La France a connu, à partir du milieu du XIXe siècle, plusieurs vagues d'immigration, toujours liées aux besoins d'industrialisation. L'intégration progressive à la société française, grâce à l'apprentissage scolaire de la langue et de la culture française, a permis à un très grand nombre d'étrangers d'acquérir la nationalité française.
Le droit de la nationalité, qui est l'un

Les principaux modes d'acquisition de la nationalité française

Nationalité française

Acquisition automatique		Acquisition volontaire	
Par la naissance en France	Par la filiation	Par une déclaration	Par naturalisation (décret)
➤ Enfant né en France lorsque l'un des deux parents y est né lui-même (double droit du sol) ; acquisition dès la naissance.	➤ Enfant mineur né de parents étrangers dont l'un devient français.	➤ Enfant né en France de parents étrangers ; acquisition à 18 ans. ➤ Mariage avec un conjoint français ; après deux ans de vie commune. ➤ Mineur né en France de parents étrangers résident en France depuis plus de 5 ans.	➤ Avoir 18 ans ; résider depuis plus de 5 ans (ou plus de 2 ans pour les diplômés de l'enseignement supérieur) ; être de bonne vie et de bonnes mœurs ; être « assimilé à la communauté française ».

des plus ouverts des droits européens, repose d'abord sur la filiation (droit du sang ou *jus sanguinis* selon lequel un enfant de Français a automatiquement la nationalité française), mais aussi sur la naissance et la résidence sur le sol national (droit du sol ou *jus soli*) ainsi que sur la volonté de devenir français. Le schéma ci-dessus rassemble les principaux modes d'acquisition de la nationalité française.

NÉGOCIATION COLLECTIVE

Recherche d'accords par les partenaires sociaux que sont les syndicats de salariés et les représentants des employeurs.

Elle se déroule souvent au niveau national entre les représentants des organisations syndicales et ceux des employeurs. Comme les lois votées ne couvrent pas l'ensemble de la vie de l'entreprise, la négociation collective permet de compléter la législation sociale. Quand les nouvelles règles en matière sociale sont le résultat de la négociation collective, on parle de « politique contractuelle ».

● VOIR conflit collectif, convention collective, syndicat.

NEP

Nom donné à la politique économique menée en Union soviétique entre 1921 et 1929.

Sous la conduite de Lénine, la « nouvelle politique économique » (NEP correspond aux initiales russes) suc-

cède à la période du « **communisme de guerre** » qui s'était caractérisée par la collectivisation forcée des terres, la guerre civile, les pénuries et les réquisitions. La NEP correspond alors à un retour des activités privées dans l'économie : rétablissement du droit d'héritage, liberté des échanges intérieurs, fin des réquisitions forcées et renaissance du secteur privé dans l'agriculture, appel à des capitaux et des techniciens étrangers…
La NEP a permis le redressement de l'économie soviétique, mais elle a aussi entraîné l'apparition d'une classe de gros propriétaires agricoles (les koulaks) que Staline, qui prend la suite de Lénine, fera disparaître.
Cette « dékoulakisation » (expropriations, confiscations, exils, exécutions) marque la fin de la NEP, à laquelle succède la collectivisation et la planification centralisée (1er plan quinquennal).

New Deal

Nom donné par le président américain Franklin D. Roosevelt en 1933 à sa politique économique de lutte contre la crise.

Cette « nouvelle donne » ou « nouvelle répartition des cartes » marque une rupture avec la tradition économique libérale des États-Unis selon laquelle l'État ne devait pas intervenir dans la vie économique.
Les politiques économiques traditionnelles se révélèrent, en effet, incapables de résoudre la Grande crise, le nombre des chômeurs atteignant 14 millions d'Américains en 1933.
Le New Deal correspond à une relance de la consommation grâce à un accroissement des revenus (distribution d'allocations à caractère social, multiplication des emplois dans des grands travaux d'aménagements comme ceux de la vallée du Tennessee, soutiens aux agriculteurs, etc.). Au prix d'un déficit budgétaire, l'État a ainsi distribué des ressources nouvelles dans l'économie afin de relancer l'activité.
Malgré des résultats décevants en termes d'emplois (le chômage ne baissera vraiment qu'avec l'entrée en guerre des États-Unis), le New Deal a permis le soutien de la demande globale. On notera enfin que les analyses théoriques de J. M. Keynes sur le rôle de l'État pour lutter contre la crise n'ont été publiées et diffusées qu'en 1936.

Niveau de vie

Quantité de biens et de services dont peut disposer un individu, un ménage ou un groupe social, en fonction de ses ressources.

Deux individus ayant le même niveau de vie, les mêmes ressources, peuvent utiliser celles-ci de manières très différentes. Les disparités de consommation peuvent alors provenir de modes de vie différents.

● Voir consommation, mode de vie, pouvoir d'achat.

Nomenklatura

Ensemble des personnes occupant, dans l'économie et la société soviétique (URSS), des postes de responsabilités leur accordant des privilèges particuliers.

● Voir économie socialiste, transition.

Norme

Règle de conduite en société, définie en fonction des valeurs, à laquelle les individus sont censés se conformer.

Comme les valeurs, dont elles constituent une expression, les normes sont relatives, c'est-à-dire qu'elles varient selon les sociétés. Font partie des normes les usages en vigueur dans un groupe ou une société, les mœurs, qui contiennent souvent une composante morale (les « bonnes mœurs »), et les lois et règlements. L'ensemble des normes fait l'objet de sanctions, ce terme étant pris au sens sociologique, c'est-à-dire de jugement de la part de la collectivité (approbation par le groupe, réprobation, sanctions institutionnalisées par la justice). Comme pour les valeurs, le degré d'adhésion ou de conformité aux normes varie selon les individus et les groupes.

● VOIR anomie, culture, contrôle social, déviance, rôle social, statut, valeurs.

NOUVEAUX PAYS INDUSTRIELS (NPI)

Ensemble de pays en développement qui ont connu une croissance économique et un développement de leurs activités industrielles particulièrement rapide.

Il n'existe pas de liste officielle des NPI. Ceux-ci correspondent aux quatre « dragons » d'Asie (Corée du sud, Taïwan, Singapour et Hong Kong) ainsi qu'à quelques pays d'Amérique latine (Mexique, Brésil, Argentine). Les NPI se caractérisent par les éléments suivants : un rythme de croissance économique très rapide, une part importante, par rapport aux autres PED, du secteur manufacturier dans le PNB, une part croissante des services, un degré d'ouverture sur l'extérieur très élevé (entre 60 et 70 %), des excédents commerciaux conséquents. Ce sont les filiales des entreprises multinationales qui sont à l'origine du développement des NPI, ces délocalisations étant destinées à profiter du faible niveau des salaires. Les « quatre dragons » ont aujourd'hui distancé les autres NPI. Toutefois, de « nouveaux » NPI apparaissent en Asie comme la Thaïlande, l'Indonésie ou la Malaisie. L'ensemble des NPI d'Asie forme les NPIA.

● VOIR développement, pays en développement.

NPI

Cf. nouveaux pays industriels.

NUPTIALITÉ

Passage de l'état de célibataire à celui de personne mariée.

On peut calculer un taux de nuptialité (exprimé en ‰ pour un pays et une année) :

$$\textit{taux de nuptialité} = \frac{\textit{nombre de mariages conclus}}{\textit{population moyenne}}$$

● VOIR famille, mariage.

O

Obligation

Titre de créance à long terme émis par une entreprise, une institution publique ou l'État lorsqu'ils empruntent des fonds auprès des épargnants.

Une obligation représente ainsi une dette de l'institution émettrice de l'emprunt. Le souscripteur, ou obligataire, devient son créancier.
Un emprunt obligataire se compose d'une certaine quantité d'obligations ayant les mêmes caractéristiques. La durée d'un tel emprunt varie généralement de 7 à 15 ans.
En attendant le remboursement de son prêt, prévu à l'échéance, le souscripteur est rémunéré par le versement régulier d'intérêts, déterminés lors de l'émission. Par exemple, une obligation émise à 5 000 francs avec un taux d'intérêt de 8 % donne des intérêts annuels de 400 francs (ceux-ci sont souvent nommés « coupons »).

● Voir action, bourse des valeurs, cours boursier, intérêt, valeur mobilière.

Obsolescence

Vieillissement d'un équipement industriel dû à l'apparition d'un matériel nouveau, de meilleure qualité ou plus performant.

Un matériel frappé d'obsolescence ne signifie pas qu'il est techniquement usé, inutilisable, mais qu'il est économiquement dépassé, c'est-à-dire qu'il existe un procédé de production désormais plus rentable.

● Voir amortissement, investissement.

OCDE

Cf. Organisation de coopération et de développement économique.

Offre

Cf. loi de l'offre et de la demande.

Offre publique d'achat (OPA)

Opération financière qui permet à une entreprise de prendre le contrôle d'une autre en proposant publiquement aux actionnaires de cette dernière de racheter leurs actions à un prix plus élevé que les cours du marché.

Une OPA peut se faire avec l'accord (OPA « amicale ») ou non (OPA « inamicale ») des dirigeants. L'entreprise qui cherche à prendre le contrôle d'une

société cotée peut aussi lancer une **offre publique d'échange (OPE)** en offrant en rémunération ses propres actions au lieu de paiements en espèces.
Les OPA sont très sévèrement réglementées, d'autant que des raiders sont apparus. Ces derniers lancent des OPA sur des sociétés affaiblies non pour en prendre le contrôle et en assurer la gestion, mais pour réaliser des plus-values financières ; une OPA conduit souvent, en effet, à une bataille boursière où société attaquante et société attaquée cherchent à obtenir le maximum d'actions, ce qui produit automatiquement une hausse des cours.

● VOIR bourse des valeurs.

OLIGARCHIE

Forme de régime politique qui s'est développée en Grèce antique lorsque certaines cités se sont laissées gouverner par un petit nombre d'individus (propriétaires terriens ou grandes familles, par exemple).

Par extension, l'oligarchie désigne aujourd'hui une situation où le pouvoir est conçu comme la propriété privée du groupe qui l'exerce et qui ne souhaite s'en dessaisir à aucun prix.

● VOIR aristocratie, démocratie, politique, pouvoir politique.

OLIGOPOLE

Situation de concurrence imparfaite dans laquelle un petit nombre de vendeurs font face à une multitude d'acheteurs.

Lorsque quelques vendeurs se partagent un marché, on se trouve en présence d'un oligopole. Chaque vendeur peut influencer le prix et chacun décide en tenant compte de ce que font les autres. Afin d'éviter une concurrence néfaste (guerre des prix par exemple), les entreprises en situation oligopolistique cherchent généralement à s'entendre (entente, cartel). Ces accords sont cependant illicites et interdits par la politique de la concurrence.

● VOIR cartel, concurrence, marché.

OMC

Cf. Organisation mondiale du commerce.

OPA

Cf. offre publique d'achat.

OPCVM

Cf. organisme de placements collectifs de valeurs mobilières.

OPE

Cf. offre publique d'achat.

OPEN MARKET

Modalité de fonctionnement d'un marché monétaire dans lequel l'intervention quotidienne de la banque centrale n'est pas nécessaire.

Sur un tel marché, à l'image du marché monétaire américain, les intervenants sont suffisamment nombreux pour que le mécanisme de l'offre et de la demande de monnaie joue normalement.

● VOIR création monétaire, marché monétaire, politique monétaire.

OPEP

Cf. Organisation des pays producteurs de pétrole.

OPINION

Formule nuancée qui, sur un sujet donné à un moment donné, reçoit l'accord d'un individu.

Si l'on demande à un individu ce qu'il pense de tel homme politique en lui posant la question « aimez-vous Monsieur X, un peu, beaucoup, pas du tout ? », la réponse donnée (par exemple, « je l'aime un peu ») exprime une opinion, celle de l'individu interrogé. Les sociologues définissent alors l'opinion comme « un accord avec une formule nuancée, sur une question déterminée et à un moment donné » (Henri Mendras). Dans un autre contexte social, l'opinion peut s'exprimer différemment.

● VOIR sondage.

OPINION PUBLIQUE

Opinion du public telle qu'elle est mesurée par les sondages d'opinion.

Une grande partie des sondages sont aujourd'hui des sondages d'opinion cherchant à connaître ce que pense l'opinion publique.
Que représente cette « opinion publique » ? Il ne s'agit ni de l'opinion partagée par un certain nombre d'individus (opinion commune résultant d'une discussion, d'un débat), ni de l'opinion qui est rendue publique. L'opinion publique mesurée par les sondages désigne plutôt l'opinion du public, c'est-à-dire d'un auditoire dispersé, somme d'éléments sans liens les uns avec les autres. Le sociologue français Gabriel Tarde (1843-1904) a d'ailleurs opposé ce public (exemples du lectorat d'un journal, de l'auditoire d'une émission) à la foule qui est un auditoire rassemblé (manifestation, réunion, attroupement). L'opinion publique désigne alors seulement l'opinion de ceux qui ont répondu aux sondages.
Cette conception de l'opinion publique, considérant les individus comme des atomes isolés, a conduit certains à dénoncer les sondages d'opinion comme étant des instruments de manipulation des opinions. Les sondages pousseraient les individus à modifier leurs opinions.

● VOIR opinion, sondage.

ORDRES

Système de stratification sociale caractérisant la société féodale en Occident.

La hiérarchie entre les ordres est fondée sur des degrés différents d'honneur ou de dignité attachés à des fonctions sociales. Au sommet de la hiérarchie des ordres, on trouve les guerriers, ceux qui font profession des armes.
La société d'Ancien Régime, avec les trois états, est une société d'ordres. Il y a la noblesse (ceux qui à l'origine se battaient), le clergé (ceux qui prient) et les autres, assemblés sous le terme de « tiers état ». Cette société repose sur une définition juridique des ordres, l'appartenance à un ordre donnant le droit à un certain nombre de privilèges (en matière d'impôt ou de justice notamment). Ces privilèges distinguent ceux qui en bénéficient, quelle que soit leur situation financière réelle.

● VOIR castes, classes sociales, stratification sociale.

ORGANISATION DE COOPÉRATION ET DE DÉVELOPPEMENT ÉCONOMIQUE (OCDE)

Organisation internationale créée en 1960 pour regrouper les plus importants pays occidentaux (pays à économie de marché par opposition aux pays de l'Est) afin de coordonner les politiques économiques des pays membres dans un but d'expansion, de libre-échange et de développement économique.

L'OCDE regroupe la plupart des pays d'Europe occidentale ainsi que les États-Unis, le Canada, le Japon, l'Australie et la Nouvelle-Zélande. Elle regroupe ainsi les pays développés et exclut les pays en développement.

● VOIR pays en développement.

ORGANISATION DES PAYS PRODUCTEURS DE PÉTROLE (OPEP)

Organisation internationale regroupant les pays dont 30 % au moins des exportations de marchandises sont constituées de ventes de pétrole et de gaz.

Appartenant au groupe des pays en développement, les pays de l'OPEP ont une économie fortement dépendante de l'évolution des prix du pétrole.

● VOIR pays en développement.

ORGANISATION MONDIALE DU COMMERCE (OMC)

Organisation internationale qui se substitue au GATT en 1995 et dont les objectifs sont d'assurer le respect des règles commerciales internationales, de surveiller et de réprimer les pratiques déloyales (obstacles techniques aux échanges, par exemple).

L'OMC, qui est une organisation permanente (ce que n'était pas le GATT), a un champ de compétences élargi : marchandises, mais aussi services et produits intellectuels (œuvres culturelles par exemple). Les moyens dont dispose l'OMC pour assurer ses missions n'ont cependant pas été précisés.

● VOIR GATT, libre-échange.

ORGANISATION SCIENTIFIQUE DU TRAVAIL (OST)

Organisation rationnelle du travail fondée sur la division extrême des tâches et la forte spécialisation de chacun des salariés.

Fondée par Taylor, l'organisation scientifique du travail repose sur une division verticale et horizontale des tâches. Complétée par la chaîne de montage du fordisme, l'OST a ouvert la voie à la parcellisation des tâches, l'activité de chaque travailleur concernant une partie infime du processus de production. C'est le « travail en miettes », selon l'expression forgée, en 1946, par le sociologue Georges Friedman.

L'OST a créé cependant des phénomènes de résistance au sein des populations ouvrières (absentéisme, freinage, turn-over, etc.) qui ont remis en cause son efficacité. Sous l'impulsion des travaux de l'École des relations humaines, des expériences de réorganisation du travail ont été menées (groupes semi-autonomes par exemple).

● VOIR division du travail, fordisme, école des relations humaines, taylorisme.

ORGANISME DE PLACEMENTS COLLECTIFS DE VALEURS MOBILIÈRES (OPCVM)

Portefeuille collectif de valeurs mobilières et de titres géré par des spécialistes (les « gérants ») d'une grande institution financière (banque par exemple) et constitué par les fonds des épargnants.

Les OPCVM ne sont pas de vrais « organismes », mais il rassemblent des fonds d'épargnants, qui souhaitent profiter des avantages de la Bourse sans intervenir directement dans la gestion de leurs valeurs. Les gestionnaires utilisent alors ces fonds pour acheter des valeurs mobilières et des titres (bons du Trésor notamment) et constituer ainsi un portefeuille (un ensemble de titres) au nom de tous leurs clients.

● VOIR fonds communs de placement, SICAV.

OST

Cf. organisation scientifique du travail.

P

PAC

Cf. politique agricole commune.

PARENTÉ

Ensemble de personnes liées par des relations de filiation (liens de consanguinité) ou de descendance, ou par une alliance matrimoniale (mariage).

VOIR famille.

PARITÉ

Égalité du taux de change entre deux monnaies sur deux places financières internationales. Par extension, taux de change entre deux monnaies.

L'absence de parité entre deux monnaies fournit l'occasion d'arbitrages sur devises entre places financières, ce qui a pour résultat de rétablir la parité.

VOIR arbitrage, change, changes fixes / changes flottants, marché des changes.

PARITÉ DES POUVOIRS D'ACHAT

Théorie qui explique les variations de taux de change entre deux monnaies par l'évolution relative des taux d'inflation dans les deux pays concernés.

Avec l'accélération de l'inflation dans les années 70, une analyse ancienne, la théorie de la parité des pouvoirs d'achat (PPA), a été remise à l'honneur. Deux hypothèses sont rappelées par cette théorie : d'une part, la valeur d'une monnaie se trouve fondamentalement déterminée par la quantité de biens et de services qu'elle permet d'acquérir, c'est-à-dire par son pouvoir d'achat interne (lequel diminue lorsque le niveau général des prix augmente) ; d'autre part, la loi du prix unique montre qu'à l'échelle internationale, et grâce au jeu de la concurrence, un bien a le même prix dans tous les pays. La théorie de la PPA s'exprime alors sous la forme de deux résultats :

– le taux de change entre deux monnaies correspond à la parité des pouvoirs d'achat de ces monnaies. Par exemple, si un panier de marchandises vaut 400 francs en France et 100 marks en Allemagne, le taux de change est de 1 mark = 4 francs ;

– la variation du taux de change entre deux monnaies reflète la variation des prix dans les deux pays. Si le taux d'inflation allemand est nul et le taux français de 2 % (on dit alors que le différentiel d'inflation entre la France et l'Allemagne est de 2 % au détriment de

la France), le franc doit baisser de 2 % par rapport au mark (on vérifie ainsi que le même panier vaut désormais 408 francs en France et 100 marks en Allemagne, ce qui conduit au taux de change de 1 mark = 4,08 francs, soit une baisse de 2 % de la valeur du franc par rapport au mark).
Cette analyse, valable sur le long terme, ne peut expliquer les fluctuations à court terme des monnaies. Avec les masses de capitaux circulant désormais entre les places financières à la recherche des rémunérations les meilleures, ce sont les fluctuations des taux d'intérêts et les facteurs financiers qui expliquent surtout les variations de taux de change.

● VOIR change, marché des changes.

PARITÉS FIXES

Cf. changes fixes / changes flottants.

PART DE MARCHÉ

Proportion de la demande satisfaite par les produits de l'entreprise dont on mesure ainsi la compétitivité.

● VOIR compétitivité.

PARTICIPATION

Rémunération particulière versée aux salariés d'une entreprise de plus de 100 personnes afin de les faire profiter de l'expansion de l'entreprise.

La participation « aux fruits de l'expansion » consiste à distribuer une partie des bénéfices aux salariés, au prorata de chaque salaire.

● VOIR intéressement.

PARTI POLITIQUE

Organisation durable d'un certain nombre d'individus en vue de l'exercice du pouvoir, c'est-à-dire la conquête ou la conservation du pouvoir, grâce à un soutien populaire (élections).

Certains théoriciens, comme Raymond Aron, ont fait de l'existence de nombreux partis le critère unique de la démocratie. Les partis politiques constituent un phénomène récent puisqu'ils apparaissent peu à peu à partir de la seconde moitié du XIXe siècle dans les pays occidentaux.
La volonté délibérée d'exercer directement le pouvoir distingue les partis des groupes de pression qui cherchent seulement à influencer le pouvoir. Les **groupes de pression** (syndicat, association, etc.) représentent des intérêts particuliers qu'ils cherchent à faire prévaloir dans la société.
Plusieurs typologies des partis ont été réalisées. La plus connue est celle de Maurice Duverger qui distingue deux formes principales d'organisation des partis avec le parti de cadres et le parti de masses. Ce ne sont ni la dimension (nombre d'adhérents et de militants), ni l'orientation politique qui fondent cette distinction, mais la structure des partis. **Un parti de cadres** est décentralisé et faiblement structuré. Il repose sur des comités dirigés par des notables influents. Au contraire, le **parti de masses** est fortement structuré et centralisé ; il repose sur l'activité militante de ses adhérents.

● VOIR pouvoir politique, régime démocratique.

PASSIF

Ensemble des dettes d'un agent économique. Colonne de droite du bilan d'une entreprise.

● VOIR bilan, dette.

PATRIMOINE

Ensemble des biens possédés par un agent économique.

Dans le langage courant, la notion de patrimoine est généralement utilisée pour désigner les richesses de la col-

lectivité. Ainsi, le patrimoine culturel recouvre les biens matériels hérités collectivement du passé (les monuments historiques, les œuvres d'art), tandis que le patrimoine naturel représente l'ensemble des biens relatifs à la nature et à l'environnement (espace, territoire, mer, milieux physiques ou vivants).
En économie, on préfère utiliser, pour les individus et les ménages ou les entreprises, la notion de patrimoine à celles de richesse ou de fortune, moins précises.
Le patrimoine désigne l'ensemble des biens susceptibles d'avoir une valeur monétaire (un prix) que possède un agent économique à un instant donné. Ainsi, à la différence du revenu qui constitue un flux sur une période donnée, le patrimoine se définit en termes de stocks. C'est la photographie à un instant précis de l'ensemble des avoirs d'un agent économique.
Cette définition précise du patrimoine est le résultat de « conventions statistiques », ce qui signifie que les responsables de l'INSEE choisissent d'inclure et d'exclure de cette définition certains éléments.
Ainsi, à la différence d'autres pays comme les États-Unis, les biens de consommation durables (automobile par exemple) ne font pas partie de la définition statistique du patrimoine. D'autres éléments, dont la connaissance peut être difficile ou dont l'évaluation monétaire peut poser des problèmes, sont eux aussi exclus : or, bijoux, objets d'art. D'autres éléments, enfin, sont aussi exclus comme par exemple les droits à une pension de retraite qui sont des créances appartenant en fait aux actifs qui cotisent.
En définitive, il y a plusieurs conceptions possibles de la notion de patrimoine des ménages, mais une seule définition précise, celle de l'INSEE, permet des comparaisons dans le temps ou entre les ménages.
Lorsqu'un ménage ne possède qu'un appartement de 600 000 francs, ce bien constitue le patrimoine du ménage. Si l'appartement n'est pas encore entièrement payé, c'est-à-dire si le ménage doit encore rembourser un emprunt qui lui a permis de l'acquérir, on peut distinguer son patrimoine brut (la valeur de l'appartement, au moment de l'évaluation du patrimoine) et son patrimoine net (cette valeur diminuée des dettes).

patrimoine net
= patrimoine brut – dettes

Les biens possédés par les ménages, qui sont appelés des actifs, se décomposent en actifs non financiers et en actifs financiers. Les actifs non financiers, appelés aussi actifs réels, peuvent être des actifs physiques ou matériels comme les logements, les terres, les machines (pour les entrepreneurs individuels), etc. Mais les actifs non financiers peuvent aussi regrouper des actifs incorporels comme les brevets d'invention par exemple, ou encore le fonds de commerce d'un commerçant.
Les actifs financiers regroupent l'épargne des ménages, qu'il s'agisse d'une épargne liquide (comptes chèques dans les banques) ou non (dépôts à terme, valeurs mobilières, par exemple).

● Voir épargne, plus-value.

Pauvreté

Situation d'une personne ou d'un ménage qui ne disposent pas de ressources suffisantes pour participer réellement, dans une société donnée, à la vie sociale.

Il n'existe pas de définition unique de la pauvreté. Certains pays en donne une définition en termes absolus ; ainsi, les pauvres seraient les personnes dont les ressources resteraient en dessous d'un certain seuil (fixé en unités monétaires). Par exemple, la Banque mondiale a fixé ce seuil à 400 dollars par an au début des années 90. D'après cette institution, un cinquième des habitants de la planète ne dispose pas de ce minimum de ressources pour vivre. Mais la pauvreté est un phénomène qui ne peut pas se limiter aux aspects strictement financiers. D'autre part, elle

constitue un phénomène relatif (la définition de la pauvreté change d'un pays à l'autre, comme le montre la définition américaine du seuil de pauvreté, qui est fixé à 7 000 dollars par an), voire subjectif (chacun, selon son groupe social et son niveau de revenu, n'a pas la même conception de la pauvreté).
En France, l'INSEE mesure parfois la pauvreté en fonction d'un niveau de revenu relatif qui correspond à un niveau moyen de 50 % du SMIC pour une personne seule.

● VOIR exclusion, revenu minimum d'insertion.

PAYS EN DÉVELOPPEMENT (PED)

Ensemble de pays représentant les trois quarts de l'humanité, mais seulement un quart des richesses mondiales créées chaque année, le faible revenu moyen par tête de leurs habitants résultant d'une accumulation de déséquilibres (démographiques, culturels, sectoriels, etc.).

Malgré de nombreux points communs, il existe des différences entre ces pays appelés autrefois « pays sous-développés » ou « pays en voie de développement ».
La Banque mondiale a établi un seuil d'appartenance aux PED à partir du PNB par habitant. Mais ce critère n'est pas très significatif, car certains pays en développement (Singapour, pays producteurs de pétrole, par exemple) se situent au-delà de cette limite, tandis que d'autres pays développés (certains pays de l'Est, par exemple) peuvent se trouver en deçà de ce seuil.
Face à la diversité des PED, les organisations internationales retiennent une classification de ces pays selon leur niveau de développement. On distingue ainsi :
– les nouveaux pays industriels (NPI) ;
– les pays de l'Organisation des pays producteurs de pétrole (OPEP) ;
– les pays à revenu intermédiaire (PRI). Fortement peuplés, ces pays, qui représentent la moitié des PED, se caractérisent par leur dépendance à l'égard de la conjoncture mondiale et par la fragilité de leur développement ;
– les pays les moins avancés (PMA) regroupent les pays les plus défavorisés de la planète pour lesquels des mesures particulières doivent être prises. Autour d'une quarantaine, principalement situés en Afrique, les PMA se caractérisent par un faible niveau de revenu par habitant, un taux d'alphabétisation inférieur à 20 %, un très faible poids du secteur industriel (moins de 10 % du PNB) et des perspectives de développement extrêmement limitées.

● VOIR développement, nouveaux pays industriels.

PCS

Cf. professions et catégories socioprofessionnelles.

PED

Cf. pays en développement.

PER

Cf. price earning ratio.

PERTE

Résultat négatif de l'activité de l'entreprise lorsque les produits sont inférieurs aux charges (dépenses).

● VOIR compte de résultat, profit.

PETITES ET MOYENNES ENTREPRISES (PME)

Entreprises dont l'effectif est compris entre 10 et 500 salariés ; les « petites entreprises » ont moins de 10 salariés.

Physiocratie

Doctrine économique du XVIIIe siècle fondée sur une conception de l'ordre naturel de la société, et selon laquelle seule la terre crée vraiment des richesses, le commerce et l'industrie ne faisant que les associer, les transformer.

Le principal représentant de cette école de pensée fut François Quesnay (1694-1774). Pour les physiocrates, la politique économique doit favoriser fermiers et propriétaires fonciers, mais aussi rétablir la libre circulation des produits. La physiocratie est donc avant tout une critique du mercantilisme, mais elle ouvre aussi la voie aux conceptions libérales de l'économie. L'expression « laissez-faire, laissez-passer » est due à un physiocrate (V. de Gournay).

● Voir libéralisme, mercantilisme.

PIB

Cf. produit intérieur brut.

PIB par tête

Rapport entre le PIB d'une économie et la population totale du pays concerné

Une croissance économique élevée n'est pas synonyme d'augmentation du niveau de vie. D'abord, la croissance démographique peut être plus rapide que la croissance de la production, si bien que la production par tête diminue.
La notion de PIB par tête permet, par ailleurs, de comparer les pays.

$$\textit{PIB par tête} = \textit{PIB par habitant} = \frac{\textit{PIB}}{\textit{population totale}}$$

Deux pays de puissance économique différente (PIB différents) peuvent avoir un niveau de vie moyen (PIB par tête) proche.

● Voir produit intérieur brut.

Planification

Processus d'élaboration et d'exécution d'un projet collectif pour un pays comportant des objectifs et des moyens (plus ou moins contraignants) pour les atteindre.

La planification repose sur un document, le « Plan », qui présente les grandes orientations économiques et sociales pour l'avenir. Réalisé par l'État en concertation avec les partenaires sociaux (syndicats, associations, etc.), le Plan ne comporte aucune mesure obligatoire pour les entreprises (c'est une planification indicative, et non impérative comme dans les anciens pays socialistes). L'exécution du Plan, qui dure cinq ans, repose sur des incitations financières.
De 1947, date du 1er Plan (Plan Monnet « d'équipement et de modernisation ») jusqu'en 1993, il y eu dix plans. Mais seuls les deux premiers plans, à l'époque de la reconstruction dans les années 50, ont eu une réelle influence. Le Plan a, par la suite, constitué un document retraçant le cadre général de l'action des pouvoirs publics.

● Voir économie socialiste, État (économie).

Plan Marshall

Aide financière apportée par les États-Unis à l'Europe en reconstruction entre 1948 et 1951. Décidée en 1947 par le général en retraite George Marshall, secrétaire d'État (c'est-à-dire ministre des Affaires étrangères) du président Truman (discours de Harvard), cette aide s'est montée à 12 milliards de dollars, soit près de 80 milliards dollars actuels.

Son objectif était de relever les économies européennes, qui connaissaient de graves difficultés (pénuries, etc.), afin d'affirmer la puissance occidentale face au bloc de l'Est. Cette aide n'était pas destinée à être remboursée, mais elle servait surtout à acheter des produits américains (les seuls disponibles toutefois).

La concordance entre le Plan Marshall et le redémarrage de l'activité économique en Europe est indéniable. La France reçut plus du cinquième de cette aide qui servit surtout à financer, sous l'impulsion de Jean Monnet, le 1er Plan français de modernisation et d'équipement (EDF et charbonnages principalement).

PLEIN-EMPLOI

Situation caractérisée par l'emploi de toutes les personnes appartenant à la population active.

● VOIR chômage, politique de l'emploi, population active.

PLUS-VALUE

1. *Cf.* marxisme.

2. Gain résultant de l'excédent du prix de revente d'un bien sur son prix d'achat.

Prenons l'exemple des plus-values boursières.
Ainsi, une action achetée 1 000 francs et revendue 1 500 francs permet d'obtenir une plus-value de 500 francs, alors que le rendement d'une telle action peut être nul (absence de dividendes).
En définitive, les plus-values ou l'espoir de plus-values peuvent compenser l'absence ou la faiblesse des revenus des titres pour justifier un investissement sur les actions d'une société particulière. La spéculation consiste alors à anticiper (prévoir) une hausse en achetant un titre pour le revendre plus tard avec une plus-value lorsque la hausse se sera réalisée (on peut aussi spéculer à la baisse).

● VOIR cours boursier, valeur mobilière.

PMA (PAYS LES MOINS AVANCÉS)

Cf. pays en développement.

PME

Cf. petites et moyennes entreprises.

POINT MORT

Volume de production ou niveau du chiffre d'affaires à partir duquel l'entreprise commence à faire des bénéfices (le point mort est aussi appelé « seuil de rentabilité »).

● VOIR bénéfice, chiffre d'affaires, entreprise.

POINT

Indicateur utilisé pour exprimer des variations concernant des taux (taux d'intérêt par exemple).

On rencontre souvent dans la presse la notion de « points » associée à un taux de variation (ou un taux d'intérêt). Par exemple, un taux d'intérêt est augmenté de 2 points.
Si le taux est de 8 %, cela signifie que le nouveau taux est de 10 % (8 augmenté de 2 points).
Mais le taux lui-même n'a pas été augmenté de 2 %, auquel cas il passerait de 8 % à 9,6 % (8 + 1,6).
Lorsqu'un sondage électoral donne un résultat de 50 % pour un candidat, avec une marge de 2 points, cela correspond à un résultat réel compris entre 48 % et 52 % (et non entre 49 % et 51 %). Il ne faut donc pas assimiler la notion de « points » à un pourcentage.

● VOIR pourcentage.

POLITIQUE

Ensemble des règles que s'impose à elle-même une collectivité pour vivre en sécurité.

Dans nos sociétés, le terme « politique » peut être facilement associé aux notions de partis politiques, d'hommes politiques, de gouvernement, d'État, d'élections, etc. Mais la notion de « politique » est très générale et peut aussi s'appliquer à des sociétés

différentes qui ne connaissent, par exemple, ni les partis ni l'État.
La politique, c'est d'abord la traduction d'un terme grec qui signifie « le régime de la cité », c'est-à-dire « le mode d'organisation du commandement considéré comme caractéristique du mode d'organisation de la collectivité tout entière », selon le politologue Raymond Aron.
Devant les menaces extérieures des voisins, une collectivité doit s'organiser. Mais ce sont surtout les dangers intérieurs qui expliquent l'organisation politique en société d'un groupe d'individus. En effet, comme le rappelle le philosophe Thomas Hobbes dans *Le Léviathan* « l'homme est un loup pour l'homme », et l'absence d'organisation conduirait immanquablement à la « guerre perpétuelle » entre groupes rivaux et, en définitive, à l'éclatement de la collectivité. À la suite de Hobbes, les doctrines du contrat social, dont Rousseau est le plus illustre représentant, montrent que le passage de l'état de nature à la société est le résultat d'une création volontaire des hommes qui, par un pacte social, s'engagent à respecter les lois et l'autorité souveraine qui, en contrepartie, leur assure une protection. La politique crée ainsi les règles qui permettent de réguler et d'encadrer les opinions, les intérêts et les passions des hommes.
Les théoriciens politiques, comme par exemple Montesquieu au XVIIIe siècle, ont souvent proposé des classifications et des typologies de systèmes politiques. Dans *L'Esprit des lois,* Montesquieu distingue la république, la monarchie et le despotisme. Dans une république, c'est le peuple, ou une partie du peuple, qui gouverne. Dans une monarchie, un seul gouverne, mais en fonction de lois fixes et établies. Enfin le despotisme (ou tyrannie) se caractérise par le gouvernement d'un seul, mais sans lois ni règles. Chacun de ces systèmes correspond à un principe d'action, le sens civique pour la république, l'honneur pour la monarchie et la crainte pour le despotisme.

Si la monarchie et le despotisme sont bien caractérisés, il n'en va pas de même pour la république. Au sein même de cette forme d'organisation politique, on peut distinguer l'oligarchie, l'aristocratie et la démocratie.

● Voir aristocratie, démocratie, oligarchie, parti politique, pouvoir politique, totalitarisme.

Politique agricole commune (PAC)

Politique commune des pays de la Communauté européenne en matière de marchés, de prix et de structures agricoles.

Le traité de Rome de 1957 fixait cinq objectifs à la PAC (ou encore Europe verte) : accroître la productivité agricole, assurer un niveau de vie satisfaisant à la population agricole, stabiliser les marchés, assurer l'autosuffisance alimentaire de la CEE et garantir des prix raisonnables aux consommateurs.
L'organisation commune des marchés agricoles, qui constitue l'essentiel de la PAC, repose sur trois grands principes : l'uniformité et la garantie des prix agricoles, la préférence communautaire, et la solidarité financière entre les États membres.

● Voir préférence communautaire, prix d'intervention / prix d'orientation.

Politique budgétaire

Politique économique qui consiste à utiliser le budget de l'État pour atteindre certains objectifs.

Autrefois, le budget de l'État ne jouait pas de rôle économique. Il servait seulement à procurer des ressources à l'État afin d'assurer le bon fonctionnement des administrations. C'est seulement à partir de la crise des années 30 que les autorités économiques ont commencé à considérer le budget, ses dépenses et ses recettes comme un instrument de politique économique.

Les analyses de l'économiste anglais John M. Keynes ont donné une justification théorique à cette idée en montrant que l'utilisation du budget pouvait influencer la demande des agents économiques (consommation des ménages, investissements des entreprises).

Le budget de l'État peut donc être utilisé dans le cadre d'une politique de régulation de la conjoncture. Mais il ne faut pas oublier que cette régulation peut jouer dans les deux sens : dans un sens expansionniste lorsque l'on cherche à soutenir ou à favoriser l'activité économique (situations où le chômage est important) ; dans un sens restrictif lorsque l'on cherche à réduire la demande des agents économiques (situations inflationnistes ou déficits extérieurs importants).

La gamme des instruments de la politique budgétaire est très large, car le budget de l'État regroupe une multitude de ressources et de dépenses possibles. Mais le principal instrument consiste à pratiquer un déficit budgétaire en prévoyant un montant de dépenses publiques largement supérieur aux ressources prélevées sur les agents économiques.

Avec les dépenses publiques qu'il effectue, l'État verse des ressources monétaires aux différents agents économiques. Une augmentation des dépenses publiques accroît le montant de ces ressources et stimule la dépense des agents.

Depuis le début des années 80, la politique budgétaire passe aussi par les recettes de l'État. En effet, une diminution de ses recettes, par exemple une réduction d'impôts, favorise la demande des agents économiques. Ainsi, une réduction de l'impôt sur le revenu stimule la consommation des ménages, tandis que la baisse du taux de l'impôt sur les sociétés ou certains dégrèvements fiscaux (ce sont des remises d'impôts qui réduisent le montant versé) favorisent l'activité des entreprises (embauches, investissements).

Un déficit budgétaire a indéniablement un effet stimulant sur l'activité, car l'État dépense davantage qu'il ne prélève. Pendant longtemps a régné le dogme de l'équilibre budgétaire selon lequel tout déficit public était *a priori* condamnable. Dès qu'une telle situation se présentait, lorsque les prévisions de dépenses et de recettes ne se réalisaient pas (conjoncture défavorable par exemple), les pouvoirs publics devaient tout mettre en œuvre pour rétablir l'équilibre budgétaire.

Avec la théorie keynésienne, ce dogme fut contesté, car Keynes démontrait les effets bénéfiques d'un déficit. Grâce aux dépenses publiques supplémentaires permises par ce déficit, l'activité économique se développait et les nouvelles richesses produites permettaient alors de combler le déficit, car le surcroît de richesses créait des ressources fiscales nouvelles.

Remarquons, enfin, que les instruments budgétaires peuvent servir dans les deux directions. Ainsi, dans les années 80, la politique budgétaire a plutôt été utilisée dans un sens restrictif ; cette rigueur budgétaire s'est traduite notamment par une stabilisation des dépenses, voire des baisses dans certains domaines (infrastructures par exemple dans les pays anglo-saxons), ainsi que par une réduction des déficits budgétaires.

La situation du solde budgétaire et, plus encore, l'évolution de ce solde d'une année sur l'autre montrent l'orientation des politiques budgétaires suivies.

● VOIR budget, déficit budgétaire, dette publique, économie keynésienne, effet d'éviction, État (économie), multiplicateur, stabilisateurs automatiques.

POLITIQUE CONJONCTURELLE / POLITIQUE STRUCTURELLE

Politique économique dont les effets se font sentir soit dans le court terme (de quelques mois à une ou deux années pour la politique conjoncturelle), soit dans le moyen et long terme (au-delà de deux ans pour la politique structurelle.

● VOIR politique économique.

POLITIQUE DE CHANGE

Action des pouvoirs publics visant à modifier le taux de change de la monnaie nationale afin de rétablir l'équilibre commercial (politique de change traditionnelle) ou de lutter contre l'inflation (nouvelle politique de change).

Qu'il s'agisse de modifier le cours du franc ou simplement de veiller au respect des parités (en cas d'accord monétaire), la Banque de France intervient sur le marché des changes avec le Fonds de stabilisation des changes (FSC).
Afin de défendre la valeur de leur monnaie sur le marché des changes, les autorités monétaires peuvent décider d'accroître les taux d'intérêt. Cette mesure permet d'attirer les capitaux étrangers, à la recherche des rémunérations les plus favorables. Pour acquérir des valeurs mobilières ou des titres à court terme en France, les investisseurs étrangers vendent leurs devises et achètent des francs, ce qui provoque une hausse de la monnaie française (ou évite une baisse) sur le marché des changes.

● VOIR change, dévaluation, politique de monnaie forte.

POLITIQUE DE L'EMPLOI

Politique économique spécifique visant à diminuer le nombre de chômeurs.

La lutte contre le chômage est l'un des objectifs majeurs de la politique économique globale (politique budgétaire de déficit public par exemple).
Il existe aussi des politiques spécifiques de l'emploi. On distingue trois types de politiques mises en œuvre successivement en France entre 1974-1980 et à partir du début des années 80 :
– 1re phase de défense de l'emploi : on freine les licenciements et les suppressions d'emplois. On crée des emplois publics (1981) ; la réduction de la durée du travail est envisagée comme une solution pour partager le travail ;
– 2e phase de gestion de la population active : on cherche à obtenir une diminution de la population active ; ce sont par exemple les pré-retraites (retraites avant l'âge légal) ou les aides au retour (appelées ensuite « aide à la réinsertion ») pour les travailleurs étrangers acceptant de regagner leur pays ;
– 3e phase de traitement économique et social du chômage, en faveur de certaines catégories particulièrement affectées (jeunes, personnes âgées).
Le traitement économique concerne les entreprises (mesures pour favoriser les créations d'emplois comme la baisse du coût du travail avec la diminution des charges sociales), tandis que le traitement social du chômage cherche à corriger les mécanismes d'exclusion en favorisant l'insertion ou la réinsertion dans la vie professionnelle (formation en alternance, stage d'adaptation ou de formation, congé de conversion pour les salariés touchés par les restructurations industrielles, etc.).

● VOIR réduction du temps de travail.

POLITIQUE DÉMOGRAPHIQUE

Action des pouvoirs publics visant à modifier les comportements des habitants en matière de fécondité (exemple de la politique coercitive en Chine, où seules les naissances uniques sont autorisées dans les familles).

● VOIR croissance démographique, malthusianisme, natalisme.

Politique de monnaie forte

Politique de change consistant à faire de la monnaie nationale une monnaie forte afin de bénéficier des effets favorables de l'appréciation de la monnaie.

Dans un contexte de forte inflation ou de menace inflationniste, de nombreux pays ont vu les avantages qu'il y avait à favoriser, non plus la dépréciation de leur monnaie, mais au contraire son appréciation.
À l'inverse du cercle vicieux de la dévaluation (dévaluation, inflation et perte de compétitivité, déficit commercial, dévaluation), on peut mettre en œuvre un cercle vertueux de l'appréciation, où à la hausse de la valeur de la monnaie sur le marché des changes permet de lutter contre l'inflation. Les importations deviennent moins chères, ce qui contribue à limiter les coûts de production des entreprises et favorise la baisse régulière du taux d'inflation (il s'agit alors d'une désinflation importée).
Une politique de monnaie forte cherche donc à provoquer l'appréciation de la monnaie nationale sur le marché des changes afin de lutter contre l'inflation. Par ailleurs, cette politique vise aussi un objectif de modernisation de l'économie puisque l'abaissement des prix des produits importés entraîne l'élimination ou l'adaptation des entreprises qui se révéleraient peu compétitives (à l'inverse, une dévaluation-dépréciation protège les entreprises peu compétitives de la concurrence étrangère).
L'adhésion de la France au SME en 1979 a eu pour objectif de « lier » le franc au mark allemand afin de profiter de l'appréciation de la devise allemande. Le SME a ainsi permis à la France de mener une politique de franc fort à partir du milieu des années 80. Cette politique est parfois contestée par certains économistes.

● Voir change, désinflation compétitive, dévaluation, marché des changes, Système monétaire européen.

Politique économique

Ensemble de décisions prises par les pouvoirs publics afin d'atteindre, grâce à l'utilisation de divers instruments, certains objectifs concernant la situation économique.

Ce sont les autorités économiques et monétaires d'un pays qui prennent les décisions de politique économique. Comme ces mesures doivent être coordonnées et cohérentes entre elles, il est nécessaire qu'une seule autorité décide ; c'est donc le gouvernement qui, avec l'aide des ministères et plus particulièrement du ministère de l'Économie, prend les mesures de politique économique. Dans certains pays comme les États-Unis ou l'Allemagne, certaines décisions de nature monétaire sont prises par une instance indépendante du gouvernement, la banque centrale.
La politique économique cherche à modifier l'évolution spontanée ou naturelle de l'activité économique. La politique économique s'appuie toujours sur une certaine vision, consciente ou non, du fonctionnement de l'économie. Par exemple, la théorie keynésienne justifie l'intervention de l'État par le refus du « laissez-faire » du marché.
La politique économique consiste à faire des choix. Il faut choisir des objectifs, puis il faut choisir des instruments cohérents avec ces objectifs. Mais les autorités ne sont pas totalement libres de choisir, car elles doivent respecter un certain nombre de contraintes.

● Voir budget, carré magique, politique budgétaire, politique conjoncturelle / politique structurelle, politique de change, politique monétaire, relance, stabilisation.

Politique familiale

Ensemble des actions des pouvoirs publics visant à réduire la charge financière que constitue la présence d'enfants dans une famille.

Le principal instrument est représenté par les allocations familiales, qui sont un complément de ressources versé chaque mois aux familles ayant au moins deux enfants. Parmi les autres mesures relevant de la politique familiale, on distingue les mesures fiscales (allégement d'impôt grâce au système du quotient familial) ainsi que certaines aides spécifiques (allocations à la naissance par exemple).
La politique familiale s'inscrit, dans les pays développés, dans une inspiration nataliste (encourager les naissances).

● VOIR allocations familiales, famille, politique démographique.

POLITIQUE INDUSTRIELLE

Ensemble des mesures prises par les autorités politiques et économiques pour modifier l'évolution naturelle des activités industrielles.

La politique industrielle a longtemps été synonyme de politique volontariste destinée à remplacer les entrepreneurs privés jugés trop timorés (exemple des manufactures royales) ; elle a ensuite servi de justification aux politiques protectionnistes (théorie de l'économiste List sur la nécessaire protection des industries naissantes) ; plus récemment, dans les années 70, la politique industrielle a été conçue comme une réponse à la crise (sauvetage de secteurs ou d'entreprises, restructurations industrielles, etc.).
Dans les années 80, l'ensemble des pays occidentaux, y compris les plus libéraux d'entre eux (États-Unis et Grande-Bretagne), cherchent à développer une politique industrielle destinée à renforcer les entreprises et les secteurs nationaux afin de leur permettre de lutter contre leurs concurrents étrangers. Ainsi, la politique industrielle vise aujourd'hui à améliorer la compétitivité des entreprises.
Les instruments de cette politique sont nombreux : déductions fiscales ou subventions (pour la recherche, par exemple), commandes publiques, aides diverses aux petites et moyennes entreprises, bonification d'intérêt, grands projets (espace, communication, armement, par exemple), rôle des entreprises publiques, réglementation de la concurrence.

● VOIR industrie.

POLITIQUE MONÉTAIRE

Instrument de politique économique consistant à fournir les liquidités nécessaires au bon fonctionnement et à la croissance de l'économie tout en veillant à la stabilité de la monnaie.

La quantité de monnaie en circulation dans une économie ne doit pas être en effet trop faible, car les agents économiques seront alors obligés de limiter leurs activités économiques (consommation, production, investissement, etc.). À l'inverse, une quantité de monnaie trop abondante met à la disposition des agents un pouvoir d'achat bien supérieur à la quantité de biens disponibles, ce qui peut provoquer une hausse des prix (inflation).

1) Les objectifs de la politique monétaire

Les objectifs de la politique monétaire rejoignent ainsi les objectifs de la politique économique que sont la croissance (avec un niveau satisfaisant de moyens de paiement en circulation dans l'économie) et la stabilité interne de la monnaie (afin d'éviter l'inflation). Mais la politique monétaire ne peut pas agir directement sur ces objectifs. En revanche, elle peut agir efficacement sur certaines variables de l'économie qui elles-mêmes influencent les objectifs de croissance et de stabilité des prix. Ces variables, comme la masse monétaire par exemple, sont appelées des « objectifs intermédiaires ». Les autorités monétaires se fixent donc des objectifs intermédiaires sur lesquels elles exercent une influence directe. Quels sont ces objectifs intermédiaires ? Ce sont les objectifs quantitatifs, les objectifs de taux d'intérêt et les objectifs de change.

– Les objectifs quantitatifs :
Les objectifs quantitatifs portent sur l'évolution des agrégats monétaires, c'est-à-dire sur les différents indicateurs de la masse monétaire en circulation dans l'économie. L'objectif consiste, pour les autorités (gouvernement ou Banque de France), à fixer un taux de croissance pour l'augmentation annuelle de la masse monétaire (par exemple, un taux de croissance de 6 % pour l'agrégat M2). Durant l'année, les autorités devront donc utiliser tous les instruments de la politique monétaire qui sont à leur disposition pour que la masse monétaire ne dépasse pas le niveau fixé.

– Les objectifs de taux d'intérêt :
Les objectifs de taux d'intérêts amènent les autorités monétaires à fixer un niveau souhaitable pour les taux d'intérêt. Elles ne peuvent pas évidemment déterminer un taux précis, car ce sont les mécanismes de marché (le marché monétaire) qui décident, selon le jeu de l'offre et de la demande de monnaie, du niveau des taux (taux d'intérêt à très court terme comme le taux au jour le jour). Comme la Banque de France est un acteur très important sur le marché monétaire, son action permet cependant d'orienter le taux d'intérêt.

Lorsque les autorités souhaitent favoriser l'épargne des ménages (pour aider l'industrie ou pour réduire une consommation jugée trop importante, par exemple), elles cherchent alors à relever les taux d'intérêt. À l'inverse, un objectif de taux d'intérêt faibles doit conduire à stimuler la croissance et l'investissement (le coût des emprunts baisse pour les entreprises).

– Les objectifs de change :
Les objectifs de change ont pris depuis quelques années une place très importante. Les autorités monétaires peuvent utiliser les instruments monétaires pour atteindre un certain niveau du taux de change de la monnaie nationale sur le marché des changes. Un pays peut rechercher une dépréciation de sa monnaie pour relancer ses exportations ou, au contraire, une appréciation de sa monnaie (s'il veut bénéficier d'une désinflation importée avec la baisse des prix de ses importations). Cette politique de maîtrise du taux de change peut d'ailleurs s'inscrire parfois dans un contexte de changes fixes ou d'accords de change (cas du SME).

2) Les instruments de la politique monétaire

Les autorités monétaires peuvent, directement, chercher à limiter autoritairement la quantité de monnaie créée par les banques lorsque celles-ci distribuent des crédits (politique d'encadrement du crédit). Indirectement, elles peuvent intervenir au moment où les banques ont besoin elles-mêmes de monnaie (liquidité bancaire, monnaie banque centrale, nécessaire pour faire face aux retraits de la clientèle, par exemple). Dans ce cas, les instruments sont le refinancement et les réserves obligatoires.

Aujourd'hui, le principal instrument des autorités monétaires est l'intervention sur le marché monétaire.

Les mécanismes de la création monétaire montrent le rôle fondamental joué par le marché monétaire. Quotidiennement, l'ensemble des banques se retrouvent sur le marché monétaire pour s'échanger leurs besoins et leurs déficits de monnaie banque centrale. Une banque qui a un besoin de liquidités peut se refinancer auprès de la Banque de France, mais elle peut aussi s'adresser directement au marché monétaire ; c'est en particulier le cas lorsque les taux pratiqués sur le marché monétaire sont inférieurs aux taux de refinancement.

Mais la Banque de France est aussi un facteur important sur ce marché. Comme tout facteur important sur un marché, elle peut orienter les prix ou les quantités, c'est-à-dire, pour le marché monétaire, les taux d'intérêt ou la quantité de monnaie banque centrale. Prenons quelques exemples : si les autorités cherchent à faire baisser les taux d'intérêt, la Banque de France va acheter massivement des créances (bons du Trésor possédés par les banques, par exemple) et distribuer en contrepartie de la monnaie supplémentaire, cette offre nouvelle de monnaie sur le marché monétaire favorisant une diminution des taux ; si les autorités désirent ralentir la création monétaire des banques, la Banque de France vend des titres (bons du Trésor par exemple) aux banques qui cèdent alors de la monnaie banque centrale (celle-ci est « détruite » par la Banque centrale), ce qui réduit les possibilités de crédit des banques ; il faut néanmoins préciser que les banques cèdent leurs ressources en monnaie centrale, car la rémunération des titres qu'elles achètent est élevée (on retrouve bien ainsi la hausse des taux d'intérêt sur le marché monétaire).

● VOIR Banque de France, création monétaire, inflation, liquidité bancaire, masse monétaire, open market, refinancement, réserves obligatoires, taux d'intérêt.

POLYGAMIE

Forme d'organisation familiale s'opposant à la monogamie (une personne ne peut avoir qu'un seul conjoint à la fois) et dans laquelle une personne peut avoir simultanément plusieurs conjoints reconnus officiellement. Cette forme familiale se subdivise en polygynie (un homme épouse plusieurs femmes) et polyandrie (une femme épouse plusieurs hommes).

● VOIR famille, mariage.

POLYVALENCE

Capacité pour un opérateur travaillant sur un poste de travail (usine), d'occuper plusieurs postes, ce qui exige la possession d'aptitudes et de connaissances variées.

● VOIR qualification.

POPULATION

Ensemble des personnes qui résident sur le territoire d'un pays.

Ainsi, la population de la France désigne l'ensemble des personnes dont la résidence habituelle est située en France métropolitaine. Le critère d'appartenance à une population est donc la résidence et la nationalité.
Grâce au recensement, on peut connaître l'effectif exact d'une population. La pyramide des âges permet de représenter les effectifs des hommes et des femmes aux différents âges de la vie. Une autre image de la population d'un pays peut être donnée par la structure par âge de cette population. On regroupe ainsi les générations en quelques groupes (les moins de 20 ans, les 20-60 ans, et les plus de 60 ans, par exemple), ce qui permet de connaître leurs poids respectifs dans la population totale.

● VOIR croissance démographique, immigration, pyramide des âges, recensement, surpeuplement, taux de fécondité, transition démographique.

POPULATION ACTIVE

L'INSEE définit la population active comme l'ensemble des personnes exerçant une activité rémunérée (population active occupée) ou recherchant un emploi rémunéré (chômeurs).

Les actifs sont donc soit occupés (population active occupée), soit au chômage.
Comme l'ensemble de la population se partage en deux groupes, il est possible de calculer le rapport actifs-inactifs d'un pays.

$$\textit{rapport actifs - inactifs} = \frac{\textit{ensemble de la population active}}{\textit{ensemble des inactifs}}$$

Ce rapport est souvent utilisé lorsque l'on aborde la question de la protection sociale (financée, en France, par les actifs ayant un emploi).

Le vieillissement de la population à terme et le non-renouvellement des générations provoquent une diminution du rapport actifs-inactifs et donc une charge de financement pour les actifs de plus en plus lourde.

● VOIR actif, chômage, inactif, qualification, taux d'activité, salarisation, secteur d'activité.

POPULATION RURALE

Ensemble des personnes qui résident dans des communes rurales (communes de moins de 2 000 habitants).

La population rurale ne doit pas être confondue avec la population agricole qui regroupe l'ensemble des personnes appartenant à un ménage dont la personne de référence (c'est l'homme dans un couple ou le parent dans le cas d'une famille monoparentale) exerce une profession agricole.

● VOIR exode rural.

POUJADISME

Le poujadisme est, à l'origine, une révolte des commerçants et des artisans contre les agents du fisc chargés des contrôles.

Mené par Pierre Poujade, papetier dans le Lot, ce mouvement antifiscal, qui débuta en 1953, s'étendra peu à peu à la France entière, tout en se transformant. Le poujadisme culminera aux élections de janvier 1956 puisque ses listes recueilleront 2,5 millions de voix (12 % des suffrages exprimés) et obtiendront 52 députés.
Le poujadisme s'est constitué en réaction contre la « politique politicienne ». Il est cependant davantage hostile aux partis eux-mêmes (« sortez les sortants » fut le slogan des élections) qu'au système parlementaire et à la République. Le poujadisme s'éteindra progressivement à la fin des années 50. En définitive, le poujadisme a été l'expression d'un mécontentement des « petits » face aux « gros » et aux « élites ». Contemporain du début de la « révolution silencieuse » des campagnes (l'expression est due au sociologue Henri Mendras), le poujadisme a forcé les pouvoirs publics à ne pas négliger les rejetés de la croissance.

POURCENTAGE

Rapport entre deux nombres destiné à les comparer. Le signe « % » ou le terme « pour cent » sont équivalents à une fraction dont le dénominateur serait 100.

Un pourcentage est une fraction, une division entre deux nombres.

Exemples : $25\,\% = \frac{25}{100} = 0,4$

$$3,2\,\% = \frac{3,2}{100} = 0,032$$

Comme c'est un rapport, un pourcentage n'a de signification que par rapport à un ensemble qu'il convient immédiatement de préciser. Par exemple, dire que les hommes représente 45 % est insuffisant ; s'agit-il de la population française (à quelle date ?), de la population d'une ville, d'un département, etc. ?
Un pourcentage est donc toujours une fraction, un rapport entre une grandeur absolue au numérateur (le nombre d'hommes dans une certaine population donnée à un moment précis) et une autre grandeur absolue (la population en question) qui est l'ensemble de référence. Un pourcentage n'a de sens que lorsque le dénominateur et le numérateur sont parfaitement définis.
Il existe deux grandes façons d'utiliser les pourcentages.

1) Pourcentage et proportion

Les pourcentages servent d'abord à exprimer des proportions, c'est-à-dire qu'ils permettent de mesurer l'importance d'une partie par rapport à un ensemble (exemples : quelle est la proportion d'employés dans la population active ? quelle est la proportion de personnes âgées de moins de 20 ans dans la population française ?). Certaines proportions, exprimées sous forme de pourcentages, ont un nom particulier (taux d'activité, taux de chômage, part de marché, coefficient budgétaire).

Comment calculer un pourcentage ? Prenons l'exemple d'une petite commune rurale comprenant 1 400 habitants dont 840 de sexe féminin. On cherche le pourcentage de femmes dans cette population. Calculer un pourcentage revient à faire une règle de trois (ou un produit en croix ou un tableau de proportionnalité).

On se pose la question suivante : si parmi 1 400 habitants, il y a 840 femmes, sur 100 habitants, combien y a-t-il de femmes ? Le résultat peut être obtenu de la façon suivante :

$$\frac{840 \times 100}{1\,400} = 60\ \%$$

Il y a 60 femmes pour 100 habitants et celles-ci représentent 60 % de la population de la commune.

D'une façon générale, pour calculer un pourcentage (proportion), on divise le nombre considéré (dont on cherche le pourcentage) par le nombre représentant l'ensemble de référence, puis on multiplie ce résultat par 100.

Exemple : une ville de 6 000 habitants comprend 1 500 jeunes de moins de 20 ans ; leur pourcentage dans la population totale est :

$$\frac{1\,500 \times 100}{6\,000} = 25\ \%$$

En définitive, un pourcentage sert à exprimer une proportion. Mais il ne faut pas confondre ces deux notions ; une proportion a une valeur comprise entre 0 et 1, tandis qu'un pourcentage peut aussi être négatif ou supérieur à 100 %, c'est-à-dire à 1 (il s'agit des pourcentages de variations).

2) Pourcentage et variation

Il existe une autre utilisation des pourcentages puisqu'ils permettent aussi d'exprimer une variation (exemples : les prix ont augmenté de 3 %, les ventes de telle entreprise se sont accrues de 35 %, etc.).

Les pourcentages de variation expriment une variation relative puisque l'on compare une valeur d'arrivée (par exemple 15 millions d'habitants pour un certain pays l'année t_1) à sa valeur de départ (10 millions pour l'année antérieure t_0).

Les variations relatives peuvent s'exprimer sous la forme de taux de variation. Si Vd est la valeur de la grandeur de départ et Va la valeur de la grandeur d'arrivée, le taux de variation se calcule ainsi :

$$\textit{taux de variation} = \frac{Va - Vd}{Vd} = 100$$

Exemple : le taux de variation de la population est de 50 %. En effet, taux de variation est

$$\frac{15 - 10}{10} \times 100 = 50\ \%$$

Comme la population a augmenté, le taux de variation est un taux de croissance.

Un taux de variation s'exprime en pourcentage ; on multiplie le résultat par 100, car il est plus parlant de dire 50 % que 0,5.

● VOIR taux de croissance.

POUVOIR

Relation sociale entre au moins deux personnes caractérisée par la capacité dont dispose une personne (ou un groupe) de faire appliquer une certaine décision par une ou plusieurs autres personnes.

L'influence, l'autorité et la domination représentent des formes de pouvoir.

● VOIR autorité, domination, influence.

POUVOIR D'ACHAT

Quantité de biens et de services qu'un certain revenu permet d'obtenir.

Le pouvoir d'achat évolue avec l'inflation. L'inflation entraîne ainsi une diminution du pouvoir d'achat de la monnaie (on parle parfois de dépré-

ciation interne de la monnaie), car la hausse des prix conduit à une diminution de la quantité de biens et de services que permet d'acheter une certaine somme.
On peut d'ailleurs calculer l'évolution du pouvoir d'achat d'une certaine somme (10 000 F par exemple) entre deux dates, t_1 et t_2, pendant lesquelles l'inflation s'est accrue (3 % d'inflation par exemple). En t_2, 10 000 F ne permettent plus d'acheter la même quantité de biens que durant la période précédente t_1. Les prix ont augmenté de 3 % et l'indice des prix est passé de 100 à 103.
Le pouvoir d'achat de 10 000 F est devenu :

$$\frac{10\,000}{103} \times 100 = 9\,708{,}7 \text{ F}$$

En t_2, 10 000 F correspondent à la valeur nominale, ou valeur à prix courants, tandis que 9 708,7 F correspondent à la valeur réelle (le pouvoir d'achat) ou valeur à prix constants par rapport à l'année t_1. On dit que l'on a « déflaté » la valeur nominale. Le passage d'une valeur à prix courants à une valeur à prix constants s'est fait grâce à un **déflateur** (indice des prix, ici). Déflater consiste donc à corriger une grandeur économique des effets de l'inflation.

$$\textit{valeur réelle} = \frac{\textit{valeur nominale}}{\textit{indice des prix}} \times 100$$

En période d'inflation, si les revenus augmentent, l'augmentation nominale (celle qui apparaît sur le bulletin de salaire, par exemple) est plus importante que la véritable augmentation de pouvoir d'achat (augmentation en valeur réelle).
Prenons un exemple. Un salaire passe de 7 000 F à 8 000 F entre janvier de l'année 1 et janvier de l'année 2. Durant la même période, l'indice des prix à la consommation passe de 100 à 104,8 (base 100 l'année 1). Sur base 100 l'année 1, le salaire passe à 114,3, soit 14,3 % d'augmentation.
Pour trouver l'augmentation du pouvoir d'achat, il ne faut pas faire la différence des pourcentages, mais le rapport des indices de l'année considérée.

$$\textit{indice du pouvoir d'achat} = \frac{\textit{indice du salaire nominal}}{\textit{indice des prix}} \times 100$$

Soit, $\frac{114{,}3}{104{,}8} \times 100 = 9{,}1$

Le pouvoir d'achat du salaire a augmenté de 9,1 % entre les deux dates.

● VOIR indice, inflation, franc, taux d'inflation.

POUVOIR POLITIQUE

Pouvoir des gouvernants qui s'exerce sur la société globale.

Comment les hommes peuvent-ils s'organiser pour vivre ensemble ? La politique est inséparable de la notion de pouvoir dont disposent certaines personnes, car faute d'un gouvernement de la cité ou de l'État, l'organisation collective ne résisterait pas aux affrontements entre les groupes particuliers. Il doit donc exister un pouvoir, quelque chose qui se situe au-dessus des individus et des intérêts particuliers.
Tout pouvoir n'est pas politique. Il y a un pouvoir domestique, un pouvoir économique, etc. On dit que le pouvoir politique est le pouvoir suprême ou souverain, car il est supérieur aux autres pouvoirs qui se trouvent dans la société. Le gouvernement, au sens général, est l'exercice du pouvoir suprême. Le pouvoir politique est alors l'objet d'une compétition importante entre les différents groupes composant une société (familles, clans, factions, partis, etc.) et la lutte pour le pouvoir est au cœur de la vie politique. Il est donc dans la nature du pouvoir politique d'être à la fois accepté et reconnu comme garant de l'ordre et de la sécurité, mais aussi contesté et critiqué en raison des inégalités qu'il provoque.

Le pouvoir politique réussit à faire appliquer ces décisions grâce à un mélange de puissance et d'autorité, mélange dont les proportions varient selon les sociétés. La puissance, qualifiée de publique, se caractérise alors par des institutions comme l'armée, la police et la justice.
Mais un pouvoir politique, s'il pratique l'abus de pouvoir en utilisant la seule puissance pour faire appliquer ses décisions, ne peut se maintenir très longtemps. Celui-ci doit être légitime, c'est-à-dire qu'il doit se fonder, s'appuyer sur des valeurs reconnues et partagées par l'ensemble de la collectivité.

● Voir autorité, classe dirigeante/classe dominante, légitimité, politique, pouvoir, totalitarisme.

Pouvoirs publics

Ensemble des autorités qui détiennent le pouvoir d'imposer des règles et de donner des ordres aux citoyens (les pouvoirs législatif, exécutif et judiciaire sont les trois grands pouvoirs de l'État). Au sens large, la notion comprend aussi les autorités locales et l'ensemble des administrations de l'État.

● Voir État (politique).

Pratiques culturelles et sociales

Comportements culturels et sociaux adoptés par un ensemble d'individus d'une même société de façon régulière.

Après les valeurs et les normes, le troisième et dernier élément qui définit une culture concerne les modes de vie, c'est-à-dire les pratiques sociales et culturelles adoptées par les individus.
Les pratiques sociales sont nombreuses et variées. Donnons quelques exemples : les vacances, les pratiques sportives, les pratiques associatives ou politiques, les fréquentations (relations de voisinage, réseau de relations, invitations et réceptions, lieux de fréquentation, soit un ensemble d'éléments que l'on rassemble sous le thème de sociabilité).
Les pratiques culturelles représentent la fréquentation de lieux culturels (musée, cinéma, théâtre, spectacles, monuments, etc.) et la consommation ou l'utilisation de biens culturels (livres, médias, photographie, etc.).

● Voir culture.

Préférence communautaire

Protection commerciale européenne destinée à protéger les agriculteurs des pays de la Communauté européenne de la concurrence des pays tiers.

La préférence communautaire permet d'isoler l'agriculture européenne des variations des prix mondiaux. Les acheteurs européens de produits agricoles sont libres de s'approvisionner dans la Communauté ou sur les marchés extérieurs, mais la préférence communautaire revient à supprimer tout avantage d'un achat en dehors de la Communauté.
Si les prix mondiaux sont supérieurs aux prix européens, les productions sont avantagées (exportations agricoles favorisées, importations peu intéressantes). En revanche, la préférence communautaire se révèle efficace lorsque les prix européens sont plus élevés que les prix mondiaux (ce qui est généralement le cas).
Les importations sont alors soumises à un « prélèvement » lors de leur entrée dans la Communauté, prélèvement qui est égal à la différence entre un prix de seuil déterminé par le Conseil des ministres et le prix mondial. Les prélèvements représentent ainsi de véritables droits de douane qui élèvent le prix des produits agricoles étrangers vendus dans la Communauté. Afin de favoriser les produits européens, le prix de seuil se situe toujours au-dessus du prix d'orientation. À l'inverse, les exportations communautaires sont faci-

litées grâce à des « restitutions », qui sont des subventions versées aux agriculteurs et égales à la différence entre le prix d'orientation et le prix mondial.
Dans le système européen, c'est le consommateur qui supporte le surplus entre le prix garanti et le prix du marché mondial.

● VOIR construction européenne, politique agricole commune, prix d'intervention/prix d'orientation.

PRÉLÈVEMENTS OBLIGATOIRES

Ensemble des impôts et des cotisations sociales versés par les agents économiques aux administrations publiques, c'est-à-dire à l'État (sens strict), aux collectivités locales et aux organismes de Sécurité sociale.

Les prélèvements obligatoires émanent donc de l'ensemble des administrations publiques et non de l'État seul (l'Administration et les ministères).

prélèvements obligatoires des administrations publiques
= impôts + cotisations sociales

Les impôts comme les cotisations sociales versées aux organismes de la Sécurité sociale sont obligatoires.
Les prélèvements obligatoires servent à financer l'ensemble des dépenses des administrations publiques, c'est-à-dire les dépenses du budget de l'État, celles des collectivités locales et celles, enfin, des organismes de protection sociale (il s'agit des prestations sociales).

● VOIR cotisations sociales, impôt, protection sociale, taux de prélèvements obligatoires.

PRÉNOTION

Cf. Durkheim.

PRESSION FISCALE

Part du revenu qui est consacrée au paiement des impôts.

On calcule ainsi la pression fiscale, pour un ménage, en comparant son revenu et les impôts sur le revenu qu'il verse à l'État. La pression fiscale peut aussi se définir pour une économie.

$$\textit{pression fiscale d'une économie} = \frac{\textit{impôts}}{\textit{PIB}}$$

● VOIR impôt.

PRESTATIONS SOCIALES

Versements en nature (remboursements des dépenses de santé) ou en espèces (indemnités journalières compensant la privation de salaire, du fait de la maladie par exemple) fournis à toute personne assujettie à un organisme de sécurité sociale lors de la réalisation d'un risque couvert (maladie, invalidité, accident du travail, etc.).

Les allocations familiales, les retraites et l'indemnisation du chômage sont des exemples de prestations.

● VOIR allocations familiales, cotisations sociales, indemnisation du chômage, protection sociale, retraite.

PRICE EARNING RATIO (PER)

Rapport du cours d'une action au bénéfice par action.

$$PER = \frac{\textit{cours de l'action}}{\textit{bénéfice par action}} = \frac{\textit{capitalisation boursière}}{\textit{bénéfice total}}$$

● VOIR action, capitalisation, cours boursier, valeur mobilière.

PRIVATISATION

Transfert d'entreprises publiques au secteur privé.

Des privatisations (opération inverse de la nationalisation) ont été réalisées en 1986-1987 (Saint-Gobain, Matra, Paribas, Suez, CCF, TF1, Havas,

Société Générale) puis à partir de 1993 (Rhône-Poulenc, BNP, Elf-Aquitaine, notamment).

● VOIR économie de l'offre, entreprise publique, nationalisation.

PRIX

Quantité d'unités monétaires (francs par exemple) que l'on doit donner ou que l'on peut recevoir en échange d'un bien ou d'un service.

Dans une économie libérale, le prix, qui est le résultat de la rencontre de l'offre et de la demande sur un marché, constitue un indicateur de la rareté d'un bien. Certains prix peuvent cependant être fixés par les pouvoirs publics, ce sont les **prix administrés** (tarifs des services publics, par exemple).
Les **prix relatifs** désignent le rapport entre les prix de deux ou de plusieurs biens. Comme les modifications des prix ne sont pas identiques pour tous les biens durant une période (certains augmentent, d'autres diminuent), l'inflation s'accompagne d'un changement dans la structure des prix relatifs. L'inflation, qui entraîne une diminution du pouvoir d'achat, conduit à deux évaluations différentes des prix d'un bien. On oppose alors les **prix courants** (ou **prix nominaux**) et les **prix constants** (ou **prix réels**). Prenons l'exemple du PIB. Le PIB évalué en prix courants (on dit aussi en valeur) correspond au PIB calculé avec les prix de la période considérée. Mais l'accroissement en valeur du PIB entre deux dates résulte de deux phénomènes conjoints qui sont l'augmentation des quantités produites et l'augmentation des prix. Pour mesurer réellement l'augmentation du PIB, c'est-à-dire les richesses nouvelles créées, on élimine (ou « déflate ») l'influence de l'augmentation des prix en calculant un PIB à prix constants (PIB à prix réel ou PIB en volume).

● VOIR indice des prix, inflation, loi de l'offre et de la demande, marché, pouvoir d'achat.

PRIX DE REVIENT

Cf. bénéfice.

PRIX DE TRANSFERT

Prix auxquels sont facturés les échanges de biens et de services entre les différentes filiales étrangères d'une entreprise multinationale.

Ce sont des prix internes déterminés par la firme seule et ils peuvent être très différents des prix d'exportations de produits identiques réalisées par d'autres entreprises. Une firme multinationale peut ainsi modifier ses prix de transfert selon les conditions fiscales ou réglementaires des pays où elle est présente ; elle peut, par exemple, pratiquer une surfacturation du produit importé par sa filiale afin de diminuer le bénéfice, et donc les impôts, de cette dernière.

● VOIR firme multinationale.

PRIX D'INTERVENTION / PRIX D'ORIENTATION

Principaux systèmes d'intervention de la politique agricole commune (PAC) pour aider les agriculteurs européens.

Chaque année au printemps, lors de « marathons agricoles », le Conseil des ministres européens fixe un prix unique en écus pour chaque produit agricole. C'est le **prix d'orientation** (ou prix indicatif). C'est un objectif car les autorités gouvernementales souhaitent que les producteurs obtiennent, en moyenne, ce prix afin de maintenir leurs revenus.
Cependant, c'est le marché qui décide des prix agricoles, c'est-à-dire la loi de l'offre et de la demande, et ce prix de marché peut être différent du prix d'orientation. Si le prix de marché est inférieur au prix d'orientation, le revenu des agriculteurs risque d'être moins important que prévu. Pour remplir l'objectif d'un niveau de vie satis-

faisant pour la population agricole, il existe des mécanismes de garantie de prix, variables selon les produits.
De façon générale, la Communauté fixe un prix d'intervention (égal à environ 90 % du prix d'orientation pour éviter que le producteur se contente de vendre à la Communauté). Si le prix du marché est inférieur au prix d'intervention, lorsque l'offre est trop abondante, la Communauté achète les produits excédentaires au prix d'intervention puis les stocke. Si le prix de marché est supérieur au prix d'intervention (offre insuffisante), la Communauté verse des aides à la production.
Pour certains produits (céréales, sucre, viande bovine), les agriculteurs bénéficient d'une protection totale, car ils sont certains d'écouler toute leur production au prix d'intervention. D'autre produits sont moins protégés (porc, vin, certains fruits et légumes).

● Voir construction européenne, politique agricole commune, préférence communautaire.

Production

Activité économique socialement organisée consistant à créer des biens et des services s'échangeant habituellement sur le marché ou obtenus à partir des facteurs de production (travail, machines notamment) s'échangeant sur le marché.

Dans un sens courant, la production désigne l'activité économique consistant à créer des biens et des services. La production apparaît d'abord comme le résultat d'un travail fourni par l'homme. Cependant, tout travail ne conduit pas à une production ; la mère de famille qui fait le ménage ou le père de famille qui fait la vaisselle ne réalisent pas une production ; de même, une personne cultivant un jardin potager pour sa propre consommation ne produit pas au sens économique.
Deux éléments distincts permettent de définir la production. Il faut que les biens produits s'échangent sur un marché ou alors que ceux-ci soient le résultat d'un travail rémunéré. Ainsi, la culture d'un jardin potager, qui ne conduit pas une production lorsqu'elle est destinée à un usage personnel (autoconsommation), en devient une lorsque les produits sont vendus. Les travaux réalisés chez soi (ménage, cuisine, bricolage) ne sont pas considérés comme une production, mais ils le deviennent lorsqu'ils sont effectués chez quelqu'un d'autre en étant rémunérés (exemple d'une femme de ménage travaillant chez autrui). Le travail domestique, c'est-à-dire chez soi, n'est donc pas productif. Plus généralement, tout travail gratuit ou bénévole ne peut contribuer à une activité productive.
La production est ainsi une activité sociale, excluant les travaux individuels réalisés pour soi-même. En outre, la relation au marché est déterminante, la production étant soit destinée à être vendue, soit réalisée avec des facteurs de production venant du marché. Cette double référence au marché permet à l'INSEE de distinguer la production marchande et la production non marchande :
– **production marchande** : production des biens et des services destinée à être vendue sur un marché ;
– **production non marchande** : services gratuits ou quasi gratuits réalisés avec des facteurs de production obtenus sur le marché.
Par exemple, les services d'enseignement de l'Éducation nationale sont une production, car ils sont réalisés à l'aide de salariés rémunérés. De façon plus générale, les administrations produisent des services non marchands.
En comptabilité nationale, tous les biens matériels sont considérés comme marchands (les biens non marchands, comme les produits de jardins familiaux, ne sont pas une production économique). En revanche, les services peuvent être marchands (publicité par exemple) ou non marchands (défense nationale). Certains services sont parfois marchands, parfois non marchands (santé, enseignement).

● Voir PIB, volume.

PRODUCTIVITÉ

Rapport entre une production et les facteurs (travail, capital notamment) mis en œuvre pour la réaliser. On peut calculer la productivité d'un salarié, d'un atelier, d'une entreprise, d'une économie.

1) La productivité du travail

La productivité du travail repose sur une comparaison entre une production donnée et la quantité de travail nécessaire à cette production.

Par exemple, si 5 000 salariés produisent chaque année dans une usine 100 000 véhicules, la productivité du travail sera :

$$\frac{100\ 000}{5\ 000} = 20 \text{ véhicules par salarié.}$$

On définit ainsi une productivité physique du travail, car le numérateur, la production, est mesuré en unité physique.

$$\textit{productivité physique du travail} = \frac{\textit{quantité de production}}{\textit{quantité du facteur travail}}$$

La notion de **rendement** est aussi souvent utilisée pour mesurer et présenter la productivité physique d'un facteur de production (travail, capital, terres), c'est-à-dire la quantité de production réalisée par une unité du facteur. On peut ainsi calculer le rendement d'un salarié (nombre de pièces réalisées par un salarié ou nombre de pièces réalisées pendant une heure de travail), le rendement d'une machine (nombre de pièces réalisées pendant une heure de fonctionnement de la machine) ou le rendement d'une terre (nombre de quintaux de blé à l'hectare).

Pour établir des comparaisons, on préfère cependant utiliser la productivité en valeur du travail. Dans la productivité en valeur, la production est mesurée en valeur, c'est-à-dire en termes monétaires et non plus en termes physiques (quantités produites).

$$\textit{productivité en valeur du travail} = \frac{\textit{valeur de production}}{\textit{quantité du facteur travail}}$$

Pour calculer la productivité d'une entreprise, qui produit en général des biens de valeur différente, on exprime la valeur de la production par la valeur ajoutée de cette entreprise et non par son chiffre d'affaires (montant des ventes). Utiliser la notion de valeur ajoutée est préférable, car il s'agit de ce qui est véritablement ajouté aux consommations intermédiaires (produits semi-finis par exemple) grâce aux facteurs de production.

$$\textit{productivité en valeur du travail} = \frac{\textit{valeur ajoutée}}{\textit{quantité de travail utilisée}}$$

Comment mesurer cette quantité de facteur travail ? On peut la mesurer par les effectifs employés. On obtient ainsi la valeur ajoutée par tête :

$$\textit{productivité du travail ou valeur ajoutée par tête} = \frac{\textit{valeur ajoutée}}{\textit{effectifs employés}}$$

Cette définition ne tient pas compte toutefois de la durée du travail qui varie selon les individus. On préfère alors mesurer la productivité horaire du travail.

$$\textit{productivité horaire du travail} = \frac{\textit{valeur ajoutée}}{\textit{nombre d'heures travaillées}}$$

Cette définition, qui est celle de l'INSEE, peut d'ailleurs être remplacée par une autre, le nombre d'heures travaillées étant égal à la durée individuelle moyenne du travail multipliée par les effectifs.

$$\textit{productivité horaire du travail} = \frac{\textit{valeur ajoutée}}{\textit{effectifs} \times \textit{durée moyenne du travail}}$$

Dans le calcul de la productivité, numérateur et dénominateur sont mesurés pour une même période (un mois, une année).

2) Productivité du capital et productivité globale des facteurs

Deux entreprises ayant des effectifs et une valeur ajoutée identiques ont la même productivité du travail. Mais si

la première a des équipements et des machines plus modernes et plus performantes que la seconde, il est évident que les salariés ne travaillent pas de la même façon dans les deux entreprises. Dans la seconde, leurs efforts, l'intensité de leur tâche doivent être beaucoup plus importants.
Cet exemple montre que la productivité des salariés et la productivité des machines sont inséparables. Ce sont les machines plus performantes de la première entreprise qui expliquent la productivité du travail.
Mesurer la seule productivité du travail donne une vision partielle de l'efficacité du facteur travail. C'est pourquoi l'INSEE parle d'une productivité « apparente » du travail.
L'INSEE calcule ainsi une productivité (apparente) du capital :

$$\textit{productivité horaire du capital} = \frac{\textit{valeur ajoutée}}{\textit{capital fixe}}$$

Le stock de capital fixe correspond au stock d'équipements et de machines (hors bâtiments).
Comme un facteur n'est productif que grâce aux autres facteurs, l'INSEE calcule aussi une production totale, appelée « productivité globale des facteurs » et calculée comme une moyenne particulière des productivités apparentes.

● VOIR cycle de productivité, facteurs de production, gain de productivité, productivité marginale.

PRODUCTIVITÉ MARGINALE

Production supplémentaire d'une entreprise liée à l'utilisation d'une unité supplémentaire d'un facteur de production (une machine, un salarié).

La théorie microéconomique, qui décrit et analyse les comportements individuels des agents économiques que sont les consommateurs et les producteurs (les entreprises), emploie souvent l'expression de productivité marginale. La productivité marginale du travail, par exemple, se définit comme la production supplémentaire qui provient du dernier salarié embauché. Il suffit alors de le rémunérer à un niveau de salaire égal à cette productivité marginale (c'est-à-dire la production supplémentaire). Si l'entreprise le rémunère davantage, elle perd de l'argent. L'analyse microéconomique déduit de cette constatation que l'ensemble des salariés doit recevoir cette même rémunération.

● VOIR productivité, théorie néoclassique.

PRODUIT INTÉRIEUR BRUT (PIB)

Principal agrégat de la comptabilité nationale représentant la somme de toutes les valeurs ajoutées créées par les différentes branches de l'économie pendant une année.

Pour mesurer la production annuelle d'une économie, c'est-à-dire les richesses nouvelles créées par les agents économiques, il faut additionner les valeurs ajoutées de chaque unité de production.
Prenons l'exemple d'une fabrique de planches et d'une fabrique de meubles. La première vend des planches pour 200 000 francs à la seconde. Celle-ci, à son tour, fabrique des meubles qu'elle vend à sa clientèle pour 1 million de francs. Quelle est la production totale ? On pourrait additionner les productions des deux entreprises, soit 1,2 million de francs. Mais les planches seraient alors comptées deux fois, une fois comme bois brut, une fois dans les meubles. Pour éviter ce double emploi, on évalue la production de la deuxième entreprise en ne retenant que ce qu'elle a ajouté elle-même aux matières premières (le bois) achetées à la première entreprise.
On ne comptabilise sa contribution qu'en mesurant sa « valeur ajoutée »,

c'est-à-dire la valeur totale des meubles diminuée de la valeur des produits utilisés. Soit,
1 000 000 – 200 000 = 800 000 francs.
On retrouve ainsi la production totale de 1 million de francs (200 000 pour la fabrique de planches et 800 000 pour l'entreprise de meubles).
La production d'une économie est donc égale à la somme des valeurs ajoutées de toutes les entreprises. Cette production totale est appelée « produit intérieur brut » par la comptabilité nationale.
On a ainsi :

PIB = somme des valeurs ajoutées

Le PIB se décompose en PIB marchand et PIB non marchand, le PIB non marchand regroupant les productions non marchandes de l'économie. Comme il n'existe aucun prix pour ces productions, elles sont mesurées par leur coût total de production. Le PIB d'une économie exclut donc l'autoconsommation des ménages (jardins familiaux par exemple) et le travail domestique.
Une limite de la mesure de la croissance tient à des problèmes de mesure. On sait déjà que le PIB ne mesure qu'une partie de la production économique (il exclut une partie de l'économie non officielle) et qu'il ne tient pas compte d'activités comme le travail domestique.
Mais, il faut garder à l'esprit que le PIB enregistre aussi des augmentations quantitatives qu'il conviendrait plutôt de soustraire si l'on cherchait à mesurer le progrès social. Ainsi, l'augmentation de la production d'alcool et de tabac, l'accroissement des maladies professionnelles qu'il faut soigner, la pollution qu'il faut combattre constituent autant d'occasions d'accroître la production nationale. L'augmentation des frais médicaux conduit par exemple à une augmentation de la croissance économique.

● Voir agrégats, comptabilité nationale, économie souterraine, production, taux de croissance du PIB, valeur ajoutée, volume.

Professions et catégories socioprofessionnelles

Nomenclature établie par l'INSEE pour « classer l'ensemble de la population, ou tout au moins la population active, en nombre restreint de grandes catégories présentant chacune une certaine homogénéité ».

Établi dans les années 50, le « code des catégories socioprofessionnelles » (CSP) a été modifié en 1982 pour devenir la « nomenclature des professions et des catégories socioprofessionnelles » (PCS). Dans cette nomenclature, plus de 450 professions sont classées en 32 catégories socioprofessionnelles, ces dernières étant regroupées en six groupes socioprofessionnels d'actifs (et deux d'inactifs). Ces six groupes reçoivent l'appellation de CSP ou de PCS.

1) La construction des PCS

Les PCS correspondent d'abord à une classification des emplois. Le critère de classement est la profession exercée. D'autres critères interviennent cependant comme le secteur d'activité (agriculture, industrie, administration), le statut (salariés ou non-salariés), la position hiérarchique ou le niveau de diplôme (cadre, profession intermédiaire), la qualification professionnelle (pour les ouvriers par exemple) ou encore l'importance de l'entreprise (nombre de salariés).
En 1982, les CSP « cadres supérieurs » et « cadres moyens » sont devenues, avec quelques modifications, les PCS « cadres et professions intellectuelles supérieures » et « professions intermédiaires ». Font partie des cadres, les seuls actifs dont l'activité est définie comme telle dans les conventions collectives des entreprises.

2) Intérêts et limites des PCS

La nomenclature des PCS est un outil très pratique pour disposer d'une référence commune concernant la société française. Elle est utilisée par de nombreuses enquêtes et permet d'étudier les comportements économiques, sociaux ou démographiques des individus.

C'est aussi un outil empirique (il n'a pas été élaboré pour vérifier une théorie particulière) et les différentes PCS ne correspondent pas à des catégories hiérarchisées. La construction des PCS et l'analyse de la société en termes de classes sociales répondent donc à deux logiques différentes.
Les PCS restent cependant un outil imparfait. Elles donnent une analyse plus poussée du monde des salariés que de celui des indépendants. Par ailleurs, comme elle repose sur la déclaration que font les individus lors du recensement, certains peuvent modifier l'intitulé de leur activité professionnelle (c'est un biais statistique).

● Voir classes sociales, stratification sociale.

Profit

Recettes de l'entreprise qui ne sont pas utilisées pour acheter des consommations intermédiaires (matières premières, énergie, etc.), pour rémunérer les salariés et pour payer les impôts.

Le compte de résultat de l'entreprise fournit le résultat de son activité en comparant ses produits (ventes) et ses charges (dépenses). Quand les produits sont supérieurs aux dépenses, l'entreprise réalise un bénéfice.
Ce bénéfice, qui peut être assimilé au profit de l'entreprise, a trois utilisations. Une partie est destinée à l'impôt sur les bénéfices (impôt sur les sociétés ou IS).
Si par exemple le bénéfice (imposable) est de 500 000 francs et le taux

La nomenclature des PCS

1. Agriculteurs exploitants
2. Artisans, commerçants et chefs d'entreprise (10 salariés ou plus pour ces derniers)
3. Cadres et professions intellectuelles supérieures dont :
   - professions libérales
   - cadres de la fonction publique, professions intellectuelles
   - cadres d'entreprise
   - ingénieurs
4. Professions intermédiaires dont :
   - professions intermédiaires de la santé
   - professions intermédiaires de la fonction publique
   - professions intermédiaires des entreprises
   - techniciens
   - agents de maîtrise et contremaîtres
   - clergé et religieux
5. Employés dont :
   - employés administratifs
   - employés de commerce
   - personnels des services aux particuliers
6. Ouvriers dont :
   - ouvriers qualifiés
   - ouvriers non qualifiés
   - ouvriers agricoles
7. Retraités
8. Autres personnes sans activité professionnelle dont :
   - chômeurs n'ayant jamais travaillé

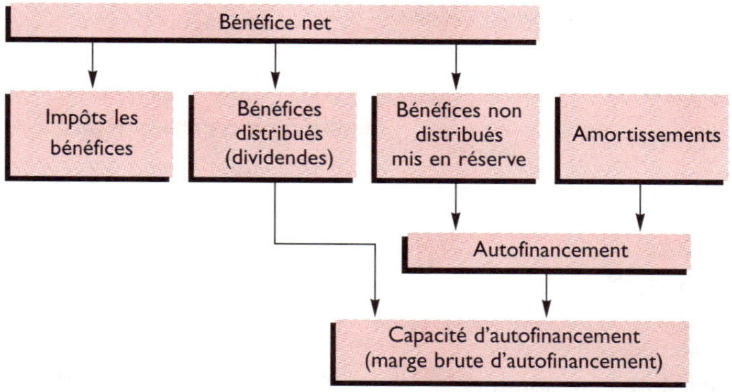

de l'impôt sur les bénéfices de 40 %, le montant de l'IS sera :
500 000 × 0,4 = 200 000 francs.
Après paiement de cet impôt, les dirigeants de l'entreprise ont le choix d'affecter le bénéfice restant (300 000 francs dans notre exemple) aux propriétaires ou à l'entreprise elle-même. Dans le premier cas, on parle de bénéfices distribués. Ce sont les dividendes versés aux actionnaires. Les bénéfices distribués peuvent être assimilés au profit des propriétaires de l'entreprise. Dans le deuxième cas (bénéfices non distribués), une partie du profit de l'entreprise est mis en « réserve » ; elle permettra par exemple de financer de nouveaux investissements.
Dans les grandes entreprises, le choix d'utilisation des bénéfices après impôts est délicat. Les dirigeants peuvent ainsi chercher à diminuer les dividendes pour disposer de ressources propres à l'entreprise afin de financer la croissance. En revanche, de faibles dividendes peuvent décourager les actionnaires (refus d'accepter une augmentation de capital, par exemple).
Grâce aux profits non distribués aux propriétaires, l'entreprise peut financer ses investissements et son développement. Mais elle dispose aussi d'autres ressources internes qui n'apparaissent pas dans les bénéfices non distribués.
Le compte de résultat de l'entreprise détermine son bénéfice (si le résultat est positif), mais il s'agit d'un bénéfice net dont on a déduit les amortissements. L'entreprise a en effet la possibilité de déduire de son bénéfice (avant calcul de l'impôt) des sommes qui correspondent au renouvellement de ses équipements. Elle inscrit ces amortissements comme une charge, mais ce n'est pas une dépense réelle. Les sommes figurant dans la « dotation aux amortissements » viennent s'ajouter au bénéfice non distribué, le total de ces deux éléments représentant le montant disponible de ressources internes que l'entreprise va pouvoir utiliser. Ce montant total s'appelle l'autofinancement.

● Voir amortissement, autofinancement, capacité d'autofinancement, compte de résultat, valeur ajoutée.

Progrès technique

Ensemble des éléments qui permettent d'améliorer les méthodes de production et d'accroître la productivité (produire davantage avec les mêmes quantités de facteurs ou produire autant avec moins de facteurs de production).

Le progrès technique se manifeste par des changements de machines, le remplacement des hommes par des machines ou par de nouvelles organisations du travail. En favorisant l'apparition de gains de productivité, il constitue un facteur essentiel de la croissance économique.

● VOIR gain de productivité, facteurs de production, innovation, productivité, Schumpeter.

PROLÉTARIAT

Cf. classes sociales.

PROPENSION

Part du revenu qui est soit consommée, soit épargnée.

1) Propension à consommer

On peut la calculer pour un ménage, un groupe de ménages ou pour l'ensemble des ménages.

$$\textit{propension à consommer} = \frac{\textit{consommation du ménage}}{\textit{revenu du ménage}}$$

Par exemple, si les revenus mensuels d'un ménage sont de 16 000 F et si la consommation se monte à 12 000 F, sa propension à consommer est de 75 %.

Cette propension est qualifiée de moyenne, car on définit aussi une propension marginale à consommer qui représente la part du revenu supplémentaire (lorsque celui-ci augmente) qui est consacrée à un supplément de consommation.

$$\textit{propension marginale à consommer} = \frac{\textit{augmentation de la consommation}}{\textit{augmentation du revenu}}$$

Plus le revenu disponible du ménage est élevé, plus ce ménage pourra consommer. Mais l'augmentation du revenu n'entraîne pas un accroissement de la consommation de tous les produits dans les mêmes proportions. Si un ménage voit son revenu augmenter, il n'achètera sans doute pas plus de pain, mais il consommera davantage de loisirs.

2) Propension à épargner

$$\textit{propension à épargner} = \frac{\textit{épargne du ménage}}{\textit{revenu du ménage}}$$

● VOIR consommation, épargne.

PROPORTION

Cf. pourcentage.

PROTECTIONNISME

Doctrine économique et politique économique fondées sur l'application de mesures visant à favoriser les activités nationales et à pénaliser la concurrence étrangère (instauration de droits de douane, de contingentements, etc.).

1) Avantages et inconvénients du protectionnisme

Le principal théoricien du protectionnisme fut l'économiste allemand Friedrich List qui, vers le milieu du XIXe siècle, défendit l'idée d'un protectionnisme temporaire et limité afin de protéger le développement des « industries naissantes ». Pour List, ces industries ne pouvaient lutter à armes égales avec les industries des pays plus développés (rôle des économies d'échelle) et, pour éviter leur blocage ou leur disparition, il était nécessaire de les mettre à l'abri de la concurrence.

Le protectionnisme peut être offensif avec l'instauration de zones commerciales privilégiées (zones de libre-échange) à l'intérieur desquelles règne le libre-échange, tandis que le protectionnisme domine dans les relations économiques de la zone avec l'extérieur. C'est par exemple le Zollverein, union douanière allemande en vigueur de 1834 à 1866.

Mais le protectionnisme est surtout défensif, les préoccupations sociales étant déterminantes. Il peut s'agir de défendre l'emploi, de faciliter la reconversion d'activités condamnées ou de donner satisfaction à certaines catégories socioprofessionnelles influentes. Cette dernière situation est illustrée par les lois Méline, du nom du ministre de l'Agriculture, de 1892, qui instaurent des droits de douane élevés pour les produits agricoles, et de 1897 (lois du « cadenas ») qui permettent au gouvernement de relever rapidement par

décret les droits de douane des denrées agricoles.
Les inconvénients du protectionnisme sont toutefois nombreux : caractère incompressible de certaines importations, que l'on ne peut donc réduire (matières premières, biens d'équipement), mesures de représailles des pays étrangers, isolement de l'économie, hausse des prix qui pénalise les consommateurs et les entreprises, retards dans l'introduction des progrès techniques, sclérose et inefficacité des entreprises trop protégées.

2) Le protectionnisme dans l'histoire économique

Le protectionnisme ne doit être confondu ni avec le mercantilisme, ni avec l'autarcie.
L'histoire montre une répétition de phases de protectionnisme et de libre-échange. L'Angleterre est ainsi protectionniste au début du XIXe siècle, avec les *Corn Laws,* tarifs douaniers sur les céréales favorables aux grands propriétaires, jusqu'à ce que les industriels, partisans du libre-échange, réussissent à les faire abolir (elles les obligeaient en effet à augmenter les salaires de leurs ouvriers, car la nourriture coûtait plus cher).
Le protectionnisme domine ensuite en Europe des années 1880 à la veille de la guerre, puis entre la crise de 1929 et le second conflit mondial (hausse des droits de douane et, surtout, développement d'un protectionnisme monétaire, chaque pays dévaluant sa monnaie pour vendre davantage à l'extérieur et freiner les importations devenues plus coûteuses).

3) Le renouveau du protectionnisme

On constate depuis le début des années 70, c'est-à-dire depuis la crise économique liée au premier choc pétrolier de 1973, un renouveau du protectionnisme, sous des formes différentes du protectionnisme traditionnel. On parle ainsi de **néo-protectionnisme** pour qualifier le protectionnisme non tarifaire. Les barrières non tarifaires sont en effet nombreuses (accords d'autolimitation, dumping, etc.).

● VOIR accord d'autolimitation, autarcie, contingentement, droits de douane, dumping, libre-échange, mercantilisme.

PROTECTION SOCIALE

Ensemble des institutions et des mécanismes, fondés sur l'idée d'une solidarité nationale, qui garantissent des ressources aux individus placés dans des circonstances particulières (maladies, accident, chômage, maternité, famille, vieillesse).

1) La notion de « risque »

Dans la vie courante des individus ou dans leur activité professionnelle, un certain nombre de risques concernant leur personne peuvent se produire. On parle de risques, car il s'agit d'événements, comme la maladie, les accidents du travail ou le chômage, qui interviennent brutalement et qui ne sont pas dus aux individus eux-mêmes (ce n'est pas le cas, en revanche, d'une cessation volontaire de l'activité professionnelle). La réalisation de ces risques, qui entraîne des pertes de revenus, peut donc toucher n'importe quel individu.
Comme il est apparu injuste que le hasard pénalise des individus qui n'étaient pas responsables de ce qui leur arrivait, l'idée d'une solidarité entre toutes les personnes s'est peu à peu imposée à partir du XIXe siècle. Des mécanismes se sont donc mis progressivement en place afin que ces individus reçoivent des ressources de remplacement. Ce principe de solidarité s'est ensuite étendu à d'autres événements de la vie courante qui n'étaient pas, à proprement parler, des risques, mais qui se traduisaient eux aussi par des pertes de ressources (maternité, famille nombreuse, retraite et vieillesse).

2) Assurance et assistance sociale

La notion d'**assurance sociale**, dont l'origine remonte aux premières lois françaises sur les assurances sociales de 1928 et 1930, correspond aussi à la protection sociale, mais elle met plutôt l'accent sur les mécanismes (les lois, la réglementation qui organisent le versement de ressources et décident des prélèvements). En France, la protection sociale est indépendante de l'État (au sens strict de l'Administration et des ministères) ainsi que du budget de l'État. En revanche, les organismes de sécurité sociale constituent, avec l'État et les collectivités locales, ce que l'on nomme les administrations publiques. Concrètement, cette indépendance des institutions de protection sociale signifie que ce ne sont pas les impôts qui financent les dépenses de protection sociale (c'est-à-dire les prestations sociales versées), mais des prélèvements spécifiques, différents des impôts des agents économiques et qui s'appellent des cotisations sociales. Cette présentation de la protection sociale doit cependant être quelque peu nuancée, car certaines dépenses du budget de l'État (donc financées par l'impôt) correspondent au versement de prestations sociales. Il s'agit par exemple du minimum vieillesse pour les personnes âgées sans ressources ou encore des allocations de chômage destinées à ceux qui n'ont pas versé de cotisations pour bénéficier de l'assurance chômage. Ces dépenses sociales de l'État correspondent au principe de l'assistance. Cela signifie que la société reconnaît à chacun de ses membres le droit à un minimum de ressources même s'il n'a pas cotisé auparavant.

La plus grande partie du système de protection sociale repose donc sur le principe de l'assurance (on verse des cotisations pour recevoir des prestations si certains événements se réalisent). Mais il faut noter quelques différences par rapport au système traditionnel de l'**assurance** (exemple de l'assurance automobile). Les assurances sociales reposent sur un principe de solidarité (il s'agit d'une redistribution des actifs vers les inactifs, des biens-portants vers les malades, etc.), ce qui entraîne deux conséquences : les cotisations sont calculées en fonction des ressources des individus et non d'après le coût du risque (dans le cas contraire, les personnes âgées paieraient des cotisations exorbitantes tandis que les jeunes actifs, moins souvent malades ne verseraient presque rien) ; les prestations versées sont calculées en fonction de ce coût du risque et non d'après les cotisations payées (dans le cas contraire, un individu ayant peu de revenus et donc de faibles cotisations ne serait guère indemnisé en cas de problème grave). Les assurances sociales se distinguent donc des assurances traditionnelles qui fonctionnent selon une logique libérale : l'individu doit se garantir volontairement grâce à son épargne contre les risques et il est seul responsable du choix entre la souscription à des assurances ou une autre utilisation de ses revenus. Ceci permet de comprendre alors la contrepartie du principe de solidarité de la protection sociale : le versement des cotisations est obligatoire.

Dans le système de protection sociale, la couverture des risques, c'est-à-dire le versement de ressources de remplacement, n'est pas totale. Par exemple, les individus partant à la retraite ne reçoivent pas des pensions mensuelles égales à leurs anciens revenus, mais inférieures. Pour compléter les indemnisations, les assurés sociaux peuvent souscrire des assurances traditionnelles, mais ils peuvent aussi adhérer à des mutuelles qui fonctionnent selon les mêmes principes que la protection sociale.

● VOIR contribution sociale généralisée (CSG), cotisations sociales, État-providence, prestations sociales, retraite, Sécurité sociale.

PYRAMIDE DES ÂGES

Représentation graphique de la population classée par âge. Cette représentation étant formée de deux histogrammes, l'un pour les hommes, l'autre pour les femmes (l'axe vertical indique les âges tandis que les deux axes horizontaux indiquent les effectifs).

La pyramide des âges de la population montre le poids de l'histoire sur les générations successives. Ainsi, la brèche constatée pour les générations nées entre 1915 et 1919 correspond à la baisse du nombre des naissances en raison de la guerre de 1914-1918 ; la notion de « classes creuses » caractérise ces générations de faible effectif. À l'inverse, un rattrapage des naissances s'observe souvent dans les années qui suivent une guerre.

● Voir classe d'âge, croissance démographique, génération.

q

QUALIFICATION

Ensemble des connaissances, des aptitudes et des expériences que requiert l'exercice d'un emploi déterminé (on parle dans ce cas de qualification d'un emploi, d'un poste de travail) ou qu'est susceptible de mettre en œuvre un individu (il s'agit dans ce cas d'une qualification individuelle).

Il importe donc de bien distinguer ces deux dimensions, car un individu possédant une certaine qualification (un CAP par exemple) peut être amené à occuper un emploi correspondant à une autre qualification (et donc rémunéré en fonction de cette dernière qualification).

On distingue dans les entreprises, quatre grands niveaux de qualification définis par référence aux niveaux de formation du système d'enseignement. Il faut cependant préciser que chaque niveau peut être atteint par voie d'enseignement ou par expérience professionnelle (apprentissage « sur le tas »). Ces quatre niveaux sont les suivants : emplois de cadre (niveau égal ou supérieur au second cycle de l'enseignement supérieur) ; emplois de personnel technique, exigeant un niveau bac ; emplois de personnel qualifié (niveau CAP ou niveau BEPC) ; emplois non qualifiés.

Cette typologie peut s'appliquer aux emplois techniques (ingénieurs, techniciens, ouvriers qualifiés et ouvriers non qualifiés) ou aux emplois tertiaires (cadres tertiaires supérieurs, cadres tertiaires moyens, employés qualifiés, employés non qualifiés). Dans la métallurgie, par exemple, l'ancienne structure des classifications ouvrières a été modifiée. On trouvait autrefois les manœuvres, les OS (ouvriers spécialisés dans une seule tâche, donc sans qualification) et les ouvriers professionnels. Les termes de manœuvre et d'ouvrier spécialisé ont été remplacés par une nouvelle appellation unique : agent de production (AP).

● VOIR population active, travail.

QUARTILE

● VOIR dispersion.

QUOTIENT FAMILIAL

Cf. impôt sur le revenu.

r

Racisme

Doctrine qui met en avant des différences biologiques réelles ou imaginaires pour justifier la supériorité d'une culture ou d'un groupe sur les autres.

● Voir ethnocentrisme.

Raider

Cf. offre publique d'achat.

Rareté

Cf. économie.

Rationalisation

Processus fondamental des sociétés occidentales, mis en évidence par le sociologue allemand Max Weber, et caractérisé par l'extension à l'ensemble du monde social (économie, droit, politique, science, art, religion, etc.) de la rationalité (adaptation des moyens aux fins), du calcul et des règles impersonnelles.

Toutes les sphères de la société sont soumises à l'extension de la rationalité, que ce soient les entreprises (développement des techniques de gestion rationnelle comme le taylorisme ou le fordisme), l'Administration (développement de la bureaucratie), la vie politique (émergence des partis politiques qui deviennent de véritables organisations), etc. Toutes ces sphères se dégagent du sacré et de la tradition au profit du règne de règles impersonnelles. Ce processus de rationalisation, par la perte du sens et des valeurs qui l'accompagne, peut mener à un certain « désenchantement » selon Weber.

● Voir bureaucratie, rationalité, Weber.

Rationalité

Principe selon lequel les individus font des calculs pour atteindre le mieux possible un objectif compte tenu des contraintes qu'ils subissent.

La science économique (théorie néoclassique) caractérise comme rationnelle une action dont les moyens sont bien adaptés aux fins poursuivies. C'est donc l'adaptation des moyens aux fins qui définit la rationalité. Dans sa typologie des formes de rationalité, le sociologue allemand Max Weber distingue la rationalité par rapport aux fins, qui est la rationalité des économistes, et la rationalité par rapport aux valeurs pour qualifier une action adaptée, non à des fins, mais à des valeurs (sacrifice du héros, par exemple).

● VOIR rationalisation, Weber.

RÉAGANOMIE

Programme économique et politique économique menée par le président américain Ronald Reagan entre 1981 et 1988.

La réforme fiscale (baisse des impôts) et la déréglementation sont les deux grandes réalisations d'un programme qui a cherché à libérer les agents économiques de toutes les entraves d'origine étatique. Le refus des politiques économiques conjoncturelles, qui accompagnait ce programme, n'a pu être appliqué. Bien au contraire, les mesures prises par R. Reagan ont accru de façon considérable le déficit budgétaire, rendant à celui-ci le rôle de relance que lui attribuaient Keynes et les keynésiens.

RECENSEMENT

Instrument de mesure d'une population à un moment donné.

Le recensement est le principal instrument de connaissance de la population. Il s'agit d'une enquête exhaustive (réalisée par l'INSEE dans le cas de la France) qui permet de connaître les principales caractéristiques (date de naissance, sexe, situation matrimoniale, profession, lieu de résidence, niveau d'instruction, nationalité, etc.) de tous les habitants d'un pays. Le recensement permet ainsi de compter, de dénombrer une population. Les trois derniers recensements ont eu lieu, en France, en 1975, 1982 et 1990 (le premier recensement date de 1801). Le recensement est donc une photographie très complète de la population à un moment donné (un stock). Pour connaître, en revanche, les mouvements de la population entre deux recensements, il faut utiliser les statistiques de l'état civil, c'est-à-dire l'enregistrement (c'est une obligation légale dans les pays développés) auprès des mairies des naissances et des décès. Tous les pays n'ont pas, cependant, la même connaissance de leur population (enregistrement statistique peu développé dans certains pays).

● VOIR croissance démographique, population.

RÉCESSION

Conjoncture économique d'un pays caractérisée par une chute du taux de croissance économique ou par son maintien à des niveaux très faibles, entraînant alors le développement du chômage.

On ne doit pas confondre la récession (diminution du taux de croissance du PIB) avec la dépression (baisse effective et durable de la production). Récession et dépression sont des situations caractéristiques d'une crise économique.

● VOIR crise économique, cycle, PIB.

REDISTRIBUTION

Ensemble des actions menées par les pouvoirs publics et des organismes de protection sociale qui modifient la répartition des revenus primaires des ménages pour aboutir au revenu disponible.

Les revenus primaires des ménages subissent des prélèvements (impôts et cotisations sociales) et reçoivent les prestations sociales. La redistribution peut être horizontale, lorsqu'elle cherche à maintenir les ressources des individus atteints par des risques sociaux (maladie, chômage, par exemple) ou bien verticale, quand elle cherche à réduire les inégalités (rôle de la progressivité de l'impôt sur le revenu, minimum vieillesse, par exemple).

● VOIR prélèvements obligatoires, protection sociale, répartition, revenu, revenu disponible, revenu primaire.

RÉDUCTION DU TEMPS DE TRAVAIL

Politique de réduction de la durée hebdomadaire du travail dans le but de partager les emplois.

Butant sur la question de la compensation salariale (faut-il diminuer, et de combien, la rémunération avec cette diminution horaire ?), la réduction du temps de travail tend de plus en plus à être associée à une politique d'aménagement du temps de travail. Pour les entreprises, l'aménagement du temps de travail des salariés est recherché pour accroître la durée d'utilisation des équipements ou pour adapter le volume de travail disponible aux variations de l'activité. Dans ce cadre, l'annualisation du temps de travail entraînerait la suppression des heures supplémentaires et de la rémunération correspondante.

● VOIR temps de travail.

RÉÉCHELONNEMENT

Aménagement des conditions financières imposées à un débiteur qui connaît des difficultés passagères pour assurer le service de sa dette (étalement du calendrier des remboursements principalement).

● VOIR endettement international.

RÉESCOMPTE

Opération d'escompte entre une banque, qui vient de pratiquer elle-même l'escompte avec une entreprise, et une autre banque ou la Banque de France.

Cette pratique, qui n'est plus utilisée, permettait à la Banque de France de déterminer le taux d'escompte, c'est-à-dire le prix de ses ressources monétaires.

● VOIR création monétaire.

RÉÉVALUATION

Décision officielle des autorités monétaires consistant, dans un système de changes fixes, à augmenter la valeur de la monnaie nationale par rapport à un étalon de référence (or, autre monnaie, etc.).

● VOIR change, changes fixes/changes flottants, dévaluation, marché des changes, politique de change.

REFINANCEMENT

Possibilité pour une banque d'obtenir des liquidités auprès d'une autre banque ou de la banque centrale.

Les banques ne peuvent pas créer autant de monnaie qu'elles le souhaitent, car elles doivent être en mesure, à tout instant, de faire face à une demande de la clientèle qui désire retirer ses fonds. Lorsqu'elles ont besoin de monnaie banque centrale (billets, par exemple) pour satisfaire les besoins de la clientèle, elles ont la possibilité de s'adresser à la Banque de France (« prêteur en dernier ressort ») afin de « mobiliser » des créances qu'elles détiennent. La banque centrale agit alors avec la banque comme cette dernière a pratiqué avec l'entreprise : elle crée de la monnaie (concrètement, elle crédite le compte que la banque détient à la Banque de France) en échange de la créance que lui donne la banque. Cette opération de refinancement (aussi appelée parfois « réescompte » lorsque la banque centrale rachète une créance que la banque avait escomptée à la demande d'une entreprise) a cependant un coût pour les banques, coût représenté par le taux d'intérêt exigé par la banque centrale. En augmentant ce coût du refinancement des banques, la banque centrale les oblige à réduire leurs activités de distribution de crédit. Les banques peuvent continuer à distribuer des crédits au même taux pour la clientèle, mais leurs profits diminuent très

rapidement, car les ressources qu'elles prêtent leur coûtent de plus en plus cher (politique qui ne peut durer longtemps). Elles préfèrent alors augmenter les taux des crédits à la clientèle, ce qui freine les demandes de crédits.
Le coût du refinancement permet à la banque centrale d'agir sur la distribution de crédits des banques et donc sur la création monétaire. Ainsi, une baisse des taux de refinancement amène les banques à créer davantage de moyens de paiement à la disposition des agents économiques (politique de relance de l'activité économique).

● VOIR création monétaire, liquidité bancaire, politique monétaire, taux d'intérêt.

REFLATION

Terme utilisé autrefois, en particulier dans les années 30, pour qualifier une politique de relance basée sur l'augmentation de la demande.

Les politiques de relance du New Deal aux États-Unis en 1933-1934 ou du Front populaire en 1936 après la déflation Laval constituent des exemples de politiques de reflation.

RÉGIME DÉMOCRATIQUE

Mode d'organisation des pouvoirs publics dans une démocratie (pouvoir exécutif, pouvoir législatif principalement).

Les régimes démocratiques organisent un équilibre entre le pouvoir exécutif (le président, le chef du gouvernement s'il existe, le gouvernement) et le pouvoir législatif (Assemblée nationale, Sénat, par exemple en France). Cet équilibre peut être recherché de deux façons très différentes qui correspondent l'une au régime parlementaire (à ne pas confondre avec un régime d'assemblée dans lequel l'exécutif n'existe pas) et l'autre au régime présidentiel.

1) Le régime présidentiel

Dans le régime présidentiel qui caractérise le système américain actuel, les pouvoirs exécutif et législatif sont indépendants. Le président, qui est à la fois chef de l'État et chef de gouvernement, dispose d'une autorité considérable : il nomme et révoque les ministres comme il l'entend (indépendamment de la majorité au sein des assemblées qui peut être d'orientation politique différente de la sienne). Il n'existe d'ailleurs pas de gouvernement aux États-Unis, c'est-à-dire d'organe collégial et responsable devant le Parlement. En revanche, les assemblées disposent pleinement du pouvoir législatif.
Ainsi, le président ne prend pas part à l'activité législative, tandis que les assemblées ne s'occupent pas du pouvoir exécutif. La séparation stricte des pouvoirs se trouve renforcée par les deux pratiques suivantes : le président ne peut dissoudre l'assemblée (pour en changer la majorité dans un sens qui lui soit plus favorable), tandis que les assemblées ne peuvent mettre en cause sa responsabilité (pour l'obliger à démissionner et provoquer de nouvelles élections présidentielles). Dans un régime présidentiel, le président est élu au suffrage universel.

2) Le régime parlementaire

Dans un régime parlementaire, les fonctions de chef de l'État et de chef de gouvernement sont séparées. Le chef de l'État incarne l'État, la nation et il ne participe pas à l'exercice du pouvoir ; il a pour fonction de choisir le chef du gouvernement au sein de la majorité parlementaire. Le chef du gouvernement et le gouvernement exercent réellement le pouvoir, mais ils sont responsables devant les assemblées (celles-ci peuvent renverser le gouvernement). Cependant, afin d'éviter la toute puissance des assemblées en cas de conflit entre la majorité parlementaire et le gouvernement, ce dernier dispose aussi d'une « arme » pour rétablir un certain équilibre : c'est la dissolution de l'assemblée.

De cette façon, le gouvernement demande aux électeurs de trancher. Quel que soit le résultat de ces nouvelles élections, le chef de l'État doit choisir le nouveau responsable du gouvernement dans la majorité issue des nouvelles élections.
En France, la Constitution de 1958, qui instaure la Ve République, a progressivement conduit à l'émergence d'un système mixte qui emprunte quelques traits au régime présidentiel (l'institution d'un chef de l'État élu au suffrage universel, car la légitimité qu'il tire de cette élection est du même ordre que celle des députés) et qui, comme tout régime parlementaire, rend le gouvernement responsable devant les députés.

● VOIR contre-pouvoir, démocratie, État (politique), politique, pouvoir politique.

RÉGLEMENTATION

La réglementation désigne l'ensemble des obligations juridiques qui s'imposent aux acteurs économiques (lois, règlements administratifs dont les décrets).

Tous les domaines de la vie économique et sociale reposent sur une certaine réglementation. Celle-ci a cependant été allégée depuis les années 80.
C'est, par exemple, le cas des prix. Depuis 1945, il existait une réglementation permettant de bloquer tous les prix lorsque les pouvoirs publics le jugeaient nécessaire (politique de lutte contre l'inflation comme en 1976 ou 1982) ; une surveillance des prix était aussi pratiquée (les entreprises devaient alors communiquer leurs prix à l'Administration). En 1986, cette réglementation a été abrogée. Toutefois, l'État garde le contrôle de certains prix (tarifs de services publics comme l'électricité, le chemin de fer ou prix des médicaments, puisque ceux-ci ne doivent pas répondre au jeu de l'offre et de la demande).

● VOIR État (économie).

RÉGULATION OU ÉCOLE DE LA RÉGULATION

École de pensée contemporaine regroupant des économistes français d'inspiration keynésienne qui insistent sur l'importance des règles et des rapports sociaux (règles de fixation des salaires, règles juridiques en matière sociale, forme de la concurrence entre les entreprises, rôle de l'État) dans l'analyse de la croissance et des crises économiques.

Ils opposent en particulier un mode de régulation concurrentielle, dominant dans la seconde moitié du XIXe siècle et cela jusqu'à la grande crise de 1929, et un mode de régulation monopoliste, qui fonctionna parfaitement durant les « trente glorieuses ».
La régulation concurrentielle est fondée sur le mécanisme de marché. Elle se caractérise par une faible croissance de la productivité. L'augmentation des salaires est donc très lente et la concurrence entre les entreprises particulièrement sévère. Une crise se traduit ainsi par une baisse des salaires (résultat de la flexibilité parfaite sur le marché du travail) et une baisse de la production (faillites nombreuses, car les revenus et la consommation diminuent). Peu à peu, durant la première moitié du XXe siècle, se met en place un mode de régulation monopoliste où les mécanismes régulateurs du marché laissent la place à une régulation entre les grandes institutions sociales que sont les oligopoles (favorisés par la concentration des entreprises), l'État et les forces sociales (syndicats notamment). La régulation monopoliste se caractérise par les éléments suivants : salaires indexés sur les gains de productivité et déterminés par la négociation collective, développement de l'État-providence, etc. Ainsi dans ce cadre, les crises ont des conséquences beaucoup moins néfastes qu'autrefois car la consommation se maintient grâce aux revenus de la protection sociale, ce qui induit une simple récession et non une dépression.

Le mode de régulation monopoliste se caractérise surtout par un modèle de croissance que l'on a appelé « fordisme », en hommage à la pratique d'Henry Ford d'accorder le *five dollars day* à ses ouvriers (soit un doublement de leur rémunération) afin qu'ils achètent les voitures qu'ils produisaient.
Le fordisme est donc un modèle de croissance dans lequel les gains de productivité permettent des augmentations de rémunération et le développement d'une consommation de masse, qui assure elle-même l'écoulement d'une production de masse. Le développement des biens d'équipement des ménages (automobiles, électroménager) diffusés massivement permet d'obtenir des économies d'échelle considérables, si bien que les gains de productivité rendent possibles des augmentations de salaires et ainsi de suite (c'est un cercle vertueux).
Les analyses en termes de régulation fournissent plusieurs éléments pour comprendre la crise actuelle. Celle-ci est avant tout une crise du « fordisme », car le cercle vertueux connaît quelques « ratés ». En effet, les gains de productivité se sont d'abord fortement ralentis depuis la fin des années 60. En outre, on assiste à une saturation relative de la demande pour les principaux biens qui avaient joué un rôle moteur dans la croissance d'après-guerre (demande de renouvellement seulement).

Relance

Politique économique visant à stimuler la demande afin que les entreprises produisent davantage et embauchent.

Une relance par la consommation consiste à augmenter les revenus des ménages afin qu'ils dépensent davantage. Une telle politique est nécessaire lorsque le chômage est important et lorsqu'il existe des capacités de production inemployées (équipements) ou des stocks importants dans les entreprises.
En revanche, s'il n'existe pas de capacités de production inemployées, si les équipements fonctionnent déjà au maximum de leurs capacités, une telle relance menée pour réduire le chômage est dangereuse. En effet, les entreprises seront dans l'incapacité d'accroître rapidement leur production pour satisfaire la demande nouvelle. Il en résultera alors une inflation (inflation par excès de demande) ou un déficit commercial (achats de produits étrangers grâce aux ressources distribuées). La proposition keynésienne de relancer la consommation pour réduire le chômage est donc liée à l'existence d'une sous-utilisation des équipements. Dans le cas contraire, il est alors préférable de relancer d'abord l'investissement afin de créer des capacités de production nouvelles (et des emplois nouveaux).
En 1975, l'économie française connaît une relance par l'investissement (aides fiscales, prêts). En 1981-1982, il s'agit surtout d'une relance par la consommation (hausse du SMIC et des prestations sociales) et les dépenses publiques (création d'emplois publics, déficit budgétaire).

● Voir économie keynésienne, politique économique, stabilisation.

Remplacement des générations

Cf. taux de fécondité.

Rendement

Cf. productivité.

Rendement boursier

Rapport entre le revenu d'une valeur mobilière (dividende ou intérêts) et la valeur (cours en vigueur) de cette action ou de cette obligation.

$$\textit{rendement d'une valeur} = \frac{\textit{intérêts versés (coupon)}}{\textit{cours de l'obligation}}$$

Pour calculer ce rendement, il faut prendre en compte le cours de l'action ou de l'obligation tel qu'il apparaît à la Bourse au moment du calcul et non le cours nominal, c'est-à-dire le cours d'émission de l'action ou de l'obligation. Exemple : une obligation de 5 000 francs, au taux de 8 %, a un cours de 4 000 francs. Son rendement est de

$$\frac{400}{4\,000} = 10\ \%$$

● VOIR cours boursier, plus-value, valeur mobilière.

RENDEMENT D'ÉCHELLE

Rapport entre la variation de la quantité produite et la variation d'un ou de plusieurs facteurs de production utilisés.

Économies d'échelle et rendements d'échelle ne doivent pas être confondus. Si la première met en relations les coûts unitaires et les quantités produites, la seconde relie l'augmentation de la production (conséquence) et l'augmentation des facteurs de production (cause du phénomène).

Les rendements d'échelle se calculent ainsi :

$$\textit{rendements d'échelle} = \frac{\textit{\% d'augmentation de la production}}{\textit{\% d'augmentation des facteurs}}$$

Si un doublement de la quantité de facteurs permet de doubler exactement le volume de la production, les rendements sont constants. Si le taux d'accroissement de la production est supérieur à celui des facteurs, les rendements sont croissants. Dans le cas inverse, ils sont décroissants.

Les rendements croissants s'accompagnent d'économies d'échelle puisque les coûts unitaires diminuent avec l'accroissement des quantités produites.

● VOIR économie d'échelle, facteurs de production, productivité.

RENTABILITÉ

Rapport entre les profits réalisés par une entreprise et les capitaux engagés pour arriver à ce résultat.

Les profits réalisés par l'entreprise constituent une source de financement. Mais les profits représentent aussi un indicateur de la performance d'une entreprise. Celle-ci se mesure avec la rentabilité. La rentabilité met en relation les capitaux engagés dans une entreprise et les profits réalisés. On calcule ainsi la rentabilité économique d'une entreprise lorsque l'on prend en compte la totalité des capitaux mis en œuvre (capitaux propres et capitaux empruntés).

$$\textit{rentabilité économique} = \frac{\textit{résultats avant paiement des intérêts}}{\textit{ensemble des capitaux}}$$

● VOIR capital social, profit.

RENTE

Dans un sens courant, une rente est un revenu provenant de placements.

Le rentier est une figure classique de la littérature du XIXe siècle, et c'est l'importance des emprunts publics, sans commune mesure avec ce que l'on connaît aujourd'hui (il fallait financer toutes les dépenses liées aux guerres), qui explique que certains pouvaient vivre de leurs rentes.

Il existe cependant une autre signification, économique, de la notion de rente. Les économistes classiques, notamment David Ricardo, ont développé la notion de rente à propos de la **rente foncière**. L'augmentation de la demande de produits agricoles conduit à utiliser des terres de moins en moins fertiles. La loi de l'offre et de la demande conduit à une augmentation des prix, si bien que ceux-ci s'alignent sur le coût de production de la terre cultivée la moins rentable. Mais ceux qui disposent de terres plus fertiles bénéficient automatiquement d'un surplus ; c'est la rente. Ce raisonnement, qui repose sur la rareté, peut s'appliquer à d'autres facteurs de production (pétrole, par exemple). En outre, on a qualifié de rente ou de « quasi-rente » le surplus réalisé par un monopole sur un marché.

Répartition

Opération économique liée au partage de la valeur ajoutée entre les agents économiques ayant participé à la production.

La répartition de la valeur ajoutée concerne principalement ceux qui sont considérés comme des facteurs de production (capital, travail).

● Voir redistribution, revenu, revenu primaire.

Reproduction sociale

Situation d'une société qui se reproduit à l'identique à chaque génération.

La reproduction sociale correspond à une mobilité sociale nulle. Une mobilité sociale nulle signifie que tous les enfants ont la même position sociale que leur père (« tel père, tel fils »). Les positions sociales sont les mêmes d'une génération à l'autre. Par exemple, en raisonnant avec les PCS, tous les enfants d'agriculteurs deviennent agriculteurs, tous les enfants de cadres deviennent cadres, etc. On constate alors aussi que 100 % des agriculteurs sont fils d'agriculteurs.
Tout le monde s'accorde cependant à penser qu'aujourd'hui, en France, la mobilité sociale nette est très faible, la mobilité structurelle expliquant à elle seule les changements de position sociale constatés entre les enfants et leurs parents. Reste une question importante : comment interpréter ce résultat ?
On distingue schématiquement deux interprétations qui ont pour point commun de relier ce phénomène à l'école. Toutes deux concluent que le système d'enseignement a été incapable d'assurer l'égalité des chances, de permettre à chacun de parvenir, en fonction de son seul mérite, aux positions sociales les plus recherchées.

1) Raymond Boudon et les effets de structure

La première interprétation, à laquelle s'attache le nom du sociologue Raymond Boudon, considère qu'il s'agit là d'un effet mécanique, automatique des évolutions sociales. Comme la structure de la société, caractérisée par l'ensemble des positions socioprofessionnelles susceptibles d'être occupées par les actifs, se transforme moins vite que le système des qualifications obtenues par tous les actifs, il y a de plus en plus d'enfants qui ont un niveau d'instruction supérieur à celui de leur père et qui ne peuvent pas obtenir un statut social supérieur. Voilà pourquoi le niveau croissant d'éducation dans les sociétés industrielles (en France comme dans les autres pays développés) ne favorise pas les chances de mobilité (c'est le paradoxe d'Anderson).

2) Pierre Bourdieu et la reproduction

Selon la seconde interprétation, défendue notamment par le sociologue Pierre Bourdieu, les origines sociales influencent sans cesse, déterminent même, le parcours social d'un individu, qu'il s'agisse de son passage à l'école ou de son évolution professionnelle (carrière ou trajectoire sociale). Selon cette analyse, le milieu d'origine oriente fortement les cursus scolaires, mais plus encore, avec le même diplôme, des personnes issues de milieux différents n'ont pas la même position sociale. Par exemple, les bacheliers fils de cadres supérieurs sont beaucoup plus nombreux à devenir cadres supérieurs que les bacheliers fils de cadre moyen ou d'employé. Les fils ressemblent donc toujours aux pères et la société se caractérise par une reproduction sociale (ceci étant valable pour la société prise globalement et non pour des individus en particulier). Cette reproduction est facilitée par le volume des différents « capitaux » possédés par les groupes sociaux. Il peut s'agir de capital économique bien sûr, mais aussi de capital culturel (capacités intellectuelles, biens culturels possédés, titres scolaires, etc.) et de capital social (réseau de relations sociales).

● VOIR Boudon, Bourdieu, habitus, holisme, individualisme méthodologique.

RERUM NOVARUM

Encyclique du Pape Léon XIII condamnant, en 1891, la lutte de classes ainsi que les atteintes aux droits des travailleurs.

Dans un contexte d'exode rural et de progression des idées socialistes, cette encyclique est à l'origine de la « doctrine sociale de l'Église » fondée sur l'attention particulière portée aux affaires économiques et sociales.

RÉSERVES DE CHANGE

Devises dont disposent les autorités monétaires pour agir sur le marché des changes.

Résultat de toutes les relations monétaires d'un pays avec le reste du monde, les réserves de changes apparaissent notamment dans la « position monétaire extérieure » de la balance des paiements. Les réserves de change, constituées surtout des devises acceptées et recherchées dans le monde entier (dollar, mark, yen), constituent l'un des moyens d'action des autorités pour agir sur le taux de change de leur monnaie (vente de devise contre la monnaie nationale pour en faire remonter le cours sur le marché des changes).

● VOIR marché des changes.

RÉSERVES OBLIGATOIRES

Dépôts non rémunérés que chaque banque doit effectuer sur un compte à la Banque de France.

Le montant de ces dépôts correspond à une part du total des dépôts réalisés dans les banques. Les réserves obligatoires sont donc des ressources que les banques donnent gratuitement à la Banque de France (celle-ci ne les utilise pas) alors qu'elles auraient pu les prêter à leurs clients afin de réaliser un profit. Ainsi, lorsque la Banque centrale augmente le montant des réserves obligatoires, les banques doivent réduire leurs offres de crédit ; en revanche, une diminution de ces réserves encourage les banques à prêter davantage de fonds (augmentation de la masse monétaire).

● VOIR création monétaire, liquidité bancaire, refinancement, politique monétaire.

RÉSIDENT

Unité économique (entreprise, personne) effectuant des opérations économiques pendant un an ou plus sur le territoire d'un même pays (les étrangers vivant dans ce pays sont des résidents).

● VOIR balance commerciale.

RETRAITE

Appelée aussi pension, c'est une prestation versée tous les mois aux personnes ayant cessé leur activité professionnelle et remplissant certaines conditions (âge, durée de cotisation, par exemple).

Selon les pays, les systèmes de retraites sont organisés selon deux modalités différentes (qui peuvent cependant coexister) ; il s'agit des **retraites par répartition** (cas de la France) et des **retraites par capitalisation**.
Dans le premier système, les pensions sont directement financées par les cotisations payées au même moment par les personnes actives. On répartit donc

les cotisations de l'assurance-vieillesse entre tous les « ayants droit », c'est-à-dire les retraités. Il est donc important de connaître la proportion d'actifs qui cotisent par rapport aux inactifs retraités. C'est le rapport démographique :

$$\textit{rapport démographique} = \frac{\textit{nombre d'actifs occupés}}{\textit{nombre d'inactifs retraités}}$$

Dans un système de capitalisation, chaque actif épargne lui-même afin de constituer des ressources pour sa période de retraite.

● VOIR prestations sociales, protection sociale.

REVENU

Sommes perçues par les agents économiques comme fruit de leur activité ou de leur patrimoine.

Comme les autres catégories d'agents économiques (entreprises par exemple), les ménages reçoivent des revenus primaires à la condition qu'ils aient participé directement ou indirectement à la production. Lorsque ces revenus sont directement issus de l'activité productive, il s'agit de revenus d'activité. Lorsque ces revenus sont indirectement liés à l'activité, il s'agit de revenus de la propriété.

– Les revenus de l'activité

Les revenus d'activité sont les revenus du travail. Mais le travail peut être un travail salarié ou non.

Le salaire est le plus courant des revenus du travail, car plus des 4/5e de la population active est salariée.

Les revenus du travail salarié désigne tout ce que l'employeur verse pour le salarié ; il s'agit du coût salarial pour l'entreprise.

Les revenus de l'activité non salariée correspondent aux bénéfices d'une entreprise individuelle. Il s'agit donc des revenus des professions indépendantes comme les professions libérales qui vivent de « l'exercice de leur science » (exemple des médecins, architectes, avocats qui reçoivent des honoraires), les artisans et les commerçants, les industriels (non salariés) et les agriculteurs.

– Les revenus de la propriété

Il s'agit des revenus liés à un patrimoine, à un capital. Ces revenus du capital, ou revenus du patrimoine, résultent de la propriété (tous les biens possédés ne rapportent pas toutefois un revenu).

On peut distinguer deux grandes catégories de revenus de la propriété, les revenus immobiliers et les revenus mobiliers. La rémunération provenant du patrimoine immobilier prend la forme de loyers versés par les locataires de fermages ou de baux commerciaux. Les revenus mobiliers correspondent aux revenus provenant de la possession d'un patrimoine financier. Ainsi, la détention d'actions ou de parts sociales procure des revenus appelés « dividendes ». La détention d'obligations, qui sont avec les actions des valeurs mobilières, procure des intérêts. Les autres formes d'épargne fournissent aussi des intérêts.

– Les revenus mixtes

La distinction entre revenu du travail et revenu du capital n'est pas toujours aussi tranchée car, dans certains cas, les revenus mélangent ces deux types de rémunération. Les non-salariés, qui sont donc des entrepreneurs individuels, sont propriétaires de leur entreprise et celle-ci exige très souvent un outil de travail. Qu'il s'agisse d'une activité artisanale, agricole, commerciale ou libérale, la constitution d'un capital (locaux, terres, etc.) est indispensable pour l'activité elle-même.

En conséquence, le revenu de l'activité (le bénéfice) représente autant une rémunération du facteur travail qu'une rémunération du facteur capital. Les revenus de l'activité non salariée peuvent donc aussi être considérés comme des revenus mixtes dès lors qu'ils rémunèrent aussi la possession d'un patrimoine nécessaire à l'activité.

● VOIR francs constants/francs courants, patrimoine, redistribution, revenu disponible, revenu primaire, transferts sociaux, salaire.

Revenu disponible des ménages

Revenu dont disposent les ménages pour consommer ou pour épargner.

Les revenus primaires des ménages ne correspondent pas exactement à ce dont ils peuvent disposer pour consommer ou pour épargner. Les ménages ont d'abord l'obligation de payer des impôts, ce qui vient limiter leurs revenus. Ensuite, ils doivent verser des cotisations sociales et ils reçoivent en contrepartie des prestations sociales (remboursements de soins, retraites, indemnités, etc.). Cotisations et prestations représentent les transferts sociaux.
L'État et la Sécurité sociale modifient donc la répartition des revenus primaires. Leur action correspond au processus de redistribution qui permet de passer du revenu primaire des ménages à leur revenu disponible.

Revenu primaire des ménages → Redistribution → Revenu disponible des ménages

Le revenu disponible des ménages est la notion la plus proche du sens courant du terme « revenu » puisqu'elle désigne les sommes que les ménages sont libres d'affecter à leur consommation ou à leur épargne.
Le revenu disponible peut être brut (RDB) lorsqu'il comprend l'amortissement des entrepreneurs individuels (sommes destinées au renouvellement de leur outil de production).

● Voir francs constants/francs courants, pouvoir d'achat, redistribution, revenu, revenu primaire.

Revenu minimum d'insertion (RMI)

Allocation, créée en 1988, versée à toutes les personnes âgées de plus de 25 ans (ou de moins de 25 ans si elles sont chargées de famille) lorsque l'ensemble de leurs ressources (prestations familiales, etc.) est inférieur au montant du revenu minimum (celui-ci, fixé en francs, est modifié chaque année).

Le RMI est une allocation différentielle puisqu'elle s'ajoute à ces ressources pour atteindre le montant fixé du revenu minimum. Financé par l'État et versé par les caisses d'allocations familiales, le RMI est accordé provisoirement pour trois mois ; au-delà de ces trois mois, son maintien est subordonné au respect d'un contrat d'insertion (stages à accomplir, formation, etc.). Les allocataires du RMI peuvent bénéficier d'un contrat emploi-solidarité (CES). Financé par l'État, le CES permet d'obtenir une formation rémunérée dans une association ou une collectivité afin d'entamer une réinsertion professionnelle.

● Voir exclusion sociale, pauvreté.

Revenu national

Ensemble des revenus des agents économiques qui sont issus de leurs activités de production. Ces revenus rémunèrent les facteurs de production (travail, capital) ; ce sont les revenus primaires.

Dans une économie, l'activité productive des entreprises et des administrations donne naissance à des biens et des services, mais, dans le même temps, elle permet la distribution de revenus aux agents économiques qui ont participé à la production.
Si l'on raisonne globalement, pour l'ensemble de l'économie, on observe que la création de richesses nouvelles, telle qu'elle est mesurée annuellement par le PIB, conduit à une distribution de revenus. Ainsi, les revenus distribués dans l'économie sont tous issus de l'activité productive, et le revenu national (RN) se calcule à partir du PIB.
Le revenu national représente l'ensemble des revenus issus de la production des agents économiques. Mais l'ensemble du PIB ne constitue pas un revenu pour les facteurs de production. Une partie de la production n'est pas

mise en vente, et donc n'entraîne pas de revenus pour les agents, car elle est conservée dans les entreprises pour renouveler les machines, le capital (c'est l'amortissement). Une autre partie de la production, exclue du calcul du revenu national, est constituée par les impôts liés à la production ; ceux-ci ne sont pas, en effet, des rémunérations pour les agents économiques qui ont participé à la production. Enfin, le PIB ne concerne que la production des agents économiques résidents en France, alors que le RN correspond à la production permise par les facteurs de production fournis par les résidents.

revenu national
= PIB
– amortissements
– impôts liés à la production
+ solde des revenus reçus et versés à l'extérieur

On a aussi :

revenu national
= somme des revenus primaires distribués aux unités économiques participant à la production.

● VOIR PIB, revenu, revenu primaire, salaire.

REVENU PRIMAIRE

Revenu des agents économiques reçu immédiatement en rémunération des facteurs de production (travail, capital).

C'est à partir des revenus primaires des ménages que s'établit la répartition entre les différents agents (impôts, prélèvements sociaux, mais aussi prestations sociales) afin d'aboutir au revenu disponible.

● VOIR revenu, revenu disponible, revenu national.

RÉVOLUTION INDUSTRIELLE

Ensemble de profondes mutations économiques et sociales marquant, en Grande-Bretagne à la fin du XVIIIe siècle et dans d'autres pays européens ensuite, le passage d'une économie rurale et artisanale à une économie industrielle et capitaliste.

En réalité, cette « révolution » fut un processus lent et continu, une fois acquise la phase de démarrage, le fameux « take-off ». En Grande-Bretagne, mais aussi dans d'autres pays, c'est la révolution agricole qui a permis ce démarrage et non le développement des innovations techniques (postérieures, comme la machine à vapeur de Watt en 1769). Avec le mouvement des « enclosures » (clôtures des terres) qui met fin notamment aux privilèges des plus misérables (droit de vaine pâture, par exemple), l'agriculture connaît une hausse de la productivité considérable, ce qui entraîne l'apparition d'un surplus disponible pour l'industrie. L'augmentation des revenus agricoles crée des débouchés pour les produits industriels, et un exode rural massif assure dans le même temps une main-d'œuvre abondante pour l'industrie. Cette main-d'œuvre a contribué à la formation de ce que Karl Marx a appelé « **l'armée de réserve industrielle** », c'est-à-dire l'ensemble des chômeurs qui empêchait les salaires de s'élever (concurrence entre les travailleurs pour l'emploi).

RICARDO (DAVID)

REPÈRES BIOGRAPHIQUES

Économiste britannique, David Ricardo (1772-1823) appartient à l'école classique. Son ouvrage fondamental, publié en 1817, s'intitule *Principes de l'Économie politique et de l'impôt*.

● VOIR libre-échange.

RISQUE DE CHANGE

Risque de pertes pour les entreprises qui achètent ou vendent à l'étranger du fait des variations des taux de change.

1) Qu'est-ce que le risque de change ?

Les entreprises réalisant des transactions avec l'étranger sont parfois soumises à des risques particuliers, liés aux fluctuations des cours des monnaies, lorsqu'il existe un certain délai entre la facturation d'une opération et son règlement monétaire.

Prenons le cas d'un importateur français qui doit verser des dollars à son fournisseur étranger. Il connaît, au moment précis de la négociation, la quantité de francs nécessaires à l'achat des dollars (grâce au cours du change en vigueur). Mais si le dollar voit sa valeur s'accroître par rapport au franc entre la négociation et le règlement définitif, l'importateur devra fournir davantage de francs, ce qui réduira ses résultats. Le risque de perte est le risque de change.

Bien sûr, dans le cas inverse, c'est-à-dire si le dollar baisse, l'importateur pourra augmenter ses bénéfices.

Exemple :

Mois de mai de l'année X : un importateur achète pour 20 millions de dollars de marchandises aux États-Unis, payables et livrables en novembre de la même année. On a : 1 dollar = 6 francs.

Mois de novembre : soit le dollar monte, 1 dollar = 7 francs. L'importateur doit payer 20 × 7 = 140 millions de francs. Sa perte est de 20 millions de francs, car il aurait payé 120 millions de francs en mai.

Soit le dollar baisse,
1 dollar = 5,60 francs.
L'importateur doit payer
20 × 5,60 = 112 millions de francs.
Son gain est de 8 millions de francs.

L'importateur ne sait pourtant pas au départ comment va évoluer le cours de la monnaie de règlement. Il peut parier sur une baisse, ce qui représente une spéculation (espoir de gain si le pari est gagné). Il peut aussi chercher à limiter ou à éviter le risque de change. La couverture du risque de change correspond aux moyens lui permettant de se protéger des risques de variation des cours. Un premier moyen consiste à accélérer ou à retarder les règlements ou les encaissements (pour un exportateur) par rapport aux délais normaux, en fonction de l'évolution anticipée du cours des monnaies. Cette pratique, qui permet aussi une spéculation, s'appelle le termaillage. Mais le moyen le plus utilisé correspond au mécanisme du change à terme.

2) Le rôle du change à terme

Reprenons notre exemple. Pour « se couvrir » contre le risque de change, l'importateur va acheter à terme les dollars nécessaires. Il pourrait les acheter au comptant, immédiatement, mais cela immobiliserait ses fonds. En les achetant à terme, à un « cours à terme », il s'engage à acheter ces dollars à sa banque à une certaine échéance (la date à laquelle il doit payer son fournisseur). Il connaît donc le montant exact de francs qui seront nécessaires pour obtenir les dollars. Le cours à terme est déterminé par la banque (qui va chercher à son tour à se couvrir) en fonction des différents taux d'intérêt en vigueur en France et à l'étranger. Il est d'autant plus éloigné du cours au comptant que les risques de fluctuation sont importants.

● VOIR change, marché à terme, marché des changes, termaillage.

RMI

Cf. revenu minimum d'insertion.

RÔLE SOCIAL

Ensemble de normes auxquelles est soumise l'action d'un individu occupant une position particulière (rôle de père dans la famille, rôle lié à l'activité professionnelle, rôle politique ou syndical, etc.).

Ces différents rôles sociaux varient évidemment d'une société à l'autre, d'un groupe social à un autre, mais surtout chaque individu « joue » et « interprète » son rôle d'une façon qui lui est propre.

● VOIR norme, statut social.

RUN

Ce terme désigne la ruée des déposants auprès des banques afin de retirer leurs économies lorsque se déclenche une crise financière (krach boursier, par exemple).

Cette panique financière, qui s'est produites plusieurs fois au XIXe siècle, amplifie la crise financière et provoque la faillite des banques.
Le montant des dépôts est en effet devenu sans commune mesure avec les moyens de paiement (billets) recherchés par les clients des banques lors d'une telle crise.

S

SA

Cf. sociétés.

Saint lundi

La célébration du « saint lundi » correspondait à une pratique courante durant le Second Empire qui consistait à s'absenter volontairement et systématiquement le premier jour de la semaine de travail.

Cette pratique était en fait une réponse ouvrière à l'habitude patronale de faire entretenir et régler les machines le dimanche.

Salaire minimum interprofessionnel de croissance (SMIC)

Salaire minimal au-dessous duquel aucun salarié travaillant à plein temps ne peut être rémunéré.

Depuis 1945, les pouvoirs publics jouent un rôle non négligeable dans la formation des salaires. Ce rôle, que l'on désigne souvent sous le nom de politique des salaires, correspond aux deux éléments suivants : la fixation du salaire minimum (SMIC) et la détermination des salaires de la fonction publique (rémunérations des fonctionnaires).

C'est en 1950 qu'a été créé le SMIG, salaire minimum interprofessionnel garanti. Depuis cette date, aucun salarié travaillant à temps plein ne peut recevoir une rémunération inférieure. Le SMIG était accompagné d'un mécanisme d'indexation sur les prix, c'est-à-dire que toute augmentation des prix à la consommation était répercutée sur le SMIG afin que le pouvoir d'achat de ce minimum vital soit préservé. Mais durant les années de forte croissance des années 50 et 60, le SMIG a pris du retard par rapport aux autres rémunérations qui bénéficiaient d'augmentations importantes (liées aux gains de productivité). Les inégalités entre les salaires se sont accrues.

En 1968, le SMIG devient le SMIC (salaire minimum interprofessionnel de croissance) afin d'ajouter à l'indexation sur les prix un mécanisme d'indexation sur la croissance et les gains de productivité de l'économie. Désormais, les fruits de la croissance devaient aussi bénéficier aux salariés recevant le SMIC. Ainsi, deux modalités de fixation du SMIC interviennent : dès que l'indice des prix augmente de plus de 2 %, le montant du SMIC est relevé ; chaque année en juillet, le SMIC est révisé pour tenir compte de l'augmentation du pouvoir d'achat des autres salariés ouvriers.

● Voir salaire.

SALAIRE

Revenu perçu par un salarié.

Chaque salarié a droit à un salaire de base auquel peuvent s'ajouter des heures supplémentaires (mieux payées), des primes régulières (primes d'ancienneté) ou exceptionnelles (primes de rendement, par exemple). Cette rémunération, correspondant à la somme effectivement reçue par le salarié, ne constitue cependant qu'une partie des revenus du travail salarié.
Le salarié ne reçoit pas en effet les charges sociales qui sont à la charge de l'employeur. En outre, les charges sociales qui sont à sa charge sont versées directement par l'employeur aux organismes de sécurité sociale.
Le schéma au bas de cette page présente les notions de salaire brut (ce qui figure sur le bulletin de salaire), de salaire net (ce que reçoit effectivement le salarié) et de salaire indirect.

● VOIR désindexation salariale, francs courants / francs constants, revenu, revenu disponible, salaire minimum interprofessionnel de croissance.

SALARISATION

Phénomène qui correspond à l'augmentation du poids des salariés au sein de la population active (diminution de la part des travailleurs indépendants comme les agriculteurs, les commerçants, les professions libérales, etc.).

● VOIR population active.

SARL

Cf. sociétés.

SCHENGEN (CONVENTION DE)

Accord passé en 1991 entre 8 pays européens (dont la France, l'Allemagne et l'Italie) et prévoyant la suppression des contrôles d'identité aux frontières ainsi qu'une coordination des polices nationales pour lutter contre les trafics illicites et l'immigration clandestine.

● VOIR construction européenne.

SCHUMPETER (JOSEPH ALOÏS)

REPÈRES BIOGRAPHIQUES

Économiste et sociologue d'origine autrichienne (1883-1950) exilé aux États-Unis. Ses principaux ouvrages sont *La théorie de l'évolution économique* (1912), et *Capitalisme, socialisme et démocratie* (1942).

Dans *La théorie de l'évolution économique*, Joseph Schumpeter développe une conception nouvelle de la crois-

Coût salarial
=
Salaire brut { Salaire net { salaire de base et primes
+
cotisations sociales à la charge du salarié
+
charges et cotisations sociales de l'employeur } Salaire indirect

sance économique. Il insiste particulièrement sur le rôle de l'innovation. C'est d'ailleurs la principale fonction des entrepreneurs que de réaliser des innovations (de produits, de procédés, de marchés, etc.).
Schumpeter décrit la croissance économique comme un processus permanent de destruction et de restructuration des activités (c'est la « destruction créatrice ») lié au caractère discontinu des innovations. Chaque cycle long correspond alors à une vague d'innovation.
Dans une phase d'expansion, l'activité des entreprises innovatrices (qui embauchent et investissent grâce au crédit bancaire) s'ajoute à celle des autres entreprises. Mais peu à peu les innovateurs se dressent en concurrents des entreprises déjà implantées, si bien que la compétition se traduit en définitive par une baisse des prix et par la disparition des entreprises les moins innovantes.
On peut utiliser les analyses de Schumpeter pour présenter une explication technologique de la crise actuelle. L'analyse Schumpéterienne de la crise consiste alors à dire que la période actuelle se caractérise par l'épuisement des progrès techniques (innovation de produits, innovation de processus entraînant d'importants gains de productivité, etc.) apparus dans les années 60 et 70, tandis que les nouvelles technologies (électronique, intelligence artificielle) n'auraient pas encore favorisé une nouvelle phase d'expansion. Cette vision témoigne cependant d'un trop grand déterminisme (un seul facteur expliquant nécessairement tout) et la révolution électronique est loin d'en être à ses simples balbutiements.

● Voir crise, cycle.

Second marché

Compartiment du marché financier créé afin de favoriser l'appel à l'épargne de sociétés moyennes, mais dynamiques.

Créé en 1983, le second marché permet à des entreprises moyennes particulièrement dynamiques d'être cotées afin de pouvoir faire appel à l'épargne publique (épargne régionale notamment), sans avoir à supporter les contraintes de la cote officielle. Les entreprises accédant au second marché doivent mettre à la disposition du public au moins 10 % de leur capital (le « flottant » est la part du capital mise à la disposition du public).

● Voir bourse des valeurs.

Secteur d'activité

Ensemble des entreprises ayant la même activité principale (chaque entreprise ayant une seule activité principale).

1) Les trois secteurs

La classification des activités économiques en trois secteurs est due à l'économiste australien Colin Clark dans les années 40.
Le secteur primaire correspond à l'ensemble des activités productrices de matières premières (agriculture, mines). **Le secteur secondaire** concerne les activités industrielles prises dans un sens large (énergie, industries agro-alimentaires, industries de biens de production et de biens de consommation, bâtiment et travaux publics). **Le secteur tertiaire** regroupe alors toutes les activités qui ne sont pas classées dans les deux autres secteurs. Il s'agit des services, qu'ils soient marchands (commerce, transports et télécommunications, tourisme, services aux entreprises et aux ménages) ou non marchands (santé par exemple). Les services sont des biens immatériels qui peuvent être produits dans toutes sortes d'activités. Certaines unités de production ont fait de la production de tels biens leur activité principale. On distingue parfois aujourd'hui un sous-ensemble du secteur tertiaire, appelé « **secteur quaternaire** » et regroupant l'ensemble des services liés à l'information et à la communication (presse, informatique, publicité, etc.).
L'économiste français Jean Fourastié a repris cette classification avec

une modification, puisqu'il place les activités extractives dans le secteur secondaire.

La classification de la population active en trois secteurs est très commode, mais elle présente aussi des limites, car les activités de services se développent au sein même des entreprises industrielles (gestion, services informatiques...), alors que les services eux-mêmes utilisent de plus en plus de matériels industriels (télécommunication, transport...). On assiste donc à une « tertiarisation » du secteur secondaire à laquelle répond une « secondarisation » du secteur tertiaire.

2) Secteur et branche

Il existe plusieurs façons de classer les activités économiques des entreprises. Les deux principaux classements correspondent aux notions de secteur et de branche.

Le **secteur** regroupe l'ensemble des entreprises qui ont la même activité principale. Certaines entreprises n'ont qu'une seule activité, mais d'autres exercent plusieurs activités. Par exemple, l'entreprise Bouygues réalise des grands travaux, des maisons individuelles, des services audiovisuels (TF1), etc. Comme le chiffre d'affaires le plus important est effectué dans le secteur des travaux publics, le chiffre d'affaires total de cette entreprise est inscrit dans le secteur « travaux publics ».

La **branche** regroupe l'ensemble des fractions d'entreprises ou d'établissements qui ont la même activité et qui produisent donc le même produit, que ce soit à titre principal ou à titre secondaire. Ainsi, les activités de Bouygues sont réparties en plusieurs branches.

La notion de secteur est surtout utilisée pour étudier les entreprises, tandis que la notion de branche permet l'étude des phénomènes de production (valeur ajoutée, consommations intermédiaires).

SÉCURITÉ SOCIALE

Ensemble des organismes et des institutions qui gèrent la protection sociale.

Si les premières grandes lois sociales datent des années 30, c'est en 1945, à la Libération, qu'est créée la Sécurité sociale pour l'ensemble de la population. Cependant, la généralisation de toutes les prestations à tous les individus ne se fera que progressivement.

La Sécurité sociale relève toutefois d'une organisation très complexe faite d'une multitude de « régimes », c'est-à-dire d'organismes spécialisés dans un type de prestations pour certaines catégories (les salariés, les marins, les agriculteurs, etc.). Le régime le plus important est le régime général des salariés, qui regroupe les deux tiers des cotisants.

L'ensemble des cotisations et des prestations sont toutefois regroupées dans un compte de la Sécurité sociale où peut apparaître un déficit (prestations supérieures aux cotisations) lié essentiellement aux retraites et aux dépenses de santé. La Sécurité sociale, prise globalement, a toujours tendance à être, de nos jours, déficitaire. Cette évolution, qui résulte surtout de la croissance des dépenses de retraites et de santé, a nécessité des réformes successives qui s'inscrivent toutes dans la même direction (hausse des cotisations, allongement de la durée de cotisation pour la retraite, maîtrise des dépenses de santé).

● VOIR protection sociale.

SERPENT MONÉTAIRE

Entre le début du flottement généralisé des monnaies en 1973 et la création du Système monétaire européen en 1979, les six pays alors membres de la CEE ont décidé de rapprocher les cours de leurs monnaies afin d'en éviter les fluctuations erratiques.

Dans le serpent, les marges de fluctuation des monnaies les unes par rapport aux autres ne pouvaient dépasser un écart maximum de 2,25 %, sinon les banques centrales avaient l'obligation d'intervenir. Ce fonctionnement du serpent s'est révélé impossible pour les monnaies faibles (le franc sortit deux fois du serpent) sur qui reposait la charge du redressement.

SERVICE

Bien économique immatériel et non stockable, la production et la consommation étant réalisées simultanément (exemple du commerce, des services bancaires, des services de santé, etc.).

● VOIR bien économique.

SERVICES VOTÉS

Dépenses publiques votées en une seule fois par le Parlement et correspondant aux dépenses nécessaires (et automatiquement reconduites d'une année sur l'autre) au fonctionnement des administrations.

Le gouvernement comme le Parlement ne sont donc pas libres de disposer de la totalité des recettes publiques. Le Parlement ne se prononce de façon détaillée que sur les seules mesures nouvelles.

● VOIR budget, loi de finances.

SICAV (SOCIÉTÉ D'INVESTISSEMENT À CAPITAL VARIABLE)

1. Société dont le capital varie chaque jour en fonction des apports et des retraits des épargnants.
2. Par extension, nom des parts de ces sociétés.

Les SICAV ont un statut juridique de sociétés. Mais le terme SICAV sert aussi à désigner le nom du produit unique commercialisé par chacune de ces sociétés. On achète, par exemple, une ou plusieurs SICAV « X » à la banque « Y » dont la société « SICAV X » est une filiale.

Les SICAV ne sont pas des valeurs mobilières, mais des produits financiers auxquels les épargnants souscrivent. Elles ne sont ni des actions ni des obligations, mais des parts qu'un épargnant peut acheter ou vendre comme il le souhaite. Avec les fonds réunis dans la « société » (c'est une filiale sans salariés de l'institution financière ou bancaire), le gestionnaire de SICAV achète des valeurs mobilières ou des titres. C'est lui qui gère le portefeuille à la place de ses clients. C'est la SICAV qui détient les actions et les obligations.

Quelle est la valeur d'une SICAV puisqu'elle n'est pas cotée ? La valeur d'une SICAV correspond à la valeur des titres qu'elle détient dans son portefeuille. Ainsi, lorsque tous les titres d'une SICAV voient leurs cours augmenter de 10 %, la part de la SICAV augmente de 10 %. La valeur de la SICAV se calcule tous les jours, ce qui favorise sa liquidité. Cette valeur ne dépend donc pas des mouvements d'achats ou de ventes des parts de la SICAV.

La valeur d'une SICAV suit généralement les cours boursiers, mais les SICAV présentent une certaine sécurité de placement. Devant comprendre dans leur portefeuille une partie notable d'obligations, de bons de Trésor ou de liquidités (titres liquides du marché monétaire, par exemple), les SICAV ne peuvent pas fluctuer aussi fortement que les actions.

Les SICAV sont en général spécialisées (SICAV actions françaises, SICAV marchés étrangers, etc.). Il existe ainsi des SICAV dites monétaires, car leur portefeuille est composé de valeurs et de titres à taux variables ou à échéance proche (une obligation arrivant à échéance voit son cours se rapprocher de sa valeur de remboursement), mais surtout de valeurs monétaires (bons du Trésor, billets de trésorerie), bref un ensemble de titres dont la valeur ne peut pas baisser. Les SICAV monétaires offrent aujourd'hui une sécurité, une liquidité et une rentabilité (proche de la rémunération offerte sur le marché monétaire des titres à court terme) intéressante.

● VOIR action, bourse des valeurs, fonds communs de placement, organisme de placements collectifs de valeur mobilière.

SME

Cf. système monétaire européen.

SMI

Cf. système monétaire international.

SMIC

Cf. salaire minimum interprofessionnel de croissance.

SMIG

Cf. salaire minimum interprofessionnel de croissance.

SMITH (ADAM)

REPÈRES BIOGRAPHIQUES

Économiste écossais, Adam Smith (1723-1790) a été professeur de philosophie morale à Glasgow où il enseigne la théologie, l'éthique, la jurisprudence et l'économie politique. En 1776, il publie son célèbre ouvrage, *Recherches sur la nature et les causes de la richesse des nations,* où il réalise une synthèse des idées de son temps dans le domaine économique.

Au cœur des analyses de Smith, on trouve la division du travail (d'où naît l'opulence) et la nécessité de la liberté du commerce (pour favoriser les échanges et donc les richesses).

● VOIR avantage comparatif, division du travail, libéralisme.

SOCIALISATION

Processus par lequel un individu apprend et intériorise les différents éléments de la culture de son groupe, ce qui lui permet de former sa propre personnalité sociale et de s'adapter au groupe dans lequel il vit.

Grâce à ce processus, certains traits culturels sont intégrés à la personnalité des membres d'une société, si bien que la conformité au milieu social se produit de façon naturelle et inconsciente. La socialisation est assurée par l'action de certains mécanismes psychologiques comme l'apprentissage (acquisition de réflexes, d'habitudes, de savoir-faire), l'identification (à l'un des parents par exemple) ou l'intériorisation (intégration de traits culturels à sa propre personnalité). La socialisation est loin d'être un conditionnement de l'individu, car les lieux de socialisation sont nombreux, chacun proposant des valeurs, des normes ou des pratiques qui peuvent différer.
La société n'agit pas directement pour assurer la transmission des normes et des valeurs, mais à travers l'action d'intermédiaires que sont les différents groupes dans lesquels s'insèrent les individus (famille, groupe social ou ethnique, groupe d'âge, groupe professionnel, etc.) ou les institutions créées par la société (école principalement).

● VOIR contrôle social, culture, groupe primaire, institution.

SOCIALISATION ANTICIPATRICE

Adaptation de son comportement et de ses attitudes sur le modèle de conduite d'un groupe social auquel on souhaite appartenir.

● VOIR groupe d'appartenance/groupe de référence, socialisation.

Socialisme

Système de pensée prônant une société égalitaire et juste. Idéologie utilisée par l'Union soviétique après la révolution d'Octobre (1917).

Le socialisme, qui a d'abord été une protestation contre les inégalités et la paupérisation, c'est-à-dire l'appauvrissement, d'une partie de la population lors de la révolution industrielle en Europe au XIXe siècle, est devenu une doctrine politique et sociale prônant une société égalitaire, dans laquelle aucun groupe ne dominerait les autres et où l'intérêt collectif aurait la prééminence sur les intérêts individuels.
Le socialisme a donné naissance à de nombreux groupements politiques très différents dans la plupart des pays. Mais le mot socialisme est aussi le nom qui a été donné à un système économique qui a, pendant longtemps, dominé un ensemble de pays dont le plus important était l'Union soviétique. Le marxisme a d'ailleurs constitué l'idéologie officielle de ces systèmes.

● Voir économie socialiste, marxisme.

Société

Ensemble d'individus qui nouent entre eux toutes sortes de relations (politiques, économiques, culturelles, etc.).

Une société est un ensemble de personnes ayant des relations les unes avec les autres ou encore un groupe de personnes vivant ensemble. La définition de la société est peu précise, car c'est justement l'un des objets de la sociologie de préciser les caractéristiques de telle ou telle société. Le sociologue français Émile Durkheim a, par exemple, décrit l'évolution des sociétés depuis la horde (groupe d'individus juxtaposés) jusqu'aux sociétés modernes.
De façon générale, une société comprend :
– une certaine organisation (existence d'institutions) ;
– un système de relations (relations sociales, politiques économiques, religieuses, etc.) ;
– un ensemble de groupes ou de groupements (familles, classes, ethnies, etc.) ;
– une culture, contribuant à l'unité de la société.
Parmi toutes les typologies (une typologie est une construction intellectuelle et non une description de la réalité) de sociétés présentées, deux se détachent nettement : celle d'Émile Durkheim opposant société traditionnelle et société moderne, et celle d'un sociologue allemand, Ferdinand Tönnies, établissant une distinction entre société et communauté.

1) Société et division sociale du travail

Pour Durkheim, la société traditionnelle se caractérise par une grande ressemblance entre ses membres. Aucune autonomie n'est laissée à l'individu, car la société impose ses normes, ses règles, ses valeurs. La société domine les individus, et la singularité est perçue comme une menace pour l'existence et la survie du groupe. L'intégration sociale repose alors sur le fait que les individus sont semblables. Durkheim utilise la notion de **solidarité mécanique** (solidarité au sens d'intégration sociale) pour caractériser ces sociétés où l'individu est directement rattaché à la société, sans intermédiaires.
Avec le développement de la division sociale du travail, qui oblige les individus à s'échanger des services et à nouer d'étroites relations sociales, l'individu acquiert une autonomie croissante, devenant plus libre de choisir ses actes et ses croyances. L'interdépendance d'individus devenus très différents les uns des autres (processus de différenciation) conduit ainsi à une autre forme d'intégration sociale (Durkheim parle de « **solidarité organique** », les individus étant dépendants les uns des autres, ce qui n'était pas vraiment le cas des sociétés tradi-

tionnelles). Ainsi, le passage de la société traditionnelle à la société moderne correspond, pour Durkheim, au développement de la division sociale du travail et à l'émergence de l'individualisme (autonomie, libre arbitre).

2) Communauté et société

Pour Tönnies, la communauté est un ensemble de personnes fondé sur le « sentiment d'appartenance subjectif ». C'est le lien affectif (la « chaleur de la communauté »), la tradition, les sentiments qui caractérisent la communauté. À l'inverse, la société représente un groupe d'individus qui vivent aux côtés les uns des autres tout en ayant peu de liens entre eux.
Ces deux distinctions célèbres montrent certains écueils de la sociologie. Il est flagrant que la typologie de Tönnies est faite pour dénigrer la société (il disait qu'« on va à la société comme on va à l'étranger ») et regretter les temps anciens où dominait la communauté, avant que le capitalisme et la société moderne ne détruisent les liens traditionnels et les remplacent par des relations impersonnelles (il s'agit donc d'une vision « réactionnaire » valorisant le retour au passé).
La typologie de Durkheim n'échappe pas non plus à un jugement de valeur. Elle est évolutionniste car on suppose une progression régulière de la société traditionnelle vers la société moderne.

● Voir anomie, Durkheim, individualisme, Tocqueville.

Société de bourse

Personne morale agréée comme intermédiaire pour effectuer des transactions à la bourse des valeurs.

Les sociétés de bourse sont les acteurs de base de la Bourse. Ce sont des organismes financiers, souvent filiales d'institutions bancaires importantes, chargés de la négociation et de la cotation des valeurs mobilières. Ce sont donc des personnes morales qui ont succédé, en 1988, à une personne physique, l'agent de change. Les sociétés de bourse, comme autrefois les officiers ministériels qu'étaient les agents de change, détiennent le monopole des opérations réalisées à la Bourse.
Le Conseil des bourses de valeurs (CBV), qui assure la tutelle des sociétés de bourse, est chargé de la surveillance et de l'organisation du marché.

● Voir bourse des valeurs.

Société duale

Société divisée en deux groupes sociaux, l'un bien intégré socialement et économiquement, et l'autre vivant dans une situation précaire et fortement dépendante du premier groupe.

Le maintien d'une certaine pauvreté conduit certains à redouter l'avènement d'une société duale, c'est-à-dire une société à deux vitesses où pauvres et riches non seulement s'ignoreraient, mais vivraient aussi dans deux systèmes économiques et sociaux différents, l'un fondé sur l'emploi et l'assurance, l'autre financé par la protection sociale, voire la charité.

● Voir exclusion sociale, pauvreté.

Société industrielle

Société caractérisée par l'importance des activités industrielles et par la place déclinante des paysans.

Le critère économique permet aussi de définir la société postindustrielle (poids croissant du tertiaire, notamment). Mais la notion de société industrielle a reçu un contenu plus précis et plus sociologique, puisque des sociologues tels Raymond Aron l'ont opposée aux sociétés préindustrielles (dites « traditionnelles » ou « primitives »). Ce faisant, Aron cherchait à montrer, dans les années 60, que l'idée de société industrielle permettait de rapprocher société capitaliste et société socialiste dans une

opposition commune aux sociétés traditionnelles du tiers monde.
Aron définit la société industrielle par les traits suivants : séparation de la famille et de l'activité de production (production et consommation sont désormais distinctes) ; division et organisation du travail dictées par des exigences techniques (et non plus répartition des tâches commandée par les structures sociales comme l'âge, le sexe, la parenté, etc.) ; accumulation du capital (c'est-à-dire réinvestissement des profits dans l'entreprise) ; prépondérance du calcul économique et de la rationalité marchande.
La société industrielle est souvent associée à une autre conception: la société de masse. La notion de **société de masse** caractérise l'atomisation de la société, c'est-à-dire le déclin des groupes primaires (comme le voisinage, le village, la famille) qui reliaient fortement les individus les uns aux autres.

● VOIR capitalisme, ociété, sociologie.

SOCIÉTÉS

Formes juridiques d'entreprise dans lesquelles est faite une distinction entre ceux qui fournissent le travail et ceux qui apportent les capitaux (à la différence d'autres formes juridiques comme l'entreprise individuelle ou la coopérative).

La forme juridique de la société a été imaginée pour rassembler des capitaux importants, ce qui ne pouvait être réalisé par une seule personne. Les deux formes de société les plus répandues sont la société à responsabilité limitée (SARL) et la société anonyme (SA).
Une SARL peut être créée avec deux associés seulement (une cinquantaine au maximum) et un capital social minimum peu important. Chaque associé fait un apport en capital à l'entreprise et reçoit des parts sociales correspondant à la fraction du capital qu'il détient. Les associés ne sont responsables que dans la mesure de leurs apports ; cette responsabilité limitée signifie que si la SARL fait de mauvaises affaires, ils ne perdront que cet apport. La SARL est un statut juridique qui a été souvent choisi par les entreprises familiales afin de protéger le patrimoine personnel en cas de faillite.
Dans une société anonyme, les actionnaires doivent être au moins sept et le capital social, qui est divisé en actions, a un montant minimum très élevé. La SA permet ainsi de réunir des actionnaires et des capitaux très nombreux. La responsabilité des actionnaires joue comme pour une SARL.
Chaque actionnaire, qui reçoit une partie du bénéfice (dividende), participe à la gestion de la SA lors des assemblées générales des actionnaires. Son droit de vote est proportionnel à la part du capital qu'il détient. L'assemblée générale des actionnaires élit les membres du conseil d'administration de la société (de trois à douze membres) parmi les actionnaires. Les membres du **conseil d'administration** sont les administrateurs, et ils reçoivent une rémunération sous la forme de « **jetons de présence** » (en référence à leur présence au conseil d'administration). Le conseil d'administration, qui gère la société, élit et peut révoquer à tout moment le président du conseil d'administration. Souvent, ce président est aussi le directeur général salarié de l'entreprise, celui qui dirige effectivement l'entreprise ; il est alors PDG.
Les SA ont aussi la possibilité de choisir une autre organisation de la direction : celle-ci peut être assurée par un **conseil de surveillance** (membres élus par les actionnaires) et un **directoire** (cinq membres élus par le conseil de surveillance sans être nécessairement des actionnaires).

● VOIR entreprise, groupe, hoding.

SOCIOLOGIE

Science sociale qui étudie l'action des individus et des groupes d'individus par référence au contexte social.

Le terme de sociologie a été utilisé pour la première fois par Auguste Comte dans son *Cours de philosophie positive* (publié de 1830 à 1842). Même si de grands penseurs, comme Montesquieu, Tocqueville ou Marx ont fait auparavant œuvre de sociologie, la sociologie date véritablement des travaux du Français Émile Durkheim (1858-1917) et de l'Allemand Max Weber (1864-1920), tous deux insistant, au-delà de leurs différences, sur la nécessité d'une méthode rigoureuse pour étudier la société.
La sociologie est, comme l'histoire, la géographie humaine, la psychologie sociale ou l'économie, une science sociale, c'est-à-dire qu'elle étudie les hommes vivant en société. Mais pour le sociologue, l'action des individus ne peut être comprise que par référence au contexte social à l'intérieur duquel ils se placent.
Durkheim cherche ainsi à fonder la sociologie en la distinguant nettement de la psychologie. Il prend alors comme objet d'analyse le suicide qui est un phénomène purement individuel ; il montre qu'il peut être aussi un phénomène social dont les explications résident dans la société elle-même et non dans les seuls individus (explication psychologique). Durkheim constate en effet, à travers l'examen des statistiques du suicide dans les différents pays, que d'une part le nombre de suicides reste pratiquement constant dans chaque pays d'une année à l'autre, et que d'autre part ce nombre est très différent d'un pays à l'autre. Les suicides sont donc des phénomènes individuels dont on peut quasiment prévoir le nombre dans un pays pour les années à venir.
Cette régularité dans la société apparaît donc étonnante et elle interdit d'analyser le nombre de suicides (ou plutôt le taux de suicide pour tenir compte de l'augmentation de la population) comme la simple addition de tous les suicides imprévisibles et individuels. À un phénomène social, qui est ici la régularité des suicides dans une société donnée, doivent correspondre des causes sociales (la psychologie ne peut ici expliquer le phénomène social). Durkheim met alors en évidence d'autres régularités, entre le taux de suicide de chaque société et certaines situations sociales qui leur sont propres (concernant la religion, la situation économique, la famille, par exemple). Ces régularités donneraient l'explication des différences dans les taux de suicide selon les sociétés (celles-ci résidant en particulier dans le degré d'intégration sociale et l'intensité du lien social).
En définitive, le suicide est aussi un phénomène social, existant indépendamment de ses manifestations individuelles. Comme phénomène social, il peut donc faire l'objet d'une analyse sociologique.
L'explication sociologique renvoie ainsi au contexte social, mais tous les sociologues ne sont pas d'accord sur le contenu de ce contexte.
Pour certains, comme Durkheim ou le sociologue contemporain Pierre Bourdieu, le contexte social renvoie aux structures sociales (groupes sociaux, familles, etc.), au milieu social (origine sociale par exemple) dans lequel se situent les individus. Pour d'autres, comme le sociologue Raymond Boudon, le contexte se limite au système d'interaction dans lequel sont placés les individus, ce qui signifie que ces derniers agissent surtout en tenant compte de la présence et du comportement des autres.

● VOIR Boudon, Bourdieu, Durkheim, Tocqueville, Weber.

SOGO SHOSHA

Société de commerce liée aux grands groupes industriels et financiers japonais et fortement développée à l'étranger.

Les sogo shoshas contrôlent une grande partie du commerce extérieur japonais (exportations mais aussi importations). Disposant d'un vaste réseau d'informations sur les différents marchés nationaux et sur les stratégies des entreprises concurrentes, elles organisent aussi les investissements à l'étranger des sociétés nippones. Enfin, les sogo shoshas contrôlent une partie de la distribution intérieure du Japon, rendant plus difficile la pénétration dans ce pays de produits étrangers qui concurrencent les produits de leurs maisons mères.

Solde commercial

Différence entre les exportations et les importations (achats de produits étrangers) de marchandises.

Le solde est calculé en valeur, c'est-à-dire en francs courants.

solde commercial
= *exportations – importations*

On peut le calculer pour l'ensemble d'une économie, pour un secteur (l'industrie par exemple) ou pour une zone géographique (le solde franco-allemand est calculé avec les exportations françaises en Allemagne et les importations de produits allemands en France). On dira qu'il y a un déficit commercial si le solde est négatif (importations supérieures aux exportations) et un excédent s'il est positif (exportations supérieures aux importations). Si le solde est égal à 0, le commerce extérieur est en équilibre (équilibre commercial).

● Voir balance des transactions courantes, soldes extérieurs.

Solde migratoire

En démographie, différence entre les immigrants et les émigrants.

● Voir croissance démographique.

Solde naturel

En démographie, différence entre les naissances et les décès.

● Voir croissance démographique.

Soldes extérieurs

Soldes des balances des transactions courantes et des capitaux. Un solde peut être positif (excédent) ou négatif (déficit).

Quelle est la signification économique de ces soldes ?
La balance des transactions courantes recense toutes les opérations définitives d'un pays, c'est-à-dire les opérations qui ne sont pas suivies, ultérieurement, d'un flux en sens inverse (à la différence des mouvements de capitaux). Le solde des transactions courantes est l'un des résultats les plus important pour une économie. S'il est négatif (déficit courant), cela signifie que cette économie vit au-dessus de ses moyens, puisqu'elle consomme et investit davantage qu'elle ne produit. Pour financer cette consommation ou cet investissement supplémentaire, elle doit faire appel à l'extérieur.
Ceci apparaît dans l'analyse de la balance des paiements puisqu'un déficit des transactions courantes correspond, compte tenu de l'équilibre de la balance des paiements, à un excédent de la balance des capitaux. Cet excédent résulte d'un endettement de la nation vis-à-vis de l'extérieur, d'investissements étrangers dans le pays ou d'une réduction des créances sur l'extérieur. Ainsi, c'est l'épargne étrangère qui vient compenser le déficit des transactions courantes, c'est-à-dire l'insuffisance de l'épargne nationale.
À l'inverse, un pays dont la balance des transactions courantes est excédentaire produit davantage qu'il ne consomme et investit lui-même, et dégage de ce fait une épargne supplémentaire qu'il peut placer sous différentes formes à l'étranger.
Il résulte de tout cela qu'un excédent de la balance des capitaux n'est pas nécessairement une bonne chose puisque des entrées de capitaux supérieures aux sorties améliorent peut-être à court terme la situation de la balance des paiements (en venant compenser le déficit courant), alors qu'à plus longue échéance, il faudra

rembourser les prêts (mouvements de capitaux en sens inverse), verser des intérêts ou des dividendes correspondant à la rémunération des capitaux investis en France (d'où une détérioration du solde des invisibles). En revanche, un déficit de la balance des capitaux peut traduire de forts investissements réalisés à l'étranger et donc des revenus futurs (amélioration du solde des invisibles).
Que se passe-t-il, enfin, lorsque les soldes des transactions courantes et des capitaux ne coïncident pas ? Dans ce cas, ce sont les opérations monétaires (réserves de change) qui assurent l'équilibre de la balance des paiements. Si, par exemple, le déficit des transactions courantes est supérieur à l'excédent de la balance des capitaux (la balance des paiements non monétaires est donc déficitaire), les réserves de change, les devises vont diminuer. Si l'excédent des flux de capitaux est supérieur au montant du déficit courant, les réserves de change s'accroissent.

● VOIR ajustement, balance des paiements, balance des transactions courantes, contrainte extérieure.

SOLIDARITÉ

Cf. protection sociale.

SONDAGE

Technique qui consiste à mesurer les comportements ou les opinions d'un ensemble de personnes à partir du recueil (par questionnaire) des comportements et des opinions d'une partie seulement de cet ensemble.

Comment faire pour connaître les caractéristiques d'une population (quels sont les opinions, la situation professionnelle, l'équipement en automobiles ou en téléviseurs des individus ? qui la composent ?) lorsqu'il n'est pas possible d'interroger tous ces individus ? Seuls les recensements ou les consultations électorales permettent de répondre à quelques-unes de ces questions, mais ils sont rares et ne donnent qu'une connaissance partielle et datée des comportements et des opinions. Supposons que le ministère du Logement cherche à construire de nouveaux logements sociaux et souhaite connaître les besoins des Français (superficie, nombre de pièces, financement, etc.). Il serait hors de prix d'interroger tous les ménages de France. Il pourrait en revanche faire réaliser un sondage en interrogeant, par exemple, 1 ménage sur 5 000.
Les sondages sont une technique qui consiste à observer une petite partie de cette population pour en déduire des résultats sur l'ensemble. Par exemple, l'enquête « Emploi » réalisée en mars de chaque année par l'INSEE est un sondage qui permet de connaître le nombre de chômeurs (au sens de l'INSEE). Les sondages ne se limitent donc pas aux enquêtes d'opinion ou aux sondages électoraux puisqu'on les utilise aussi pour mesurer des faits économiques ou sociaux (nombre de chômeurs, comportements culturels des Français, taux d'équipement en biens durables, par exemple).

1) La méthode statistique des sondages

Les sondages contiennent un mystère : comment peut-on passer de l'observation de quelques-uns, même bien choisis, à des résultats valables pour tous ? La réponse à cette question tient en une formule, la loi des grands nombres. Si l'on interroge, par exemple, une personne pour savoir si elle fume, elle répondra oui avec une certaine probabilité. Si l'on interroge 1 000 personnes, la probabilité aura tendance à se rapprocher de la proportion réelle de fumeurs dans la société. Si, enfin, 250 000 personnes sont interrogées, la loi des grands nombres montre que l'on a 99 % de chances d'obtenir la proportion exacte de fumeurs au sein de la population française à 1 % près (plus exactement, le pourcentage obtenu peut avoir un point en plus ou en moins).

Ainsi, un petit nombre de personnes suffit pour constituer l'échantillon interrogé.
Le résultat d'un sondage s'exprime toujours de la façon suivante : il y a 95 % de chances (par exemple) que la proportion cherchée soit comprise dans l'intervalle [a, b].
La précision du sondage, c'est-à-dire la largeur de l'intervalle, dépend du nombre de personnes interrogées. Par exemple, si la véritable proportion d'électeurs pour un candidat est de 50 %, les sondages donneront, avec une probabilité d'erreur de 5 % :
– une fourchette de plus ou moins 4 points si 625 personnes sont interrogées (soit un résultat compris entre 46 et 54 %) ;
– une fourchette de plus ou moins 2 points si 2 500 personnes sont interrogées (entre 48 et 52 %) ;
– une fourchette de plus ou moins 1 point si l'échantillon comprend 10 000 personnes (soit un résultat entre 49 et 51 %).
De la méthode statistique et de la recherche de précision découlent un certain nombre de conséquences :
– plus le nombre de personnes interrogées est grand, plus la précision du sondage sera élevée ;
– la technique du sondage est inopérante sur un échantillon constitué d'un petit nombre ;
– la certitude absolue est inaccessible, car il y a toujours un risque d'erreur ; la méthode des probabilités conduit à donner une fourchette (d'autant plus étroite que l'échantillon est important), jamais un nombre ;
– le résultat d'un sondage ne dépend absolument pas de l'effectif total de la population considérée. Que l'on interroge sur les choix électoraux dans une ville de 100 000 habitants ou dans l'ensemble du pays, il faudra interroger exactement le même nombre de personnes pour obtenir une précision identique ; il est donc plus facile d'avoir une bonne prévision pour une élection présidentielle que pour une élection par circonscriptions (à moins de multiplier le coût du sondage par le nombre de circonscriptions).

2) Les limites techniques des sondages

Un certain nombre d'imperfections doivent être corrigées par les responsables des sondages ; on dit qu'ils effectuent des redressements.
La première source d'imperfections tient à l'existence, dans tout sondage, d'un certain nombre de « non-réponses ». Certaines personnes choisies dans l'échantillon ne répondent pas (absence ou refus). Le statisticien cherche donc à annuler l'effet de ces « non-réponses » qui risquent de fausser le résultat.
En outre, il existe souvent des biais dans le choix de l'échantillon. Ainsi, un échantillon constitué de réponses à un questionnaire ne prend en compte que des volontaires qui ne sont pas nécessairement représentatifs de la population étudiée.

● Voir échantillon, opinion publique.

Sous-culture

Culture caractéristique d'un groupe social particulier au sein d'une société.

C'est l'ensemble des valeurs, normes et pratiques propres à un groupe, celui-ci partageant toutefois les traits culturels essentiels de la société dans laquelle il se trouve.
Si deux groupes sociaux diffèrent par leurs seules pratiques culturelles, il n'est pas possible de parler de sous-cultures différentes.

● Voir classes sociales, culture.

Sous-développement

Cf. développement.

Sous-emploi

Le sous-emploi est synonyme de chômage, il correspond à une demande de travail des entreprises inférieure à l'offre de travail émanant des salariés.

L'INSEE donne toutefois une autre définition du sous-emploi puisqu'elle inclut l'ensemble des personnes ayant un emploi, mais qui travaillent involontairement moins que la durée normale de travail et qui souhaitent travailler davantage (une partie des personnes à temps partiel, les stagiaires, les apprentis, etc.).

● VOIR chômage, formes particulières d'emplois.

SOVKHOZE

Ferme d'État en Union soviétique qui fonctionne selon les mêmes règles qu'une entreprise industrielle (les travailleurs sont des salariés et le directeur est nommé par l'État).

● VOIR économie socialiste, kolkhose, transition.

SPÉCIALISATION

Répartition des activités productives entre les différentes économies.

À la différence de la compétitivité qui désigne plutôt un résultat, la spécialisation représente la répartition des activités productives entre les différents pays qui participent à l'échange international. La spécialisation s'oppose ainsi à l'autosuffisance.
Mais la notion de spécialisation permet aussi de caractériser le commerce extérieur d'un pays, car on met en relation la situation de son appareil productif, découpé en secteurs, branches ou entreprises, et les performances réalisées à l'extérieur. Grâce aux indicateurs que sont le taux de couverture et le solde commercial, on met ainsi en évidence les points forts (secteurs où le taux de couverture est élevé ou dont le solde commercial est important) et les points faibles d'une économie. On peut alors classer les différentes nations selon le nombre et l'importance de leurs points forts, ou analyser une économie particulière en examinant l'évolution de ses forces et faiblesses. Une économie peut être ainsi plus ou moins spécialisée.
La spécialisation peut être sectorielle ou géographique (lorsque les taux de couverture et les soldes sont calculés, pour tous les produits, entre la France et une certaine zone choisie).
La notion de spécialisation peut aussi permettre d'apprécier, de façon dynamique, la situation du commerce extérieur en analysant sa position plus ou moins favorable face aux évolutions futures de la demande mondiale. Si un pays produit des biens qui sont de plus en plus demandés (produits de haute technologie, par exemple), son économie présente une spécialisation favorable. En revanche, la spécialisation sera défavorable s'il produit des biens qui sont de moins en moins demandés ou s'il vend à des zones dont la demande diminue fortement (mauvaise spécialisation géographique).

● VOIR avantage comparatif, commerce extérieur, compétitivité, division internationale du travail, libre-échange.

SPÉCULATION

Activité qui consiste à profiter d'une évolution de prix anticipée en achetant (ou en vendant) un certain bien pour le revendre plus cher ultérieurement (pour le racheter moins cher, si le prix baisse) et obtenir une plus-value.

● VOIR bourse des valeurs, cours boursier.

STABILISATEURS AUTOMATIQUES

Mécanismes économiques jouant lorsque le budget est déséquilibré (excédent ou déficit) et favorisant automatiquement un retour à l'équilibre.

Surchauffe → Augmentation des impôts → Excédent budgétaire et baisse de la demande → Fin de la surchauffe et retour à l'équilibre budgétaire

Lorsque le déficit est lié à la seule conjoncture (on parle de déficit conjoncturel), le mécanisme du multiplicateur peut même provoquer un retour automatique à l'équilibre budgétaire. Cet enchaînement économique, qui a reçu le nom de « stabilisateur automatique » est le suivant : une récession ou une baisse de l'activité provoquent de moindres recettes fiscales (ayant moins de revenus, les agents versent moins d'impôts) ; cette baisse des impôts soutient et stimule la demande des ménages et des entreprises, ce qui permet ensuite de rééquilibrer le budget (les impôts augmentent).

Le même mécanisme peut jouer en sens inverse, dans le cas d'une surchauffe de l'activité, lorsqu'une demande trop vigoureuse risque de provoquer une inflation ou un déficit extérieur.

Quel est l'intérêt de cette notion de « stabilisateurs automatiques » ? C'est de montrer que l'apparition d'un déficit conjoncturel ne doit pas amener les autorités économiques à réagir immédiatement en diminuant autoritairement la demande des agents pour revenir à l'équilibre budgétaire. Les pouvoirs publics doivent éviter de prendre des mesures rigoureuses, car le budget revient automatiquement à l'équilibre. Dans une conjoncture difficile, le budget déficitaire soutient la demande ; on dit qu'il joue un rôle contracyclique (son action sur la demande est opposée à l'effet négatif de la conjoncture).

● Voir budget, déficit budgétaire.

Stabilisation

Politique économique qui s'appuie sur la réduction de la demande intérieure afin de rétablir les équilibres (budget, balance commerciale).

Les politiques de rigueur, ou politiques d'austérité, sont des politiques de stabilisation.

● Voir politique économique, relance.

Stagflation

Conjoncture économique caractérisée par la coexistence d'une stagnation de la production (croissance nulle ou très faible), source de chômage, et de l'inflation.

La stagflation correspond à une forme de crise économique. Cette notion a été utilisée pour la première fois par Milton Friedman, dans les années 60, pour décrire les inconvénients éventuels des politiques keynésiennes de soutien de la demande. L'apparition de la stagflation au début des années 70 a alors semblé donner raison aux thèses libérales de M. Friedman.

● Voir crise, croissance, Friedman, inflation, PIB.

Stakhanovisme

Méthode d'augmentation des rendements de la production inspirée par les exploits du mineur Stakhanov en URSS dans les années 30.

Cette méthode combinait l'émulation entre ouvriers et l'organisation scientifique de la production.

Statut social

En sociologie, le statut peut désigner deux choses. D'une part, et c'est le cas le plus courant, le statut désigne la position sociale occupée par un individu dans la hiérarchie sociale (exemple de l'échelle de statuts de Warner établie en fonction de la hiérarchie de prestige dans une communauté) ; d'autre part, le statut représente une certaine position sociale dans un réseau de relations sociales, chaque individu occupant simultanément différentes positions statutaires (chacune correspondant alors à un rôle spécifique).

● VOIR norme, rôle, stratification sociale.

STOCK

1. Grandeur économique ou sociale mesurée à un instant donné (exemple de la population française mesurée par un recensement).
2. Ensemble des biens produits par une entreprise ou achetés par un commerçant qui n'ont pas encore été vendus.

Le stock correspond ainsi à une photographie à un moment donné.
On utilise souvent l'image de la baignoire ou du réservoir pour distinguer stock et flux, le premier terme désignant la contenance et le second représentant le mouvement, le débit à l'entrée (robinet) et à la sortie du récipient. Cette image montre surtout le lien entre stock et flux. Pour une même grandeur, la population par exemple, le stock se modifie en fonction des différents flux. Les flux d'entrées sont les naissances et l'immigration, tandis que les flux de sorties correspondent aux décès et à l'émigration.
Le nombre de chômeurs à une certaine date est aussi un stock qui résulte de flux en sens inverse : le nombre de sorties du chômage d'un côté (vers un emploi ou vers l'inactivité) et le nombre d'entrées de l'autre (à partir de l'emploi ou de l'inactivité). Les flux d'entrées et de sorties doivent être mesurés sur la même période.

STOP AND GO

Mouvement de l'activité économique fait d'une succession de phases de relance et de stabilisation, résultant chacune de politiques économiques différentes.

La relance créant des déséquilibres (déficit commercial par exemple), il devient nécessaire de ralentir l'activité en menant une politique de rigueur, de réduction de la demande. Comme cette politique se traduit par d'autres déséquilibres (chômage par exemple), il convient de relancer l'économie. Ce processus a caractérisé notamment l'économie britannique dans les années 50 et 60. Par la suite, ce mouvement s'est estompé du fait de la stagflation.

● VOIR cycle, relance, stabilisation.

STRATIFICATION SOCIALE

Division de la société en groupes sociaux hiérarchisés et présentant chacun une forte homogénéité au regard de certains critères (revenus, modes de vie, valeurs, statut juridique, etc.)

Il existe deux conceptions de la stratification sociale. Dans un sens général, elle désigne les différentes façons de classer les individus dans une société en fonction de leurs positions sociales respectives. Ainsi une société divisée en castes, en ordres ou en classes sociales distinctes renvoie à autant de formes différentes de stratification.
Au sens strict, la stratification sociale cherche simplement à décrire une société divisée en « strates », c'est-à-dire en groupes sociaux sans hiérarchie officielle et juridique, dont les membres sont définis et classés à partir d'un ou plusieurs critères (revenu, lieu de résidence, prestige, etc.). À la différence des classes sociales, il existe une continuité d'une strate à l'autre. En outre, les strates ne sont pas, comme les classes sociales, des groupes sociaux antagonistes.

● VOIR castes, ordres, classes sociales.

Substitution capital-travail

Cf. facteurs de production.

Surpeuplement

Le surpeuplement, ou surpopulation, caractérise un territoire sur lequel la population est trop nombreuse par rapport aux ressources naturelles.

Le surpeuplement peut exister dans des régions de faible densité (nombre d'habitants par km²) comme les zones arides ou semi-arides.

● Voir politique démographique.

Syndicat

Association de salariés créée pour représenter et défendre ceux-ci auprès de la direction de l'entreprise. Aux côtés des syndicats de salariés, il existe aussi des syndicats d'employeurs (CNPF par exemple).

Depuis longtemps, ceux qui ont des intérêts professionnels communs ont cherché à se regrouper pour les défendre. Sous l'Ancien Régime par exemple, les ouvriers se regroupaient dans des sociétés de compagnonnages. Mais en 1791, la loi Le Chapelier interdit « toute association de salariés ou d'employeurs ».

C'est seulement en 1884, avec la loi Waldeck-Rousseau, que les syndicats sont légalement autorisés ; ils peuvent se constituer librement et avoir la personnalité juridique (possibilité d'action en justice).

1) Le rôle des syndicats de salariés

Un syndicat a pour seul objet la défense des droits et des intérêts professionnels, matériels et moraux, tant collectifs qu'individuels, de ses membres (Code du travail). En particulier, le syndicat peut négocier et signer des contrats collectifs (conventions collectives, accords collectifs).

Les syndicats diffèrent des partis politiques puisqu'ils ne visent pas la conquête et l'exercice du pouvoir politique. Ils diffèrent aussi des groupes de pression puisque leurs objectifs dépassent la simple volonté de modifier les décisions des pouvoirs publics.

Aujourd'hui, dans la plupart des grandes entreprises, les syndicats ne sont pas seulement une forme d'organisation des salariés. Ils représentent surtout un partenaire stable avec lequel la direction peut discuter et négocier. Face aux mutations technologiques et organisationnelles, les syndicats sont un rouage essentiel de la circulation de l'information dans l'entreprise, en particulier des salariés vers le sommet de l'entreprise.

La liberté syndicale est reconnue par la Constitution puisqu'elle est inscrite dans son préambule depuis 1946.

C'est d'abord la liberté de création des syndicats (il suffit de déposer les statuts avec le nom des dirigeants). C'est ensuite la liberté pour le salarié d'adhérer ou non à un syndicat. La liberté syndicale a pour corollaire le pluralisme syndical (existence de nombreux syndicats). Enfin, l'employeur ne doit pas tenir compte de l'appartenance syndicale d'une personne pour prendre une décision (embauche, licenciement, avancement…).

2) La diversité syndicale

Il existe une grande différence entre les syndicats d'employeurs et les syndicats de salariés.

Les employeurs ont constitué des syndicats ou des associations dont l'objectif est la défense des intérêts professionnels de leurs membres. Les syndicats d'employeurs aujourd'hui les plus importants sont :

– le Centre national du patronat français (CNPF), dont le président est le « patron des patrons » ;

– la Confédération générale des PME (CGPME), qui regroupe les entreprises de moins de 300 salariés ;

– la Fédération nationale des syndicats d'exploitants agricoles (FNSEA) pour les entreprises agricoles ;

Les syndicats de salariés sont le fruit d'une histoire complexe, faite de

scissions et de fusions. Les principaux syndicats de salariés sont :
– la Confédération générale du travail (CGT), créée en 1895 ;
– la Confédération française et démocratique du travail (CFDT), issue en 1964 de la CFTC qui existe toujours ;
– Force ouvrière (FO), issue d'une scission de la CGT en 1948 ;
– la Confédération française des travailleurs chrétiens (CFTC) créée en 1919 ;
– la Confédération générale des cadres (CGC), datant de 1944 ;
– la Fédération de l'Éducation nationale (FEN), créée en 1948 ;
Les syndicats de salariés se sont d'abord développés en dehors de l'entreprise, car c'est seulement en 1968 qu'est reconnu l'exercice du droit syndical dans l'entreprise.

● VOIR conflit social, délégué syndical.

SYSTÈME FINANCIER INTERNATIONAL

Ensemble des institutions et des activités financières qui contribuent au fonctionnement d'un marché mondial des capitaux.

1) Le développement d'un système financier international

Les échanges de biens et de services entre les pays sont à l'origine de mouvements financiers, de flux de devises, puisque les achats doivent être réglés plus ou moins rapidement. Le développement des échanges a donc suscité l'émergence et la croissance d'une activité bancaire internationale particulièrement intense, les banques ayant tendance à suivre à l'étranger leur clientèle en créant des filiales dans les différents pays du monde. Mais le règlement et le financement (crédits à l'exportation, par exemple) des échanges commerciaux ne sont pas les seules activités financières internationales, car les pays s'échangent aussi des capitaux, sous des formes très diverses, qu'il s'agisse d'investissements productifs (investissements directs pour contrôler une entreprise) ou financiers (achats d'actions ou d'obligations sur des bourses étrangères, prêts ou emprunts réalisés avec l'étranger).

De façon plus globale, certains pays disposent d'une épargne supplémentaire par rapport à leurs besoins internes, tandis que d'autres ont un besoin de financement, leur épargne nationale étant insuffisante (l'équilibre épargne-investissement de l'économie montre que les premiers ont un excédent de transactions courantes et les seconds, un déficit courant). Ainsi, les déséquilibres des transactions (excédents chez les uns, déficits chez les autres) sont à l'origine de mouvements de capitaux qui correspondent à des transferts d'épargne, de ressources financières des pays prêteurs (les créanciers) vers les pays emprunteurs (les débiteurs).

Ces mouvements de capitaux, qui concernent des masses financières de plus en plus importantes, transitent par le système bancaire international et en expliquent le développement (internationalisation financière).

2) Un marché mondial des capitaux

Les années 80 ont connu un bouleversement majeur en matière de circulation des capitaux. Auparavant se juxtaposaient plusieurs réseaux nationaux (le marché national des capitaux étant composé généralement d'un marché monétaire pour le court terme et d'un marché financier ou boursier pour le long terme) qui étaient cloisonnés, certains seulement étendant peu à peu leurs activités au-delà de leurs frontières (Londres, par exemple). Concrètement, les épargnants français comme les entreprises françaises souhaitant emprunter devaient s'adresser au marché français des capitaux. Seul l'euromarché permettait aux banques d'échapper aux contraintes réglementaires et fiscales nationales. Il existe désormais un marché mondial des capitaux fonctionnant en continu, 24 heures sur 24. On parle ainsi de globalisation financière, car, d'une part, toutes les formes d'épargne viennent à la rencontre de toutes les formes de besoin de financement et, d'autre part, les frontières traditionnelles (entre les banques et les autres institutions financières, entre les marchés de capitaux à court terme et ceux à long terme, par exemple) s'estompent. Cette mondialisation financière repose ainsi sur une parfaite mobilité internationale des capitaux, puisque, à tout instant, ceux-ci se déplacent d'un marché à l'autre, d'une devise à l'autre, selon les évolutions des risques et des rendements anticipés (rôle des taux d'intérêt).

● VOIR endettement international, euromarché.

SYSTÈME MONÉTAIRE EUROPÉEN (SME)

Accord monétaire passé en 1979 entre les pays de la Communauté européenne afin de permettre une stabilité du cours de leurs monnaies.

Ses objectifs sont la stabilité entre les monnaies européennes, indispensable au bon fonctionnement du marché commun (échanges commerciaux, PAC, notamment) et le rapprochement (ou « convergence ») des situations économiques grâce aux disciplines que doivent s'imposer les États membres (en matière d'inflation, de politique budgétaire, etc.). Le SME est un système de change qui repose sur un élément de référence, l'écu.

Les parités sont stables puisque les cours-pivots permettent de déterminer des parités bilatérales (entre le franc et le mark, le florin et l'escudo, etc.). Mais ces cours-pivots sont des cours centraux : les monnaies peuvent fluctuer dans une marge limitée à 2,25 % au-dessus ou au-dessous de ces cours. Les turbulences qu'a connues le SME entre le 2 septembre 1992 et l'été 1993 ont conduit cependant, en août 1993, à un élargissement à 15 % des marges de fluctuation des monnaies européennes autour de leurs cours-pivots. Les limites de ces marges de fluctuation sont des cours « plafond » et des cours « plancher ». Quand une monnaie se retrouve, sur le marché des changes, au plafond par rapport à une autre (qui est au plancher de son cours par rapport à la première), les banques centrales des deux pays concernés sont obligées d'intervenir sur le marché des changes pour maintenir ces monnaies dans les limites de la marge autorisée. La banque centrale du pays dont la monnaie est la plus forte doit vendre sa propre monnaie (pour faire baisser son cours) et acheter l'autre devise (opération inverse pour l'autre banque centrale du pays à monnaie faible).

Si les quinze monnaies sont prises en compte dans la composition de l'écu, toutes n'appartiennent pas au mécanisme de change du SME. Ces règles ne se sont jamais appliquées à la drachme grecque, tandis que la lire italienne et la livre britannique sont sorties de ce mécanisme lors de la crise monétaire européenne de septembre 1992.

Lorsqu'une monnaie approche de son « plancher », le pays concerné doit puiser dans ses réserves de change pour en soutenir le cours, en vendant des devises et en achetant sa propre monnaie. Il peut aussi les emprunter à l'autre banque centrale (en écus). Si cela se révèle inefficace, il peut demander un ajustement du cours-pivot de sa monnaie. Les ajustements de cours-pivots correspondent à des dévaluations ou des réévaluations décidées d'un commun accord entre tous les pays appartenant au mécanisme de change.

● VOIR écu, Union économique et monétaire.

SYSTÈME MONÉTAIRE INTERNATIONAL (SMI)

Ensemble des règles, des mécanismes et des institutions visant à organiser et à contrôler les échanges monétaires entre les pays.

Un SMI est la manifestation d'une coopération économique entre les pays, à l'opposé des événements qui ont marqué les années 30 où chaque

pays s'est replié sur lui-même en limitant la convertibilité externe de sa monnaie et en pratiquant des « dévaluations compétitives ».
Un SMI a donc pour objectif de faciliter les échanges internationaux. Il doit aussi permettre d'aider les pays qui connaissent des difficultés de paiements (déficit des transactions courantes) et qui seraient tentés par des mesures protectionnistes. Pour ces pays, l'accroissement, voire la création, de moyens de paiement internationaux facilite le financement de leurs déficits de balance des paiements.
Un système monétaire international se caractérise toujours par trois éléments : un système de change, une base de référence et des liquidités internationales.
Le système de change décrit la façon dont les cours des monnaies peuvent varier. Comme l'objectif d'un SMI est d'assurer une certaine stabilité aux taux de change, le système de change ne peut évidemment pas être le système des changes flottants, où les cours se déterminent uniquement par le jeu des offres et des demandes sur le marché des changes. Dans un SMI, il y a nécessairement une intervention des banques centrales sur les marchés des changes visant à orienter les cours de change de leur monnaie dans le sens souhaité. Le système de change peut être parfaitement fixe et les banques centrales, qui gèrent chacune leur monnaie nationale, doivent maintenir la parité de leur monnaie. Dans ce système, la banque centrale achète sa monnaie et vend des devises lorsque le cours de sa monnaie se déprécie sur le marché des changes afin de compenser ce phénomène (en achetant sa propre monnaie, elle fait remonter les cours).
Le système de change peut être relativement fixe, c'est-à-dire qu'il peut exister des marges de fluctuation entre les monnaies. Par exemple, si la parité est 4 francs pour 1 mark, les autorités monétaires peuvent choisir de ne pas intervenir si le cours du mark fluctue entre 3,9 francs et 4,1 francs (on dit que les marges de fluctuation sont de plus ou moins 2,5 % autour de la parité). Dans un SMI, le système de change peut être ainsi relativement « flexible ».
La notion de change fixe est liée à l'existence d'un étalon de référence, d'une unité de mesure commune entre les monnaies dont les cours sont stables. Pendant longtemps, l'or a été cette base de référence, car chaque monnaie était définie par son poids d'or. Par exemple, si 1 dollar correspondait à un gramme d'or et 1 franc à 0,5 gramme d'or, on pouvait en déduire qu'il fallait 2 francs pour obtenir 1 dollar. Une monnaie peut aussi servir d'étalon de référence (le dollar par exemple). Aujourd'hui, on rencontre aussi des monnaies artificielles (« unité de compte ») comme étalon (écu européen, DTS, « panier de monnaies » pour le Système monétaire européen).
Différents SMI se sont succédés : l'étalon-or, avant 1914, puis, durant l'entre-deux-guerre, le système de l'étalon de change-or, de 1944 à 1973 a régné le système issu des accords de Bretton Woods (création du Fonds monétaire international).
Il n'existe plus, à proprement parlé, de SMI organisé aujourd'hui.
Depuis 1976, les statuts du FMI prévoient que les pays sont désormais libres d'adopter le régime de change de leur choix. Certains pays, comme les États-Unis, le Japon, le Canada ou la Suisse, ont choisi de laisser flotter leur monnaie. D'autres ont préféré établir le taux de change de leur monnaie par référence à la monnaie de leur principale partenaire commercial (le dollar, par exemple, ou encore le franc pour les pays de zone franc). Certains, enfin, ont rattaché leur monnaie à une unité de compte (DTS, ou écu pour les pays de la CEE) afin de bénéficier de taux de changes stables, mais flexibles (exemple du SME, le Système monétaire européen).

● Voir Bretton Woods, change, changes fixes / changes flottants, étalon-or, Fonds monétaire international, liquidités internationales.

t

Table de mobilité

Instrument de mesure de la mobilité sociale entre les générations. Ce sont des tableaux qui permettent de faire un rapprochement entre l'origine sociale des individus, mesurée par la position sociale de leur père, et leur position sociale actuelle.

Pour construire ces tableaux, il convient de former des catégories sociales. En France, on prend alors la nomenclature des PCS. On compare donc la PCS du père et celle du fils.
La première question est la suivante : que sont devenus les individus nés dans un certain milieu ? Par exemple, quelle est la « destinée » de 100 individus fils d'agriculteurs (on prend 100 pour établir des pourcentages) ? Ou encore, dans quelle PCS se répartissent 100 fils d'ouvriers ?
On construit ainsi le tableau des destinées sociales observées à un certain moment.
Dans ce premier tableau, on part de l'origine sociale des individus pour analyser leur destinée, ce qu'ils sont devenus. On peut cependant prendre le problème d'une autre façon et construire une autre table de mobilité, en se demandant quelle est l'origine sociale (le recrutement social) des personnes qui occupent une position sociale donnée. Par exemple, quelle est l'origine sociale (PCS du père) des agriculteurs, des ouvriers, des cadres supérieurs âgés de 40 à 59 ans ? On peut chercher à savoir quelle est l'origine sociale des cadres supérieurs, c'est-à-dire combien de cadres supérieurs sont fils d'agriculteurs, de cadres, d'ouvriers, etc. Sur 100 ouvriers, combien sont fils d'ouvriers, d'agriculteurs, etc ?
En définitive, le tableau sur la destinée sociale nous indique, par exemple, que tous les enfants d'agriculteur ne deviennent pas agriculteurs, mais le tableau sur le recrutement social nous apprend qu'à la même époque, la quasi-totalité des agriculteurs sont fils d'exploitant agricole.

● Voir mobilité nette / mobilité structurelle, mobilité sociale, reproduction sociale.

Take-off

Notion utilisée par l'économiste W. Rostow pour caractériser le décollage de l'économie britannique lors de la révolution industrielle.

Ce « take-off » correspond à une accélération des taux de croissance qui dépassent le rythme de l'accroissement démographique et contribuent à augmenter le revenu par tête.

● VOIR croissance, développement, révolution industrielle.

TARIF EXTÉRIEUR COMMUN (TEC)

Tarif douanier commun entre les pays membres de la Communauté européenne.

Le tarif extérieur commun est un ensemble de droits de douane valables pour tous les États, frappant les produits entrant dans la CE. Les produits sont dédouanés une seule fois, puis circulent librement d'un pays de la CE à un autre. Par exemple, une voiture japonaise supporte les mêmes droits de douane lorsqu'elle arrive en France ou en Allemagne. En revanche, une voiture allemande vendue en France n'est pas soumise à un droit de douane, mais elle supporte la même TVA qu'une voiture française. Rappelons enfin que les constructeurs automobiles européens peuvent mener des politiques commerciales très différentes selon les pays et vendre leurs voitures dans un autre pays de la CE beaucoup moins cher que dans leur pays.
Les négociations commerciales du GATT ont conduit à une baisse des droits du TEC.

● VOIR construction européenne, GATT, union douanière.

TAUX CRÉDITEUR / TAUX DÉBITEUR

Cf. taux d'intérêt.

TAUX D'ACCROISSEMENT NATUREL

Cf. croissance démographique.

TAUX D'ACTIVITÉ

Rapport des actifs à la population en âge de travailler.

Le principal indicateur utilisé pour la population active est le taux d'activité. Le taux d'activité d'un groupe donné est le rapport des personnes actives de ce groupe à la population totale en âge de travailler (plus de 15 ans généralement) de ce groupe.

$$\text{taux d'activité} = \frac{\text{ensemble des actifs}}{\text{population en âge de travailler}}$$

On peut ainsi calculer le taux d'activité de l'ensemble de la population (part des actifs parmi la population totale en âge de travailler) ou bien des hommes, des femmes, des personnes de telle ou telle tranche d'âge. Par exemple, l'abaissement de l'âge de la retraite a entraîné une baisse du taux d'activité entre 60 et 65 ans. Par ailleurs, l'augmentation importante du taux d'activité des femmes depuis une vingtaine d'années traduit la croissance de la population active féminine. De nombreux facteurs interviennent pour faire varier le niveau de la population active d'un pays, qu'il s'agisse d'éléments structurels (évolution démographique, âge de la retraite) ou de comportements (durée des études, activité féminine).

● VOIR actif, population active, inactif.

TAUX DE BASE BANCAIRE (TBB)

Taux d'intérêt demandé par les banques à leurs meilleurs clients, c'est-à-dire aux clients présentant le risque de défaillance le plus faible.

Le TBB correspond *grosso modo* au taux du marché monétaire augmenté de la marge bancaire. Au-delà de ce taux, les banques intègrent une prime de risque dans le calcul des taux, en fonction de la qualité de leur débiteur. Le TBB correspond au *prime rate* anglo-saxon.

● VOIR banque, taux d'intérêt.

Taux de change

Prix d'une monnaie exprimé dans une autre monnaie.

Le taux de change du franc français par rapport au mark allemand correspond ainsi au nombre de marks que l'on peut obtenir avec un franc.

● Voir change, marché des changes.

Taux de chômage

Rapport des chômeurs à l'ensemble de la population active.

Les résultats de l'enquête « Emploi » de l'INSEE fournissent en outre une estimation (par sondage) du volume de la population active, ce qui permet de calculer le taux de chômage.

$$\text{taux de chomage} = \frac{\text{chômeurs au sens du BIT}}{\text{population active}}$$

Le taux de chômage peut ainsi être calculé pour l'ensemble de la population active ou pour une partie de celle-ci. On peut aussi calculer un taux de chômage en retenant la définition de l'ANPE.

● Voir chômage, politique de l'emploi.

Taux de couverture

Rapport des exportations aux importations.

Le taux de couverture permet de comparer, pour une économie ou un secteur particulier, les exportations et les importations, celles-ci étant mesurées en valeur ou en volume. Il s'exprime en pourcentage.

$$\text{taux de couverture} = \frac{\text{exportations}}{\text{importations}} \times 100$$

Si le commerce extérieur est en équilibre, le taux de couverture est de 100 %, puisque les exportations et les importations sont égales.

● Voir solde commercial.

Taux de croissance

Indicateur, exprimé en pourcentage, permettant de mesurer les variations d'une grandeur dans le temps (croissance économique par exemple).

Les taux de variation peuvent être des taux de croissance (lorsque la valeur de la grandeur s'accroît) ou des taux de décroissance (lorsqu'elle diminue). Les taux de variations expriment donc des variations relatives. Si Vd est la valeur de la grandeur de départ et Va la valeur de la grandeur d'arrivée, le taux de variation se calcule ainsi :

$$\text{taux de variation} = \frac{Va - Vd}{Vd} \times 100$$

Un taux de variation s'exprime en pourcentage. La variation relative est, au sens strict :

$$\frac{Va - Vd}{Vd}$$

Mais on multiplie par 100 pour obtenir un pourcentage, plus commode à lire et à analyser.

Il faut faire attention lorsqu'on utilise les pourcentages pour mesurer des variations. Manier des taux n'est pas manier des valeurs absolues. D'abord, les hausses et les baisses en pourcentage ne sont pas symétriques. En passant de 10 à 15 millions, une population a augmenté de 50 %. Comment évoluerait cette population si elle diminuait de 50 % à la période suivante ?

50 % de 15 millions représentent 7,5 millions de personnes.

La population passerait alors de 15 à 7,5 millions (15 – 7,5).

L'erreur serait de penser qu'elle reviendrait à 10 millions.

Une baisse de 50 % fait plus qu'annuler une hausse précédente de 50 %. Ceci s'explique par des situations de départ différentes (15 dans un cas, 10 dans l'autre). Les pourcentages ne peuvent donc pas être comparés à la hausse et à la baisse.

Dans l'exemple, il aurait fallu une baisse de 33,3 % (du tiers) pour revenir au niveau antérieur de population. Ainsi, une augmentation de 50 % correspond à une baisse de 33,3 %, une augmentation de 25 % (du quart) correspond à une baisse de 20 % (le cinquième), une augmentation de 100 % (doublement) correspond à une baisse de 50 % (moitié).
Plus généralement, à une hausse de t % correspond une baisse égale, en pourcentage, à

$$\frac{t}{100 + t} \times 100$$

Ensuite, les taux de croissance ne s'ajoutent pas.
Une hausse de 20 % suivie d'une hausse de 30 % n'est pas équivalente à une hausse globale de 50 %. La hausse est supérieure, car la seconde augmentation porte sur une grandeur qui a déjà subi un accroissement.
Prenons la valeur de départ 100. La première hausse fait passer de 100 à 120. La seconde se calcule donc ainsi : 120 × 0,3 = 36. On passe alors de 120 à 156. La hausse globale est de 56 %.
C'est donc une erreur d'additionner des pourcentages de variations qui s'appliquent successivement à une même grandeur. Pour calculer un taux de croissance global issu de plusieurs taux de croissance, il faut passer par les coefficients multiplicateurs.
On a bien : 1,2 × 1,3 = 1,56.
D'une façon générale, le taux de variation t qui est le résultat d'un cumul de variations successives (t^1, t^2,… t^n) est donné par la formule :
$(1 + t) = (1 + t^1)\,(1 + t^2)\ldots(1 + t^n)$
Cette formule (au facteur 100 près) permet aussi de tenir compte des diminutions (taux de décroissance) avec des coefficients multiplicateurs inférieurs à 1.
Exemple : Les ventes d'un magasin augmentent de 10 % la première année, puis baissent de 20 % la seconde et s'accroissent, la dernière année, de 30 %. Le taux de variation globale est de 14,4 %.
En effet : (1,10) (0,80) (1,30) = 1,144
Parfois, au lieu du cumul de pourcentages (variations successives dans le temps), on rencontre des défalcations. L'exemple le plus courant concerne le pouvoir d'achat : quel est le taux de variation du pouvoir d'achat sachant que le revenu augmente de x % tandis que les prix s'accroissent simultanément de y % ?
Dans ces cas, il convient de pratiquer une division et non une soustraction.
La formule générale donne t tel que

$$1 + t = \frac{1 + x}{1 + y}$$

Exemple : Si les prix augmentent de 20 % et les revenus de 30 %, le pouvoir d'achat s'accroît de 8,3 % (et non de 10 %).
En effet : $1 + 0{,}83 = \dfrac{1 + 0{,}3}{1 + 0{,}2}$

Ces quelques règles rencontrent toutefois quelques aménagements. Ainsi, lorsqu'il s'agit de petits pourcentages, on pratique un abus de langage en considérant que l'on peut additionner (cas des cumuls de pourcentages) et soustraire (cas de défalcations).
Exemples :
Une hausse de 1 % suivie d'une hausse de 2 % donne une hausse de 3 % (3,02 % en toute rigueur).
Les taux d'intérêts réels sont de 6 % lorsque l'inflation est de 3 % et les taux nominaux de 9 % (5,82 % et non 6 % en toute rigueur).

● VOIR coefficient multiplicateur, indice, pourcentage.

TAUX DE CROISSANCE ANNUEL MOYEN

Moyenne des taux de croissance observés sur plusieurs années.

Prenons l'exemple de la production industrielle d'un pays qui, en quatre années successives, connaît les variations suivantes : + 3 %, –1 %, + 5 %, + 8 %. Comment caractériser l'évolution relative de cette production pour la période entière des quatre années ?

Il s'agit de faire une moyenne, de la même façon que l'on calcule une vitesse moyenne en automobile sur un trajet où la vitesse se modifie sans cesse. On cherche un taux de croissance r, s'appliquant chaque année à la production industrielle.
Le calcul du taux de croissance annuel moyen entre deux dates utilise les résultats du calcul des intérêts composés (taux d'intérêt constant pendant une certaine période). Pour ce calcul, il faut connaître le taux de croissance global pour la période (R) et le nombre d'années de la période considérée (n).
La formule du taux de croissance annuel moyen permet de calculer les temps (durée en années) ou les taux permettant à une grandeur quelconque de voir sa valeur absolue doubler.

Opération 1
Le taux de croissance annuel moyen r est tel que :

$$\underbrace{(1 + r)\,(1 + r)\dots\,(1 + r)}_{\text{n fois}} = 1 + R$$

d'où $(1 + r)n = 1 + R$
et $1 + r = \sqrt[n]{1 + R}$ d'où $r = \sqrt[n]{1 + R} = 1$
Opération 2
Pour la production industrielle, le taux de croissance global est de 15,60 % pour les quatre années.
En effet :
$1{,}03 \times 0{,}99 \times 1{,}05 \times 1{,}08 = 1{,}156$
d'où $r = \sqrt[4]{1{,}156} - 1 = 1{,}0369 - 1 = 0{,}0369$, soit 3,7 %
Une grandeur qui croît de 1 % par an double en près de 70 ans ; elle double en 35 ans si le taux moyen passe à 2 % et en 14 ans s'il passe à 5 %. Une grandeur qui croît de 10 % par an double en 7 ans. Le temps de doublement (en années) d'une grandeur correspond approximativement à la division de 70 par le taux de croissance annuel moyen (« règle des 70 »).
Exemple :
À quel taux d'intérêt un capital placé pendant 10 ans double-t-il ?

$$\text{temps} = \frac{70}{\text{taux}}$$

$$\text{donc taux} = \frac{70}{\text{temps}} = \frac{70}{10} = 7\,\%$$

● VOIR intérêt, taux de croissance.

TAUX DE CROISSANCE DU PIB

Mesure de l'évolution de la croissance économique d'un pays.

Pour mesurer la croissance économique, on retient comme indicateur de la production, le produit intérieur brut. La croissance correspond donc au taux de croissance du PIB.
Par exemple, si le PIB se monte à 6 000 milliards de francs l'année 1 pour passer à 6 240 milliards de francs l'année 2, le taux de croissance du PIB est :

$$\frac{\textit{valeur du PIB de l'année 1} - \textit{valeur du PIB de l'année 2}}{\textit{valeur du PIB de l'année 1}} \times 100$$

$$\text{soit } = \frac{240}{6\,000} \times 100 = 4\,\%$$

Mais une difficulté apparaît, car cette augmentation du PIB peut être seulement le résultat d'une augmentation des prix, les quantités produites restant les mêmes entre les années 1 et 2. Ainsi la croissance du PIB d'une année sur l'autre provient d'un effet quantité, mais aussi d'un effet prix. Pour mesurer la croissance réelle, il faut calculer le PIB à prix constant (ou en francs constants). Il convient d'éliminer l'effet de l'augmentation des prix (on dit « déflater ») pour retrouver l'augmentation des quantités (mais toujours mesurée « en valeur », car les prix sont une unité de mesure commune).
Si l'indice des prix est passé de 100 à 102 entre les années 1 et 2, soit 2 % d'augmentation pour les prix à la consommation, on peut calculer le taux de croissance en francs constants :

$$\textit{indice de la production en francs constants} = \frac{\textit{indice de la production en francs courants}}{\textit{indice des prix}} \times 100$$

L'année 2, l'indice de la production en francs courants est 104 (hausse de 4 % en effet).

On a alors :
indice de la production en francs constants =

$$\frac{104}{102} \times 100 = 101,96$$

Le PIB en francs constants a donc augmenté de 1,96 %, soit 2 % (attention à ne pas soustraire le taux d'inflation du taux de croissance en francs courants même si, pour les petits nombres, l'ordre de grandeurs des opérations est voisin).
La croissance économique est donc mesurée par le taux de croissance du PIB évalué en francs constants.
Lorsque la croissance économique est mesurée en francs courants, il s'agit de la **croissance nominale**. Par opposition, la **croissance réelle** correspond à la croissance mesurée en francs constants. On dit encore, dans ce dernier cas, que la **croissance** est mesurée « **en volume** ». Ici, « en volume » est synonyme de francs constants (parfois, « en volume » désigne une mesure de la production en unités physiques).

● VOIR croissance, PIB, pouvoir d'achat, taux de croissance, volume.

TAUX DE FÉCONDITÉ

Rapport, établi pour chaque génération de femmes, entre le nombre de naissances vivantes et le nombre de femmes.

Ainsi le taux de fécondité des femmes de 30 ans est, à une date donnée, le rapport :

$$\frac{\textit{nombre de naissances vivantes issues de femmes de 30 ans}}{\textit{nombre de femmes de 30 ans}}$$

Pour obtenir une estimation de la fécondité du moment, les démographes calculent un **indicateur conjoncturel de fécondité** (appelé aussi « **indicateur synthétique** » ou « **somme des naissances réduites** ») égal à la somme des taux de fécondité par âge de toutes les générations en âge de procréer. L'indicateur conjoncturel de fécondité est donc le nombre moyen d'enfants par femme en âge de procréer. Cet indicateur rassemble ainsi dans une valeur unique les comportements féconds, relatifs à 35 générations différentes, observés une année donnée.
En France, l'indicateur conjoncturel de fécondité est resté stable dans les années 80 (1,8 enfant en moyenne par femme). Mais ce taux n'est pas suffisant pour assurer le renouvellement de la population, le remplacement des générations.
Le remplacement numérique des parents par les enfants correspond en effet en France à un indicateur conjoncturel de fécondité de 2,1 enfants en moyenne par femme (2,1 et non pas 2, car il faut notamment tenir compte de la constante biologique selon laquelle il naît 105 garçons pour 100 filles).

● VOIR descendance finale, fécondité, génération.

TAUX DE L'ARGENT

Cf. taux d'intérêt.

TAUX DE MORTALITÉ

Rapport du nombre de décès d'une année à la population totale moyenne de la même année.

$$\textit{taux de mortalité} = \frac{\textit{nombre de décès de l'année}}{\textit{population moyenne totale de l'année}}$$

Comme la natalité, l'analyse de la mortalité s'effectue avec le taux de mortalité.
Comme pour la natalité, ce taux ne s'exprime pas par un pourcentage puisqu'il donne le nombre de décès pour 1 000 personnes (9,4 ‰ en France au début des années 90 puisqu'il y a 530 000 décès annuels environ).
Plus que pour la natalité, ce taux dépend de la structure par âge de la population. Une population « jeune »,

où la part de personnes âgées dans la population totale est très faible, peut se caractériser par un taux de mortalité peu important, alors que les conditions sanitaires conduisent à un risque très élevé de mortalité pour les personnes âgées.
On calcule aussi un taux de mortalité infantile qui est le rapport :

$$\frac{\textit{nombre de décès d'enfants de moins d'un an}}{\textit{nombre de naissances vivantes la même année}}$$

Ce taux offre un reflet du niveau de développement économique et social d'un pays. En France, ce taux est aujourd'hui de 7 pour mille contre 71 pour mille dans les années 1946-1947.

● VOIR espérance de vie.

TAUX DE NATALITÉ

Rapport du nombre de naissances à la population totale moyenne durant une même période.

Le nombre de naissances constatées dans une année constitue un indicateur démographique peu précis lorsque l'on cherche à comparer les pays. En effet, un même nombre de naissances peut s'observer dans des pays dont la population totale est très différente. Il convient alors d'utiliser le taux de natalité.

$$\textit{taux de natalité} = \frac{\textit{nombre de naissances de l'année}}{\textit{population totale moyenne de l'année}}$$

Prenons le cas de la France en 1992. On a constaté 742 000 naissances pour une population totale moyenne (on fait une moyenne entre la population au début et à la fin de l'année) de 57,5 millions de personnes.

$$\text{taux de natalité} = \frac{742\ 000}{57\ 500\ 000} = 0{,}013$$

soit 13 pour mille

On observe ainsi, en 1992, 13 naissances pour 1 000 habitants. Le taux de natalité est cependant un indicateur qui ne correspond pas uniquement aux comportements de procréation d'une population. Ainsi une augmentation du taux de natalité peut provenir de choix volontaires de la population en faveur d'un plus grand nombre d'enfants ou bien correspondre de façon mécanique, à l'augmentation du nombre de femmes en âge de procréer (exemple d'une population « jeune » où le poids des jeunes générations est plus important qu'ailleurs).
Une connaissance plus précise des comportements en matière de fécondité est donc nécessaire.

● VOIR croissance démographique, fécondité, taux de fécondité.

TAUX D'ÉPARGNE

Part du PIB (dans le cas du taux d'épargne national) ou du revenu disponible (taux d'épargne des ménages) qui est consacrée à l'épargne.

L'INSEE calcule les rapports suivants à propos de l'épargne des ménages :

$$\textit{taux d'épargne des ménages} = \frac{\textit{épargne brute}}{\textit{revenu disponible brut}}$$

$$\textit{taux d'épargne non financière} = \frac{\textit{logements et investissements}}{\textit{RDB}}$$

$$\textit{taux d'épargne financière} = \frac{\textit{épargne financière}}{\textit{RDB}}$$

L'INSEE calcule aussi un taux d'épargne des entreprises (rapport de l'épargne brute, c'est-à-dire leur autofinancement, à la valeur ajoutée).

● VOIR autofinancement, épargne.

Taux d'équipement des ménages

Pour un bien d'équipement du foyer (automobile, électroménager, par exemple), rapport entre le nombre de ménages possédant ce bien et le nombre total des ménages.

Un indicateur permettant de décrire et de comparer les différentes consommations est le taux d'équipement des ménages pour un certain bien durable (exemple de la télévision, de l'automobile, etc.).

$$\text{taux d'équipement d'un bien} = \frac{\text{nombre de ménages possédant ce bien}}{\text{nombre total des ménages}}$$

Par exemple, le taux d'équipement en réfrigérateur est proche de la saturation (98 % des ménages en sont équipés), ce produit ne faisant plus l'objet que d'une demande de renouvellement. Certains autres biens durables, proches eux aussi de la saturation, font toujours l'objet d'une demande d'acquisition en vue du multi-équipement du foyer (possession de deux appareils ou plus, comme pour la télévision).

● Voir consommation.

Taux de pénétration

Indicateur du commerce extérieur qui mesure l'importance des importations dans une économie.

Le taux de pénétration, calculé pour une économie, un secteur ou une branche (l'automobile, par exemple), indique la part du marché intérieur qui est couverte par les importations.

$$\text{taux de pénétration} = \frac{\text{importations}}{\text{marché intérieur}} \times 100$$

Le marché intérieur représente la production nationale augmentée des importations et diminuée des exportations (c'est la demande interne).

● Voir commerce extérieur.

Taux des prélèvements obligatoires

Rapport des prélèvements obligatoires à l'ensemble du PIB.

Le taux de prélèvements obligatoires est un instrument de comparaison entre les pays et, pour un même pays, entre des dates différentes.

$$\text{taux de prélèvements obligatoires} = \frac{\text{impôts + cotisations}}{\text{PIB}}$$

Remarquons cependant qu'un taux de 50 % ne signifie pas que la moitié des revenus des agents reviennent aux administrations publiques, car la plus grande partie de ces prélèvements est aussitôt redistribuée aux mêmes agents économiques sous différentes formes (dépenses publiques, travaux d'équipement, aide diverses, prestations sociales, traitements des fonctionnaires, etc.)

● Voir prélèvements obligatoires.

Taux d'imposition

Rapport des impôts versés au total du revenu d'un ménage.

● Voir impôt, impôt sur le revenu.

Taux d'inflation

Cf. inflation

Taux d'intérêt

Rapport entre l'intérêt (reçu ou versé) et la somme prêtée ou empruntée.

Le taux d'intérêt représente ainsi le prix du service que le prêteur (créancier) rend à l'emprunteur (le débiteur). Cette rémunération représente un pourcentage du capital prêté ou emprunté.
Par exemple, une somme de 10 000 francs placée durant un an au taux de 8 % rapportera, à l'issue des douze mois, un intérêt de 800 francs.

On distingue plusieurs sortes de taux d'intérêt :

– **Taux de l'usure ou taux usuraire** : c'est un taux d'intérêt défini légalement qui représente le taux maximum d'intérêt au-delà duquel il est interdit de prêter une somme d'argent.

– **Taux effectif global (TEG)** : c'est le taux réel d'une opération financière (placement ou prêt) et non le taux nominal annoncé. Le taux nominal ne prend pas en compte certains éléments (assurance, commissions et frais de toute nature, etc.), si bien que les consommateurs ou les épargnants peuvent se laisser abuser par une publicité imprécise. En réintégrant l'ensemble de ces éléments, le TEG, qui doit être précisé pour toute opération, permet de connaître le coût réel d'un emprunt.

– **Taux de l'argent au jour le jour** : il s'agit du taux de l'argent à court terme déterminé quotidiennement sur le marché monétaire. Calculé par la Banque de France, il représente le taux d'intérêt d'un placement à vingt-quatre heures. Le marché monétaire permet aussi de fixer le taux moyen mensuel du marché monétaire (TMM ou T4M) qui est égal à la moyenne arithmétique des taux au jour le jour.

– **Taux de base bancaire** : taux d'intérêt que les banques demandent à leurs meilleurs clients, c'est-à-dire ceux dont le risque de défaillance (pour les remboursements) est le plus faible. Le TBB se détermine par référence au TMM, car les banques prêtent des ressources qu'elles doivent elles-mêmes emprunter moyennant un certain coût. Le TBB, qui correspond au *prime rate* anglo-saxon, est égal au TMM augmenté de la marge bancaire (c'est le profit de la banque pour ces opérations). Le TBB sert de calcul aux autres taux que la banque demande aux clients moins favorisés.

– **Taux débiteur** : taux demandé par la banque à la clientèle qui emprunte.

– **Taux créditeur** : taux versé par la banque pour obtenir des ressources..

– **Taux à long terme** : taux qui se détermine sur le marché financier (taux moyen des obligations par exemple).

– **Taux nominal et taux réel**. Le taux nominal est le taux fixé pour une opération (placement, prêt). Comme la hausse des prix conduit à réduire la valeur du capital, on calcule souvent un taux d'intérêt réel qui élimine les effets négatifs de l'inflation.

Si une somme de 1 000 francs est placée 1 an à 10 %, alors que l'inflation est de 20 % cette année-là, la valeur réelle du capital et des intérêts sera inférieure, à l'issue de la période, au capital initial.

Un taux d'intérêt réel peut ainsi être de signe négatif lorsque le taux de hausse des prix est supérieur au taux nominal. Un taux réel négatif correspond à une perte de pouvoir d'achat du capital initial.

Pour calculer un taux d'intérêt réel, il ne faut pas soustraire le taux d'inflation du taux nominal, mais il faut diviser les indices ou les coefficients multiplicateurs correspondants. Certains utilisent, cependant, la soustraction lorsque les valeurs des taux sont faibles.

Le taux d'intérêt est une notion économique fondamentale. Les taux d'intérêt jouent quatre rôles importants.

1) Le taux d'intérêt et l'épargne : comme rémunération de l'épargne placée, le taux d'intérêt influence le niveau d'épargne d'une économie. S'il est trop élevé, il peut même inciter les entreprises à placer leurs ressources sur les marchés monétaires et financiers plutôt que d'investir.

2) Le taux d'intérêt et l'investissement : pour la plupart des entreprises, le taux d'intérêt représente le coût des emprunts destinés à financer l'investissement. Des taux d'intérêt élevés découragent l'investissement.

3) Le taux d'intérêt et la politique monétaire : le taux d'intérêt est traditionnellement un instrument de la politique monétaire. Si les autorités monétaires décident d'intervenir sur le marché monétaire pour faire baisser les taux, c'est toute la série des taux (taux au jour le jour, puis taux de base bancaire, puis taux débiteurs, enfin taux à

long terme) qui va connaître, de proche en proche, une évolution semblable.
4) Le taux d'intérêt et le taux de change : le taux d'intérêt est aussi parfois un objectif de la politique monétaire lorsque, par exemple, les autorités fixent le taux d'intérêt à court terme de façon à respecter un certain taux de change. Dans le cas contraire, une hausse des taux d'intérêt se traduirait par un afflux massif de capitaux à la recherche de placements rémunérateurs, ce qui conduirait à une hausse du taux de change. Une baisse du taux d'intérêt conduirait à une baisse du taux de change (sorties de capitaux et échanges de francs contre des devises).

● VOIR intérêt, politique monétaire.

TAUX D'INTÉRÊT RÉEL

Cf. taux d'intérêt.

TAUX D'INVESTISSEMENT

Rapport de l'investissement réalisé durant une année et le PIB de la même année.

Le taux d'investissement mesure l'effort d'investissement d'une économie et permet ainsi des comparaisons internationales :

$$\textit{taux d'investissement} = \frac{FBCF}{PIB}$$

C'est la part de la richesse produite en une année qui est destinée à renouveler et à accroître le potentiel productif.

TAUX EFFECTIF GLOBAL (TEG)

Cf. taux d'intérêt.

TAXE

Notion synonyme d'impôt.

● VOIR impôt.

TAXE SUR LA VALEUR AJOUTÉE (TVA)

Impôt portant sur les biens et les services consommés en France et dont la collecte est assurée par les entreprises pour le compte de l'État.

Lorsqu'une entreprise fait une facture à un client (consommateur final ou autre entreprise), elle indique le prix hors taxe (HT), c'est-à-dire hors TVA, du bien, puis le montant de la taxe et, enfin, le montant toutes taxes comprises (TTC) que doit payer ce client. Cette entreprise verse la taxe à l'État et conserve pour elle la valeur hors taxe du bien. Si ce client est une autre entreprise, cette dernière pourra déduire elle-même la TVA (sur ses propres achats) des montants de TVA qu'elle prélèvera sur ses propres clients.
Plusieurs remarques se dégagent de cet exemple.
– Chaque entreprise placée au long du circuit de production peut se faire rembourser la TVA payée sur ses consommations intermédiaires. Cela revient à dire que l'entreprise de meubles paye ses matières premières 10 000 francs (le prix hors taxe). On dit alors que la TVA est un impôt neutre pour les entreprises (elle n'a aucune incidence sur leurs coûts ; elle ne les accroît pas).
– Si l'on considère l'entreprise de meubles qui a versé 3 000 francs de TVA au fisc, on remarque que cette somme correspond à 15 % de sa propre valeur ajoutée (30 000 – 10 000). Voilà l'explication du terme « TVA ».
– L'État a reçu 4 500 francs, soit 15 % du prix du produit dont le prix HT est de 30 000 francs. Ce montant n'a pas été versé par le consommateur, mais par chaque entreprise située en amont (1 500 francs et 3 000 francs).
– Qui paye en définitive la TVA ? C'est le consommateur qui, ne vendant rien, ne peut récupérer la TVA payée sur ses achats, comme le font les entreprises. La TVA est donc bien un impôt sur la consommation.

Exemple fictif de TVA (Taux de 15 %)

Entreprise de bois	Prix de vente hors taxe des planches	10 000 F
	TVA facturée	1 500 F
	TVA versée au fisc	1 500 F
	Prix de vente TTC	*11 500 F*
Entreprise de meubles	Prix de vente hors taxe d'un meuble	30 000 F
	TVA facturée	4 500 F
	TVA versée au fisc (4 500 – 1 500)	3 000 F
	Prix de vente TTC	*34 500 F*
Consommateur		

La TVA est donc neutre pour les entreprises situées aux différents stades de production. Par ailleurs, elle ne fausse pas la concurrence entre les pays, car les exportations françaises sont exonérées de TVA (à la frontière, le produit devient hors taxe), tandis que les importations sont soumises à la TVA. Comme la plupart des pays ont instauré un système de TVA après avoir copié le système français inventé en 1954, les exportations françaises sont taxées au taux de TVA du pays dans lequel elles sont vendues. En revanche, une voiture allemande produite en Allemagne et exportée en France sera imposée selon les taux français. Un projet de réforme de la TVA reste en discussion entre les pays de la Communauté européenne.
Il existe deux séries de taux de TVA en France, un taux normal de 20,5 % et un taux réduit de 5,5 %. Le taux réduit s'applique notamment aux produits alimentaires, à la presse, aux services destinés aux particuliers.

● VOIR impôt, impôt direct / impôt indirect.

TAYLORISME

Méthode d'organisation du travail mise au point par l'américain Frederic Taylor et reposant sur la division verticale et horizontale du travail.

Ingénieur après avoir été ouvrier, l'Américain Frederic Winslow Taylor (1856-1915) a mis au point une méthode d'organisation du travail qu'il qualifie de scientifique (son ouvrage, publié en 1911, s'intitule *La Direction scientifique des entreprises*). Il critique l'organisation traditionnelle du travail où prédominent les ouvriers qualifiés de fabrication, autonomes, et maîtres de leur temps et de leur activité, en raison de leur savoir-faire. Pour Taylor, l'amélioration de la productivité passe par un meilleur contrôle sur l'activité réelle des ouvriers. Il énonce alors les grands principes de son organisation scientifique du travail (OST).
Le fondement de son système est l'analyse scientifique des gestes, des temps, des pauses. La suppression des gestes inutiles, la décomposition des opérations, l'analyse des outils employés doivent permettre de trouver la méthode de production la plus efficace pour chaque ouvrier, *the one*

best way. Taylor propose ainsi une division horizontale du travail où chaque ouvrier se voit confier quelques tâches élémentaires bien déterminées. Si l'on chronomètre chaque opération ou chaque série d'opérations ainsi décomposée, il devient, en outre, possible d'instaurer un système de salaire directement lié au rendement de chaque salarié (salaire aux pièces).
Le second principe du taylorisme est la séparation entre le travail de conception et le travail d'exécution (division verticale du travail). Les travailleurs ne peuvent pas faire eux-mêmes l'analyse scientifique de leurs tâches, et seuls les experts en organisation ont les compétences pour préparer le travail (c'est le « bureau des méthodes »). Cette division entre exécutants et direction permet aussi une plus grande efficacité des ouvriers qui peuvent se concentrer au maximum sur la répétition de quelques gestes simples. Taylor propose ainsi une division du travail en fonction des compétences (son slogan est *the right man in the right place*).

● Voir division du travail, école des relations humaines, fordisme, organisation scientifique du travail.

Technostructure

Notion due à John K. Galraith (*Le nouvel État industriel*, 1976) pour désigner l'ensemble des cadres et ingénieurs dans les entreprises et les organisations dont l'influence tend, selon lui, à supplanter le pouvoir de décision des seuls actionnaires ou dirigeants.

Termaillage

Technique financière en matière de commerce international correspondant à l'accélération ou au retardement des paiements internationaux effectifs, par rapport à la période initialement prévue.

Ainsi, les opérations réalisées dans une monnaie faible seront accélérées (crainte d'une dépréciation), tandis que les opérations réalisées dans une monnaie forte seront retardées, dans l'espoir d'une hausse de la valeur de cette monnaie. Cette technique (*leads and lags*), qui atténue le risque de change, contribue par ailleurs à amplifier les évolutions de taux de change.

● Voir dépréciation, monnaie forte, risque de change.

Termes de l'échange

Indicateur qui compare les prix des produits exportés aux prix des produits importés.

$$\text{termes de l'échange} = \frac{\text{prix des exportations}}{\text{prix des importations}}$$

Cet indicateur est précieux pour mesurer des évolutions. Imaginons que d'une année sur l'autre, le volume des exportations et des importations ne change pas et supposons qu'il y ait équilibre la première année. On échange donc toujours les mêmes quantités. Mais, si durant cette période les prix des produits exportés diminuent, alors que ceux des produits importés augmentent, le solde commercial va diminuer (la valeur des exportations sera inférieure à celle des importations). Dans ce cas, il y a une dégradation des termes de l'échange.
Cette notion montre aussi que l'on peut accroître l'excédent commercial en vendant les mêmes quantités de produits à l'étranger si leurs prix relatifs augmentent.

● Voir commerce extérieur, solde commercial.

Tertiarisation

Phénomène qui correspond à l'augmentation du poids du secteur tertiaire au sein de la population active (diminution des parts respectives des secteurs primaire, et secondaire).

● VOIR population active, secteur d'activité.

THÉORIE QUANTITATIVE DE LA MONNAIE

Théorie qui relie l'augmentation des prix à l'accroissement des moyens de paiement en circulation dans l'économie.

Celle-ci est d'abord apparue au XVIe siècle lorsque l'afflux des métaux précieux d'Amérique latine provoqua en France de très fortes augmentations des prix. La hausse des prix fut alors expliquée par l'augmentation du stock de monnaie en circulation.

Il appartient à l'économiste Irving Fisher d'avoir mis en forme cette idée, au début du XXe siècle, avec une équation :

$$M \times V = P \times T$$

où M est la masse monétaire en circulation,
V, la vitesse de circulation de la monnaie,
P, le niveau général des prix et
T, le volume des transactions.

Pour comprendre la notion de vitesse de circulation, on peut imaginer une situation où les prix et la quantité de monnaie sont constants ; si la vitesse de circulation de la monnaie est multipliée par deux, les billets, par exemple, circulent deux fois plus vite et permettent d'acheter deux fois plus de biens.

Selon la théorie quantitative de la monnaie, lorsque le volume des transactions et la vitesse de rotation de la monnaie ne se modifient pas, une variation de la quantité de monnaie entraîne une variation de prix. En conséquence, la quantité de monnaie doit s'adapter aux échanges de biens dans une économie afin d'éviter l'inflation. La masse monétaire ne doit donc pas augmenter plus vite que l'activité économique (taux de croissance du PIB par exemple).

Keynes a contesté les hypothèses de la théorie quantitative en remarquant qu'une augmentation de la masse monétaire ne conduisait pas nécessairement à la hausse des prix. Si les capacités de production ne sont pas toutes employées, c'est-à-dire si les machines peuvent produire rapidement davantage de biens sans augmentation excessive des coûts, ou bien si les entreprises disposent de stocks importants, un accroissement de la quantité de monnaie permet immédiatement des achats supplémentaires puisque les entreprises arrivent à satisfaire cette nouvelle demande. Ainsi, dans certaines circonstances, l'augmentation de la masse monétaire induit un accroissement de l'activité économique et non une hausse de prix. Une politique monétaire active, destinée à lutter contre le chômage, est donc possible.

● VOIR monétarisme, politique monétaire.

THÉSAURISATION

Conservation de moyens de paiement (or, billets, pièces) par les ménages, cette épargne ne devant pas être utilisée immédiatement (sous forme de placements, par exemple).

La thésaurisation correspond à une épargne improductive puisqu'elle n'est pas réintroduite dans le circuit économique.

● VOIR épargne.

TICKET MODÉRATEUR

Partie des dépenses de santé qui reste à la charge de l'assuré (non remboursée par la Sécurité sociale, cette partie peut être prise en charge par les mutuelles).

● VOIR prestations sociales, protection sociale.

TIERS MONDE

Expression créée par le démographe Alfred Sauvy au début des années 50 pour désigner, par analogie avec la notion politique de « tiers état » – en vigueur avant la Révolution de 1789 –, les pays qui cherchaient une alternative politique et économique, une « troisième voie », face aux mondes capitaliste et socialiste.

● VOIR développement, pays en développement.

TOCQUEVILLE (ALEXIS DE)

REPÈRES BIOGRAPHIQUES

Né en 1805 dans une famille noble ultraroyaliste. Après une courte carrière politique et ministérielle, il décide de se consacrer à son œuvre. Il est l'auteur de deux ouvrages majeurs, *De la Démocratie en Amérique* (1835 et 1840) et *L'Ancien Régime et la Révolution* (1856), qui analysent l'évolution des sociétés démocratiques. Il meurt en 1859.

Tocqueville donne une définition originale de la démocratie qui ne désigne pas seulement la participation des citoyens à la gestion de leurs affaires, mais aussi l'égalité de plus en plus grande des conditions. Il fait œuvre de sociologue puisqu'il caractérise ainsi davantage un type de société qu'un type de régime politique, mais aussi parce qu'il met en avant un véritable fait social, l'égalisation des conditions. Phénomène irréversible des sociétés démocratiques, cette égalisation des conditions correspond à la suppression des distinctions d'ordre ou de classe, à la fin de l'hérédité des positions sociales et à la possibilité donnée à tout un chacun d'accéder à toutes les professions, à toutes les dignités et à tous les honneurs. Si elle peut s'accommoder de fortes inégalités de richesses, l'égalité sociale se traduit par une tendance à l'homogénéité des modes de vie.

L'objectif des analyses de Tocqueville est de comprendre comment cette uniformité croissante des conditions de vie peut être compatible avec la liberté. Héritier d'une tradition de l'aristocratie dans laquelle la liberté signifiait opposition à la monarchie absolue et à l'arbitraire de l'État royal, Tocqueville considère que les sociétés démocratiques peuvent être libérales ou despotiques. L'exemple américain lui montre que le règne de l'égalité des conditions peut conduire à une société libérale où la société civile est autonome et où il n'existe pas de pouvoir d'État. Mais l'exemple français met en évidence deux tendances contradictoires : d'un côté, l'égalisation des conditions et la passion pour la valeur « égalité », de l'autre, le développement de l'État, de la centralisation administrative et de la bureaucratie. Sur ce point d'ailleurs, il démontre que la Révolution française est moins une rupture qu'une continuité avec l'Ancien Régime, le développement de la centralisation et du pouvoir de l'État ayant commencé bien avant 1789.

Pour Tocqueville, les sociétés démocratiques, qui sont aussi des sociétés individualistes, puisque chacun, avec sa famille, tend à s'isoler des autres, sont alors menacées par la toute puissance de l'État comme par la tyrannie de la majorité, fortement tentée d'abuser de son pouvoir.

● VOIR démocratie.

TOTALITARISME

Système politique qui impose à la société et aux individus la toute puissance de l'État et d'une idéologie.

Si la **dictature**, dont l'origine date de la Rome antique, désigne aujourd'hui un régime politique autoritaire et illégitime, établi et maintenu grâce à la violence, la notion de totalitarisme implique aussi une volonté de transformation profonde de la société et l'avènement d'un homme nouveau.

Plus encore que le **fascisme,** qui correspond précisément au régime politique de l'Italie mussolinienne de 1922 à 1943, le totalitarisme est un système politique qui impose à la société et aux individus la toute puissance de l'État. Le rejet de l'individualisme et la négation de l'individu, qui doit être soumis au groupe, s'appuient sur la suppression de toutes les institutions qui échappent à l'État (associations notamment), sur la réglementation de tous les aspects de la vie sociale et culturelle, sur l'embrigadement de la jeunesse et le développement de la propagande, sur le règne de la terreur qui ne sévit plus contre les seuls ennemis déclarés du régime, mais contre toute volonté d'autonomie individuelle. L'État comme la société sont, dans ce système, sous la domination du parti unique.

La notion de totalitarisme est née dans le contexte de la guerre froide des années 50 et 60, dans le but de mettre sur un même plan le nazisme et le stalinisme de l'Union soviétique.

Si ce dernier est indiscutablement un totalitarisme, le philosophe Raymond Aron s'est refusé à les confondre puisque le nazisme s'est aussi distingué par le racisme et la volonté de détruire un peuple.

● Voir démocratie, État (politique), politique, pouvoir politique.

Traitement social du chômage

Ensemble des mesures prises par les pouvoirs publics pour corriger les effets sociaux du chômage (réinsertion, reconversion, préretraite, etc.).

● Voir chômage, politique de l'emploi.

Transferts sociaux

Ensemble des ressources des ménages issues des différents organismes de la protection sociale (cotisations maladie, allocations familiales, indemnités de chômage, etc.). On parle parfois de revenus de transfert.

● Voir protection sociale, redistribution.

Transformation bancaire

Rôle joué par les banques dans leur activité de prêt lorsqu'elles utilisent les ressources à court terme des épargnants (dépôts à vue principalement) pour financer des crédits à moyen terme (de 18 mois à 5 ans) et à long terme (audelà de 5 ans).

● Voir banque, financement de l'économie, monnaie.

Transition

La transition désigne le passage à l'économie de marché des anciens pays socialistes situés à l'Est de l'Europe.

La fin des années 80 voit l'abandon d'une économie centralement planifiée dominée par le pouvoir d'un parti unique, le Parti communiste. L'échec d'un système économique, en dépit de nombreuses vagues de réformes, ouvre donc la voie à une période de profonds bouleversements. On parle aujourd'hui d'économie de la transition.

Les révolutions d'Europe de l'Est en 1989 ont entraîné un bouleversement total de l'Union soviétique à partir d'août 1991 (suspension du Parti communiste après le putsch manqué et prise de pouvoir de fait par le premier président élu au suffrage universel d'une république, le russe Boris Eltsine). L'URSS disparaît en décembre 1991 au profit d'une Communauté d'États indépendants (onze républiques ex-soviétiques), tandis que M. Gorbatchev démissionne. La CEI n'est pas un véritable État et il apparaît que la Russie est l'héritière de l'URSS. C'est en particulier la Russie qui tient les rênes de l'économie (elle a pris le contrôle de la banque centrale, par exemple).

◆ Transition démographique

Le projet économique des nouveaux dirigeants est l'avènement d'une économie de marché. L'heure n'est donc plus aux réformes et au replâtrage du système hérité des années 20, mais à sa destruction pure et simple.
Deux domaines sont particulièrement concernés : les prix et les entreprises. Les privatisations constituent un des grands volets des changements brutaux impulsés par la Russie. Ces privatisations ne concernent pas tant les petites entreprises et l'agriculture que les grandes entreprises qui sont souvent transformées en sociétés anonymes. Si une partie de la nomenklatura se reconvertit dans les structures des nouveaux États qui apparaissent, une autre partie se retrouve à la tête des nouvelles entreprises privées. Ce sont ainsi bien souvent les mêmes personnes qui se situent au sommet de ces entreprises. On relève en particulier la permanence, avant et après les événements de 1991, du complexe militaro-industriel désignant les dirigeants des entreprises d'armement et les fonctionnaires du ministère de la Défense (militaires).
Le processus de transition amorcé dans les pays d'Europe de l'Est se heurte toutefois à de graves difficultés. En particulier, la conception de l'économie de marché dominante se révèle assez différente de celle qui prévaut dans les pays occidentaux. Formés dans le cadre d'une économie très administrée, les responsables économiques conçoivent l'économie de marché comme une absence totale de règles. Pour les individus, l'économie de marché correspond souvent aux diverses combines mises en œuvre pour contourner l'économie administrée (marché noir, corruption, clientélisme, passe-droits, etc.).

● VOIR économie socialiste, économie de marché.

TRANSITION DÉMOGRAPHIQUE

Phénomène démographique représenté par le passage d'un mode de croissance de la population caractérisé par des taux de natalité et de mortalité très élevés à un mode de croissance démographique caractérisé par des taux de natalité et de mortalité faibles.

Estimée à plus de 5 milliards d'habitants, la population mondiale se montait à 500 millions d'habitants en 1500 et à 1,6 milliard en 1900. Cette augmentation spectaculaire ne doit pas conduire à la fausse conclusion d'une population suivant une croissance « exponentielle ». Le phénomène de la transition démographique (expression d'Adolphe Landry), que suivent les différents pays les uns après les autres (à des rythmes différents toutefois), montre que cette croissance est de type « logistique » (accélération puis ralentissement jusqu'à un niveau de croissance plus faible).
Si dans les deux modes de croissance démographique, la population augmente lentement (solde naturel faible), durant la phase de transition, la population connaît un essor important. En effet, la mortalité diminue (progrès de la médecine) d'abord, alors que la baisse des naissances n'intervient que beaucoup plus tardivement (changement des mentalités, des conditions de vie, élévation du niveau d'instruction des femmes en particulier).
En Europe, la transition démographique est achevée. Elle est en cours dans les pays en développement, ce

La transition démographique

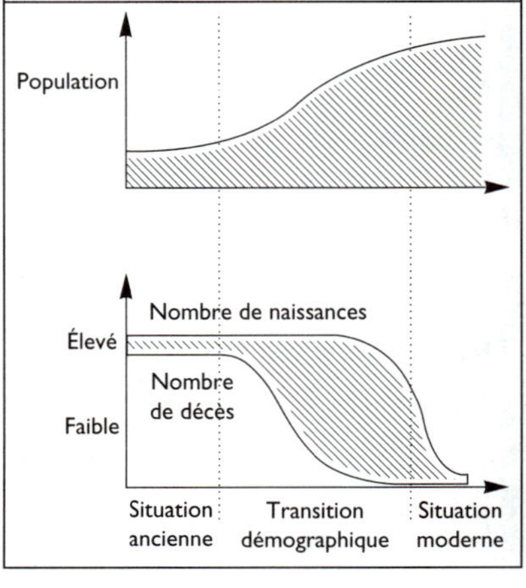

qui explique leur rythme de croissance démographique. Les démographes estiment que la population mondiale, qui atteindra 6 milliards d'habitants en l'an 2 000 et 8 milliards vers 2025, devrait se stabiliser autour de 10 à 12 milliards d'individus à la fin du XXIe siècle.

● VOIR croissance démographique.

TRAVAIL

En économie, activité rémunérée.

Le travail constitue, avec le capital, un facteur de production. Il est toutefois simplificateur de résumer par un « facteur » unique et abstrait l'intervention humaine dans le processus de production, car les tâches autant que les individus présentent des caractéristiques extrêmement variées. En outre, l'élément le plus important réside dans l'organisation du travail, c'est-à-dire la façon dont l'activité est répartie entre les différents salariés de l'entreprise.

● VOIR capital, division du travail, production, taylorisme.

TRAVAIL AU NOIR

Cf. économie souterraine.

TRAVAIL DOMESTIQUE

Ensemble des activités consistant à créer des biens et des services pour son usage personnel ou privé (famille, amis, etc.).

● VOIR production.

TRAVAIL POSTÉ

Succession, au même poste de travail (sur une machine ou un ensemble de machines), de plusieurs ouvriers pendant une journée.

L'utilisation des machines sur une durée journalière plus importante qu'une journée de travail d'un salarié (moins de 8 heures en règle générale) a conduit au développement du travail posté ou travail en équipe. Il ne faut pas confondre travail à la chaîne et travail posté, même s'ils ont des points communs.

Le travail posté consiste à faire se succéder au même poste de travail (sur la même machine par exemple) plusieurs ouvriers pendant une journée.

On rencontre le travail en deux équipes (système dit des « 2 × 8 » avec une équipe le matin et l'autre l'après-midi), le travail en semi-continu (système dit des « 3 × 8 » où trois équipes se relaient 24 heures sur 24, les installations s'arrêtant le week-end) et le travail en continu qui concerne certains secteurs particuliers (chimie, pétrochimie). Dans ce dernier cas, le processus est ininterrompu et trois équipes se relaient tandis que la quatrième est au repos.

● VOIR durée du travail, taylorisme.

TREND

Tendance de longue durée que l'on peut observer dans l'évolution d'un phénomène économique (production, prix, par exemple) indépendamment des fluctuations de court terme.

● VOIR cycle.

TRENTE GLORIEUSES

Expression due à l'économiste Jean Fourastié pour caractériser les trois décennies (1945-1975) qui ont suivi la Seconde Guerre mondiale.

Cette expression est justifiée par l'exceptionnelle croissance économique et les mutations sociales considérables qu'a connues la France durant cette période.

TRÉSOR

Agent financier de l'État.

Le Trésor est d'abord le caissier de l'État, car il perçoit les recettes et exécute des dépenses publiques résultant du budget de l'État. Il est aussi le banquier de l'État, des collectivités locales et de nombreux établissements publics, son activité consistant à emprunter (pour financer un déficit budgétaire), à prêter (aux entreprises publiques et privées que l'État souhaite aider) et à créer des liquidités nouvelles. La création monétaire du Trésor prend deux formes : une création monétaire des banques qui accordent des crédits bancaires au Trésor et à l'État comme à toute entreprise, et une création directe par l'intermédiaire du « circuit du Trésor » (création de monnaie par émissions de pièces métalliques, héritage du droit régalien de battre monnaie, et création par augmentation des avoirs des agents non financiers qui disposent de comptes chèques postaux). Enfin, le Trésor joue un rôle administratif en exerçant la tutelle sur l'ensemble du système financier français.

● VOIR Banque de France, budget, création monétaire.

TRIADE

Nom donné à l'ensemble géographique formé par les États-Unis, l'Europe et le Japon, ces pays formant une puissance économique dominant le reste du monde.

TROC

Système d'échanges où les produits s'échangent contre des produits et non contre de la monnaie.

● VOIR monnaie.

TRUST

Ensemble d'entreprises regroupées sous une direction unique et qui exerce une domination sur un secteur ou une partie de l'économie.

Tout regroupement d'entreprises ne constitue pas un trust. Trust est un mot anglo-saxon qui signifie « entente », mais les deux termes ne doivent pas être confondus, puisque des entreprises indépendantes peuvent former une entente. Les trusts ont cependant des pratiques de monopoles (fixation de prix élevés), ce qui a justifié par le passé une importante législation antitrust aux États-Unis (Sherman Act de 1890 et Clayton Act de 1914). En Allemagne, les trusts ont pris avant-guerre la forme d'énormes concentrations appelées « konzern » (exemple de Krupp ou d'IG Farben).

TURN-OVER

Rotation des salariés dans l'entreprise durant une certaine période.

$$\textit{turn-over} = \frac{\textit{nombre d'entrées (ou de sorties)}}{\textit{effectif total moyen}}$$

● VOIR absentéisme, freinage, organisation scientifique du travail.

TVA

Cf. taxe sur la valeur ajoutée.

U

UEM

Cf. Union économique européenne.

Union douanière

Ensemble de pays qui créent un espace douanier unique avec libre circulation des marchandises entre eux.

L'union douanière offre un degré de coopération supérieur à la zone de libre-échange, car les pays créent un tarif douanier unique à l'égard des produits d'origine extérieure (exemple du Zollverein créé par les États allemands au XIXe siècle).

● Voir construction européenne, marché commun, tarif extérieur commun, zone de libre-échange.

Union économique

Accord passé entre des pays qui décident de pousser l'intégration économique au-delà du marché commun (libre circulation des marchandises, des personnes, des capitaux, des services et des monnaies) en instaurant des politiques économiques harmonisées.

L'union économique ajoute à l'existence d'un marché commun la mise en œuvre de politiques économiques (budgétaires, monétaires, etc.) définies en commun.

L'union économique peut se doubler d'une union monétaire s'il existe une monnaie unique circulant dans les pays membres.

● Voir construction européenne, marché commun, monnaie unique, union douanière.

Union économique et monétaire

Accord entre les pays de la Communauté européenne pour instaurer une monnaie unique avant le 1er janvier 2002. Cette monnaie doit s'appeler l'« euro ».

Une union économique et monétaire se caractérise par l'existence, entre plusieurs États, de politiques économiques concertées, d'une politique monétaire unique, d'une banque centrale commune émettant une monnaie. Dans une UEM, une seule monnaie circule librement et chaque pays abandonne, de fait, sa souveraineté monétaire (son pouvoir régalien d'émettre sa propre monnaie) au profit d'une souveraineté commune.

C'est lors du sommet de Maastricht, en décembre 1991, que les Douze se sont mis d'accord sur le contenu du traité d'Union économique et monétaire.

1) Les trois étapes de l'UEM

La première étape, engagée en juillet 1990 avec la libération complète des mouvements de capitaux s'est achevée fin 1993. Durant cette phase, les pays ont dû présenter des programmes de convergence afin de rapprocher leurs performances économiques (taux d'inflation, déficit budgétaire, dette publique), ce rapprochement étant nécessaire à l'établissement de parités fixes entre les monnaies.

La deuxième étape, à partir du 1er janvier 1994, est une phase de transition où le processus de convergence des économies sera amplifié. L'Institut monétaire européen (IME) a été mis en place afin de renforcer la coordination des politiques monétaires, de promouvoir le rôle de l'écu et de préparer l'installation de la banque centrale européenne pour la troisième phase.

La troisième phase débutera au plus tôt le 1er janvier 1997 et au plus tard le 1er janvier 1999, lorsque les Douze (lors d'un Conseil européen) indiqueront lesquels des États membres remplissent les conditions pour passer à la monnaie unique. Mais si une telle décision n'est pas prise, le passage à la troisième étape aura lieu automatiquement pour les pays répondant aux critères de convergence décrits par le traité, quel que soit leur nombre. À partir du 1er janvier 1999, il y aura fixation irrévocable des parités monétaires. La monnaie unique existera au plus tard le 1er juillet 2002. Enfin, une période transitoire sera prévue pour les pays dont les performances économiques ne correspondent pas aux critères définis à Maastricht. Les quatre critères de convergence sont : un déficit budgétaire ne dépassant pas 3 % du PIB et une dette publique inférieure à 60 % du PIB, une inflation ne dépassant pas de plus de 1,35 point la moyenne des trois meilleurs pays en la matière, un taux d'intérêt à long terme n'excédant pas de plus de 2 points les taux moyens des trois meilleurs pays et, enfin, le maintien d'une marge de fluctuation de 2,25 %.

2) Les caractéristiques de l'UEM

Le processus de l'UEM est ainsi irréversible jusqu'à la troisième étape. La banque centrale européenne sera indépendante des gouvernements et gérera la politique monétaire des pays ayant franchi le seuil de la troisième étape. Toutefois, le traité fixe comme obligation l'indépendance des banques centrales nationales au démarrage de la troisième étape. Par ailleurs, le choix est clairement fait en faveur d'une monnaie unique, seule autorisée à circuler sur un territoire donné, et non d'une monnaie commune, qui existerait à côté des monnaies nationales.

Comme le Royaume-Uni refuse la monnaie unique, symbole de perte de souveraineté nationale, le traité de Maastricht a prévu une clause d'exception pour ce pays (le Parlement britannique devra confirmer, le moment venu, le passage à la monnaie unique).

● VOIR construction européenne, écu, Maastricht, Système monétaire européen.

USURE

Pratique d'un créancier qui exige de ses débiteurs des taux d'intérêt excessifs.

Le taux d'usure, au-delà duquel il est interdit de prêter une somme d'argent, est défini par la loi. L'usure est donc un délit, passible de sanctions.

L'usure désignait autrefois le prêt à intérêt. L'Église chrétienne a ainsi longtemps été réticente à l'égard du prêt à intérêt. Au XIIIe siècle, Saint Thomas d'Aquin reprend les condamnations de l'usure faites par Aristote et rappelle les principes de cette hostilité : l'usure ne tient pas à la hauteur des intérêts (comme aujourd'hui), mais au fait que le prêt crée un bénéfice.

Le seul prêt non usuraire est celui où le prêteur n'attend rien qu'un remboursement strict de la somme prêtée. Autrement, ce serait vendre le temps pendant lequel l'argent a été cédé, or le temps est à Dieu. Saint Thomas ouvre cependant une brèche dans laquelle va s'engouffrer une société qui pratique déjà largement les prêts à intérêt : l'intérêt devient licite lorsqu'il y a, pour le prêteur, risque (les taux de change vont intégrer discrètement les taux d'intérêt puisque le transfert d'argent est risqué) ou manque à gagner.

UTILITARISME

Théorie philosophique selon laquelle les individus recherchent le maximum de plaisir tout en limitant leurs « peines » et leurs efforts.

Inspiré par le philosophe anglais Bentham (1748-1832), l'utilitarisme sert de fondement à la théorie économique néoclassique qui définit l'individu comme un *homo economicus*, recherchant son seul intérêt.

● VOIR économie néoclassique.

V

Valeur absolue / Valeur relative

Modalités d'expression de grandeurs économiques ou sociales.

Considérons l'exemple d'une ville de 6 000 habitants comprenant 1 500 jeunes de moins de 20 ans ; leur pourcentage dans la population totale est :

$$\frac{1\,500 \times 100}{6\,000} = 25\ \%.$$

Dans cet exemple, les nombres d'habitants et de jeunes sont des valeurs absolues. En revanche, la proportion, exprimée en pourcentage, désigne une valeur relative. Les proportions sont aussi appelées « **parts relatives** », car elles représentent l'importance d'une partie relativement à un ensemble.

La situation des jeunes dans la ville s'exprime donc de deux manières différentes, en valeur absolue (1 500 jeunes) et en valeur relative (25 % de sa population).

Les valeurs relatives sont utilisées pour faire des comparaisons dans l'espace et dans le temps, car il n'est jamais commode de comparer un grand nombre de valeurs absolues.

Les valeurs relatives s'expriment sous forme de pourcentages, mais aussi sous forme de fractions. Par exemple, 25 % correspond à la fraction 1/4 (un quart).

En effet,

$$25\ \% = \frac{25}{100} = \frac{1}{4}$$

À chaque pourcentage, on peut associer une fraction (et réciproquement) ; voici quelques exemples :

$$\frac{1}{2} = 50\ \% \qquad \frac{3}{4} = 75\ \%$$

$$\frac{1}{3} = 33,333\ \%$$

$$\frac{1}{5} = 20\ \% \qquad \frac{1}{10} = 10\ \%$$

Attention, enfin, à ne pas confondre évolution en valeur absolue et évolution en valeur relative.

Prenons l'exemple des moins de 20 ans dans la ville déjà considérée. Supposons que 10 ans auparavant ces jeunes étaient au nombre de 2 000 ; on peut en conclure que le nombre de jeunes (valeur absolue) a diminué en 10 ans. Supposons maintenant que la population était de 10 000 personnes dix ans auparavant. La proportion de jeunes à cette époque était alors la suivante :

$$\frac{2\,000 \times 100}{10\,000} = 20\ \%$$

En 10 ans, la part relative des jeunes a donc augmenté, passant de 20 % à 25 % de la population totale.

L'évolution en valeur absolue et l'évolution en valeur relative sont donc ici différentes. L'observation des valeurs relatives peut donc être parfois complétée par celle des valeurs absolues avant d'établir un commentaire ou une analyse.

● Voir pourcentage.

VALEUR AJOUTÉE

Valeur nouvelle créée par une entreprise au cours de son cycle de production et égale à la différence entre la valeur des biens et services produits et la valeur des biens et services consommés (consommations intermédiaires). La valeur ajoutée permet de rémunérer les facteurs de production (travail et capital).

Pour réaliser leurs productions, les entreprises consomment des biens et des services achetés à d'autres entreprises. Grâce aux facteurs de production que sont le travail et le capital, une entreprise ajoute de la valeur à ces achats pour aboutir à une production qu'elle met en vente. La valeur ajoutée mesure ainsi l'activité économique réelle de l'entreprise.

1) Le calcul de la valeur ajoutée

Considérons une entreprise produisant des esquimos glacés. On peut évaluer sa production au cours d'une période de deux façons différentes : soit en retenant les quantités produites et il s'agit alors de la production en volume ; soit en retenant la valeur en francs de la production.

Si l'entreprise produit 500 000 esquimos vendus 5 francs, la valeur de sa production est : 2,5 millions de francs. Si elle vend toute sa production, la valeur de la production est égale au montant total des ventes, c'est-à-dire 2,5 millions de francs. Ce montant total des ventes correspond au chiffre d'affaires de l'entreprise.

Pour fabriquer les esquimos, l'entreprise a acheté différents biens et services qu'elle a ensuite transformés dans le processus de production. Elle a consommé des fruits, du lait, du chocolat, etc., ainsi que du papier et du carton pour les emballages. Elle a consommé des services fournis par d'autres entreprises comme la publicité, les transports, etc. On appelle ainsi consommations intermédiaires l'ensemble des biens et des services qui sont détruits ou transformés dans le processus de production et qui cessent donc d'être disponibles (les machines ne sont donc pas des consommations intermédiaires).

Lorsque l'on souhaite mesurer les richesses nouvelles créées réellement par l'entreprise, il faut alors soustraire de la production de l'entreprise ces consommations intermédiaires qui correspondent à des richesses créées par d'autres entreprises, situées en amont du processus de production.

L'entreprise crée ainsi une valeur ajoutée lorsque la valeur de sa production est supérieure à la valeur des biens et des services qu'elle a consommés.

La valeur ajoutée est donc la différence entre la valeur de la production et la valeur des consommations intermédiaires nécessaires à cette production.

$$\textit{valeur ajoutée} = \textit{production} - \textit{consommations intermédiaires}$$

ou encore

$$\textit{production} = \textit{consommations intermédiaires} + \textit{valeur ajoutée}$$

L'entreprise d'esquimos a consommé les biens et les services suivants pour produire 2,5 millions de francs de glaces :

matières premières	600 000 francs
emballages	100 000 francs
transport	150 000 francs
publicité	250 000 francs

Total des consommations intermédiaires : 1,1 million

Valeur ajoutée = 2,5 – 1,1 = 1,4 million de francs.

2) L'intérêt de la notion de valeur ajoutée

Lorsque l'on considère une entreprise, on peut calculer et analyser sa produc-

tion ou sa valeur ajoutée. Mais lorsque l'analyse porte sur plusieurs entreprises, voire sur l'ensemble des entreprises, seule la notion de valeur ajoutée se révèle pertinente.
Prenons l'exemple d'une fabrique de meubles qui, pendant une année, produit pour 10 millions de francs de meubles. Ses seules consommations intermédiaires sont des planches qu'elle a achetées, pour 2 millions de francs, à une entreprise exploitant une forêt dont elle est le seul client. Comment mesurer la production totale de ces deux entreprises ?
La production totale est-elle de 12 millions de francs (production de l'entreprise forestière et production de la fabrique de meubles) ? Ce résultat est incorrect, car les planches sont alors comptées deux fois. La production totale est en revanche de 10 millions de francs, car il s'agit de la production de meubles mise en vente auprès des consommateurs, la production de l'entreprise forestière étant incorporée dans ces meubles.
Peut-on alors en déduire que l'entreprise forestière ne produit pas ? Cela est manifestement faux, car elle réalise et vend une production. Pour mesurer la production totale en évitant les doubles emplois et pour calculer l'activité productive réelle de chaque entreprise, il ne faut prendre en compte que la valeur ajoutée de chacune des ces entreprises.
Valeur ajoutée de l'entreprise forestière : 2 millions de francs.
Valeur ajoutée de la fabrique de meubles :
10 – 2 = 8 millions de francs.
Comme la production totale est ainsi la somme des valeurs ajoutées, on a : production totale = 2 + 8 = 10 millions de francs.
La notion de valeur ajoutée est donc une notion fondamentale pour l'économie et trois éléments peuvent être mis en évidence :
– il ne faut pas confondre production et valeur ajoutée d'une entreprise ; ni chiffre d'affaires et valeur ajoutée (une entreprise commerciale a un chiffre d'affaires important, mais une faible valeur ajoutée) ;
– la valeur ajoutée mesure la contribution de l'entreprise à la production totale d'une économie ;
– la somme des valeurs ajoutées de toutes les unités de production correspond à l'ensemble des richesses nouvelles créées dans l'économie.

production totale d'une économie
= somme de toutes les valeurs ajoutées

En comptabilité nationale, la somme des valeurs ajoutées correspond au PIB.

3) Comment se répartit la valeur ajoutée ?

Une entreprise ajoute de la valeur aux biens et services qu'elle consomme en leur incorporant du travail et du capital, et en les transformant en un produit dont la valeur est plus élevée. La valeur ajoutée permet donc à l'entreprise de rémunérer les facteurs de production. Une fois les consommations intermédiaires achetées, quelles sont les utilisations des recettes liées à la vente des esquimos glacés ? L'entreprise va devoir verser des salaires, payer des impôts, rémunérer ceux qui ont apporté des capitaux (les actionnaires ou les banques) ; elle pourra même conserver une partie de ces recettes pour investir ou changer ses machines de production. C'est par l'intermédiaire de la valeur ajoutée créée que l'entreprise distribue des revenus aux différents agents économiques. Les revenus naissent ainsi de la valeur ajoutée créée dans chaque unité de production.

● Voir production, PIB.

Valeur mobilière

Titre de propriété ou de créances acheté et vendu à la Bourse, appelée « bourse des valeurs ».

Ces valeurs, dont les principales sont les actions et les obligations, sont qualifiées de mobilières, car on peut les échanger rapidement sur un marché. Le choix des valeurs mobilières par les épargnants prend en compte quatre éléments : la sécurité de l'investissement, plus ou moins risqué selon la qualité de l'émetteur du titre, sa rentabilité, exprimée sous forme de revenus (dividendes ou intérêt), de rendement ou de plus-value, sa fiscalité et sa liquidité, c'est-à-dire la rapidité avec laquelle on peut s'en séparer sans risque ni pénalité.

● VOIR action, bourse des valeurs, cours boursier, fonds commun de placement, obligation, plus-value, rendement boursier, SICAV.

VALEUR NOMINALE / VALEUR RÉELLE

Cf. pouvoir d'achat.

VALEUR VÉNALE

Valeur d'un bien au moment de sa revente (la valeur vénale peut être différente de la valeur « historique » du bien, c'est-à-dire sa valeur d'achat lors de l'acquisition).

VALEURS

Idéaux auxquels les membres d'une société adhèrent, qui se manifestent concrètement dans les manières de penser, de sentir, d'agir des individus, et qui sont à l'origine des normes.

La culture d'une société comprend d'abord des valeurs. Les valeurs représentent ce qui est, dans une société, considéré comme estimable et désirable. Elles constituent un idéal, c'est-à-dire quelque chose d'abstrait, auquel les membres d'une société adhèrent, mais elles se manifestent concrètement dans des manières de penser (jugements, représentations, symboles) ou d'agir (normes, rites, règles, etc.) des individus. Par exemple, un **jugement de valeur** est un jugement inspiré par des valeurs ; les règles de politesse expriment quelque chose de plus profond comme le respect d'autrui ou le respect de la vie sociale ; enfin, des notions comme l'individualisme ou encore l'égalitarisme caractérisent un certain système des valeurs.
Les valeurs s'imposent aux membres d'une société comme une évidence, un absolu. Il existe cependant dans toute société une hiérarchie des valeurs (« échelle des valeurs ») et si les valeurs dominantes sont partagées par le plus grand nombre, d'autres ne sont acceptées que par certaines parties de la société.

● VOIR culture, idéologie, norme.

VARIATION ABSOLUE / VARIATION RELATIVE

Indicateurs de mesure de la variation (accroissement ou diminution) d'une grandeur économique ou sociale (production, population active, mariages, etc.).

Soit la population d'un pays passant de 10 millions d'habitants l'année t_1 à 15 millions l'année t_2. Une première façon de mesurer cette variation consiste à faire la différence entre ces deux nombres. Cette différence, ou écart, mesure la variation absolue de la population (5 millions d'habitants supplémentaires).

$$\textit{écart} = \textit{valeur d'arrivée} - \textit{valeur de départ}$$

L'information que donne cette variation absolue est très insuffisante, car on ne sait rien de l'importance de la variation par rapport à la valeur de départ. Il est, en outre, impossible de faire des comparaisons. Pour comprendre les évolutions d'un phénomène, il faut donc tenir compte des variations relatives à la situation de départ.
Les pourcentages servent à exprimer des proportions, mais on les utilise aussi pour représenter des variations relatives dans le temps. Les pourcentages expriment une variation relative puisque l'on compare une valeur d'arrivée (15 millions d'habitants

l'année t_2) à sa valeur de départ (10 millions l'année antérieure t_1).
Les variations relatives s'expriment sous forme de taux de variation. Si Vd est la valeur de la grandeur de départ et Va la valeur de la grandeur d'arrivée, le taux de variation est :

$$\frac{Va - Vd}{Vd} \times 100$$

La variation relative est, au sens strict :

$$\frac{Va - Vd}{Vd}$$

Mais on multiplie le résultat par 100 pour obtenir un pourcentage. Il est en effet plus significatif de dire 50 % au lieu de 0,5.
Un taux de variation peut aussi bien être un taux d'accroissement ou taux de croissance (s'il traduit une hausse de la grandeur) qu'un taux de décroissance (taux de diminution ou taux de croissance négatif). Dans ce dernier cas, il s'agit d'une diminution relative de la grandeur considérée.
La variation relative s'obtient en divisant la variation absolue (Va – Vd) par la valeur de départ.
Il ne faut pas confondre variation relative (évolution dans le temps d'une grandeur) et valeur relative (la proportion que représente une partie dans un ensemble plus large).
Les variations relatives dans le temps peuvent aussi s'exprimer sous forme de coefficient multiplicateur ou d'indices.

● Voir coefficient multiplicateur, indice, pourcentage, taux de croissance.

Villermé (rapport)

Rapport publié en 1840 par le docteur Villermé (1782-1863) sur la condition de vie misérable des ouvriers du textile.

Résultat d'une enquête sur « l'état physique et moral des classes ouvrières », Villermé mit notamment en évidence les abus du travail des enfants. Ce rapport, qui connu un grand retentissement, fut à l'origine de la première loi sociale, celle du 12 mars 1861 limitant dans l'industrie la durée du travail des enfants. Celle-ci ne fut cependant guère respectée.

Volume

Façon d'évaluer une grandeur économique. Il existe cependant deux significations très différentes de la distinction volume/valeur.

La production d'une entreprise peut être mesurée en volume ou en valeur. Prenons l'exemple de la production d'une entreprise fabriquant des téléviseurs. Elle a produit 100 000 téléviseurs au prix moyen de 2 500 francs.
Production en volume : 100 000 téléviseurs.
Production en valeur :
100 000 × 2 500 = 250 millions de francs.
La production en volume désigne une production mesurée par des unités physiques. Si l'entreprise produit d'autres biens, il sera impossible de mesurer sa production en volume. Il faut alors trouver une unité de mesure commune pour additionner des productions différentes. Cette unité de mesure commune, c'est le prix des différentes productions. Elle permet donc d'obtenir une production en valeur.
On peut aussi mesurer une évolution de la production en valeur et en volume. Supposons que la production en valeur de l'entreprise de téléviseurs ait augmenté de 20 %. Elle est donc passée à 300 millions de francs. Mais peut-on en déduire que la production en volume se soit accrue de 20 % ?
C'est le cas si le prix moyen d'un téléviseur est resté le même. Si, en revanche, le prix a augmenté, la production en volume n'a pas pu s'accroître de 20 %. À la limite, si le prix moyen du téléviseur est désormais de 3 000 francs, la production en volume est restée constante.
On peut aussi rencontrer des situations où la production en valeur augmente, tandis que la production en volume diminue (si le prix augmente). L'expression « production en volume »

a cependant une autre signification et il est important de bien distinguer les deux phénomènes. La production en volume peut représenter une valeur (une somme d'argent) exprimée en monnaie constante. Dans ce deuxième cas, la distinction production en valeur/production en volume correspond à la distinction production mesurée en valeur à prix courants/ production mesurée en valeur (et non en quantités physiques) à prix constants.

Pour la croissance de la production (ou du PIB), on a les égalités suivantes :

croissance en volume
= *croissance en francs constants*
= *croissance réelle*

croissance en valeur
= *croissance en francs courants*
= *croissance nominale*

● Voir taux de croissance du PIB.

W

WALL STREET

Rue de New York où se situent la Bourse et les grandes institutions financières américaines. Wall Street désigne par extension la Bourse de New York.

WEBER (MAX)

REPÈRES BIOGRAPHIQUES

Sociologue allemand (1864-1920) considéré, avec Émile Durkheim, comme l'un des fondateurs de la sociologie. Son apport concerne de nombreux domaines (sociologie des religions, étude de la société capitaliste, analyse du pouvoir, etc.). Sa principale œuvre est *L'Éthique protestante et l'esprit du capitalisme* (1905).

1) Légitimité et rationalité

Weber s'interroge sur les fondements du pouvoir politique et sur les raisons pour lesquelles les gouvernés acceptent cette domination. Il met en évidence les différentes sources de la légitimité, celle-ci correspondant au caractère d'une autorité qui est acceptée et reconnue par les gouvernés. Weber distingue trois formes de légitimité, ou formes d'autorité, qui donnent naissance à trois modes de domination :

– la légitimité charismatique, fondée sur la reconnaissance par la société du caractère exceptionnel du chef (quels que soient les motifs de cette reconnaissance), qui peut être un héros, un prophète ou un sauveur ;

– la légitimité traditionnelle, fondée sur le respect de la coutume et de la tradition (tout ce qui est perçu comme ayant toujours existé) ; l'exemple de ce type est la légitimité des seigneurs de la société féodale ;

– la légitimité légale, ou rationnelle légale, dans laquelle l'autorité s'appuie sur des lois et des règles impersonnelles. Les gens ne se soumettent pas à des individus particuliers (l'agent de police, le maire, le préfet, etc.), mais à des personnes qui représentent l'autorité légale, fondée sur des lois et des règlements qui s'appliquent à tous de la même façon.

La rationalité est une autre notion importante de l'œuvre de Weber. Elle peut être définie, d'une façon générale, comme un schéma de pensée qui nous fait agir de façon rationnelle. Mais agir de façon rationnelle peut avoir, selon Weber, deux significations : on peut agir rationnellement en ayant un but (maximiser le profit par exemple) et en adaptant des moyens à cette finalité, mais on peut aussi agir rationnellement en fonction de valeurs que l'on juge supérieures (exemple du chevalier qui se bat pour l'honneur quelles qu'en soient les conséquences). Une conduite rationnelle s'oppose donc à des conduites expliquées par la tradition, l'habitude (nos activités quotidiennes par exemple) ou par les passions, les émotions. Mais la distinction de Weber entre une rationalité orientée vers les buts et une rationalité orientée par les valeurs montre que la rationalité de type économique n'est pas la seule possible.

Weber montre cependant que les sociétés modernes sont soumises à un processus de rationalisation, dans la mesure où la rationalité orientée vers les buts s'étend peu à peu à tous les domaines de la vie intellectuelle et sociale, au détriment des activités gouvernées par la tradition ou les valeurs (religieuses notamment). Ce processus de rationalisation, qui se traduit par la recherche d'organisations les plus efficaces, concerne l'État (développement de la bureaucratie et règne des règles impersonnelles), les entreprises (taylorisme par exemple), les partis politiques (naissance des grandes organisations), etc.

2) L'Éthique protestante et l'esprit du capitalisme

Dans *L'Éthique protestante et l'esprit du capitalisme,* il s'interroge sur les origines du capitalisme. Cette analyse est l'occasion d'illustrer la notion weberienne d'**idéal-type**, celui-ci étant une sorte de reconstruction d'un phénomène quelconque (la bureaucratie, le capitalisme par exemple) à partir de ses seuls traits les plus significatifs. L'idéal-type du capitalisme n'est pas défini par les caractères communs à tous les pays capitalistes, mais par le choix de quelques traits typiques qui vont servir à décrire un modèle idéal (idéal pour la recherche sociologique et non idéal au sens désiré) du capitalisme. L'idéal-type ne vise donc pas à reproduire fidèlement la réalité, mais à favoriser le processus de recherche, de la même façon que la science économique définit un modèle de la concurrence pure et parfaite pour réfléchir ensuite sur les écarts du modèle à la réalité.

Dans cet ouvrage, Weber met en correspondance d'une part l'éthique protestante, ou plutôt le calvinisme, dont les traits typiques sont l'ascétisme (mode de vie austère, refus de luxe, goût de l'épargne, conscience professionnelle) et la croyance en la prédestination (le croyant ne sait pas s'il sera sauvé ou damné), et d'autre part les traits du capitalisme (travail et organisation du travail rationnelle, recherche du profit pour le réinvestir et non pour le dépenser). Weber montre ainsi que l'éthique calviniste correspond à un état d'esprit général qui prédispose au développement du capitalisme. Mais son analyse va plus loin. Devant l'incertitude majeure sur son salut, le calviniste va chercher dans le résultat de son activité les signes de son élection. Le succès économique lui semblera une preuve de son salut et l'investissement dans le travail lui permettra de surmonter son angoisse. Ainsi, peu à peu, le calviniste va donner au travail rationnel et régulier une signification particulière et celui-ci va finir par être interprété comme obéissance au commandement de Dieu. Weber montre ainsi que l'on peut parfois comprendre le comportement économique d'un groupe social à partir de sa vision du monde.

3) Une sociologie compréhensive

À travers cette analyse, Max Weber réfute le déterminisme marxiste et montre que les idées religieuses peuvent aussi jouer un rôle important dans l'histoire. Certes, Weber ne nie pas l'importance des facteurs économiques, mais il rappelle que parmi la multitude d'explications possibles du capitalisme, la moins mauvaise est celle qui prend en compte le sens que les hommes ont, à un moment déterminé, donné à leurs actions. Il s'agit, en définitive, d'une sociologie compréhensive, car le sociologue cherche à se mettre à la place des individus pour reconstruire et comprendre les motivations de toutes sortes qui fondent telle ou telle de leur conduite. La sociologie compréhensive s'oppose ainsi à une sociologie qui explique l'action des hommes à partir des seules causes et contraintes extérieures.

Workhouse

Les workhouses, ou maisons de travail, ont été créées durant le XVIIIe siècle en Grande-Bretagne, pour accueillir, conformément aux lois sur les pauvres, ceux qui n'étaient pas invalides.

À partir de 1834, les workhouses se généralisent tout en modifiant leurs caractéristiques. Elles deviennent des sortes de prisons où l'on entre volontairement en acceptant un travail médiocre permettant de payer la nourriture et en se soumettant à une discipline de fer (séparation des familles, uniforme, nourriture juste suffisante, pas ou peu de sortie). Pour les penseurs libéraux du XIXe siècle, il s'agissait d'une politique volontaire destinée à dissuader les individus de recourir à l'assistance publique.

Z

Zaibatsu

Grand groupe japonais de structure conglomérale puisqu'il regroupe généralement des activités industrielles, commerciales et financières.

D'origine familiale avant-guerre, les zaibatsus ont été supprimés en 1945 puis reconstitués en 1949 sous le nom de zaïkaï. Aujourd'hui, ils n'ont pas de maison mère, leur direction reposant sur les réseaux de grands dirigeants du groupe.

Zollverein

Union douanière entre les États indépendants allemands créée en 1834. Elle instaure le libre-échange entre ces États ainsi qu'un protectionnisme vis-à-vis des autres pays, afin de favoriser les industriels.

En développant les échanges entre les États de la Confédération germanique, cette union douanière favorisa la formation de l'unité allemande.

Zone de libre-échange

Ensemble de pays qui acceptent la libre circulation des marchandises sur leur territoire.

Ces pays suppriment donc les droits de douane et les restrictions quantitatives (contingentement par exemple) à l'intérieur de la zone, mais chaque pays conserve la maîtrise de sa politique douanière (droits de douane) à l'égard des pays tiers (ceux qui ne font pas partie de la zone de libre-échange). L'accord de libre-échange nord-américain (ALENA), créé par les États-Unis, le Canada et le Mexique en 1992, instaure une zone de libre-échange.

● Voir marché commun, union douanière.

Zone franche

Enclave délimitée géographiquement et dotée d'un statut à durée limitée, qui se caractérise par l'absence de droits de douane et de contrôle à l'importation.

Les zones franches peuvent également accorder une exemption d'impôt sur les sociétés, ou alléger certaines réglementations. Il existe plusieurs centaines de zones franches dans le monde, notamment en Asie (Hong Kong, Singapour) et aux Antilles (les îles Saint-Martin et Saint-Barthélémy pour la France). Les pays développés peuvent aussi créer des zones franches sur leur territoire.

Zone monétaire

Accord monétaire entre plusieurs pays acceptant la suprématie d'une seule monnaie, les autres monnaies de la zone monétaire étant définies par rapport à la monnaie dominante (exemples de la zone franc, liant la France à 14 pays africains, des zones dollar ou sterling).

● VOIR système monétaire international.

Imprimé en France par l'Imprimerie Hérissey - 27000 Évreux
Dépôt légal : 09948-04/96 - N° d'impression : 72634